Wladimir Majakowski, geboren am 19. 7. 1893 in Bagdady (Georgien), ist am 14. 4. 1930 in Moskau freiwillig aus dem Leben geschieden. Majakowskis Vater war Forstaufseher, er stammte aus dem Kleinadel. 1906 zog die Familie nach Moskau, wo Majakowski das Gymnasium besuchte. 1908 verhaftete man ihn wegen seiner Beziehungen zu den Bolševiki. Seit 1910 studierte er an der Moskauer Kunstschule. 1912 erschien das erste Manifest der russischen Futuristen »Eine Ohrfeige dem öffentlichen Geschmack«, zu dessen Mitautoren er gehörte. Seit 1915 mit Gorkij befreundet, war Majakowski der bedeutendste Vertreter der futuristischen Gruppe um die Zeitschrift LEF (Levyi front – Linke Front).

Die Auswahl stützt sich auf die letzte sowjetische Gesamtausgabe von Majakowskis Werken (Moskau 1955–1961). Alle Nachdichtungen, auch die früher publizierten, wurden anhand dieser Ausgabe überprüft. Die Bühnenwerke und Filmszenarien sind – innerhalb der beiden nach Genres getrennten Abteilungen – chronologisch nach ihrer Entstehungszeit angeordnet. Die großen Bühnenwerke wurden alle aufgenommen – allerdings nur in einer Fassung.

Die Werke Majakowskis erscheinen in deutscher Sprache als eine Gemeinschaftsausgabe der Verlage Volk & Welt (Berlin) und Insel (Frankfurt). Bd. I bis V der fünfbändigen Ausgabe liegen vor.

Zu seinen wichtigen Werken gehören:

Vladimir Majakovskij, Drama 1914; Oblako v štanach, Poem 1915; Prostoe kak myčanie, Gedicht 1916; Vojna i mir, Poem 1916; Čelovek, Poem 1916; Misterija buff, Schauspiel 1918; 150 000 000, Poem 1921; Vladimir Ilič Lenin, Poem 1924, Chorošo, Poem 1927; Klop, Komödie 1928; Banja, Komödie 1929.

»In der Sowjetunion wehte der volle Wind der russischen Dichtung, und Majakowski war selber wie ein Segel.« *Viktor Šklovski*

insel taschenbuch 79

Wladimir Majakowski
Werke
Dritter Band
Stücke, Bühnenwerke und Filmszenarien

WLADIMIR MAJAKOWSKI
WERKE
DRITTER BAND
STÜCKE

Bühnenwerke
und Filmszenarien
Herausgegeben
von Leonhard Kossuth
Deutsche Nachdichtung
von Hugo Huppert
Mit Abbildungen

Insel Verlag

Mit Anmerkungen und einer Bibliographie
von Leonhard Kossuth sowie 12 Abbildungen

insel taschenbuch 79
Erste Ausgabe 1974
Erste Ausgabe des Buches 1969 Berlin, Frankfurt. Lizenzausgabe der Gemeinschaftsausgabe der Verlage Volk und Welt, Berlin, und Insel Verlag, Frankfurt. Beide Verlage behalten sich alle deutschsprachigen Rechte vor, der Insel Verlag die Rechte für West-Berlin, die Bundesrepublik Deutschland, die Schweiz, Österreich und das westliche Ausland. Insel Verlag Frankfurt am Main 1974. Vertrieb durch den Suhrkamp Taschenbuch Verlag. Umschlag nach Entwürfen von Willy Fleckhaus. Satz: Georg Wagner, Nördlingen. Druck: Ebner, Ulm.
Printed in Germany

BÜHNENWERKE

WLADIMIR MAJAKOWSKI

Eine Tragödie

Prolog
Zwei Aufzüge
Epilog

Es wirken mit:

Wladimir Majakowski, Dichter, 20-25 Jahre alt
Dessen Bekannte, 2-3 Klafter, redet nicht
Ein alter Mann mit dürren schwarzen Katzen, etliche Tausend Jahre alt
Ein Mensch, dem ein Auge und ein Bein fehlen
Ein Mensch ohne das eine Ohr
Ein Mensch ohne Kopf
Ein Mensch mit langgezogenem Antlitz
Ein Mensch mit zwei Küssen
Ein gewöhnlicher junger Mann
Eine Frau mit winziger Träne
Eine Frau mit einer Träne
Eine Frau mit Riesenträne
Zeitungsausträger, Burschen, Mädel u. a.

Prolog

Wie sollt ihr begreifen,
weshalb ich,
geruhsam, wo Lachen gewittert,
die Seele zur Mahlzeit kommender Jahre
hintrage
auf schwankem Tablett.
Als unnütze Träne abrinnend
von struppiger Backe städtischer Plätze
bin ich,
erschüttert,
vielleicht
der letzte Poet.
Habt ihrs bemerkt:
in Alleen von Fassaden-Felsen
das Schaukeln erhängter Schwermut
schraffierten Gesichts –
und über hinrasenden Strömen
mit schaumig verschwitzten Hälsen
schwingen sich händeringend
eiserne Brücken ins Nichts.
Der Himmel weint
lauthals,
ungebärdig;
ein Wölkchen,
gekräuselten Munds,
zieht droben Grimassen,
als säh sich ein Weib,
ihres Neugebornen gewärtig,
mit einem kleinen verwachsenen Idioten
von Gott beschenkt und verlassen.
Mit üppigen, rötlich behaarten Fingern
hat euch die Sonne
– aufdringlich wie eine Stechfliege – gekost,
der Sklave in eurer Seele ist wachgeküßt.
Furchtlos entbietet mein Augenlid Haß

den täglichen Strahlenbringern,
die Seele läßt das gespannte Seil ihrer Nerven
nicht los;
ich bin
der Lampen Fürst!
Ihr, die das Schweigen brachet,
kommt zu mir aus berstender Ruhe –
die ihr heultet,
weil die Schlingen der Mittage sich strammten.
Ich offenbare euch
mit Worten,
einfach wie ein Gemuhe,
unsre neuen Seelen,
welche tönen
wie die Kohle der Bogenlampen.
Meine Fingerspitzen brauchen nur
euern Scheitel zu berühren –
und euch wachsen Lippen für
verschwenderische Küsse
und Zungen,
die euch zu allen Völkern führen.
Ich indeß hinke, ein Wicht,
meinem Thron zu
unterm schäbigen Gewölb
voller Sternenrisse.
Und lagere mich licht
in Gewändern aus Trägheit
auf echten Stallmist wie ins Bett oder Bad,
und kußheiß auf kantigen Gleisschwellen
still –
umschmiegt meinen Hals ein Lokomotivenrad.

Erster Aufzug

Es geht lustig zu. Szene: eine Stadt im Spinnennetz ihrer Straßen. Festtag der Bettler. W. Majakowski allein. Passanten bringen Speisen: einen eisernen Hering von einem Aushängeschild, einen riesigen goldenen Kringel, Faltenwürfe aus gelbem Samt.

W. MAJAKOWSKI Gnädige Herrschaften!
stopfen Sie mir bitte die Seele,
weil sonst die Leere unversehens entquillt.
Ich weiß nicht: ist Angespieensein
ein Schimpf oder Glanz?
Dürr steh ich wie ein steinernes Götzenbild.
Man hat mich ausgemolken.
Gnädige Herrschaften –
wenn Sie wollten,
produziert sich vor Ihnen
ein bemerkenswerter Poet im Tanz.
Alter Mann mit dürren schwarzen Katzen tritt auf. Streichelt sie. Ist ganz: Bart.
Jetzt klaubt mir die Fetten aus Häuser-Schalen,
haut munter die Schellentrommel des Bauchs!
Und die sich als tumb und taub empfahlen,
faßt sie nur, zerrt sie herbei an den Füßen,
schnauft ihnen ins Ohr wie in Blockflöten-Nüstern;
der Bosheit brecht alle Faßbodenplanken.
Ich schlinge ja irr die flammend-blanken
Pflastersteine meiner Gedanken.
Sobald euer gellender Trinkspruch tost,
bekränzt mich heute mein Wahnwitz, prost!
Die Bühne füllt sich allmählich. Der Mensch ohne das eine Ohr. Der Mensch ohne Kopf. Stumpfsinnige u. a. Stehen regellos umher, schmausen weiter.
Des Zeilenschliffs barfüßiger Juwelier,
wirble ich Daunen in fremdem Quartier.
Heut heb ich des Weltfesttags Feuerzeichen
der Habenichtse, der bunten und reichen.

ALTER MANN MIT DEN KATZEN Laß das.
Was braucht der Weise Klapperndes, Blechernes?
Sieh mich an: ich bin tausend Jahre alt.
Ich erkenne: in dir ist ans Kreuz des Gelächters
ein zu Tode gefolterter Schrei gekrallt.
Auf der Stadt lastet unermeßbares Leid
und dazu noch Hunderte zwerghafter Leiden.
Und Kerzen und Leuchten, in tobendem Streit,
wolln sich übers Flüstern des Abendrots breiten.
Nicht Macht über uns eignet molligen Monden;
denn Projektionslicht trifft fashionabler.
Es schalten und walten auf städtisch bewohntem
Erdkreis als unsre Austilger, Vernebler,
entseelte Sachen,
welche uns morden.
Aufheult zum Himmel die menschliche Horde,
dem Irrsinn verfallen, blickt Gott herab,
zerwühlt seinen Vollbart, längst schleißig geworden –
ein Straßennetz, staubzerfressen und schlapp.
Er ist ja Gott
und schreit nach Vergeltung und Rache –
und euer Herz läßt sein Seufzerchen platzen.
Laßt ihn in Ruhe!
Kommt her, streicht ganz nahe:
streichelt die dürren und schwarzen Katzen!
Umfaßt, damit prunkend, gewaltige Wänste,
laßt Pausbacken schimmern – gedunsenes Prunken.
Nur bei Katzen,
deren Felle rabenschwarz glänzen,
sieht man elektrische Nachtblitze funken.
Dieser Funkenflug, diese Stichsaat von Flammen
(da kommt schon ein hübsches Quantum zusammen!)
hinein in Kabel, in Muskeln des Ziehens –
zum Wettlauf der Trams
und des Glühlampenglühens.
Das schweift in triumphalen Flaggengarben,
und alles regt sich in freudigem Schein
samt Blumenfenstern in Pfauenfarben,

Volksmassen auf Tram-Gleisen
und hinterdrein –
alle Katzen, Katzen in schwarzen Kolonnen.
Aus Sternsilber zaubern wir Broschengeschmeid,
ans Kleid
unserer Liebsten heften wir Sonnen.
Raus aus den Häusern!
macht die Augen weit.
Streichelt die trocknen und schwarzen Katzen!
DER MANN OHNE DAS EINE OHR Es stimmt! es stimmt!
übers Dächergeschiebe
mit den Wetterhahn-Zeigern
torkelt ein Weib
– schwarze Augenhöhlen –;
die läßt im Fliegen
ihren Geifer auf alle Gehsteige stieben,
dem Geifer riesige Krüppel entsteigen.
Über der Stadt vollzog sich jemandes Sühne,
schaaren die Leute sich,
flüchten als Herde wie Tiere.
Aber hernach,
zwischen Tapeten,
im Schatten des Weins,
weint ein runzliger Alter
überm Klaviere.
Man umringt ihn.
Stadt wölkt die Legende von Quälerei.
Man schindet die Hände sich blutig
an Noten!
Der Musiker kriegt seine Finger nicht frei,
in Klaviaturen verzahnt sind die Pfoten.
Alles ist aufgeregt.
Und sieh denn
heute seit früh
fuhr mir ins Herz
der Matschisch-Tanz.
Ich schritt mit Zuckung und Schwenkung,
gespreizter Arme Verrenkung –

und rings aller Schornsteine Mummenschanz:
Kaminröhren wackeln im Reigenspalier,
die abgewinkelten Knie machen »4«.
Herrschaften!
aufhören!
was soll das?!
sogar die Quergassen krümmen sich, laufen,
die Ärmel aufgekrempelt, zum Raufen.
Doch rätselhaft, meine Schwermut wächst rasend,
wie ein weinender Dackel
Trübsal blasend.
Die Aufregung wächst noch.

ALTER MANN MIT DEN KATZEN Da sehn Sie!
an die Sachen geht man ran mit der Axt.
Ihr Gütigsein hab ich gleich feindlich empfunden.

MANN MIT LANGGEZOGENEM ANTLITZ Vielleicht schuldet man ihnen Liebe, nicht Angst.
Ihr Gemüt ist wohl andersherum gebunden?

DER MANN OHNE DAS EINE OHR Viele Sachen sind verkehrt genäht.
Kein Sinn für Bosheit.
Ein Herz ohne Groll.

MANN MIT LANGGEZOGENEM ANTLITZ *bereitwilligst beipflichtend:* Sachen sind oft ein verkorkstes Porträt:
ein Ohr –
wo beim Menschen der Mund sein soll.

W. MAJAKOWSKI *hebt die Hand, geht zur Mitte vor:*
Laßt Bosheit nicht
an die Ränder der Herzen kommen!
Euch, meine Kinder,
lehr ich unentwegt und streng:
ihr Menschen, alle,
seid nur Schellentrommeln,
wie ihr von Gottes
Narrenmütze hängt.
Mein Fuß, voller Risse.
ist wundgescheuert von Suche:
ich hab euer Festland

abgeklappert
und andere Länder rauf und runter,
in Mantel und Maske der Finsternisse.
Ich hab sie gesucht,
die unerschaute Seele,
daß den Lippen
meiner Wunden
kein Flor der Heilung fehle.
Macht eine Pause.
Und neuerdings, Blut schwitzend,
wie ein Knecht,
laß ich den Leib im Wahnsinn schwanken.
Übrigens,
einst schon stieß ich auf sie,
die Seele, ganz recht,
im taubengrauen Mantel.
Sie sprach:
»Hier ein Stuhl.
Daß ich endlich Sie seh!
Möchten Sie nicht eine Tasse Tee?«
Macht eine Pause.
Ich bin Poet,
hab den Unterschied getilgt
zwischen Gesichtern, mir nah und mir fremd,
hab im Leichenschauhaus unter Laken geblickt,
ob im Eiter mir hier keine Schwester liegt,
und ich küßte Entstellte im Lepra-Hemd.
Doch heut –
ozeanische Tränen verhüllend,
heb ich auf gelbe Scheiterhaufen
die Sorgenfalten ergrauter Mütter,
der Schwestern Gemüt,
von Scham angelaufen.
Auf Servierplatten geleckter Säle breit
fressen wir dich als Fleisch, unsre Zeit!
Reißt die Hülle herunter. Weibliche Riesenfigur. Ängstlich. Herein stürmt ›Der gewöhnliche junge Mann‹. Hastet hin und her.

W. MAJAKOWSKI *beiseite und still:*
Gnädige Herrschaften!
es heißt,
daß man irgendwo
– anscheinend in Brasilien –
einen einzigen glücklichen Menschen kennt!
DER GEWÖHNLICHE JUNGE MANN *läuft zu jedem hin, klammert sich an:*
Gnädige Herrschaften!
halt!
gnädige Herrschaften!
Sie, Herr,
und Sie, Herr,
raus mit der Sprache:
ist hier der Ort, wo man
Mütter verbrennt?
Herrschaften!
scharf zupackend ist der Menschengeist,
doch ein Kopfhänger bloß vor den Rätseln der Welt;
ihr brennt zu Asche, was Wissen heißt,
und speist
mit Bücherschätzen die Flammen.
Ich hab eine neue Fleischmühle ersonnen,
bin überhaupt im Schädel
nicht übel beisammen!
hab auch einen Mann zum Freund gewonnen,
der fünfundzwanzig Jahr
mit aller Kraft
an einer Fußangel für Flöhe schafft.
Außerdem hab ich eine Frau,
die ein Kind erwartet: Bub oder Mädel,
und ihr, intelligente Leute! –
redet nichts als Unfläterein.
da sage einer: ist das nicht gemein?
DER MANN OHNE DAS EINE OHR Junger Mann,
stell dich auf ein Kistchen!
AUS DER MENGE Lieber auf ein Faß!
DER MANN OHNE DAS EINE OHR Sonst sieht man Sie nicht!

DER GEWÖHNLICHE JUNGE MANN
Da gibts keinen Spaß!
Es wär ja auch mein Bruder da,
noch ganz klein–
gleich kommt ihr und zerkaut sein Gebein.
Alles wollt ihr euch einverleiben!
Unruhe. Sirenen. Im Hintergrund Schreie: »Hosen! Hosen!«
W. MAJAKOWSKI Schluß damit!
Der gewöhnliche junge Mann wird von allen Seiten umringt.
Hättet ihr, so wie ich, einen leeren Magen –
ein Fletschern und Knabbern gäbs, unbegrenzt,
nach Osten und Westen,
wie am Skelett des Firmaments
die riesigen Fratzen der Fabriken nagen!
DER GEWÖHNLICHE JUNGE MANN
Wie denn? –
da läßt auch meine Schwester Sonetschka grüßen.
Soll sich die Liebe auf Nichts belaufen?
kniet nieder
Ihr Lieben!
nur kein Blut vergießen!
Ihr Teuern,
keinen Scheiterhaufen!
Die Erregung ist gewachsen. Schüsse. Ein Wasserleitungsrohr zieht einen einzigen Ton in die Länge. Dachblech beginnt zu dröhnen.
DER MANN MIT LANGGEZOGENEM ANTLITZ
Wenn Sie, gleich mir, Liebe empfänden,
Sie würgten die Liebe mit Mörderhänden
und würden gewiß einen Richtplatz finden
und den rauhen, verschwitzten Himmel
und die milchgleich unschuldigen Sterne
schänden.
DER MANN OHNE DAS EINE OHR
Daß eure Fraun nicht zu lieben verstehen,
gedunsen wie Schwämme vom Küssen.
Tritte von tausend Füßen gegen den straffgespannten Bauch des Platzes.

DER MANN MIT LANGGEZOGENEM ANTLITZ
Aus meiner Seele,
das glaub ich zu wissen,
wären hübsche Frauenröcke zu nähen.
Für die allgemeine Erregung wird der Platz zu eng. Alle umringen das weibliche Riesenstandbild. Heben es auf Schultern. Tragen es.
ZUSAMMEN IM CHOR Los! Aufbruch –
dorthin, wo fürs Heil
man kreuzigte den Verkünder.
Dort wollen wir bloß und schön
uns dem Tanz ergeben,
auf schwarzem Granit aus Laster und Sünde
ein Denkmal dem lieblichen Fleische erhöhn.
Haben es bis zur Pforte geschleppt. Von dort eilige Schritte hörbar.
Der Mann ohne ein Aug und ein Bein. Freudig erregt. Die Raserei überschlägt und bricht sich. Die Weibsstatue steht verlassen.
DER MANN OHNE EIN AUG UND EIN BEIN
Halt! halt!
auf den Straßen,
wo ein Gesicht eine Last ist,
weil alle Gesichter dieselben sind,
gebar Greisin Zeit, die schon sehr in Hast ist,
das ungeheure, das schiefmäulige Kind:
Rebellion!
Gelächter! Vor den Schnauzen andrängender Jahre
verstummten die Altsassen der Länder,
und vor Wut
schwollen am Stirnsaum von Städten
Ströme breit,
Tausendmeilen-Geäder.
Und in langsamem Entsetzen
stieg der Haarstrich des Zeigers
empor an der kahlen Schläfe der Zeit.
Und hopp – im Nu
stürzten sich

alle Dinge herzu:
zu eng ward der lumpige Rahmen
ihrer längst verschlissenen Namen.
Schaufenster einer Weinhandlung,
wie auf Satans Wink,
begannen sich selbst die Flaschen einzuschenken.
Ein Schneider erstarrte:
wie ein Hosenpaar flink
von selber aufstand –
und von dannen ging, rannte,
ganz ohne menschliche Schenkel!
Besoffen,
den Rachen schwarz aufgerissen,
bricht aus dem Schlafzimmer
hervor die Kommode.
Schnürleibchen und Mieder
steigen vorsichtig nieder
aus einem Aushangschild »Robes et modes«.
Abweisend die Miene des Gummischuhs,
kokette Strümpfe
zwinkern zum Spaße.
Ich flog wie ein derber Fluch,
mein zweiter Fuß
läuft mir noch nach in der Nachbarstraße.
Wie stehts nun mit euch,
die ihr mich
verkrüppelt glaubt?! –
ihr Feinde,
ihr alten,
plump strotzend
im eigenen Fette!
Heut fändet ihr
in der ganzen Welt überhaupt
keinen Menschen,
der zwei gleiche
Haxen hätte!

Zweiter Aufzug

Mißlaunig. Platz in einer neuen Stadt. W. Majakowski hat sich in eine Toga verkleidet. Lorbeerkranz. Gescharre vieler Füße hinter der Pforte.

DER MANN OHNE EIN AUG UND EIN BEIN *dienstbeflissen:*
Poet!
Poet!
Man hat Sie zum Fürsten erhoben.
Leute stehen hinter der Tür geschart,
gewillt, zu dienen,
sie saugen an den Fingern;
vor jedem liegt am Boden
irgend so 'n komisches Gefäß.
W. MAJAKOWSKI Nun also,
herein mit ihnen!
Verzagt. Frauen mit Bündeln. Viele verneigen sich.
ERSTE FRAU Meine kleine Träne –
hier, nehmt sie.
Ich kann sie gern spenden.
Da rollt sie,
weißlich,
in Seide, aus Strahlen gewebt,
von Augen, die Schwermut aussenden!
W. MAJAKOWSKI *beunruhigt:*
Ich brauch sie nicht,
was soll sie mir?
zu der folgenden
Auch Ihre Augen sind gerötet?
ZWEITE FRAU *sorglos:*
Nicht der Rede wert.
Mein Sohn liegt im Sterben.
Ist nur halb so schlimm.
Hier noch eine Zähre,
die ein hübscher Spangenschmuck wäre,
sie paßt auf den Halbschuh, nimm.

W. Majakowski ist erschrocken.

DRITTE FRAU Achten Sie nicht darauf,
daß ich beschmutzt bin;
ich will mich waschen,
will mich putzen.
Dann sieht man mich sauber.
Hier auch meine Träne,
riesenhafte Träne,
obzwar ohne Nutzen.

W. MAJAKOWSKI Genug jetzt!
Schon ein berghoher Hauf.
Höchste Zeit, auch ich brech nun auf.
Doch – nennt mir jenen zauberhaften Brünetten.

ZEITUNGSAUSRUFER »Le Figaro«!
»Le Matin«!
Frische Gazetten!

Der Mann mit den zwei Küssen. Alle betrachten ihn. Fallen einander ins Wort.

ALLE EINZELN Da schaut –
welch ein Wildfang!
Gebt Zugang zur Mitte.
Finster.
Laßt durch!
Junger Mann,
kein Schluckauf, bitte!

DER MANN OHNE KOPF
I – i – i – i . . .
Ä – ä – ä – ä . . .

DER MANN MIT DEN ZWEI KÜSSEN
Wolken schenken dem Himmel sich,
schütter und widerlich.
Der Tag versank.
Oh, daß auch die Luftnixen-Schar aufs Gold
hereinfällt.
Gib ihnen Geld, nichts als Geld.

W. MAJAKOWSKI Was?

DER MANN MIT DEN ZWEI KÜSSEN
Geld, nichts als Geld!

STIMMEN Stille! Stille!

DER MANN MIT DEN ZWEI KÜSSEN

Tanz mit den löchrigen Bällen
Dem großen und schmuddeligen Manne
entbot man zwei Küsse.
Der Mann nun war eine Panne,
wußte nicht, wohin er sie tun
und was er mit ihnen anfangen müsse.
Die Stadt stand
im Festtag von unten bis oben,
aus Kathedralen ward Halleluja erhoben.
Die Leute trugen ihre schönen Kleider.
Der Mann aber fror, ein Hungerleider.
Ging mit durchlöcherten Sohlen.
Hat einen Kuß auserwählt,
einen größeren,
und zog ihn an wie einen Überschuh.
Doch ein böser Frost
begann umzugehen,
der biß ihn scharf in die Zehen.
– »Ach, so –«,
rief der Mann erbost –
»dann will ich abtun von mir,
diese unnützen Küsse!«
Und warf sie weg.
Doch plötzlich wuchsen
einem Kuß kleine Ohren, o Schreck,
und er rührte und wand sich
und hob mit dünner Stimme an:
– »Mamachen!«
Das fuhr in die Glieder dem Mann,
in Lumpen seiner Seele
hüllte er den zitternden Leib
und trug ihn heim,
um ihn in einen taubengrauen Rahmen zu fassen;
lang wühlt er in staubigen Koffern,
den richtigen anzupassen.
Blickte um sich –

da liegt auf dem Diwan der Kuß,
riesenhaft
herausgemästet und dick,
erwachsen,
lacht und tobt!
Schluchzte da der Mann:
– »Herr des Himmels!
hätte nie gedacht, daß ich so ermatten kann.
Da hilft nur noch der Strick!«
Widrig abschreckend
und Mitleid weckend
hing er da –
indeß in den Boudoirs der Damen
(Fabriken ohne Schornstein und Rauch)
Millionen Küsse zur Fertigung kamen,
von mancherlei Art,
große,
winzige auch –
bei leichtem Hebelwippen
der fleischig schmatzenden Lippen.

DIE HERBEIEILENDEN KUSS-KINDER *ausgelassen:*
Man hat uns in Massen
in den Tag entlassen.
Einstweilen sind wir acht,
sogleich wirds weitere schütten.
Ich heiße Mitja.
Bedient euch,
darf ich bitten?
Jedes legt eine Träne hin.

W. MAJAKOWSKI Herrschaften!
das wird ganz unmöglich.
Hört nun zu.
Euch gehts ja gut,
mich aber läßt Schmerz nimmer los.
Drohungen:
Du mach nur weiter Worte!
Wir machen aus dir Kaninchen-Ragout
mit Soß.

ALTER MANN MIT KAHLGEZUPFTER KATZE
Du allein kannst Lieder singen.
Auf den Haufen Tränen.
Bring dies deinem schönen Gott.
W. MAJAKOWSKI Laßt mich mich setzen!
Man wehrt ihm. W. Majakowski stampft plump umher, sammelt die Tränen in einen Koffer. Steht mit dem Koffer da.
Gut denn!
den Weg gebt frei!
Ich wähnte –
daß hier alles mir eitel Freude sei;
mit Glanz im Auge
würd ich den Thron besteigen,
ein Grieche, verzärtelten Körpers.
Doch nein!
Zeitalter,
mir teure Straßen,
nicht vergeß ich
eure hagern Füße
noch das Grauhaar nördlicher Ströme!
So werd ich auch heute
hinausgehn quer durch die Stadt,
stückweis bleibt mir die Seele
hangen, zerfetzt
von den Häusergiebeln der Runde.
Und der Mond geleitet mich
dorthin,
wo ein Spalt den Himmel gezweiteilt hat;
mit mir auf gleicher Höhe, probiert
der Mond meinen Melonenhut eine Sekunde.
Ich selber
mit meiner Bürde Gewandung
trotte,
stolpere,
krieche weiter
nach Norden die Bahn,
dorthin,
wo unterm Druck endloser Sehnsucht

mit Fingern der Brandung
ewiglich
seine eigene Brust zerreißt
der Fanatiker Ozean.
Ich aber, mich trollend,
den Erdrand entlang,
entkräftet –
im letzten Fieberwahn tollend,
werf eure Träne
dem dunklen Gewittergott vor,
am Urquell, wo das Kredo
der Tierwelt entsprang.

Epilog

Ich schreibe all das
über euch,
arme Ratten.
Tat mir Leid, keine Brust zu haben,
sonst wär ich euch gut eine Amme gewesen.
Jetzt kommt mir mein leichtes Austrocknen
zustatten,
ich bin ein selig besessenes Wesen.
Dafür aber ists an dem,
daß ich mich zu fragen traue:
wer sonst seine Gedanken je
in so übermenschliche Räume trieb!
Ich tat es
und traf ins Blaue
und wies nach:
dort sitzt der Dieb!
Bisweilen komm ich mir vor
wie ein holländischer Hahn,
oder ich ahme
nach den König von Pskow, sieh . . .
Doch bisweilen
behagt mir am meisten
mein eigener Name:
Wladimir Majakowski.
Ende
(1913)

MYSTERIUM BUFFO

Heroisches, episches und satirisches Abbild unseres Weltalters in sechs Aufzügen

(Zweitfassung)

Vorspruch

»Mysterium buffo« ist ein Weg. Der Weg der Revolution. Niemand kann mit Genauigkeit vorhersagen, welcherlei Gebirge wir, die diesen Weg beschreiten, noch werden sprengen müssen. Heute bohrt uns das Wort »Lloyd-George« ins Ohr, und morgen werden sogar die Engländer selber diesen Namen vergessen haben. Heute drängt stürmisch der Wille von Millionen zur Kommune, und in einem halben Hundert Jahre werden vielleicht die Großflugschiffe der Kommune sich in den Raum werfen – zum Sturm auf ferne Planeten.
Darum habe ich den Weg (die Form) verlassen und wiederum die Teile der Landschaft (den Inhalt) verändert.
All ihr künftigen Schauspieler, Inszenierer, Rezitatoren und Herausgeber des »Mysterium buffo«, ändert jeweils seinen Inhalt, macht den Inhalt zeitgemäß, heutig, minutengerecht! W. M.
(1921)

Es wirken mit

1. *Sieben Paar reiner Wesen*
   a) der Negus von Abessinien, b) ein indischer Radscha, c) ein türkischer Pascha, d) ein russischer Spekulant (Kaufherr), e) ein Mandarin, f) ein wohlgenährter Perser, g) Georges Clemenceau, h) ein Deutscher, i) ein Pope, j) ein Australier, k) das Weib des Australiers, l) David Lloyd-George, m) ein Amerikaner, n) ein Diplomat
2. *Sieben Paar unreiner Wesen*
   a) ein Rotarmist, b) ein Laternenputzer, c) ein Kraftfahrer, d) ein Bergmann, e) ein Zimmermann, f) ein Landarbeiter, g) ein Dienstmann, h) ein Schmied, i) ein Bäcker, j) eine Waschfrau, k) eine Näherin, l) ein Maschinist, m) ein Eskimo-Fischer, n) ein Eskimo-Jäger
3. *Der Versöhnler*
4. *Der Intelligenzler*
5. *Die Dame mit den Pappschachteln*
6. *Die Teufel*
   a) Beelzebub, b) Ober-Satan, c) eine Ordonnanz, d) eine zweite Ordonnanz, e) eine Schildwache, f) zwanzig Reine mit Hörern und Schwänzen
7. *Die Heiligen*
   a) Methusalem, b) Jean-Jacques Rousseau, c) Leo Tolstoi, d) Gabriel, e) ein Engel, f) ein zweiter Engel, g) mehrere Engel
8. *Der Herr Zebaoth*
9. *Handelnde Personen des Gelobten Landes*
   a) Hammer, b) Sichel, c) Maschinen, d) Eisenbahnzüge, e) Kraftwagen, f) Hobel, g) Zange, h) Nadel, i) Feile, j) Brot, k) Salz, l) Zucker, m) Materie, n) Stiefel, o) Schaltbrett
10. *Der Mensch der Zukunft*

Schauplätze der Handlung

1. das gesamte Weltall – 2. Die Arche – 3. Die Hölle – 4. Das Paradies – 5. Das Land der Trümmer – 6. Das Gelobte Land

Prolog

EIN UNREINER Einen Augenblick –
und wir zeigen euch:
das Mysterium buffo.
Wiewohl ich sonst lange Vorreden scheu,
muß gesagt sein:
das Ding da ist ziemlich neu.
Springt einer über die eigene Größe,
bedarf es der helfenden Schwünge und Stöße.
Nach einem Prolog
schreit ein neues Stück,
sonst hats beim Publikum
wenig Glück.
Erstens: weshalb
wächst die Bühne in den Zuschauerraum?
Loyalgesinnte Leute
freut so was kaum.
Nun ja, wozu lauft ihr denn ins Theater?
Und nennt ihr den Guckkasten ein Vergnügungsmittel?
Der Guckkasten ist bloß
des Vergnügens
ein Drittel.
Wenn also
ein packendes Stück
sich im ganzen Haus breitmacht,
habt ihr das Vergnügen verdreifacht.
Verdient aber
ein Bühnenwerk
nicht mal diesen Titel,
dann verzichtet man gern
auch aufs Drittel.
Auch in anderen Theatern
gibts Vorstellung,
jedoch –
für sie ist die Szene
nur ein Schlüsselloch.

Sitz still und schau zu,
wie hochentwickelt
ein fremdes Leben
im Stück sich zerstückelt.
Man sitzt und sieht
und hört Onkel Wanja
näselnd konversieren
mit Tante Manja.
Uns aber interessieren
nicht Onkel und Tanten –
die haben wir ja selbst,
im Verein,
unsre lieben Verwandten,
daheim.
Gewiß zeigen wir ein Stück
vom wirklichen Leben,
nur lassen wirs vom Theater
ins Ungewöhnliche heben.
Der erste Aufzug führt im Sinne:
daß die Erde – rinne.
Alsdann Gestampf,
Fluchtstrom, Sintflut, revolutionärer Kampf.
Und ähnlich wie im biblischen Märchen:
sieben unreine und sieben reine Pärchen.
Das heißt:
vierzehn Habenichts-Proleten
und vierzehn Bourgeois-Kapazitäten.
Und zwischendrein mit tränendem Blick
ein ganz klein winziger Menschewik.
den Pol überflutets,
letzte Zuflucht schwindet,
und Männer und Frauen
beginnen eine Riesen-Arche zu bauen.
Im zweiten Aufzug wird die Archenstatt
bevölkert und macht ihr Wesen publik:
hie absolutistischer Monarchenstaat,
hie demokratische Republik.
Aufheult menschewistischer Mißakkord:

schon schmeißt man die Reinen
kopfüber über Bord.
Im dritten Aufzug wird man sehen:
den Arbeitern
kann überhaupt nichts geschehen.
Nicht mal der Teufel im Höllenschlund
gibt ihnen zu Befürchtungen Grund.
Im vierten Akt
darf euch das Lachen schütteln:
er soll euch bildlich
das Paradies übermitteln.
Im fünften meldet sich der Ruin;
mit seinem Rachen ungemessen
sieht man ihn alles zerstören und fressen.
Ja, schafften wir auch mit hungrigem Magen,
wir haben dann doch
den Ruin geschlagen.
Im sechsten Aufzug –
da siegt die Kommune.
Und der Saal
in seiner Breite und Länge
sei ganz Auge und breche aus
in Gesänge!

Alles fertig?
Höllenschlund?
Himmelsschoß?
Stimme hinter der Szene: »Al-les fer-tig!«
Na schön. Dann – los!

Erster Aufzug

Vor einem fahlen Nordlicht-Feuerschein – die Erdkugel, mit dem unteren Pol auf der Eisfläche des Bodens aufruhend. Längen- und Breitenkreise ziehen sich als Seile strickleiterartig über den Globus. Zwischen zwei Walrossen, die die Welt stützen, bückt sich der Eskimo-Jäger, sticht mit dem Finger gegen den Boden und ruft einem zweiten zu, der vor ihm am Feuer ausgestreckt liegt.

DER JÄGER Ehee! ehee!
DER FISCHER Nun?
Er brüllt
und hat sonst nichts zu tun,
stupst den Boden noch und noch.
DER JÄGER Ein Loch!
DER FISCHER Wo ein Loch?
DER JÄGER Es rinnt!
DER FISCHER Was rinnt?
DER JÄGER Die Erde!
DER FISCHER *springt auf, läuft hinzu und blickt angestrengt auf des Jägers angepreßten Finger:*
Oooh!
Ob das verwunschene Mächte sind.
Teufel noch mal!
Da lauf ich und geb dem Polarkreis
ein Signal.
Er läuft los und stößt am Bug der Weltkugel mit dem dahinter hervortretenden Deutschen zusammen, der seine Ärmel auswringt. Einen Augenblick tastet der Ankömmling vergeblich am Gewand des Fischers nach einem Knopf und verheddert sich im zottigen Pelz.
DER DEUTSCHE Herr Eskimo!
Herr Eskimo!
ich muß mich sputen.
Nur zwei Minuten . . .
DER FISCHER Nun?
DER DEUTSCHE So wars: heut sitz ich daheim im Restaurant

an der Friedrichstraße.
Sonne im Fenster
lockt die Gäste und den Ober.
Der Tag
ist heiter wie ein Bourgeois vorm Oktober.
Na, die Essenden plaudern dann und wann,
unverbindlich wie Scheidemann.
Wer denkt an Bluff
beim Anblick getürmter Flaschen?
Nach der Suppe
denk ich ans Bœuf,
nach dem Bœuf ans Naschen.
Ich kau und ich schau –
bin verdutzt: denn ich seh –
was Ungeheuerliches naht von der Siegesallee.
Die steinernen Hohenzollern
zwischen Kamille und Lilie
geraten ins Kollern –
die ganze Familie.
Und es donnert.
Ich – gleich rauf aufs Dach!
Da wälzt sich ums leere Gasthausgerippe
die wasserlose Brandung mit Krach.
So schlingt sie den Damm
und das Häusergeklippe
und schlägt überm Weichbild
klatschend zusamm.
Berlin ist ein Wahnwitz
erregten Meeres
und gurgelt, ein Baßgegröle,
ein schweres.
Geschwenkt,
gehoben,
bald unten,
bald oben –
gleichen die Häuser schaukelnden Schiffen!
Und eh noch meine Gedanken
begriffen,

ob Marschall Foch am Werk ist
oder wer . . .
DER FISCHER Kürzer!
DER DEUTSCHE . . . stakse ich selber
pudelnaß einher.
Ich schau: –
alles trocken,
doch es gießt und gießt und gießt.
Und plötzlich
– der Pomp von Pompeji im Aschenregen
war nichts dagegen! –
ein Bildergepurzel:
ganz Berlin ist ausgerissen
mit der Wurzel
und in den saugenden Abgrund geschmissen,
in den Schmelzherd der Welt.
Ich kam zu mir auf dem Wogenkamm,
drauf das Gerümpel der Dörfer schwamm.
Ich beschwor all meine Jachtklub-Erfahrung
und steh nun
vor Ihnen ganz ungebührlich
als Offenbarung:
ich bin alles,
was von Europa noch blieb.
DER FISCHER N-nicht gar viel . . .
DER DEUTSCHE In ein, zwei Tagen natürlich
beruhigt sich das grausame Spiel.
DER FISCHER Na, sprich ohne dein europäisch Getue:
was willst du? Wir haben nicht Zeit für euch.
DER DEUTSCHE *mit einer horizontalen Gebärde:*
Gestatten Sie, daß ich bei Ihren verehrlichen
Seehunden ruhe.

Der Fischer macht eine verdrießliche Geste zum Feuer hin und geht in entgegengesetzter Richtung, um den Polarkreis zu verständigen, und stößt auf das hinter der anderen Rundung hervortretende durchnäßte Australierpaar.

DER FISCHER *macht bestürzt einen Schritt rückwärts:*
Gabs je Gesichter, so maßlos abscheulich?!

DER AUSTRALIER UND SEINE FRAU *zusammen:*
Wir sind Australier.
DER AUSTRALIER Ich komme aus Australien.
Was Glücksgüter ausstrahlten – alles hatten wir –
als da sind:
Palme, Stachelschwein, Kaktus, Känguruh,
Schnabeltier . . .
DIE AUSTRALIERIN *weint in aufsteigender Bitterkeit:*
Greulich!
Soll alles nun
verloren sein?
Palme,
Schnabeltier,
Kaktus, Känguruh,
Stachelschwein?
Alles versunken,
alles ersoffen.
DER FISCHER *weist auf den breit hingelagerten Deutschen:*
Auch der dort ist schwer betroffen.
Lassen Sie ihn nicht allein.
Der Eskimo-Fischer wendet sich zum Gehen, macht aber wiederum halt, da zwei Stimmen von beiden Seiten des Erdballs zu ihm dringen.
ERSTE STIMME Melonenhut, u-huhuu!
ZWEITE STIMME Zylinder, u-huhuu!
ERSTE STIMME Es gibt nicht Ruh!
Haltet euch an die nördliche Breite!
ZWEITE STIMME Es tollt immerzu!
Klammert euch an die westliche Länge!
Über die Seile der Parallelkreise und Meridiane krabbeln ein Engländer und ein Franzose vom Erdball herunter. Jeder pflanzt seine Nationalflagge auf.
DER ENGLÄNDER Die Flagge steht fest.
Hier bin ich Herr und weiche nie.
DER FRANZOSE Pardon, monsieur!
Ich war früher da.
Das ist meine Kolonie.
DER ENGLÄNDER *breitet irgendwelche Waren aus:*

Nein! sie ist mein!
Ich beginne schon, Handel zu treiben.
DER FRANZOSE *mit aufsteigender Verdrossenheit:*
Nein! sie ist mein!
Ich allein werde hier bleiben.
DER ENGLÄNDER *wütend:*
Ach so!
Dann sag ich: Verrecke!
DER FRANZOSE *wütend:*
Dann setzt es bei dir blaue Flecke!
DER ENGLÄNDER *mit den Fäusten auf den andern losgehend:*
England, hip-hip! Ich rat: halt distance!
DER FRANZOSE *mit den Fäusten auf den andern eindringend:*
Hurra, hurra, vive la France!
DER AUSTRALIER *springt hinzu, trennt die Streitenden:*
Na, das gebärdet sich!
Keine Leute!
eine Meute!
Schon gibts weder Imperien
noch Imperatoren,
doch Raufbolde bleiben
dem Faustkampf verschworen.
DER FISCHER Ach, ihr,
Imperialisten!
DER DEUTSCHE Laßt doch das! Schluß mit den Zwisten!
DER FISCHER Das ist mir eine Bande!
Er schickt sich an, zu gehen; da steht, wie vom Himmel gefallen, der altrussische Handelsmann vor ihm.
DER KAUFHERR Meine Verehrtesten,
welche Schande!
Sind wir in Asien?
»Asien vernichten!« beschloß der Himmelsrat.
Ich Russe war nie im Leben Asiat!
Sich ein wenig beruhigend:
Saß in Tula, gestern abend,
mich in die Sesselkissen vergrabend.
Da fährts in die Tür!
»Tscheka!« denk ich, »aus! weh mir!«

Doch
Gott ist nun mal gnädiglich:
es zeigt sich, der Wind wars lediglich.
Erst ein paar Tropfen,
dann gings los,
und der Guß wird größer
und schon richtig groß,
es steigt in den Gassen
der Guß aus den Gossen,
kriegt die Dächer zu fassen . . .

ALLE Still, bitte!
Still, bitte!

DER FRANZOSE Hört ihr nicht?
Die stampfenden Schritte!
Herannahendes Stimmengewirr
Die Sintflut! die Sintflut! die Sintflut!

DER ENGLÄNDER *entsetzt:*
Herr des Himmels!
O Unheil, diese wäßrige Lage –
und obendrein noch die östliche Frage.
Vorn erscheint der Negus, hinter ihm der Mandarin, der Perser, der Türke, der Radscha, der Pope, der Versöhnler. Den Zug beschließen die von allen Seiten herbeieilenden sieben Paare der Unreinen.

DER NEGUS Ich bin der Negus, kein Neger,
nicht schwarz wie die Schornsteinfeger,
ich bin Abessiniens Pfleger,
erhöht und gekrönt
und an Herrschaft gewöhnt.
Meine Verehrung!
Verlassen hab ich mein schwarzes Land,
wo die Nilflut brannte im Wüstensand,
bis die Nilwogen neu sich versammelt haben,
um mein Afrika unter der Flut zu begraben.
Gehört ich nicht zu den reichsten Königen?
Doch nun begnüg ich mich mit dem wenigen . . .

DER FISCHER *verdrossen:*
. . . Nichts als Entbehrung.

Meine Verehrung!
Das kennt man, das kennt man.
DER NEGUS Mehr Respekt, wenn ich bitten darf,
gern oder ungern!
Ich bin der Negus und möchte nicht hungern.
Was seh ich?
Sind diese Schoßhunde schmackhaft und
saftig?
DER FISCHER Ich lehr dich was!
»Schoßhund« sagt er, wahrhaftig!
Nicht Hunde sinds, sondern Walrosse!
Der Negus versucht irrtümlich, auf dem Rücken Lloyd-Georges Platz zu nehmen, der einem Walroß zum Verwechseln ähnlich sieht.
Nimm Platz und laß keinen Schmutzfleck zurück.
DER ENGLÄNDER *erschrocken:*
Nicht ich bin das Walroß –
dort lungerts das zahme;
auch wenn ich mich bück:
Lloyd-George ist mein Name.
DER FISCHER *zu den übrigen:*
Was gibts? Tut auf euern Mund!
DER MANDARIN Ach, gar nichts.
Ach, gar nichts.
Mein China ging zugrund!
DER PERSER Persien,
mein Persien ist ertrunken!
DER RADSCHA Sogar Indien,
das himmlische, ist versunken!
DER PASCHA Nur der Name blieb übrig von der Türkei!
Aus der Menge der Reinen bahnt sich eine Dame den Weg; sie trägt einen Stapel von unzähligen Pappschachteln.
DIE DAME Vorsicht!
nicht reißen!
ganz dünne Seide!
Zum Eskimo-Fischer:
He, Rüpel, dir könnts gar nicht schaden,
mir die Schachteln abzuladen.

EINE STIMME *aus der Menge der Reinen:*
Wie süß sie doch ist!
wie würzig beseelend! . . .
DER FISCHER Schmarotzerin
und ein geschminktes Elend!
DER FRANZOSE Madame sind welcher Nationalität?
DIE DAME Die Nation ist bei mir verschieden.
Erst war ich Russin, doch das war noch im Frieden,
dann wurde mir Rußland zu eng –
diese Bolschewiken fand ich zu streng;
es strebte mein zartes Damenporträt
nach Liberalität und nach Westen –
so fand ich zu den Esten.
Übers Baltikum kam die rote Lawine,
da ward ich Bürgerin der weißen Ukraine.
In Charkow schien die Lage mir kritisch,
da wählt ich Odessa und ward kosmopolitisch.
Odessa fiel, Wrangel floh in die Krim,
da floh ich ihm nach, unterwarf mich ihm.
Die Weißen riß es hinab in den Pfuhl,
und schon war ich Türkin, Wohnsitz Stambul.
Rot anzulaufen begann der Türkis,
gleich war ich Französin.
Adresse: Paris.
So wechselte ich Pässe –
wohl an die vierzig.
Jetzt bin ich Kamtschadalin.
Der Wechsel rentiert sich.
Nur – der polare Sommer ist allzu dämmerlich:
Hier wirken die kostbarsten Toiletten
jämmerlich!
DER FISCHER *die Reinen anschnauzend:*
Stille!
Stille!
krakeelende Streiter!
DER VERSÖHNLER *in hysterischem Anfall sich von der Menge ablösend:*
Achtung! Hilfe!

das geht nicht so weiter!
Ich bitt um Gehör –
was soll das bedeuten?
Kein trocknes Plätzchen
den ehrlichen Leuten?
Laßt mich in Ruhe –
ich möchte nach Haus,
ins geheizte Studierzimmer!
Das halt ich nicht aus!
Ich glaubte an Kautsky,
den alten Frommen:
alle zufriedengestellt,
niemand zu Schaden gekommen . . .
Und jetzt –
was seh ich? Raufhändel! Mord!
Ihr lieben Roten!
Ihr lieben Weißen!
Ich bitt: laßt mich fort!

DER FRANZOSE Nicht die Augen reiben . . .
Nicht die Lippen beißen . . .
Zu den Unreinen, die sich dem Feuer nähern, hochmütig:
Was habt ihr für Nationalität?

DIE UNREINEN *zusammen:*
Wir ziehen in aller Welt umher,
ein Volk, das nicht Namen noch Heim hat.
Wir sind der Armut wanderndes Heer,
die Arbeit ist unsre Heimat.

DER FRANZOSE Alte Arien!

STIMMEN DER REINEN *bestürzt:*
Das Land Proletarien!
Es sind Proletarier . . .
Proletarier . . .

DER SCHMIED *versetzt dem Franzosen einen Klaps auf dessen beträchtlichen Schmerbauch:*
Stört Sintflutgelärm den alten Knaben?

DIE WASCHFRAU *zum Franzosen, höhnisch, kreischend:*
Wachs in die Ohren und rein in die Federn!
Wie wärs mit dem Schacht oder Schützengraben?

DER ROTARMIST *drohend:*
Der Schützengraben kann ihn nicht ködern;
dort ists ja noch nässer.
DER VERSÖHNLER *merkt den heranreifenden Konflikt zwischen den Unreinen und den Reinen und beeilt sich dazwischenzutreten:*
Nicht doch, liebe Leute! Ist Schimpfen denn besser?
Könnt ihr denn eure Zunge nicht bändigen?
Umarmt euch
und weggeworfen das Messer!
Ihr Herren und Genossen,
man muß sich verständigen.
DER FRANZOSE *gehässig:*
Ich – mich verständigen?
Zu viel des Guten!
DER FISCHER *boshaft, während er sowohl wie auch der Franzose auf den Versöhnler eindringen:* Verdammter Versöhnler!
Mir das zuzumuten!
DER VERSÖHNLER *entkommt geschlagen, flennend:*
Da sieht mans
wieder einmal . . .
Du redest im guten,
du rätst das Beste,
du meinst nur Milde.
Und nachher hast du die Nase bluten,
und statt der Eintracht –
schrein beide wie Wilde.
Unterdessen kommen die Unreinen nach vorn; sie teilen mit sichtlichem Ekel den zusammengedrängten Haufen der Reinen und lassen sich am Feuer nieder. Die Reinen schließen den Kreis um sie.
DER PASCHA *schiebt sich in die Mitte vor:*
Ihr Rechtgläubigen!
wir sollten kein Rad schlagen.
Laßt uns lieber in Demut beratschlagen,
erkunden, was Allah gefällt.
DER KAUFHERR Die Antwort ist einfach: –
das Ende der Welt.

DER POPE Mir scheint es eher – die große Flut.
DER FRANZOSE Keine Spur!
Alles spricht dagegen.
Wo bleibt denn der Regen?
DER RADSCHA Jawohl –
es hat nicht geregnet.
DER DIPLOMAT Das heißt, auch dies war ein Widersinn . . .
DER PASCHA Doch immerhin –
uns Rechtgläubigen ist was begegnet.
Forschen wir, was diesen Vorfall erläutert.
DER KAUFHERR Ich meine: weil der Pöbel meutert.
DER DEUTSCHE Mir schwant – alles von wegen Krieg.
DER INTELLIGENZLER Nein,
ich seh die Sache andersherum:
hier waltet nur reinste Metaphysik.
DER KAUFHERR *unwillig:*
Krieg – das ewige Mysterium.
Seit Adams Tagen!
STIMMEN Bitte, nicht durcheinanderreden!
Die Reihe kommt an jeden.
Kein Sodom veranstalten!
Maßhalten!
DER PASCHA Pssst, pssst!
Redet doch gesetzter jetzund!
Sie haben das Wort, Herr Student.
Sich vor der Menge rechtfertigend:
Denn diesem tritt schon der Schaum vor den Mund.
DER INTELLIGENZLER Zu Beginn
war alles noch wie gewöhnlich;
die Tage verliefen
einander ähnlich,
und nur das Morgenrot schien etwas röter.
Doch später –
kamen Gesetze, Begriffe,
Glaube kam in ganzen Bekenntnissen,
dann kam der Großstädte steinerne Traube,
die Rothaar-Sonne im Glanz ihrer Haube,
und alles in farbigen Einverständnissen

floß und zerrann und sickerte dünner . . .
Dann plötzlich, wenn ich mich recht erinner:
ergossen sich Gassen
auf schmelzende Häusermassen.
Das Welten-All –
in Hochöfen der Revolution zerlassen,
stürzt hin, ein gigantischer Wasserfall.

STIMME DES MANDARIN Herrschaften, aufgepaßt!
Es nieselt.

DIE FRAU DES AUSTRALIERS
Gut gesagt. Doch mir scheint vielmehr,
daß es Riesen-Gießbäche rieselt.

DER PERSER Wir stehn vorm Nichts vielleicht,
ernst und bitter,
und balgen uns um Gedankensplitter.

DER DIPLOMAT *drückt sich an den Globus-Pol:*
Stellt euch hierher, da rinnts nicht so stark!
eng und dicht!
hier tropfts nicht so arg.

DER KAUFHERR *stößt mit dem Knie heftig gegen den Eskimo-Jäger, der gebückt das Leck zuhält, mit der ganzen Engelsgeduld, die seinem Volk eigen ist:*
He, du!
Verschwind zu den Walrossen!

Der Eskimo-Jäger taumelt zur Seite; aus der freigewordenen Öffnung fährt der Wasserstrahl über alle Anwesenden hin. Die Reinen stieben nach allen Richtungen auseinander, mit unartikuliertem Geschrei:
I – i – i – i – i!
U – u – u – u – u!
A – a – a – a – a!

Im nächsten Augenblick stürzen sich alle auf die gefährliche Fontäne:
Verschließen!
Draufpressen!
Zudrücken das Leck!

Jetzt fahren alle zurück. Einzig der Australier verharrt beim Globus, preßt die bloße Hand gegen den Spund.

DER POPE *hat sich in der allgemeinen Bestürzung auf einen kleinen Holzstapel aufgepflanzt:*
Brüder!
das letzte Stück Zuflucht schwimmt weg!
wir verlieren die Handbreit Boden!
EINE STIMME VON DEN UNREINEN *leise:*
Wer ist das?
Seit wann gibts Vollbart-Kommoden?
DER POPE Wahrlich, ich sage:
vierzig Nächte wirds dauern
und vierzig Tage.
DER KAUFHERR Wie richtig,
daß der Herr diesen Weisen ertüchtigte!
DER INTELLIGENZLER Wir kannten schon mal eine ähnliche Lage: denkt an die Arche Noah, die berüchtigte.
DER KAUFHERR *nimmt den Standort des Popen ein:*
Lauter Dummheiten –
Bibel, Präzedenzfall und überhaupt . . .
STIMMEN Zur Sache! zur Sache!
DER KAUFHERR Wie wär's, eine Arche zu baun, wenn ihr glaubt –?
DIE FRAU DES AUSTRALIERS
Eine Arche zu baun! Sehr richtig!
DER INTELLIGENZLER Fällt uns nicht ein!
Dann lieber einen Dampfer, hochseetüchtig.
DER RADSCHA Warum nicht gleich zwei?!
DER KAUFHERR Abgemacht! topp! ich bin dabei!
Mein Gesamtkapital setz ich ein;
sollten wir dümmer als der olle Noah sein?
ALLGEMEINES STIMMENGEWIRR
Ein Hoch!
es lebe der technische Geist!
DER KAUFHERR Wir stimmen ab –
wer ist dafür?
STIMMENGEWIRR Schon ein Blick beweist:
die Mehrheit sind wir!
Die Reinen wie die Unreinen heben zustimmend die Hände,
DER FRANZOSE *hat mittlerweile den Standort des Kaufherrn ein-*

genommen; mit gehässigem Seitenblick gegen den Schmied, der ebenfalls die Hand erhoben hat:
Ei, da seht mal: der Schmied!
Auch so ein Wicht hält mit?
Messieurs,
die Unreinen weg! die müssen wir scheun!
Dann werden sie ihr Geschimpf bereun.

STIMME DES ZIMMERMANNS
Hört ihr den Bauherrn, den nobeln?
Kann er selber sägen und hobeln?

DER FRANZOSE *sich fügend:*
Hab mirs überlegt, seh ein:
für uns Reine sind alle rein.

DER SCHMIED Wählen wir nur die Breitschultrigen, Nüchternen.

DER DEUTSCHE *nimmt nun den Standort des Franzosen ein:*
Pssst, Herrschaften,
vielleicht brauchen wir uns mit den Unreinen
auch gar nicht abzufinden.
Zum Glück
gibts noch einen fünften Weltteil da hinten.
Ihr macht Spektakel, ohne daß ihr wißt,
ob unter uns nicht ein Amerikaner ist.

DER KAUFHERR *freudig:*
Köpfchen! schau –
jeder Zoll ein Kanzler, schlau!
Seine Freude wird vom Ausruf der Australierin unterbrochen.
Was gibts?
Geradewegs aus dem Saal braust ein Amerikaner auf einem Kraftrad auf die Szene, vor die gespannt Ausschauhaltenden hin.

DER AMERIKANER Ladies and gentlemen,
wo ist hier die neue A. G. Archenbau?
Schwingt ein Papier.
Dahier –
ein kleines Wertpapier.
Amerika ist ersoffen und weg.
Doch sterbend schickt es noch diesen
Zweihundertmilliarden-Scheck.

Schweigen und Mutlosigkeit. Plötzlich der Jammerruf des am Wasserleck hockenden Australiers.

DER AUSTRALIER Ihr starrt in die Luft – mit offnem Mund?
Meine Finger werden steif.
Ich öffne den Spund!
Die Reinen werden geschäftig, sie drängen sich an die Unreinen.

DER FRANZOSE *zum Schmied:*
Nun? wie stehts, Kameraden?
Wollen wir baun oder ins Blaue schaun?

DER SCHMIED *gutmütig:*
Na, ja. Von mir aus,
meinetwegen.
Winkt den Unreinen:
Hübsch los, Genossen!
laßt uns Hand anlegen.
Die Unreinen erheben sich. Sägen, Hobel, Hämmer in Bewegung.

DER VERSÖHNLER Rascher, Genossen!
Tummelt euch, ihr Teuern!
Herbei, Axt und Säge –
welche Lust, euch anzufeuern!

DER INTELLIGENZLER *geht zur Seite:*
Zur Mitarbeit
drängt mich
keinerlei Rage.
Da sitz ich lieber
und treib 'n bißchen Sabotage.
Die Arbeitenden laut antreibend:
Los! kräftig angefaßt!
haut! hämmert! nützt die gesetzte Frist!

DER ZIMMERMANN Warum du nur sitzt
und die Frist verpaßt?

DER INTELLIGENZLER Bin unabkömmlich. Bin Spezialist!

Zweiter Aufzug

Das Verdeck der Arche. In allen Richtungen des Horizonts das Panorama der ins Wogenrollen einstürzenden Ländermassen. Unter das tiefziehende Gewölk stemmt sich der vom Takelwerk wirr umgebene Mast mit Strickleitern. Seitlich eine Deckkabine und der Eingang zum Schiffsraum. Die Reinen und die Unreinen sieht man vorn entlang der Reling aufgestellt.

DER LANDARBEITER Tja,
so 'n Sturz über Bord – kein Geschäft für mich.
DIE NÄHERIN Sieh dorthin –
keine Wellen, ein Zaun vorm Himmelsstrich!
DER KAUFHERR Welcher Irrsinn,
mit euch mich einzuschiffen!
Man zieht den kürzeren,
man zahlt drauf.
Habt nicht die Bohne von Schiffahrt begriffen,
und ich nehm euch als Seebären in Kauf.
DER LATERNENPUTZER Hui, wie das hochgeht!
dröhnt aus hohlen Fässern!
DIE NÄHERIN Was red ich von Zaun?
Eine Wand aus Gewässern!
DER FRANZOSE Ach, wie dumm!
Man hat uns ja reingelegt.
Ich fühl nur Reue,
mir ist gar nicht wohl.
Hätten warten sollen,
solang die Erde uns noch trägt.
Hatten doch immerhin einen ruhenden Pol.
DER LANDARBEITER Gleichen nicht Wölfen
die Wogen, die Zähnefletscher?
DIE BEIDEN ESKIMOS, DER KRAFTFAHRER UND DAS AUSTRALIERPAAR
gleichzeitig:
Seht!
Alaska steht kopf,
samt Eisberg und Gletscher!

DER NEGUS Geschnellt, geschleudert –
ein Stein in die Höh.
DER DEUTSCHE Hoppla!
ESKIMO-JÄGER Davon ists!
DER FISCHER Weg!
ALLE Adieu! adieu! adieu!
DER FRANZOSE *plärrt, von Errinnerungen übermannt:*
Lieber Himmel!
Mon dieu!
Wie wars doch schön
en famille
am hübsch gedeckten Teetisch –
petit gâteau, Kaviar . . .
DER BÄCKER *weist aufs Ende des Daumennagels – Geste »nicht der Rede wert!«:*
Bei Gott!
ich finds weder tragisch
noch poetisch.
DER SCHUSTER Hab ein Schnäpschen zur Seit geborgen –
her ein Gläschen, Fingerhütchen!
DER DIENSTMANN Wird sich finden.
DER BERGMANN Kinder! los,
runter ins Kajütchen!
DER ESKIMO-JÄGER War der Walroßbraten
nicht zu zäh, nicht zu mager?
DER DIENSTMANN I wo – knusprig
wie 'n Schinken, so 'n Prager.
DIE UNREINEN *steigen in den Schiffsraum hinunter, singend:*
Nichts zu verlieren? weder Haus, weder Krempel.
Sintflut macht uns nicht angst noch bang.
Müde Beine, die alten Stempel,
stempeln denselben schwankenden Gang.
Ha! es lebt sich gut auf den großen Booten.
Ha! Walroßbraten und ein Schnäpschen
sind auch nicht verboten . . .
Ha, nicht verboten!
Währenddessen haben die an Deck alleingebliebenen Reinen den plärrenden Franzosen umringt.

DER PERSER Sie sollten sich schämen.
Kopf hoch und – auf Draht!
DER KAUFHERR Wir schaukeln schon die Sache –
bis zum Berg Ararat.
DER NEGUS Wenn man vorher nicht verhungert, Kamerad.
DER AMERIKANER Geld – einen Haufen,
und nichts zu kaufen,
und wenig Jubel,
und zum Essen – einen Schmarren.
Für ein Pfund Brot geb ich eine halbe Million
Nikolaus-Rubel und Gold zwei Barren.
DER KAUFHERR Spekulant war ich;
dreimal war im Kittchen mein Sitz.
Zum Teufel, was mach ich mit dem Geld nun?
DER MANDARIN Spuck drauf und zertritts.
DER PASCHA Geld und Edelsteine? Bah, ein Witz.
Realer sind Steine in Galle und Niere –
immerhin etwas im Leib, gratuliere.
DER AUSTRALIER Nichts zu fressen.
Wie eingesargt.
DER VERSÖHNLER Und nirgends ein Schleichweg zum
schwarzen Markt.
DER KAUFHERR *zum Popen:*
Nur Mut, gottesfürchtiger Pater!
Zum Basar wird das Welttheater.
DIE DAME Milch, Butter und Sahne!
Und habt ihr nicht Kanne noch Flasche,
so füllt fette Milch in die Jackentasche.
DER KAUFHERR Dumme Kuh, denkt an Milch und Lappalien.
Der Arbeiter kriegt Prämienvergütung
und Naturalien –
und holt sich im Tauschweg sein Futter,
DIE DAME Ich geb meine Hüte her für Eier und Butter.
DER INTELLIGENZLER
Ist der letzte Hut weg, dann beißt in der Regel
Madame ihre eigenen Fingernägel.
DER POPE *lauscht dem Lärm im Schiffsraum unten:*
Hört, wie sie brüllen –

DER INTELLIGENZLER – und schnurzpiepe
den Wanst sich mit Fischsuppe füllen.
DER POPE Fischen auch wir mit Harpune und Netzen!
DER DEUTSCHE Har – pu – ne?
Wie läßt so was sich bewegen?
Ich weiß nur den Degen
in menschliche Eingeweide zu setzen.
DER KAUFHERR Ich warf das Netz aus –
erhoffte einen guten Fang,
plagte mich ab
und
fing
nichts als Seegras und Tang.
DER PASCHA *niedergeschlagen:*
Wer hätt das vom Innungs-Kaufmann gedacht:
daß ers bis zur Algensuppe gebracht!
LLOYD-GEORGE *zu Clemenceau:*
Heureka!
Genug vom alten Hader.
Franzosen und Engländer sind Sowohl-als-auch.
Ich hab einen Bauch. Sie haben einen Bauch.
DER VERSÖHNLER Ich – auch!
CLEMENCEAU Im Ernst –
mit einem so wunderbaren
Edelherrn liegt man sich nicht in den Haaren.
LLOYD-GEORGE Wir habens gegeneinander oft bös gemeint.
Doch heut haben wir den gemeinsamen Feind.
Und was ich Ihnen längst sagen wollte . . .
Er faßt Clemenceau untern Arm und führt ihn beiseite. Nach einer flüsternden Unterhaltung kehrt er mit ihm zurück.
CLEMENCEAU Herr des Himmels!
wir sind doch die Reinen.
Sollen wir etwa schuften und schwitzen?
Da heißts doch lieber die Unreinen nützen.
DER INTELLIGENZLER Ich tät sie schon zwingen!
Nur –
wie soll ichs?
Meine Fäuste sind Nullen.

Und die Kerle, nun – wahre Bullen.
LLOYD-GEORGE Gott verhüte, nur ja nicht raufen!
Doch aufgepaßt –
während sie unten schlemmen und saufen,
grölend
sich lümmeln und sich laben –
laßt uns hier ihnen eine Grube graben . . .
CLEMENCEAU Wählen wir ihnen hier einen Zaren!
DER VERSÖHNLER Wozu einen Zaren?
lieber einen Konstabler!
CLEMENCEAU Ein Zar ist rentabler,
der erläßt
ein Lebensmittelablieferungsmanifest.
Ein Zar hat zu schmausen,
wir essen mit! –
denn treue Untertanen halten immer Schritt.
ALLE Großartig!
DER PASCHA Kein Tropf!
DER DEUTSCHE *freudig:* Nicht umsonst hat er, sag ich,
einen Bismarck-Kopf.
DAS AUSTRALIERPAAR Wählen wir rascher!
EINIGE STIMMEN Aber wen denn?
wen? ja, wen?
DER ENGLÄNDER UND DER FRANZOSE
Den Negus.
DER POPE Das sollte sich von selbst verstehn!
Der strafft am besten die Zügel.
DER KAUFHERR Was für Zügel?
DER DEUTSCHE Nun, wie nennt mans doch gleich?
Das Staats-Steuerruder . . .
Man soll nicht an Wörtern herumklauben,
Bruder!
Der Sinn bleibt aufrecht, trotz allem Gezerr.
Zum Negus: Besteigen Sie ruhig den Thron, mein Herr!
DIE DAME Meine Verehrten!
erklären Sie mir doch –
wird das ein Herrscher, richtig und wahr,
oder bloß ein vorgegaukelter Zar?

STIMMEN Ein echter, erprobt auf Herz und Nieren!

DIE DAME Ach!
dann möcht ich gern als Hofdame fungieren.

LLOYD-GEORGE Rascher, rascher!
Verfaßt das Manifest:
»Von Gottes Gnaden ...«

DER PASCHA UND DER AUSTRALIER
Und ihr, wenn sie rauskriechen,
nehmt sie gleich fest.

Der Pascha und andere Personen verfassen die Verlautbarung. Der Deutsche und der Diplomat rollen vorm Ausgang aus dem Schiffsraum ein Seil auf. Schwankend steigen die Unreinen hervor. Sobald der letzte wieder an Deck ist, vertauschen der Deutsche und der Diplomat ihre Plätze, und die Unreinen stecken in der Seilschlinge.

DER DEUTSCHE *zum Schuster:*
He, du!
tritt an, den Eid zu leisten!

DER SCHUSTER *kann sich in dem Geschehenen noch nicht zurechtfinden:*
Mich lang hinlegen, das möcht ich jetzt am meisten.

DER DIPLOMAT Ich streck dich so hin,
daß der Teufel dich hole!
Herr Unterleutnant,
ziehn Sie die Pistole!

DER FRANZOSE Aha!
die Wodka-Schaluppe
schwankt ernüchtert?

ETLICHE UNREINE *bestürzt:*
Wir stecken in der Tinte
wie das Huhn in der Suppe.

DER AUSTRALIER Mützen runter!
Na, wirds bald?

DER MANDARIN UND DER RADSCHA *schieben den Popen vor, der unter der Deckkabine steht, auf deren Höhe sich der Negus aufgepflanzt hat:*
Die Kerls sind verschüchtert.
Jetzt lies mal, los!

DER POPE *vom Blatt ablesend:*
Wir,
von Gottes Gnaden,
Zar allen Geflügels, das die Unreinen schmoren,
Großfürst im Obrigkeits-Zeichen der Eierspeise,
ziehn jeweils nur sechsmal den Untertanen
das Fell über die Ohren,
das siebte Fell erlassen wir ihnen gnadenweise;
tun kund allen Untertanen und geben zu wissen:
heranschaffen sollt ihr alles Vorhandne,
verhehlt keinen Bissen
an Fischen, Seeferkeln, Zwieback, Muscheln und Nüssen
und sonstig verzehrbarem Gut in Korb und Krug.
Der Senat
und regierende Rat
wird ohne Verzug
die Nahrungsmittelmassen
sortieren lassen,
aussondern und uns bewirten.
DER PASCHA UND DER RADSCHA *als ein Stegreif-Senat:*
Zu Befehl, Eure Majestät!
DER PASCHA *schaltend und waltend:*
Zur Australierin:
Sie – in die Vorratskammer!
Zum Australier:
Sie – in die Kajüten!
Allgemein:
Um Plünderung durch die Unreinen zu verhüten.
Zu dem Kaufherrn, während er den Bäcker für ihn freistellt:
Sie mit dem Mann gehn im Laderaum walten.
Ich mit dem Radscha will an Deck Ordnung halten.
Schleppt rauf,
um wieder runterzulaufen.
Freudengeheul der Reinen
Fressalien herbei – einen tüchtigen Haufen!
DER POPE *händereibend:*
Dann teilen wir brüderlich gute Beute
nach Sitt und Brauch gut christlicher Leute.

Von den Reinen eskortiert, steigen die Unreinen in den Schiffsraum hinunter; eine Minute später kehren sie an Deck zurück und laden vor dem Negus allerhand Nahrungsmittel ab.

DER KAUFHERR *erfreut:*
Das wäre alles,
wohin auch die Haussuchung guckte.
An Güte großartig,
berückend!
Mit einem Wort:
normierte Produkte.
Nun, Kinder, geschmaust! Meine Damen und Herren –

DER AMERIKANER Und die Unreinen –?

DER DEUTSCHE – soll man in den Schiffsraum sperren.

DER POPE Nun ja, all das Gute.
Majestät, gedulden Sie sich
nur eine Minute!

Man treibt die Unreinen in den Schiffsraum, und während man damit beschäftigt ist, verspeist der Negus alles Herangeschaffte. Die Reinen kehren zurück.

CLEMENCEAU Kommst du, Lloyd-George?

LLOYD-GEORGE Ich lauf ja schon!

DIE REINEN *einander gegenseitig antreibend:*
Rascher, rascher –
's ist Zeit zur Kollation!

Sie klimmen hinauf zum Negus. Vor dem Negus steht ein leerer großer Teller. Alle im Chor:
Was ist los?
Haben hier Tatarenhorden gehaust?

DER POPE *rasend:* Ein Freßmaul,
ein einziges –
und hat alles verschmaust!

DER PASCHA Ich hiebe ins satte Gefräß ihm gern.

DER NEGUS Mund halten!
Ich bin der Gesalbte des Herrn.

DER DEUTSCHE Gesalbt hin,
gesalbt her!
Schnall enger den Gurt . . .

DER DIPLOMAT Wenn der Magen knurrt . . .
DER POPE Judas!
DER RADSCHA Pfui, welch ein Tag!
wofür diese Strafen?
DER KAUFHERR Haut euch aufs Ohr.
Man soll die Sache überschlafen.
Alle legen sich hin. Es wird Nacht. Über den Himmel eilt der Vollmond. Der Mond neigt sich zum Untergang. Im graublauen Morgendämmer erhebt sich die Gestalt des Diplomaten. Auf der andern Seite steht der Deutsche auf.
DER DIPLOMAT Schlafen Sie?
Der Deutsche schüttelt verneinend den Kopf.
Schon auf – noch eh es anfängt zu tagen?
DER DEUTSCHE Da schlafe doch einer
mit räsonierendem Magen.
Nun, sprich nur, kannst noch was Oberschlaues sagen!
DER VERSÖHNLER Mir schwanen im Schlaf nur Buletten.
DER POPE *aus der Entfernung:*
Das einzige, was der Traum uns noch malt.
Zum Negus hin:
Verdammter Lump!
Sieh mal an, wie der strahlt.
DER AUSTRALIER Kalt ists.
DER INTELLIGENZLER *zum Negus hin:*
Kein Anspruch an Geist!
Bauch voll – bis zur platzenden Naht.
DER FRANZOSE *nach kurzer Pause:*
Herrschaften,
wissen Sie, was?
Mir ist, als sei ich bereits Demokrat.
DER DEUTSCHE Ha, Neuigkeit!
Ich liebte immer schon rasend das Volk.
DER PERSER *giftig:*
Und wer preßte uns zum Monarchengefolg?
DER DIPLOMAT Wenn ihr doch gegeneinander nicht Fäuste ballet!
Die absolute Monarchie als Staatsverwaltungsform
ist absolut veraltet.

DER KAUFHERR Veraltet, wenn man nichts Gescheites im Mund hat.

DER DEUTSCHE Im Ernst! im Ernst!
wenn man zur Rebellion immer mehr Grund hat.
Genug des Haders
zwischen Überlebenden!

DER VERSÖHNLER Hurra!
ein Hoch der Verfassungsgebenden!

DIE UNREINEN *haben die Falltür hochgestemmt:*
Hurra! hurraaa!
Einander zurufend:
Bringt das Blut in Wallung und hurtig Lauf!
drückt drauf!
Die aus dem Schlaf gescheuchten Unreinen dringen durch das Luk hervor.

DER SCHUSTER Da ist was los! Sind denn alle besoffen?

DER SCHMIED Ist Seenot?

DER KAUFHERR Zur Massenversammlung, herauf! Hier ists offen!
Zum Bäcker:
Bürger, sind Sie für die Republik?

DIE UNREINEN *im Chor:*
Versammlung? Republik?
Ja, was für eine –?

DER FRANZOSE Einen Augenblick,
der Intellekt wird erläutern, was man meine.
Winkt dem Intelligenzler.
He! du, Intellekt, bist ja aufgeweckt.
Der Intelligenzler und der Franzose erklimmen die Deckkabine.

DER FRANZOSE Ich erkläre die Versammlung für eröffnet.
Zum Intelligenzler:
Sie haben das Wort.

DER INTELLIGENZLER Bürger! dieser Fürst
hat einen unmöglichen Mund!

STIMMEN Sehr richtig!
sehr richtig, Bürger, in der Tat!

DER INTELLIGENZLER Verflucht! was der sieht, das wandert in seinen Schlund.

EINE STIMME Sehr richtig!
DER INTELLIGENZLER Und niemand –
niemals – gelangt zum Ararat.
STIMMEN Das ist wahr! sonnenklar!
DER INTELLIGENZLER Genug!
zerreißt eure Ketten, Brüder!
ALLGEMEINES STIMMENGEWIRR
Nieder die Selbstherrschaft!
nieder! nieder!
DER VERSÖHNLER Gegen wen erhebt ihr die Hand, ihr Leute?
Ach! Ein Monarch!
Schon sind wir nur noch Galeeren-Bemannung –
Zuchthaus, Zwangsarbeit, lebenslange Verbannung.
Die Macht ist von Gott –
oh, daß es euch reute!
Ihr Herren,
einigen wir uns auf konstitutionelle Monarchie,
machen wir aus:
Großfürst Michail
oder
Nikolaus.
DIE UNREINEN UND DIE REINEN *im Chor:*
Was?! ausmachen?!
mit einem Allesfresser ein Haus machen?!
DER DEUTSCHE Lieber dir den Garaus machen!
ALLE *im Chor:* Man tät uns ja auslachen!
DER VERSÖHNLER *aufbrausend und greinend:*
Wie die sich zerscherben!
und wie sie höhnen!
leichter ist sterben
als die zu versöhnen.
DER KAUFHERR *zum Negus hin:*
Ein Blutsauger sind Sie
und Leutehasser . . .
DER FRANZOSE *zum Negus hin:*
He, Bursche,
allons-enfants – ins Wasser!
Mit vereinten Kräften ergreifen sie den Negus und werfen ihn

im Schaukelschwung über Bord. Dann fassen die Reinen die Unreinen untern Arm und spazieren mit ihnen umher, während sie leise auf sie einreden.

DER DIPLOMAT *zum Bergmann:*
Genossen,
ihr werdets nicht glauben:
kaum kann ich mich Jubels erwehren:
daß sie weg sind, die jahrhundertealten Barrieren.

DER FRANZOSE *zum Schmied:*
Gratuliere! uralte Traditionen zerschellen.

DER SCHMIED *unbestimmt:*
Tja ...

DER FRANZOSE Die Rechnung geht glatt auf,
der Rest sind Bagatellen!

DER POPE *zur Näherin:*
Jetzt sind wir für euch da und ihr für uns.

DER KAUFHERR *zufrieden:*
Recht so! mach nur weiter Dunst.

DIE DAME Für den Negus war ich immer nur
'ne gute Bekannte.
Ich lebe und sterbe
für die Konstituante.
Für die Provisorische Regierung
tu ich alles (was erlaubt)!
Nicht fürchtet die Verführung,
wer an die Führung glaubt.
Staunt, wie ich mich veränder,
die revolutionäre Mode mach ich mir zu eigen;
gleich hol ich rote Schärpen und Bänder,
meinem vergötterten Volk mich zu zeigen.
Sie läuft zu den Pappschachteln.

CLEMENCEAU *oben auf der Deckkabine:*
Na, Leute, habt euch hier
einen hinreichend guten Tag gemacht,
Auf! jetzt veranstalten wir
eine demokratische Macht.
Mitbürger! wir wollen uns nicht lange spreizen,
die Zeiten sind allzu sinister,

ewige Ruh dem gottseligen Negus, wir dreizehn
werden Minister und Vizeminister.
Ihr, Bürger der demokratischen Republik,
jagt Seelöwen, näht Stiefel, backt ein Kuchenstück.
Ist wer dagegen?
will einer was einwenden?

DER LANDARBEITER Na, schön.
Doch gern sähen wir wieder Häuser mit Steinwänden.

ALLE *im Chor:*
Ein Hoch! es lebe die demokratische Republik!

DER FRANZOSE Jetzt hört:
Zu den Unreinen:
Daß jeder
sich mit Werkfleiß bewaffne!
Zu den Reinen:
Und ihr regt die Feder.
Zu allen hin:
Schafft viel und schafft herbei das Geschaffne!
Reichts für zehn, geht leer aus der Elfte.
Vom letzten Hemd kriegt jeder die Hälfte.
Die Reinen stellen einen Tisch hin, machen sich darauf mit Papieren zu schaffen; sie tragen, was die Unreinen an Verzehrbarem anschleppen, in Buchungslisten ein; kaum sind aber die Darbringer wieder draußen, verspeisen sie alles Gelieferte. Der Bäcker, der zum zweitenmal mit seinen Gaben kommt, versucht unter die Papiere zu linsen.

LLOYD-GEORGE Was glotzest du, Freund?
wer sah so was Dreistes?
Diese Zettel sind nichts für Leute deines Geistes.

CLEMENCEAU Von Staatsverwaltung
begreift ihr nicht die Bohne.
Jeder ein- und ausgehende Teller
wird genau nach Pfennig und Heller
beziffert; das gehört zum guten Tone.

DER SCHMIED Und während ihr schreibt
die richtige Nummer,
plumpst unsereins vor Kohldampf
in ewigen Schlummer.

DER BÄCKER Wollt das Versprochne jetzt verteilen!
DER POPE *entrüstet:*
Mein Bruder in Christo,
wer wirds denn so übereilen?
DER RADSCHA *vom Tisch ablenkend:*
Rasch – schau mal, die Harpune!
Erlegt ist ein Hai!
Mehr hätt man freilich von einem Huhne:
das legt uns wenigstens ein Ei.
DER SCHMIED Soll ich drob lachen, mußt du mich kitzeln.
Kennst du nicht den türkischen Spruch:
»Pascha, laß das faule Witzeln!«
Mit den übrigen Unreinen zurückkehrend.
Die Lehre!
Wär der Haifisch auch noch so willig,
schenkt er den Melkern doch keine Millich.
DER SCHUSTER *zu den Schreibern hin:*
Zeit für die Mahlzeit. Schluß mit dem Schrieb!
DER AMERIKANER Schaut: der Himmelsbogen –
Möwen und Wogen –
ist das nicht lieb?
DER LANDARBEITER Tischen Sie uns lieber auf, was man esse.
Zur Sache! zur Sache!
für Möwen haben wir kein Interesse.
CLEMENCEAU Seht nur, seht –!
Ein Walfisch
im Meer!
DER ROTARMIST Zum Teufel den Walfisch!
bist selber ein Wal.
DIE UNREINEN *im Chor:*
Schluß mit dem bürokratischen Kanzleiskandal!
Die Unreinen werfen den Tisch um. Auf Deck fliegen krachend die leeren Teller und Blechnäpfe hin.
DIE NÄHERIN UND DIE WÄSCHERIN *trist:*
Alles hat der Ministerrat ausgeschleckt.
DER ZIMMERMANN *springt auf den umgestürzten Tisch:*
Genossen!
man stieß uns in den Rücken das Messer –

STIMMEN – neben dem gleich die Gabel steckt.
DER BERGMANN Genossen!
was soll das?
Daß man uns eben Futter ankündige
und zugleich den Futterplatz kündige.
Diese Republik
frißt als wie der Zar,
nur daß sie gefräßiger ist, die hundertmündige!
DER FRANZOSE *mit dem Zahnstocher in den Zähnen stochernd:*
Aufregung ist schädlich.
Wie versprochen, teilen wir redlich:
dem einen die Brezel,
dem andern das Loch von der Brezel,
und gelöst ist das Rätsel
der demokratischen Republik.
DER KAUFHERR Melonen teilen wir gut und gerne:
wir essen das Fleisch, euch bleiben die Kerne.
DIE UNREINEN Da setzen wir euch Klassenkampf aufs Genick!
DER VERSÖHNLER Und wieder Zerstörung
und abermals Wut,
und wiederum rast
das Geschmetter einher.
Genug!
haltet ein!
vergießt kein Blut!
ich kanns nicht mit ansehn,
kann es nicht mehr.
Das ist alles ganz schön:
Kommune
und dergleichen.
Doch müssen Jahrhunderte vergehn,
Generationen verstreichen,
um das alles vielleicht, vielleicht
zu erreichen.
Genossen Arbeiter, verhandelt mit den Reinen!
Glaubt einem erfahrenen alten Menschewiken!
Werft nicht mit Steinen,
zerstört nicht die Brücken!

LLOYD-GEORGE Ich habe von Kompromissen
gestrichen voll die Nase.
Mein Kapital mag ich nicht missen.
DER ROTARMIST Wovon ich dir was blase!
DER VERSÖHNLER Egal, ob ich zerre, ob stemme –
ich gerate allemal in die Klemme.
Die Unreinen gehen auf die Reinen los.
DIE UNREINEN Hei, ruck!
DIE REINEN Halt, Bürger! der Sinn unseres Programmes ...
DIE UNREINEN Hei – ruck!
Von vier Seiten faß an und ramm es!
Laßt uns ihnen zeigen, den Obern,
was ein Programm ist. Gott verdamm es.
Laßt uns die Herrschaften gründlich veroktobern!
Sie nehmen die Waffen auf, die die Reinen während ihrer Mahlzeit abgelegt haben. Sie treiben die Reinen aufs Hinterschiff. In der Luft schimmern die Sohlen der über Bord geworfenen Reinen. Nur der Kaufherr, ein halbes gebratenes Seelöwenjunges unterm Arm, entkommt in eine Kohlenkiste. In eine zweite zwängt sich der Intelligenzler mit der Dame zusammen. Der Versöhnler hat den Landarbeiter bei der Hand gefaßt und müht sich nun greinend, schluchzend, ihn wegzuzerren.
DER LANDARBEITER Da sieh mal den Dreckskerl,
windelweich gelöst in Schrecken!
Revolution scheint für Sie, Mußjöh,
nicht gerade ein Honiglecken –
Der Versöhnler sucht den Landarbeiter in die Hand zu beißen.
DER SCHMIED Bosnickel und Natter,
noch beißen? Wir schmeißen
hinunter ins Luk den üblen Gevatter.
Die Unreinen tun es.
EIN SCHORNSTEINFEGER Daß er dort nicht ersticke,
der weibisch Delikate,
der pomadige Dicke!
DER LANDARBEITER Waschlappiges Geschnatter!
Die hämmern uns,
kehren sie wieder, ans Kreuz.

Dann adieu, Ararat!
Unsereiner bereuts!
DIE UNREINEN Recht hast du! so gilt es!
Bürger sind Würger. Anders kommts nie.
Entweder wir – oder sie!
DER LANDARBEITER Dem Terror freie Bahn!
DER SCHMIED Alle – hört!
Die Gallsüchtigen und die Fallsüchtigen
mit der Stiefelsohle abgetan!
He, Volk, wo bleibt der Jubel?
Mehr Jubel!
Doch die Stimmen der Unreinen bleiben rauh. Die Bürgerrepublik hat ihnen die letzten Vorräte weggefressen.
DER BÄCKER Hurra! – und im Trubel
vergeßt ihr aufs Brot?
DER LANDARBEITER Hurra! – wo kann man denn säen?
womit soll man mähen?
DER LATERNENPUTZER Hurra! – statt Ackergründe – Brackwasserschlünde und Kot.
DER FISCHER Und fischen – mit Fetzen?
zerrissenen Netzen?
DER KRAFTFAHRER Wie dringt man durch Abgrund und Wasserwand?
Gäbs doch zumindest einen trocknen Wall!
DER JÄGER Die Arche knarrt.
DER KRAFTFAHRER Keinen Kompaß zur Hand.
ALLE Zerrüttung ... Ruin ... Verfall ...
DER SCHMIED Darf man auf halbem Weg ermatten
Die Auswürflinge werden ihr Verzehrtes
nicht rückerstatten.
Jetzt hört nur auf einen Ruf und Rat:
wie halten wir durch bis zum Ararat!
Mag der Orkan uns auspeitschen,
mag Hitze uns pressen –
wir starren dem Elend ins Auge ohne Plärren.
Und wenn wir bloß Algen und Meerschaum fressen –
dafür sind wir hier
die alleinigen Herren!

DIE WÄSCHERIN Schon morgen muß uns Auszehrung entleiben.
An Bord gibts nur noch zwei Zwiebackscheiben.
DER LANDARBEITER He! Genossen!
Kein Krümelchen
ohne Lebensmittelscheine.
Die Dame und der Intelligenzler heben aus der Kohlenkiste die Köpfe.
DER INTELLIGENZLER Holla – man hört hier reden,
man redet hier
von Zwiebackscheiben! . . .
doch arger Mangel knickt uns die Beine.
DIE DAME Wir wollen natürlich der Sowjetmacht dienen.
Die beiden kriechen ganz hervor.
DIE UNREINEN Was heißt das? Sind Gespenster erschienen?
Heimkehrer aus der Unterwelt?
DER INTELLIGENZLER Keine Spur.
Wir sind Parteilose,
euch zugesellt.
Aus der Kohlendose.
Und sind für die Sowjetmacht.
DIE DAME Oh, wie hasse ich längst die Bourgeoisie!
Diese Gaunersippe!
Immer schon hoffte ich, daß sie mal kippe.
Gut, daß es nun kracht!
Ich steh natürlich ganz auf der Arbeiterseite.
Gestatten Sie, daß ich mitarbeite,
vielleicht auf der Maschine tippe?
Mit einem Finger gehts schon ganz manierlich.
DER INTELLIGENZLER Nehmen Sie auch mich.
Als Fachmann natürlich.
Ohne Fachmann
geht alles bergab.
Ohne Fachmann – nichts als
das nasse Grab.
DER SCHMIED Wir gehn schon nicht unter,
du Unglücks-Dreizehn.
Zur Dame:
Nimm Platz, Genossin.

Zum Intelligenzler:
Marsch, hinab, munter!
die Kessel heizen!
DER KRAFTFAHRER Ohne Fütterung ist man allemal bloß
wie 'ne kalt erloschne Esse.
DER BERGMANN Selbst ich biestiger Bulle bin matsch,
wenn ich nicht esse.
DER ROTARMIST Offenbar genügts nicht, die Obern zu verjagen.
Brot tut not –
und Wasser ist aus dem Felsen zu schlagen.
DIE UNREINEN Was tun?
wo beginnen?
DIE NÄHERIN Gott kann uns doch nicht umkommen lassen.
Wollen wir in Demut und Geduld uns fassen.
DER JÄGER Die Muskeln schrumpfen, der Nahrung entwöhnt.
DIE NÄHERIN *hinhorchend:*
Was ist das?
hört ihr?
wie das lieblich tönt!
DER ZIMMERMANN Der Antichrist hat uns bewogen,
zu reden von Paradies und Ararat.
Er springt erschrocken auf und weist mit dem Finger aufs Meer hinaus.
Aber sagt, wer dort
promenierend über die Wogen,
auf seinen Knöchelchen spielend,
uns naht!
EIN SCHORNSTEINFEGER Unsinn!
leer ist das Meer.
Woher ein Spuk? Die Lüfte sind glatt.
DER SCHUSTER Da, seht – seht:
er geht
auf uns zu, der Hunger,
er hat das eigene Fasten satt.
DER LANDARBEITER Versuchs nur, komm!
Unsereinen schmeißt kein Schreck.
Fest bleibt, Freunde, wir dürfen nicht kentern.
Jetzt flink!

alle Mann
an Deck!
Der Hunger persönlich legts drauf an,
uns zu entern.

ALLE *rotten sich zusammen, wenn auch taumelnd, und bewaffnen sich mit den erstbesten Gegenständen:*
Versuchs doch, komm!
Du kriegst von uns keinen . . .
Nur los!
Und wieder starren wir in der Gewässer
unfruchtbaren Schoß.

DER JÄGER So erbettelst du Schattenkühle im Backofen der Wüste,
halb verschmachtet.
Dann ists, als ob die Erfüllung grüßte:
ein Trugbild, das dich verachtet.

DER KRAFTFAHRER *gerät in furchtbare Aufregung, fingert an seiner Brille, blickt angestrengt in die Ferne; zum Schmied:*
Sieh dort –
im Westen –
bemerkst du den kleinen Punkt?

DER SCHMIED Wohin äugen?
Deine Brille auf einen Roßschweif gesetzt
oder in Brühe getunkt.

DER KRAFTFAHRER *läuft nach hinten, stöbert umher, erklettert mit einem Fernrohr eine Segelstange; nach einer Weile hört man seine vor Freude brüchige Stimme:*
Der Berg Ararat! der Ararat!

STIMMEN Oh, welche Erlösung!
oh, Wonne und Gnad!
Sie reißen dem Kraftfahrer das Rohr aus den Händen; alle drängen sich aneinander.

DER ZIMMERMANN Wo ist er?
Wo?!

DER SCHMIED Ah, jetzt seh ich ihn schon,
dort,
rechterhand von –

DER ZIMMERMANN Wieso?

er steht auf,
streckt sich,
schreitet, die Arme gebreitet.
DER KRAFTFAHRER Was heißt das – schreitet?
Reib deine untüchtigen Augen.
Ein Berg kann nicht gehn.
DER ZIMMERMANN Vielleicht, daß die deinen nicht taugen.
Kannst dus nicht sehn?
DER KRAFTFAHRER Wahrhaftig, er marschiert!
Irgendein Mensch.
Ja, ein Wanderer.
Auf den Stab gestützt, ein Greis.
Nein, ein jüngerer Mann ohne Stab,
ein anderer.
Er schreitet, wie auf Festland, übern Meereskreis.
DIE NÄHERIN Glocken her, ihr Leute!
Hoch bäumt ein Geläute!
Er ist – er.
Wie er steht und geht
übern See-Genezareth.
DER SCHMIED Oh, der Herr hat die Kirsche,
den Apfel,
die Apfelsine.
Er macht Lenze und Winter,
legt die Meere trocken.
Doch uns zeigt er nur seine mürrische Miene
und will uns durch Christ in die Falle locken.
DER LANDARBEITER Hinweg mit ihm!
Dieser Herr ist betrügerisch.
Für Gebete taugt kein hungriger Mund.
Stillgestanden!
sonst werden wir kriegerisch.
He! wer bist du?
Sag es an zur Stund!
Ein ganz gewöhnlicher Mensch betritt das verstummende Schiffsdeck.
DER MENSCH Wer ich bin?
Keine Klasse,

keine Nation,
kein Stamm.
Ich sah das dreißigste,
das vierzigste Jahrhundert.
Mich trug des Jahrtausends Wellenkamm.
Bin ein Morgiger, einfach und unbewundert,
den Beschwernisse heutiger Dinge rühren,
und ich kam, eurer Seelen Herdfeuer zu schüren.
Vernehmt meinen Rat.
Hört die neue
Bergpredigt!
Vergeblich harrt ihr des Ararat.
Den Ararat gibts nicht mehr.
Der ist erledigt.
War nur Gaukelwerk.
Und kommt der Berg nicht zu Mohammed,
dann geh zum Teufel der ganze Berg!
Nicht mit der Kreuzigung Nagelbrett,
noch dem Jenseits, der Diabetiker-Konditorei,
red ich verhärtete Herzen weich,
sondern mit dem irdischen Himmelreich.
Urteilt doch selbst: ist das Christ-All kristallen?
das Elendsparadies der Evangelisten?
Mein Eden birgt Wohlfahrt und Wohlgefallen.
Elektro-Weltpflege bekehrt auch den Christen.
Mühen sind mühlos, ohne Schwielen die Hände,
aus dem Handteller blüht das Tagwerk als Rose,
die Sonne streut wohltemperiert Brände:
man wartet im Flor wie in goldenem Moose.
Euer Gärtner rackert in schaurigem Drill:
Mistbeet unter Glas und künstlichem Naß.
Doch ich ernte spielend
auf Wurzeln vom Dill
sechsmal im Jahr
meine Ananas.

ALLE *im Chor:* Da sind wir dabei.
Haben nichts zu verlieren.
Doch – wird man uns sündige Schar akzeptieren?

DER MENSCH Mein Paradies ist für alle,
nur nicht Arme im Geiste,
die aufgeschwemmt sind vom großen Fasten.
Durchs Nadelöhr schlüpft das Kamel,
auch das feiste,
leichter als zu mir
solch trampliger Kasten.
Zu mir –
wer den Feind niederstreckte persönlich
und seinen Leichnam verließ mit Gesang!
Gib keinen Pardon,
bleib unversöhnlich!
In meinem unhimmlischen Reich
hast du Ruhm und Rang.
Kommt alle,
außer wenn ihr Maultiere wärt.
Jeder
von Drangsal Benommene
wisse:
er ist in meinem Reiche geehrt,
in meinem unhimmlischen Reich
der Willkommene.
DIE UNREINEN *im Chor:*
Macht er sich lustig über uns Elende?
Wo liegt jene Erde,
die glückvoll beseelende?
DER MENSCH Lang ist der Weg.
Liegt in Nebelgebirgen.
CHOR Jeden Nebelberg laßt uns einzeln erwürgen!
DER MENSCH Und wenn sich Höllen auf Höllen türmen?
CHOR Wir kneifen nicht aus.
Wir wollen sie stürmen.
Geh schon voran!
Wo bleibt jene Welt?
DER MENSCH Wo?
Ihr wollt, daß ein andrer sie finde?
Und seid doch
mitten hineingestellt.

Blinde,
reißt von den Augen die Binde!
Zeigt die Fäuste her!
was beginnt ihr damit?
ihr kreuzt die unnützen Hände stumm.
Ihr stellt euch arm
und seid reich –
tut nur einen Schritt!
Blickt umher
auf die Schätze der Welt ringsum!
Wie wagt der Wind, mit der Arche zu spielen?
Gedankenlos tragt ihr Natur als Joch!
Bemüht doch das Wasser
in strahlenden Mühlen!
macht ihn zum Beleuchter, zum Heizer, zum
Koch!
Und sollte Gewalt
in den Grund euch bohren,
bleibt ihr doch heil,
bleibt unverloren,
denn auf des Meeres
ergiebiger Sohle
schreckt euch kein Leeres;
nein, wie ein täglich Brot
wächst euch dort Steinöl und Kohle.
Und möchte Windsbraut die Sintflut herfegen,
daß krachend des Kastens Flanke sich neige –
die Rechte, die Linke hantiert
und stemmt sich entgegen –
als Rettung!
Schluß. Nehmt das Wort.
Ich schweige.
Der Mensch verschwindet. An Deck herrscht Bestürzung, gemischt mit Entzücken.

DER SCHUSTER Wo ist er?

DER SCHMIED Ich glaube, in meinem Kopf und Bauch.

DER LANDARBEITER Mir scheint, in meinem nistet er auch.

STIMMEN Was war das?

Wer kennt diesen Sondersamen?
Ein Wesen von nirgends,
ein Geist
ohne Namen?
Was wollte seine Prophetengebärde?
In dieser Badstube des Untergangs?
So sei's!
uns winkt die Gelobte Erde.

DER LANDARBEITER Das heißt:
der Garten Eden ist vorhanden.
Das heißt, es gibt wirklich das Glück.
Ich – verlangs.

STIMMEN Wollt ihr dies Ziel als das nahe und nächste,
hebt die Hämmer,
schwingt eure Äxte!
Duldet kein Fahriges!
strafft eure Reihen!
wollt dem ächzenden Leib der Arche
eure eigene Festigkeit leihen!

DER SCHMIED *die Hand auf der Rahe:*
Schlimm ist der Wogenschlund aufgerissen.
Ein Weg führt hindurch –
Vorwärts! trotz allen Finsternissen!

ALLE *um den Mast geschart, im Chor:*
Durch graue Himmel – hindurch!
Anschwellende Töne eines Kampfchorus
Tretet her, alle Mann!
Kameraden, voran!
Kommissare zur See, eure Wacht begann.

CHOR Voran, tretet an, Kommissare zur See!

DER SCHUSTER Jenseits des Sturms finden Sieger Ruh.
Himmel ihr Hut, Erde ihr Schuh.

CHOR Ihr Schuh, ihr Hut –
nach allem Feuer, allem Blut.

DER ZIMMERMANN Wirf her, Firmament,
das Gestirne umwogen,
der Sonne Fallreep,
den Regenbogen!

CHOR Der Sonne Steigleiter,
den schaukelnden Bogen!
DER FISCHER Genug der Propheten
wie dieser und jener!
Wir hissen die Segel,
sind selbst Nazarener!
CHOR Erklettern die Rahen und hissen die Segel!
Alle ab. Sobald der letzte Unreine außer Sichtweite ist, klettern ihm schwankend die Dame und der Intelligenzler auf den Rahen nach. Der Menschewik steht eine Weile versonnen.
DER VERSÖHNLER Wohin? zur Kommune?
hin zu des Jahrtausends
Ecken
und Enden?
Er blickt um sich. Die Arche knarrt und kracht.
Na, vorwärts, Genossen!
lieber vorwärts
als verrecken,
verenden! ...
Der Menschewik verschwindet. Nun endlich entsteigt der Kaufherr seiner Kohlenkiste, grinsend.
DER KAUFHERR Bin ich verrückt? bin ich eselsdumm?
Solche Rumpelkasten,
solche Rempelkisten
kosten
an die vierhundert Millionen, Minimum!
Ich wäre der Dumme?
Daß ich nicht kichere!
Wenn ich den Schrotthaufen im Nu
vorm Weltuntergang versichere,
fällt mir die hübsche Prämiensumme
glatt als End-Entschädigung zu! ...
... Was dröhnt so?
Wir sinken!
Was stöhnt so?
Wir ertrinken!
Zu Hilfe, Genossen!
Genossen, zu Hilfe!

allein
komm ich um! . . .
DER VERSÖHNLER Willst du, mein Lieber,
statt zu verderben,
nicht lieber
ein Konzessiönchen erwerben? . . .

Dritter Aufzug

Die Hölle. Szenerie mit einem Riesentor. Auf dem Torflügel die Aufschrift: »Bitte unangemeldet nicht einzutreten!« Zu beiden Seiten wachthabende Portierteufel. Zwei Meldeteufel rufen einander quer durchs Theater Nachrichten zu. Hinter dem Riesentor stiller Gesang.

CHOR Wir Teufel, wir Teufel, wir Ungeheuer,
wir braten die Sünder am Bratspieß im Feuer.

DER ERSTE MELDETEUFEL
Vor solchem Dasein, ihr Beelzebübel,
wird dem armen Teufel ordentlich übel.

DER ZWEITE MELDETEUFEL
Der letzten Monate Plackerei –

DER ERSTE Kurzum –
Verpflegungskategorie Nummer drei.

CHOR Die Popen verjagt, der Schwarzmarkt bedroht.
Auch uns würgt Lebensmittelnot.

DER ZWEITE Unsre heimischen Urteufel sind allesamt verschwunden.
Die neuen Herrschaften, wie haben die hereingefunden?
Wir, die man gestern untertänigst bediente,
sind heute selber nur noch – Bediente:
reich jenen dies! reich diesen jenes!

DER ERSTE Dieser nubische Negus ist der ärgste Bandit:
vor Bosheit schwarz –
und ein Mordsappetit!

CHOR O weh, o Jammer! O weh, o Schrecken!
Ohne Atzung müssen wir elend verrecken.

DER ERSTE Wo wir doch Teufel mit Melonenbacken kannten.

DER ZWEITE Das kann ich bestätigen.

DER ERSTE Seit die Popen verbannt sind, gibts keine Lieferanten.

DER ZWEITE Miese Versorgung.

DER ERSTE Es fehlt am Nötigen.

DER ZWEITE Ja! wären die Teufel noch, wie sichs gehört –
und nicht solch lausiges

Kahlkopfgerölle!
DER ERSTE Die bringen noch – ich bin empört –
Revolution in die Hölle.
DER ZWEITE Still! 's ist jemand am Klingelzug draußen.
BEIDE Das heißt wieder:
hopp, zur Portierloge sausen.
Sie verfügen sich breitspurig über die Szene. Die Wachthabenden stellen den Ordonnanzteufeln einige Fragen, erstatten kurz Meldung und öffnen weit das Tor.
LLOYD-GEORGE Ach, verdammte Teufelei!
ach, Satanskind!
leer sind eure berühmten Fangnetze für Sünder!
DER POPE *schüttelt die Faust gegen die Meldeteufel:*
Mein Lebtag für euch geschuftet.
Und der Lohn?
Im Jenseits eine Bettelration!
DIE MELDETEUFEL *gereizt:*
Daß jeder von euch einen Dreizack packt –
und mache sich selbst auf die Sünderjagd!
CLEMENCEAU Mund halten!
und abgelegt diese Sitten!
Für uns blaues Blut seid ihr bloß Parasiten.
Auf euerm Rücken wollen wir ackern,
ohne uns selbst dabei abzurackern.
DER ZWEITE MELDETEUFEL
Auch wir Teufel sind jetzt sozial gegliedert.
Ausbeutung wird mit Klassenkampf erwidert.
DER PASCHA Ah, welch ein Draufgänger!
wetzt noch den Schnabel!
Gleich verarzte ich dich
mit Messer und Gabel!
DER ZEREMONIENMEISTERTEUFEL
Seine Majestät, Herr Beelzebub,
wünscht zu seinen Höllen-Untertanen zu sprechen.
DER DEUTSCHE Achtung! stillgestanden! hier ist kein Klub.
Keine Blößen gezeigt, meine Herren, keine Schwächen!
BEELZEBUB *tritt herein:*
Guten Tag, Infernalier, meine Lieben!

nun braucht ihr nicht lange mehr Kohldampf zu schieben.
Könnt jubeln! schweifwedeln!
euch winkt eine Mahlzeit.
Vorbei ist die Trübnis,
die Fastenqualzeit.
An die fünfzehn Sünder sind unterwegs.

DER POPE *bekreuzigt sich:*
Gottlob!
los sind wir die trocknen Keks.

DER MANDARIN Recht ernsthafte Leute,
wenngleich ohne Hosen.

DER NEGUS Will den Bauch mir vollschlagen –
kotzen sollen die Odiosen!

LLOYD-GEORGE Mein Paar Hörner laß ich schärfen.
Die Halunken lehr ich, mich rauszuwerfen!

BEELZEBUB *zu den Meldeteufeln:*
Marsch, ihr zwei,
auf eure Posten!
Hier das Fernglas,
habt acht, haltet Wacht,
daß keins der zweibeinigen Kälber
sich lebend aus dem Staube macht,
sonst kriegt ihr selber
Fäuste zu kosten.

Die beiden Meldeteufel, ausgerüstet mit Feldstechern, schusseln in den Saal und betätigen sich als Aufpasser. Das Tor geht weit auf.

DER ERSTE MELDETEUFEL Na, kommt nur,
Bürschchen,
ich zeig euch 'ne Harke!
Schwanz gehoben,
Hörner gesenkt!

DER ZWEITE Hu, du bist der Starke!

DER ERSTE Mit denen abrechnen!
So wünscht ichs keinem Feinde.
Ich mach ein Ragout aus der Sündergemeinde!

DER ZWEITE Ich – genehmige sie einfach als Fraß.
Ganz ohne besondern Spaß.

Pssst! still!
hört auf mit euerm Gesums.
Lauscht mal: – top-top-bums,
top-top-bums.
Sie lauschen. Man vernimmt das Gepolter der Unreinen, die den Vorhallenbau der Hölle kurz und klein schlagen.

DER ERSTE Unser Alter wird sich freun –
au, weh, au!

DER ZWEITE Schweig doch, zum Teufel!
gehts nicht ohne Radau?
Im Stabsquartier Beelzebubs schlag Alarm!
Der Erste eilt davon. Überm Mittelgang erscheint Beelzebub. Er preßt die Hand gegen die Stirn. Die Teufel erheben sich lässig.

BEELZEBUB *hat umhergeäugt, brüllt:*
Heda, Schelmenschwarm!
jetzt Kessel heizen!
holt trockne Scheiter,
dicker und breiter!
mit Brennholz nicht geizen!
Gehörnte Regimenter, hinter Wolken verschanzt!
daß keiner der Kerls aus der Reihe tanzt!
Die Teufel gehen in Deckung. Von unten ertönt der Marschgesang der Unreinen: »Hei-ruck! von vier Seiten faß an und ramms!« Die Menge der Unreinen platzt in die Szene herein, und in demselben Augenblick stürzen die Teufel hervor, Hörner gesenkt, Heugabeln vorgestreckt.

DIE TEUFEL U – u – u – u – u – u – u!
A – a – a – a – a – a – a!

DER SCHMIED *zeigt der Näherin die vordersten Höllenkrieger, lachend:*
Schau! – alte Bekannte!
wie gefällt dir ihr Grölen und Schnaufen?
Jene Hornlosen haben wir rausgeschmissen;
und diese solln sich an uns die Hörner ablaufen.
Der Höllenlärm liegt den Unreinen schon allzu lästig in den Ohren. Sie schnauzen den Teufelsschwarm an.

DIE UNREINEN Pssst!

Die Teufel schweigen bestürzt.
Ist hier die Hölle?
DIE TEUFEL *unschlüssig:*
Jawohl.
DER LANDARBEITER *weist auf den Eingang zum Fegefeuer:*
Genossen!
kein Zaudern! kein Aufenthalt!
dort hinauf, mit Blitzesschnelle!
BEELZEBUB Heissa! mit Gewalt? . . .
Im Wuppdich, Unholde!
laßt sie nicht rein!
DER LANDARBEITER Na, hört mal,
was sind das für Ziererein?
DER SCHMIED Macht Schluß mit dem schlechten Spaß!
BEELZEBUB *beleidigt:*
Schluß machen – mit was?
DER SCHMIED Ach, schauen Sie, als Höllenfürst
tät ich mich schämen.
Stehn lang schon in Dienst,
sind in Mühen ergraut.
So wolln Sie uns einschüchtern,
kleinkriegen, zähmen?
Daß sich Gott erbarm.
Haben Sie mal zugeschaut
im Metallwerk
beim Eisengießen vielleicht?
BEELZEBUB *gekränkt:*
Mir ist zu Haus schon genügend warm.
DER SCHMIED Aha! dort wär Ihr Fell
nämlich ein bißchen gebleicht.
So aber bummeln Sie
mauläffisch,
klotzig gedrungen und glatt.
BEELZEBUB Gut gesagt: klotzig,
gedrungen und glatt.
Hinreichend geschwatzt!
marsch ins Feuer, jetzt hab ich euch satt.
DER BÄCKER Machst Witze!

bist du gescheit?
Uns zu ängstigen, lachhaft, bei Gott,
mit was? mit Hitze?
Bei uns in Moskau
zahlt man dir noch drauf
für jedes Scheit.
Und hier? Ein Scheiterhauf.
Dort Bauchgrimmen vor Frost.
Und hier? Daß ich wie am Backofen schwitze.
Selig – im Adamskostüm.

BEELZEBUB Krakeelen noch immer die Lästerseelen?
Wir schwefeln euch gründlich die Kehlen,
erwürgen euch wie Katzengeschmeiß!

DER SCHMIED *verärgert:*
Daß dies komische Ungetüm
noch zu prahlen weiß!
Was habt ihr? Gestank nach Schwefeldampf.
Wir aber, wenns sein muß, streun euch ein
Gas:
von Totenmänteln ergraut das Steppengras,
Divisionen werden Visionen im Sterbekrampf.

BEELZEBUB Hütet euch, sag ich, vor unsern Kesseln und Essen!
Auf Gabeln gespießt, sollt ihr euern Hochmut vergessen.

DER LANDARBEITER *verliert die Selbstbeherrschung:*
Erzählt uns protzigere Fabeln
von Gabeln!
Veräppeln tun wir dein Höllenreich
mitsamt seinem Feuer:
Kennen andre Attacken:
wenn der Kugelstreuer mit hurtigem Tacken
Dreiviertel der Mannschaft hinmähte . . .
Die Teufel spitzen die Ohren.

BEELZEBUB *trachtet Gehorsam und Mannszucht zu stützen:*
Was gafft ihr?
Mit offnem Maul!
Vielleicht ist das alles bloß falsch und faul.

DER LANDARBEITER *wird rasend:*
Was?! falsch und faul?

Nehmt Platz, ihr Höhlenheuler.
Gebt Ruh,
ihr Koboldmäuler!
Ich erzähl was, hört zu.
DIE TEUFEL Still!
DER LANDARBEITER Erfahrt einmal
von unserm irdischen Jammertal.
Was ist euer Beelzebub? Ein Nichts im Vergleich.
Macht mit Dreizack da drunten ein wenig Parade.
Kerls, kommt für 'nen Sprung ins irdische Reich!
Wißt ihr, beim Satan, was das heißt: Blockade?
Da sollten wir vor irgendwelchen Mistgabeln bangen!
Fäuste zeigen, Paroli bieten
Arbeiter feuernden Panzern der Briten.
Des Kapitals Landräuber-Armee
mit schwerbestückten Geschwadern zur See
hielt die Arbeiterrepublik wie ein Stahlring umfangen.
Hier peinigt ihr wenigstens keine Gerechten
noch Kinder.
Wo sind die Quäler, die so was über sich brächten!
Bei uns aber leiden die Guten mit den Schlechten
und die armen Kleinen nicht minder.
Nein, bei euch Teufeln hat mans besser.
Ihr wißt wie Türken, das lange Messer
zwischen den Zähnen, die Sünder zu pfählen;
bei uns herrscht Kultur,
Maschinen besorgen das Quälen . . .
EINE STIMME *aus der Menge der Teufel:*
Das ist die Höhe!
DER LANDARBEITER Blut saugt ihr, wie Flöhe?
Was?
Kein schmackhaftes Naß –
wie schade!
Fabrikstechnik, Bürschchen, sagt, kennt ihr sie?
Blut als Rohstoff für Schokolade –
ein Leckerbissen der Bourgeoisie!
EINE STIMME *aus der Menge der Teufel:*
Aber, aber!

im Ernst?

DER LANDARBEITER Betrachtet bloß den Sklaven in Englands Kolonien.
Dem Schreckensbild müßten selbst Teufel entfliehn.
Seht das Negervolk grausam verderbt,
die Haut ihm abgezogen
und für Bucheinbände gegerbt.
Einen Nagel ins Ohr? Wird nicht mehr gepflogen.
Eine Borste untern Fingernagel – genügt.
Schaut den Soldaten im Feld,
wenn Geschützfeuer es pflügt!
Mit ihm verglichen
sind eure armen Sünder Drückeberger.

EINE STIMME *aus der Menge der Teufel:*
Mensch, halt ein!
Haarsträubende Pein.
Hier unten ists arg, doch droben
weit ärger.

DER LANDARBEITER Und ihr glaubt uns einzuschüchtern?
Womit? Zündet Scheiterhaufen,
laßt siedende Kessel überlaufen.
Hofft, uns das Fürchten einzutrichtern?
Grüne Jungen seid ihr!
Hingt ihr schon mal im Fabriksriemen mit den Gelenken,
während er lief, euch die Gliedmaßen auszurenken?

BEELZEBUB *fassungslos:*
Das hat noch gefehlt!
Bringt den eigenen Krempel
in den fremden Tempel.

DER POPE *aufwiegelnd zu Beelzebub:*
Erzähl,
erzähl ihm vom Schrecken der Hexenküche.

BEELZEBUB Meiner Seel –
ich bin ihnen Luft, da ist nichts zu machen.
Umsonst meine Sprüche.

DER LANDARBEITER *draufgängerisch:*
Nur den Angsthasen gilt euer Höllenreich?

BEELZEBUB Ach Gott, was rückt ihr mir dauernd zu Leibe?

Schlimmer als Teufel!
DER VERSÖHNLER *sucht zwischen Teufeln und Unreinen zu vermitteln:*
Herr des Himmels!
daß einem das Haar sich sträube!
Ihr Herren, ihr Genossen,
ich bitt untertänig:
sind zwei Revolutionen
euch immer noch zu wenig?
Und findet ihr keine herkömmlichere Nahrung
als ausgerechnet – Torte!
Zu Beelzebub hingewendet:
Und Sie sind auch
trotz beachtlicher Erfahrung
ein Dickschädel.
Findet man Worte?
Immer diese Übertreibungen!
Nun, alter, ehrenwerter Höllenfürst,
verständigen Sie sich, ohne weitere Reibungen!
BEELZEBUB Ach, du Speichellecker, du Kriecher!
DER LANDARBEITER Fuchs, du schleichendstes aller Viecher!
Der Versöhnler empfängt Prügel von beiden Seiten!
DER VERSÖHNLER *appelliert an die Zuschauer:*
Bürgerschaft, die ihr Zeugen seid!
findet ihr so was gerecht und tragbar?
Da predigt man Ausgleich, Versöhnlichkeit,
und gerät, beiderseits versohlt, auf die Tragbahr.
BEELZEBUB *niedergeschlagen, zu den Unreinen:*
Gern hätt ich mit euch gastfreundlich
gesprochen –
doch womit euch bewirten?
Bloß Haut und Knochen.
Sie kennen ja selbst die Gestalten von heute:
sind das Leute?
Nichts für die Bratpfanne: Skelett und Häute . . .
Neulich liefert man uns so 'nen Lochausheber,
Kloakengräber,
gleich einem Insassen der Massengräber.

Bewirtung?
Null. Rein zum Verzweifeln.
DER LANDARBEITER *angewidert:*
Geh zu all deinen Teufeln!
Zu den Arbeiterkameraden, die schon lange und ungeduldig harren:
Heda, Genossen!
Die Unreinen brechen auf. Beelzebub hält sich an einen ihrer Nachzügler.
BEELZEBUB Glück auf den Weg!
Vergeßt mich nicht.
Ich bin ein berufener Wicht
mit Haltung.
Und findet ihr Arbeit,
so schickt nach mir:
ich werde Direktor der Heizstoffverwaltung.
Fünf Tage ohne Fraß.
Ich mach Furchtbares mit.
Uns Teufel quält bekanntlich
diabolischer Appetit.
Die Unreinen ziehen bergauf. Unter ihrem Andrang zerbricht und zerstürzt das Gewölk. Finsternis ... Aus dem Dunkel und Trümmerwerk der verödeten Szene zeichnet sich das nachfolgende Bild ab. Währenddessen dröhnt durchs Höllengewölbe der Gesang der Unreinen.
DER SCHMIED Jetzt Schultern gegen die Pfosten gestemmt!
Tor auf! – das Fegefeuer zerschmissen.
Keine Gegengewalt, die euch hemmt!
CHOR Ja! das Fegefeuer zerfaucht, zerrissen!
Jawohl!
keine Gewalt, die uns hemmt!
DER BERGMANN Voran! keine Rast!
Der Ruhe Entwöhnung.
Höhere Sphären
mutig erfaßt!
Seid der Gewölke singende Krönung!
CHOR Voran! Die Sphären erfaßt!
Seien wir der Gewölke Krönung!

DIE DAME *erscheint weißgottwoher, wirft sich dem Beelzebub an den Hals:*
Beelzebübchen!
Liebster! Bester!
hilf der Verlassenen! rette die Schwester!
laß mich da hinein,
in dein Stübchen,
zu der Sippe dein!
Die unreinen Rüpel sind hundsgemein.

BEELZEBUB Nun, warum nicht? Bitte einzutreten.
Damen haben mich noch nie
umsonst gebeten.
Er zeigt auf eine Tür, hinter der augenblicks zwei gabelbewehrte Teufel hervorspringen, um die Dame zu sich hereinzuzerren. Er reibt sich die Hände:
So hätten wir zumindest diese Göre.
Meine Leibspeise waren seit je Deserteure.

Vierter Aufzug

Das Paradies. Selige Wolken, übereinandergebauscht. In der Mitte die seligen Paradiesbewohner, auf dem Flaumzeug herumsitzend.

METHUSALEM *mit rednerischem Gehabe:*
Ihr, vom erlauchten Licht Entzündete!
bringt eure Reste in erbauliche Lage,
blitzblank die elysischen Tage
putzend.
Denn Gabriel kündete: –
einher schreitet
ein Häuflein Gerechter, mehr als ein Dutzend.
Nehmt sie auf, Demütige, ins hohe Gehäuse:
sie hungern, sie darben wie Kirchenmäuse.
Die Hölle hat ihnen Ödnis bereitet.
Sie aber wallen ...
DIE SELIGEN *sehr gesetzt:*
Sind würdige Herrschaften, ein Wohlgefallen –
das merkt man gleich.
Die nehmen wir gern auf in unser Reich.
METHUSALEM Tisch decken bitte, entgegengehn,
feierlich draußen begegnen!
Hochfestlich die Stunde der Einkehr begehn,
sie segnen!
DIE SELIGEN Seien Sie, als Ältester, Zeremonienmeister.
METHUSALEM Mir fehlt die Salbung
und der übrige Kleister.
ALLE Tut nichts, tut nichts.
METHUSALEM *mit tiefer Verneigung, bevor er die Tafel bestellen geht; ordnet Stellung und Haltung der Heiligen:*
Komm, Goldmund,
verfaß du den Trinkspruch der Begrüßung,
etwa so:
»Seid uns willkommen –
mit des heiligen Geistes Ausgießung ...«

Du weißt Bescheid, du bist Bücherkenner.
Hierher, Tolstoi, ansehnlichster der Männer!
hier steh, verneig dich tief,
so –
Du wirkst entschieden dekorativ.
Hierher, Jean-Jacques
Rousseau!
Während ich der Beschickung des Tisches anwohn,
reiht euch hier auf, mit erlesnem Geschmack,
zum Willkommsgruß.
Zu einem Engel:
Melkst du die Wolken, mein Sohn?

DER ENGEL Ich tus.

METHUSALEM Was du gemolken,
rasch auf den Tisch!
Anschneidet auch frisch
eine der Wolken:
jedem Seligen hiervon eine Scheibe.
Denn Heilige frönen ja minder dem Leibe
atzungsfroh, genießerisch,
als gnadenvollen Tischgesprächen,
die da quellen gleich Himmelsbächen.

DIE SELIGEN Was nun? noch immer nichts?
Was aber ist dies?
Als ob sich ein kräftiger Wolkensaum blähe?
Verdächtige Nähe!
Sie kommen! sie kommen! sie kommen! sie kommen!
Doch – ist das der Anblick von Wallern und Frommen?
Ins Paradies?
Und scheinen schmutzige Rauchfangkehrer.
Die müßte man förmlich in Seife sieden.
Tja, wahrlich, Selige sind sehr verschieden.

DIE UNREINEN *noch unsichtbar, unterhalb der Szene:*
Gewehr – sei Tenor!
Geschütz – sei Bassist!
Wir selber sind uns Erlöser und Christ.
Sie brechen herein, den Wolkenboden von unten durchstoßend.

CHOR DER UNREINEN Potzblitz! sind hier dreihundert zottige
Wechselbälge heimisch?
METHUSALEM Nur herein! daß ich euch
den sündlos Beseligten beimisch!
EINE ENGELSTIMME Da naht eine Rotte von Tagedieben.
DIE ENGEL Guten Tag, gegrüßt, hosianna, ihr Lieben!
METHUSALEM Nun tritt vor, Goldmund,
sag dein Salve, dein Prost!
DIE UNREINEN Zum Kuckuck den Goldmund!
wir verzichten auf den Toast.
Wir haben nicht gespeist, ihr seid die Sattern.
METHUSALEM Geduld, meine Brüder und teuern Gevattern.
Sogleich, sogleich
bewirten wir euch reicher als reich.
Er führt die Ankömmlinge zu dem Ort, wo auf einer Gewölktafel Wolkenmilch und Wolkenbrot flaumig-schaumig aufgetragen sind.
DER ZIMMERMANN Bin hübsch weit hergeschritten.
Darf ich um eine Sitzgelegenheit bitten?
METHUSALEM Hier gibts keine Stühle,
nur Dunstwatte-Pfühle.
DER ZIMMERMANN Bemitleiden Sie doch diesen Wundertäter:
steht vor Erschöpfung ganz krumm.
DER BERGMANN Schimpf nicht im Beisein der heiligen Väter.
Hauptsach, man sieht sich nach einer Stärkung um.
Die Ankömmlinge wenden sich eifrig den Pfannen und Gewölkschnitten zu; anfangs befremdet, dann empört; sie werfen das ungenießbare Requisitenzeug von sich.
METHUSALEM Hat es geschmeckt?
DER ZIMMERMANN *drohend:*
Und ob es schmeckte!
Aber – gibts hier oben nicht
stofflichere Objekte?
METHUSALEM Solln wir Körperlosen im Weine baden?
DIE UNREINEN Euer gewärtig, ihr Verfluchten,
starben wir demütig, weil wir suchten,
den Menschen zu sagen, welcherlei Gnaden
ihrer harren.

Mit weit ergiebigeren Paradiesen
als diesen
können wir euch selbst aufwarten.

METHUSALEM *auf einen Heiligen weisend, den der Schmied soeben angefahren hat:*
Unschicklich, zu brüllen.
Ein Engel im Amte.

DER FISCHER Soll er uns lieber den Suppennapf füllen,
der Kleriker-Bonze, der verdammte.

STIMMEN DER UNREINEN Anders haben wir uns die Sache vorgestellt.

DER JÄGER Hier klafft nur ein Loch,
eine Jammer-Kaverne.

DER KRAFTFAHRER So was – und Himmel?
Man hat uns geprellt.

DER SCHUSTER Sucht, Kinder, den Himmel
mit der Stallaterne!

DER DIENSTMANN Ich sag euch, ein Nichts, ein schauderhaftes.

DER LANDARBEITER So hockt ihr im Brodeln des eignen Saftes?

EINER DER ENGEL Weshalb denn?
Wir schweben bisweilen auch munter zu einem
Besuch unsrer Schwestern und Brüder
auf Erden hinunter,
Salböl spendend im Geiste der Schrift.

DER DIENSTMANN Komische Käuze! Solch Auf und Nieder
strapaziert wohl ziemlich euer Gefieder.
Warum leistet ihr euch keinen Lift?

DER ZWEITE ENGEL Wir klettern auf und nieder an Stricken.
Uns langt die Zeit. Wir üben uns im Sticken.
Wir lieben es, mit des Heilands Initialen
Wolkenränder zu besticken.

DER DIENSTMANN Und Sonnenblumenkerne zu knabbern.
Provinzler, welche prahlen!

DER LANDARBEITER Schickt sie zu mir auf die Erde hinab.
Ich brächte die stinkfaulen Laffen in Trab.
»Tyrannen verjagt, Fesseln gesprengt« –
so heißts ja im Liede.

Auch euch hier oben erreicht eine Faust;
sehr trügerisch döst euer Friede.

DIE NÄHERIN Ganz wie in Petersburg:
Einwohner zusammengedrängt,
geleerte Vorratskammern.

DIE UNREINEN Langweile haust unter euch –
zum Jammern!

METHUSALEM So ists nun mal unter Heiligen und Engeln.
Ich leugne nicht:
da wär noch manches zu bemängeln.

DER INTELLIGENZLER *blickt bald auf Leo Tolstoi, bald auf Jean-Jacques Rousseau, wendet sich an den letztgenannten:*
Da schau ich Euch so
von der Seite an,
auch Leo Nikolajewitsch, Euern Nebenmann.
Wie vertraut jeder Zug ist in Euerm Gesichte!
Ihr?
Ihr seid Jean-Jacques Rousseau?
Ach!
hören Sie, was ich berichte.
Ich freu mich, ich juble:
Ihr prieset jene Dreiheit –
ich meine: Gleichheit, Brüderlichkeit, Freiheit –?
Ihr entwarft den »Gesellschaftsvertrag«?
Du lieber Himmel!
Ich weiß Rousseau auswendig –
seit dem ersten Bekanntschaftstag!
Empfangt meine Huld als Gebühr.
Ich schwärme für liberale Lektür!
Ich denk nicht daran, mich vom Himmel zu trennen.
Ich bleibe!
Mögen doch diese unreinen Rohlinge
weißgottwohin rennen.
Ich freu mich, beileibe,
ein wenig mit Euch zu plauschen,
Ansichten nutzbringend auszutauschen
über Euern »Gesellschaftsvertrag« . . .

DER LANDARBEITER Wie kommt man raus aus dieser Landschaft?

METHUSALEM Richten Sie an Erzengel Gabriel die Frag.
DER LANDARBEITER Wer ist hier Gabriel von der Verwandtschaft?
Alle habt ihr dasselbe Gesicht.
METHUSALEM *streicht sich selbstbewußt den Bart:*
Nein bitte, sagen Sie das nicht.
Die Bärte, wenngleich auch gleich geformt,
sind doch nach Länge verschieden genormt.
DIE UNREINEN Wozu hier noch quasseln?
Die ganze Anstalt ist nichts für uns.
Laßt sie zusammenkrachen und prasseln!
DER VERSÖHNLER Pssst! pssst!
Kameraden, daß ich euch endlich beschwichtige!
Vergeßt doch bitte den alten Hader.
Jede Klasse hat recht und ist die richtige.
Zu den Engeln:
Schaut, ihr lieben Begnader:
was für Kerle!
Wahrhaftig,
jeder Zoll – eine Perle!
Nur die Schale scheint roh.
Ich an eurer Stelle
wär froh.
Zu den Unreinen:
Und ihr, junge Rangen und Bengel,
denkt doch an seinen Rang!
Weist auf Methusalem:
Kein Wrangel. Ein Engel!
METHUSALEM Mit dem mich einigen?
Gott verhüte.
DER SCHMIED Das könnt dir so passen!
Herr du meine Güte!
Beide fallen über den Versöhnler her.
DER VERSÖHNLER *greint und weint:*
Da trachtet man im guten,
daß die Leut sich nicht streiten,
und kriegts dann selber
von beiden Seiten.

Ach nein,
so kann man nicht sein, nicht leben;
das ist ja rein
zum Geist-Aufgeben.

DER LANDARBEITER Auf! zum wahrhaft gelobten Land!
sucht jenseits vom Paradiese!
überschreitet seinen Rand!
aufwühl unser Marsch die Himmelwiese!

CHOR Wir suchen, wir finden das Land,
und wärs hinterm Weltenrand!

METHUSALEM *betrachtet die begonnene Zerstörung des Paradieses, das die Unreinen niederreißen, und heult mit durchdringender Stimme:*
Holla! Zu Hilfe!
aufhören! halt!
drein fahr des Allmächtigen Blitzgewalt!
Furchtbarer Donnerschlag. In den Wolken erscheint mit einem Bündel Blitze der Herr Zebaoth in eigener Person.

DER HERR ZEBAOTH Ich kann euch mit Blitzen schlagen!

DER ROTARMIST *vorwurfsvoll:*
Wie petzende Kinder –
gehn hin, um es Muttern zu sagen.

DER VERSÖHNLER *gewahrt das heranreifende Ärgernis und kreischt mit verzerrtem Gesicht:*
Och! ach! Gott!
Er selber,
der Herre Zebaoth!!
Ich bebe . . .
kaum daß ich mein Anlitz hebe . . .
mir knicken die Knie.
Zu den Unreinen:
Besinnt euch!
kommt zur Vernunft! ihr steht
vorm lieben Gott und gegen Seine Majestät!
Das tut man nie!

DER HERR ZEBAOTH *zeigt dem Versöhnler die Faust:*
Wär ich nicht die allweise Güte,
wüßt ich, was dem Versöhnler blühte! . . .

DER SCHMIED Wir Arbeiter
sollten vor Gott
in die Knie tiefgehn?
Solch ein Spott
könnte für Herrn Gottbehüte
schiefgehn.
Sie geben dem Versöhnler ihre Fäuste zu spüren.
DER VERSÖHNLER *weinerlich, aber achtungsvoll:*
Ich garantier nicht für meine Überzeugungen.
Blaue Flecke sind sprechende Lettern.
Noch ein paar solcher Beifallsbezeigungen –
und mein menschewistischer Lack
beginnt abzublättern.
DER MASCHINIST *weist auf den Herrn Zebaoth, der sein Bündel Blitze schwingt, aber nicht in Gang setzt, aus Furcht, seine eigenen Methusalämmer zu treffen:*
Man muß dem Herrgott
das Blitzzeug entreißen.
Her damit!
Kein übles Gerät
zum Elektroschweißen.
Sonst –
vergeudete Elektrizität,
ins Leere verpufft!
Sie stürzen vor, um die Blitze an sich zu reißen.
DER HERR ZEBAOTH *kummervoll:*
Ich bin gerupft!
Um mich nur Luft!
METHUSALEM Womit züchtigen wir fortan die Sündigen?
Wir schließen in Not den Laden.
Wir kündigen.
Die Unreinen reißen das Paradies nieder und steigen mit gezückten Blitzen in höhere Sphären.
DER SCHMIED Morgenrot –
Weiter!
ins ferner Erhöhte!
Dort endet unser Fasten ...
Als sie aber quer durch die Trümmerwelt zur obersten Sphäre

vorgedrungen sind, wird der Schmied von der Näherin unterbrochen.

DIE NÄHERIN Dem Hungrigen schmeckt keine Morgenröte.

DIE WÄSCHERIN *ermattet:*
Wir hauen, trümmern, hasten
durch Gewölk.
Sollt es nicht bald vorübermüssen,
das Land der Nöte?
Unsre Leiber, müd und welk,
lechzen nach labenden Maiengüssen.

WEITERE STIMMEN Wohin denn noch?
Gehts in ein neues Höllenloch?
Betrogen sind wir!
wir sind betrogen!
Was folgt denn weiter
auf dieser grauenvollen Stufenleiter?
Nach einiger Besinnung:
Kaminfeger, steig auf den Weltall-Bogen!
Kundschafter sei! Wegbereiter!

Aus dem Trümmerdunkel des Paradieses löst sich wachsend ein neues Bild. Von den vorwärtsschreitenden Unreinen entfernt sich nachdenklich der Versöhnler.

DER VERSÖHNLER Wir kamen durch den Himmel.
Wir kamen durch die Hölle.
Und alle haben schon das Wandern im Blut.
Kehr ich nicht selber um auf der Stelle?
Denn mir
gefiel jene Engelbrut.
Sogar recht gut.
Weil nämlich die Seligen jeweils tun,
was opportun . . .
Diese Kerle mögen wandern, ihrem Herdentrieb treu –
er winkt den sich entfernenden Unreinen hämisch nach
– ich kehre zurück
zum alten Tolstoi.
Ein hohes Tier!
Das soll mich erlösen.
Ich bin gewillt, mich hier

ein bißchen abzugeben
mit dem berühmten Nichtwiderstreben –
sondern Nachgeben dem Bösen . . .

Fünfter Aufzug

Das Land der Trümmer

DER SCHMIED He!
weshalb haltgemacht? –
Vorwärtsgeschritten!
DER LAMPENANZÜNDER Unmöglich.
Bruchbrockenberge
in Weges Mitten.
Kann man denn drüberhin
gehn oder fahren?
DIE NÄHERIN Man trümmert was zusammen
im Lauf von drei Jahren!
Während alle die Trümmerstatt in Augenschein nehmen:
Da seht her. Ein Plankenrest
von dem Archen-
bord.
DER ROTARMIST Eine Rippe vom Abessinier-Monarchen dort.
DER LANDARBEITER Hier ein Backstein der Hölle.
DER SCHUSTER Da vom Himmel ein Splitter.
DER LAMPENANZÜNDER Was tun?
Geklüft und Gerölle.
Kein Durchlaß –
nicht einmal ein Rastplatz.
Bitter.
DER SCHMIED Was tun? Was tun? . . .
Den Schutt wegräumen von allen Wegen.
DER LANDARBEITER Klar, Mensch. Da gibts nicht viel
zu überlegen.
Organisiert zusamm'getreten –
und frisch an die Klauberei!
DER ROTARMIST *bedeutsam:*
Organisiert und organisiert ist zweierlei.
Zuvörderst gilts,
die rechte Bahn zu ermitteln.
Ich empfehle,

alles Organisierte durcheinanderzurütteln.

EIN ERZKUMPEL *verdrossen:*
Das sind mir
Bocksprünge, allzu zackig.
Das Durcheinanderschütteln
ist rein Mumpitz und quackig.
Wir brauchen ernannte Beamte.

DIE WÄSCHERIN *herausfordernd:*
Ernannte...
Da haben wir den Salat!
Ohne Puffer weiß man sich keinen Rat.
Die Unreinen drängen sich zusammen und randalieren durcheinander.

DER ESKIMO Nein, sag ich, dreimal nein.
Das alles hat nichts
mit Marxismus gemein.
Ich steh da zu gänzlich anderen Methoden;
ich steh auf völlig anderm Boden:
ich will das Arbeiter-Rußland retten
vor tausend Toden,
zerreißen die lastenden Hunger- und Elendsketten.

DER LANDARBEITER *verzweifelt:*
Jetzt beginnt das große Sichauseinandersetzen!

DER SCHMIED *die aufeinander Losgehenden trennend:*
Genossen,
hallo, laßt das Schwätzen!
Ihr seid nicht bei einer Wahl
im Gewerkschaftslokal.

DER MASCHINIST Puffer?!
Den Nagel auf den Kopf getroffen.
Das Waschweib brachte kein albern Gewäsche.
Dem Dampfroß fehlen, ich sag es offen,
nicht bloß die Puffer,
nein, auch die Räder.

DER SCHMIED Ersauft nicht in Worten!
Wo klafft die Bresche?
Ich seh keine Furt.
Durch Zeilengeäder, papierne Bäder,

reiß euch voran eure Wiedergeburt!
Was sollen Hochwässer aus strömendem Text?
Spitzhacken bringt, Keilhauen schwingt!
Schippen hinein in den Berg, der da wächst!

CHOR *den Trümmerberg aufscharrend und wegschaufelnd:*
Ho – ruck!
den Griff gepackt,
haut zu im Takt!
und noch einmal –
und noch einmal –
und noch – ohne Zahl!
geschippt, gehackt!

DER VERSÖHNLER *steckt den Kopf aus einer Wolke mit der Aufschrift »Berlin«:*
Oho! oho!
Genossen,
in Trümmern grabend? . . .
Macht Feierabend!
seid keine Kälber.
Ich weiß, was ich rate. Ich mach nicht mies.
Begreift doch selber:
ich seh eben mehr aus meinem Auslands-Paradies.
Macht Schluß, liebe Leute, mit euerm Bemühn.
Nur Widerwärtiges kann euch blühn.
Hab ich nicht recht?

DER SCHMIED Sieh da: –
der Kerl plakatiert noch seine Jammerfratze.
Achtung! daß unter meinem Hammer
nicht zufällig sein Kopf-Amboß platze!

DER VERSÖHNLER Hopp!
Er schließt augenblicks den Wolkenvorhang hinter sich.

DER BERGMANN *hält ein, mit erhobener Spitzhacke:*
Horcht, Genossen!
solltet ihr kein Heulen
vernommen haben?
Unter den Trümmern
kein Wimmern?
Liegt da nicht jemand

lebendig begraben?
Horcht hin –
daß ihr die Richtung erfühlt!
Wühlt!
Daraufhin ein allgemeines Graben mit verzehnfachter Kraft, und aus Staubwolken heben sich die Rümpfe einer Lokomotive und eines Seeschiffes.

DIE LOKOMOTIVE He –!
hört meines Dampfkessels Seufzerton!
daß ich aufatme
im Schwall meiner Esse!
Schafft mir ein Schwarzbrot
vom Kohlen-Don,
schaufelts herbei,
daß ich wieder esse!

DER MASCHINIST Kein Verzicht!
nein, du verhungerst mir nicht!
Wir geben dir wieder
dein friedlich Geschmauch;
wir reißen dem Berg
seinen Schatz aus dem Bauch.
Auf neuen Bahnen regst du deine Glieder.

DAS SEESCHIFF Ho –!
laßt mich den Quell aller Ströme
ausschlürfen!
Beiderseits klafft meines Rumpfes Höhlung.
Oh, am Dock schön ausruhn dürfen!
Naphtha her für wohlige Ölung!
Naphtha aus Baku –
u – u – u – u – u!

DER BERGMANN Glück auf, Genossen! los!
hinab ins wölbige Hohle!
folgt mir!
Hände nicht in den Schoß!
helft mir, helft mir:
ich hole sie raus, die rollende Kohle.
Nun taugt mir,
Kolben und Pumpenräder!

Nun saugt mir
Steinöl durchs Felsgeäder!
CHOR Schwing Picke und Hacke, noch und noch!
Wirk, Stoßarbeiter, am Schürferohr!
senk tiefer Sonden ins Spundungsloch!
stell Bohrtürme auf, stell auf und bohr!
DER RUIN Zurück –
was gibts da mit Hämmern zu pochen?
Zurück! wer bockt auf?
Mit mir wird sehr respektvoll gesprochen!
Hier gebiete ich,
Regent der Ruinen:
ich knabbere Lokomotiven,
ich fresse Maschinen.
Pust ich und blase, fegts Fabriken vom Berg.
Faucht meine Nase,
zerwirbelts ein Hüttenwerk.
Nur ein Blick von mir –
und die Essen vereisen.
Daß darbende Städte
in Krämpfen ersterben.
Ich schnapp –
aus Geleisen wird altes Eisen.
Daß frierende Dörfer
sich krümmend verderben.
Zurück! –
ich warf Haß auf die Rüstigen, Tüchtigen.
Zurück! –
ich brock euch alle meine Wut in die Suppe.
Zu mir her, ihr Feigen und Eigensüchtigen!
zu mir, Spekulanten, meine treuste Truppe!
Die »Truppe« umringt den Ruin.
CHOR DER SPEKULANTEN *gegen die Unreinen hin:*
Trollt euch!
wer hat da zu hämmern, zu pochen?
Trollt euch! wer bockt auf?
Mit dem Ruin wird sehr respektvoll
gesprochen!

DER RUIN Heda! neigt euch auf Knien!
Oder wollt ihr, daß ich die Halsschlinge hole?
Ich bin euch Regent: ich, der Ruin.
DER SCHMIED Genug von diesem Regenten!
Der Hammer komm über ihn!
Bewaffnet euch!
DER BERGMANN *geht los gegen den Ruin:*
Kämpft für Kohle!
Und gegen die säckeschleppenden Spekulanten:
Und euch!
Raubritter, rittlings auf Güterwagen!
Genug, genug!
Wir bannen euch
hinter den Pflug,
wir spannen euch
vor den Güterzug.
DER SCHMIED Ergreift die Faul-Laffen,
laßt sie Felder baun!
und faßt die Maul-Affen,
laßt sie Wälder haun!
Die Unreinen rücken vor, die »Truppe« weicht zurück.
DER BERGMANN *faßt den Ruin von unten an:*
Was? wir sollten vor dem Buben
uns ducken und bücken?
Kameraden! untergrabt seine Gruben,
packt ihn, stürzt ihn,
wälzt ihn auf die Seite,
drückt ihn auf den Rücken!
DER LANDARBEITER Saatfurchen im Ackergebreite –
sie sind Schützengräben gegen die Not.
DER BERGMANN UND DER LANDARBEITER
Unsere Waffen –
Kohle und Brot.
DER SCHMIED *während der Ruin niedergeschlagen, zerschmettert wird; die letzten Verse dieser Rede spricht der Schmied schon vor dem niedergerungenen Ruin:*
Hurra!
wie sie laufen – in Haufen!

Den Ruin sind wir los!
Noch gilt es den letzten,
den Gnadenstoß . . .
Der Kerl ergibt sich!
Jetzt aber – stop und halt!
Aus ist der Strauß –
frei die Bahn!
Die Tür aller Künftigkeit
öffnet einen Spalt.
Er weist auf den Schachteingang hin:
Hier.
Hinein mit dir!
In die Grube.
Da grabe!
Sing, Knappe, alter Knabe:
»auf, zum letzten Gefecht!«
Die Unreinen begeben sich in den Schacht, ihre Stimmen verhallen in der Ferne.
DER BERGMANN *kommt mit einer Lore voll Kohle:*
Erste Brocken
aus dem Moskauer Becken.
DIE LOKOMOTIVE Danke.
Kann frohlocken.
Mich ins Krankenbett strecken.
Werde ausgebessert.
DER MASCHINIST *rollt ein großes Blechfaß Erdöl herbei:*
Dies – aus Baku.
Nimms als Heilgetränk.
DAS SEESCHIFF Dampfer fertig zur Fahrt.
Nicht mehr leck, entwässert.
DER BERGMANN *schafft noch eine Lore Kohle herbei:*
Hier – vom Donez ein Geschenk.
DIE LOKOMOTIVE Besten Dank.
Das wird Volldampf geben.
DER MASCHINIST *noch ein Ölfaß anwälzend:*
Da hast du noch eine volle Zisterne.
DAS SEESCHIFF Dank, ich nehm sie gerne.
Mein Diesel rührt sich soeben.

DER MASCHINIST *ein weiteres Faß herbeirollend:*
Dies – aus Uchta.
Hast du dafür Verwendung?
DER BERGMANN *wieder eine Lore Kohle anschleppend:*
Hier vom Ural.
Keine üble Sendung.
DIE LOKOMOTIVE UND DAS SEESCHIFF
Hurra!
wir leben auf.
DIE LOKOMOTIVE Sehr liebe Räder in vollem Lauf.
DAS SEESCHIFF Ich lebe wieder.
Gleich trägt mich die Welle
auf und nieder.
Aus den Kohlengruben hasten die Unreinen herbei, stürzen sich zueinander.
DER MASCHINIST Ich eile zu dir.
DER BERGMANN Willkommen hier!
DER SCHMIED Und ich bin dabei.
DIE WÄSCHERIN Auch ich bin so frei.
DER ROTARMIST Was ganz Ungemeines . . .
DIE NÄHERIN Ja, Deines und Meines . . .
DER ESKIMO Eine Botschaft, ganz groß!
DER BERGMANN Dort, hinterm hintersten Turmgerüst –
DER BERGMANN UND DER MASCHINIST
Dort ist
etwas los.
DER BERGMANN Ich höhle dort meinen letzten Stollen . . .
DER MASCHINIST Und ich
laß das letzte Ölfaß
anrollen . . .
DER BERGMANN Ja, ich vernehme –
von ganz ferne her . . .
DER MASCHINIST Und ich erblicke
– über Land und Meer –,
wohin das Auge kaum reicht . . .
DER BERGMANN Ein Singen hör ich,
ein Rädergedröhn,
den Atem-Takt von Fabriken vielleicht . . .

DER MASCHINIST Die Sonne steigt schön,
frühes Morgenrot,
übern Himmel geschwungen,
eine Stadt, gewiß . . .
DER ROTARMIST So haben wir, scheints, den Sieg errungen.
So stehen wir, scheints,
am Ende der Finsternis,
wir lugen durch die Tür
in den echten Garten Eden.
DIE LOKOMOTIVE Ich bitt den Eisenbahnzug,
über mich zu verfügen.
DAS SEESCHIFF Ich steh bereit,
mich auf Wogen zu wiegen.
DER MASCHINIST Hurtig macht euch auf den Weg.
Es geht um gar viel.
Zukunft, unsre Zukunft – das Ziel.
DER ROTARMIST *steigt auf die Lokomotive, ihm folgen andere:*
Die Bahn ist frei,
Die Flagge gehißt.
Der Erste sei,
vorwärts, Maschinist!
Auf Wellen, auf Gleise –
in schwieriger Tat –
wohin geht die Reise?
Das morgige Haus der Erfüllung naht.
Freßt den Raum!
Haucht euern Atem ein
den Maschinen;
denn nur mit ihnen
macht ihr ihn wahr, euern Traum.
Schwung über Schwung,
Schritt für Schritt!
CHOR *wiederholt:*
Voran! –
und euern Atem teilt
den Maschinen mit!

Sechster Aufzug

Das Gelobte Land. Ein riesenhaftes Portal. Verwinkelte Durchblicke, die als beiläufige Andeutung von Straßen und Plätzen, irdischen Örtlichkeiten, wirken. Oberhalb der Pforte mehrere Regenbogen, Dächergewürfel, ein unmäßiger Blumenflor. An der Pforte ein Kundschafter, der die Heraufklimmenden in aufgeregtem Tone anruft.

DER BERGMANN Hierher, Kameraden!
Hierher!
Die Landungstruppe sei hier ausgeladen!
Die Unreinen klettern herauf und mustern mit erklecklichem Staunen die Pforte.
DER BERGMANN Ein Zauber!
DER ZIMMERMANN Das ist doch Iwanow-Wosnessensk.
Das Kunststück ist sauber!
DER DIENSTMANN Wie sollen wir den Gaunern Glauben schenken, frag ich.
DER SCHMIED Das soll Wosnessensk sein?
Nicht zu denken.
Glaubt mir, auf Ehre, das ist Marseille.
DER SCHUSTER Warum Marseille und nicht gleich Pompeji?
Nein, das ist Schuja,
find ich, mein Bester.
DER KRAFTFAHRER Keine Spur von Schuja.
Das ist Manchester.
DER MASCHINIST Schämt euch. Der reinste Quatsch mit Soß.
Manchester ist nicht halb so groß.
Das ist Moskau, nichts andres, Kinder.
Hier die Twerskaja,
dort die Sadowaja,
hier das Föderations-Theater . . .
Moskau ists, das sieht doch ein Blinder.
DER LANDARBEITER Moskau, Marseille, Manchester –
alles lauter Käse
mit Majonäse.

Ausschließlich richtig
und einzig wichtig
und Hauptsache: wir sind wieder auf der Erde –
wir sehn unsre Winkel, vertraute Nester.

ALLE Die kugelrunde, verdammte Schwester!
Herrgott, ist die rund!

DIE WÄSCHERIN Schwester Erde? Gut. Na, und –?
Vielleicht auch nicht.
Denn dies da scheint jünger;
auch riechts nicht genug nach Jauche und
Dünger . . .

DER DIENSTMANN Tja, wahrhaftig, wie's in die Nase sticht:
irgendwas Süßes – wie Aprikosen.

DER SCHUSTER Aprikosen?
In Schuja?
Ists nicht eher die Zeit
der Herbstzeitlosen?

Sie heben die Köpfe. Der Regenbogen schlägt blendend sein Pfauenrad.

DER ROTARMIST Holla, Lampenanzünder
mit deiner Leiter –
klimm hinauf,
du siehst ja besser und weiter.

DER LAMPENANZÜNDER *steigt empor, erstarrt ganz verdutzt und stammelt bloß:*
Mondkälber waren wir!
saudumme Mondkälber!

DER ROTARMIST Na, erzähl schon!
Glotzt wie ein Ochs vorm Berge selbst.
Erzähl schon!
Kauz!

DER LAMPENANZÜNDER Ich kann nicht.
Ohnmächtig
jedes menschlichen Lauts!
Gebt mir zuerst
eine Zunge, länger als hundert Werst,
und tausendmal strahlender müßt sie sein
und blanker geputzt als Sonnenschein . . .

Und dürfte nicht wie ein Lappen
fleischklotzig runterklappen und -schlappen ...
Sondern müßte was annehmen
von der Form der Lyren –
vielleicht in der schaukelnden Hand
von Juwelieren,
daß jedes Wort, kaum der Mund es entließ,
im Singen der Nachtigall weiterfließ ...
Umsonst!
auch dann verdeutlichst du
keinen Deut!
Was bringen schon Worte unter die Leut?
... Vielhundertstöckig von Häusern
überhimmelt, steht
– überheimelt – unser Planet!
Und über alles Gebäud
krümmen Brücken
elegant ihren Katerrücken.
Blitzend schlängeln sich die geduckten
Züge hindurch unter Sprung-Viadukten:
eh sie ein Nachblick dingfest gemacht,
schwindet im Schwenklauf die berghohe Fracht;
und Stahlgerüste entführen den Glanz
des roten Hecklichts am Eidechsenschwanz!

CHOR Schwanz?

DER LAMPENANZÜNDER Ja, Schwanz!
Scheinwerfer rollen elektrische Augen,
weißlohende Klumpen,
welche wie abgründige Pumpen
aus millionenpferdigen Generatoren
Urkräfte saugen!
Die Erde, so glänzt sie und leuchtet!

CHOR Leuchtet?

DER LAMPENANZÜNDER Ja, leuchtet!

DER ROTARMIST Lügen uns Augen und Ohren?
Habens doch selber geschaffen.
Weshalb dies unglaublich ungläubige
Gaffen?

DER MASCHINIST Geschaffen – schon.
Reichlich Erde mit unserm Schweiß befeuchtet.
Dennoch steht man wie der Blinde und Taube –
vor dem Wunder erlahmt uns der Glaube:
dies sollten wir selber gemacht haben?
wir sollten solche Macht haben?
DER LANDARBEITER Genug gefaselt
wie Knaben!
Ihr seid mir
feine Lektoren!
Nie trägt der Akazienbaum Feigen.
DER LAMPENANZÜNDER Na, wollt ihr Brüllaffen endlich
schweigen?
Das Wunder macht
die Elektrifizierung!
CHOR Elektro-Verzierung?
DER LAMPENANZÜNDER Elektrifizierung.
In riesigen Steckdosen
haftet die Gabel.
DER MASCHINIST Fix, Donnerkeil! das macht sich sauber.
Kein so 'n Professor
versteht solchen Zauber
besser.
DER LAMPENANZÜNDER Elektrisch der Zug;
elektrisch die Saat;
elektrisch der Pflug;
elektrisch die Mahd;
und endlich der elektrische Drusch.
Alles – auf Draht.
Eine Sekunde – nicht Stunde – hernach
ist das Brot
– husch! –
schon gebacken.
CHOR Gebacken?
DER LAMPENANZÜNDER Jawohl, jawohl,
schon gebacken.
DER BÄCKER Und die Hausfrau, bemalte Lippen und Backen,
und der Hausherr, ein Mops vom Kopf bis zur Zehe,

sie dürfen fein durch die Stadt spazieren
und den Gehsteig und den Fahrdamm verunzieren?

DER LAMPENANZÜNDER Nein,
keine Spur von solchen Geschöpfen,
nichts dergleichen, so weit ich sehe.
Süßester von allen Zuckerköpfen!
Was denn noch?

DIE NÄHERIN Zucker?
Hörst du?
was kann ich tun?
Hab vor der Sintflut meine Zuckerkarten
bei der Bezugsstelle anzumelden versäumt.

CHOR He, du? – auf der Leiter,
laß uns nicht warten!
Sprich doch ausführlicher! –
Schläft er oder träumt?

DER LAMPENANZÜNDER Dort wandeln die verschiedensten
Speisen
und Sachen.
Jede hat Füße
und jede hat Hände.
Betriebe, mit Fahnen bedeckt wie mit Plachen,
kilometerweit, als wärs ohne Ende.
Hätt ich hundert Augen: wohin ich spähe –
blumenbekränzt,
ohne Arbeit stehn
in aller Ferne und Nähe
Drehbank und Werkzeugtisch.

DIE UNREINEN *verschreckt:*
Stehn? ohne Arbeit?
Und wir hier – im Wort-Sport erfinderisch!
Und wenn ein Regen kommt,
gehn vielleicht die Maschinen kaputt –!
und rosten im Schutt –!
Brüllt! . . .
brecht vor!
Holla!
wer pocht ans Tor?

DER LAMPENANZÜNDER *herabgleitend:*
Sie kommen!
ALLE Ja, wer?
DER LAMPENANZÜNDER Die Sachen – kommen her.
Die große Pforte geht zweiflügelig weit auf und erschließt den Anblick der Stadt. Aber welch eine Stadt! Zum Himmelsgewölbe hochgetürmt und aufgetan, stehen die Riesenleiber durchsichtiger Fabriken und Wohnhäuser. Umwunden mit Regenbogen-Fluoreszenzen, geistern Eisenbahnzüge, Straßenbahnen, Kraftwagen, und in der Mitte – ein Garten-Square von Sternen und Monden, gekrönt von der strahlenden Sonnen-Korona. Aus den Schaufenstern sieht man die besten Sachen heraustreten und, geführt von Sichel und Hammer, mit der Ehrengabe von Brot und Salz sich zu der Pforte begeben. – Die Unreinen haben sich an die Wände gedrückt; durch ihre Reihen geht ein Geflüster.
DIE UNREINEN A-a-a-a-ah!
DIE SACHEN Ha-ha-ha-ha-ha!
DER LANDARBEITER Wer seid ihr?
wessen seid ihr, werte Güter?
DIE SACHEN Wie – wessen?
DER LANDARBEITER Na, ganz einfach – wie heißt euer Gebieter?
DIE SACHEN Niemandes sind wir. Kein Knechtschaftjammer.
Bei uns muß es ohne Gebieter klappen.
Gesprengt ist Besitz, einst hemmende Klammer.
Wir sind Delegierte.
Sichel und Hammer
grüßen euch –
unser republikanisches Wappen.
DER LANDARBEITER Für wen das Brot?
und das Salz?
und der Zuckerhut?
Ob ein Statthalter
euch wohl zu empfangen geruht? . . .
DIE SACHEN Nein.
Euch,
alles gilt euch.
DIE WÄSCHERIN Ach, laßt das. Warum lügen,

daß die Balken sich biegen?
Wir sind nicht mehr Kinder,
die im Märchenland schmökern.
Im Schleichhandel
will man euch heimlich verhökern.
Ja, sind
vom schwarzen Markt
die diversen
Schieber euch schon dicht auf den Fersen?

DIE SACHEN Keinerlei Schieber –
seht doch her.

DER DIENSTMANN Oh, ich begreife nur allzu sehr.
Der Proviantausschuß wirft euch
in den großen Scheffel;
rationiert euch, portioniert euch:
pro Mann kleinweis – ein Löffel.

DIE SACHEN Nein, nichts von Scheffel und Proviantkomitee.
Und kleine Löffel – nur beim Tee.
Nehmt uns pudweis, soviel ihr wollt.

DER FISCHER Das heißt: – wir schlafen,
und ein Traum-Film rollt.

DIE NÄHERIN Einst –
in der Oper,
im obersten Juchhe.
Auf der Bühne ein Ball.
»Traviata«.
Ein Souper.
Hernach –
draußen, auf nächtigen Straßen,
schien das Leben eine Bitternis ohne Maßen.
Nichts als Schmutz
und Pfützen.

DIE SACHEN Nichts soll weg;
alles euch nützen.
Dies ist die Erde.

DER SCHMIED Humbug und fauler Zauber, genug!
Ich frage: – was für 'ne Erde?
Erde ist Spuk und dreimal Dreck,

Erde stockdüsterer Lug und Trug.
Auf Erden dürfen wir schuften;
genießen darf der dicke Schuft.
Was wir – wo immer – schaffen,
tut er raffen.
Was uns bleibt, ist Luft.

DIE WÄSCHERIN *zum Brot:*
Lockst uns
und wirst dann
wohl selber uns beißen.
Hunderttausend Rubel –
ein hunderttausendzähniges Gebiß.
So viel Profit pro Pud ist dir gewiß.

DER MASCHINIST Auch so eine –
Abgefeimte und Feine! . . .
Mit dem Trippellauf einer Maus.
Die kommt und wählt sich ihr Opfer aus.
Zu wenig noch haben uns
Maschinen zerfleischt.
Wie das mit Zähnen knirscht
und mit Rädern kreischt!

DIE MASCHINEN Arbeiter, nehmt von uns die Schuld!
Vergebt uns!
ihr habt uns gegossen, geschliffen,
gebaut mit Geduld.
Dann haben uns Sklavenhalter ergriffen
und unterworfen.
Wir panischen, mechanischen
Stahl-Wildlinge, wir nimmermüden,
wir ohne Rast und Frieden,
beauftragt, die Protzen spazieren zu schieben
auf Schienen,
und ihnen
in trüben Betrieben
zu dienen,
wir – Maschinen!
Triebscheibe, Schwungrad und Kurbelwelle –
da gabs keinen Halt,

wenns euch zu verstümmeln, zu rädern galt.
Treibriemen, Stahlbrücke, Bunkergefälle,
alles war
als Gefahr
euch zur Stelle . . .
Nun aber brüllt auf, Motoren!
Gestürzt sind Protzen und Götzen.
Sperr auf, Jubel, Mund und Ohren!
Wir dürfen euch nützen, euch ergötzen –
befreit!
Jetzt, Bahnen, flutet! Sirenen, tutet!
Jetzt mögt ihr euch recken, Eisenbahnstrecken!
In Lust-Karussellen die Nacht zu erhellen,
sind, Arbeitervolk, wir von nun an bereit!
DIE SACHEN Und wir, Behelfe aus Fluch und Segen,
wir Hammer, Bohrer, wir Zangen, Sägen!
im gallgelben Frühlicht zum Werkplatz getragen,
waren wir für euch die Last aller Plagen.
Nun, freigekämpft vom Frondruck der Nobeln,
wolln wir euch Nützliches hämmern und hobeln.
Dir, Werkvolk,
dem unsereins den Nacken drückte,
unterwerfen wir heut uns als dienend Beglückte.
Im neuen Elysium, spielend-graziös,
erkling eures Werkzeugs Musik statt Getös!
DIE SPEISEN Wir sind Speis und Trank, Produkte und Waren,
die Grund proletarischen Mißgeschicks waren.
Weils ohne Brot keine menschliche Macht gibt,
wie ohne Zucker kein Menschenhirn achtgibt.
Nicht ihr habt uns, wir haben euch
gekostet und gegessen.
Wir kosteten viel. Habt ihrs schon vergessen?
Wir waren undenkbare Delikatessen.
Hinter den Schaufenstern in den Geschäften
lagen wir – Köder? Nein, Köter, die euch bekläfften.
Ihr brülltet: »Runter die Preise der Speise!«
Vorab aber stürzten die gewürzten, die gepriesenen Kreise.
Und lecker Gesalzenes und Gesüßtes

wurden euch untertan:
nehmt und genießt es!

DIE MASCHINEN, SACHEN UND SPEISEN *im Chor:*
Dank!
ihr seid gekommen.
Dank!
ihr habt genommen.
Alles, was gut ist und teuer,
sei euer,
sei euer,
sei euer!
Da sind eure Hände,
die siegten und faßten.
Zu Ende –
Entbehren, Verzichten und Fasten!

DER SCHMIED Vielleicht, daß ihr uns 'nen Zettel
abfordert, so 'nen Bettel.
Doch wir kamen zur Stelle
aus Himmel und Hölle.

DIE SACHEN Es braucht nicht Mandate
noch Zertifikate.

DER LANDARBEITER Gut ist ein Messer.
Unsre Beine am Rumpf
sind besser.
Die werden zumindest nicht stumpf.
Laßt uns mal probieren,
drauflos zu spazieren!
Die Unreinen schreiten vorwärts.

DER LANDARBEITER *betastet den Erdboden:*
Sie selbst!
Die ehrliche,
erdige Scholle!

ALLE Die wundervolle!
Jetzt drauf treten
und schreien und beten!

DER BÄCKER *zum Zimmermann:*
Wirklicher Zucker –
ich hab ihn geleckt.

DER ZIMMERMANN Nun?
DER BÄCKER Meiner Treu.
Er hat richtig süß geschmeckt.
EINIGE STIMMEN Jetzt wird vor Lust
nicht aus noch ein gewußt.
DER LANDARBEITER *bekommt einen Rausch:*
Wißt ihr, was?
Genossen Sachen,
nun mal Schluß mit dem Spaß.
Man laß
mal in Ordnung das Schicksal gewähren: –
wir werden euch machen
und ihr uns ernähren.
Und kommt uns mal wieder einer
von den großen Bezwingern,
so lassen wir ihn nicht heil aus den Fingern.
Ein Leben
soll das geben!
ALLE Das gibt ein Leben!
ein Leben!
EIN HANDELSMANN *entrüstet, drängt sich mit Püffen durch die Menge, prescht vor:*
Holla! wärs nicht ratsam,
sich mäßiger zu fassen?
Man muß auch dem Konzessionär was übriglassen.
DER SCHMIED Fort mit dir!
Hier gibts nichts zu kaufen – verkaufen.
Deine Rolle rollt nicht mehr.
Ist abgelaufen.
Hast genug verdient für die Deinen;
für die Großen sowohl wie die Kleinen.
Wir wollten von dir was abgucken und lernen.
Jetzt sind wir so weit.
Jetzt wirds für dich Zeit,
dich anstandshalber sehr rasch zu entfernen.
Von Fäusten gepackt und hinausgeworfen, torkelt der Handelsmann davon. Die Unreinen fassen begierig die Sachen ins Auge.

DER LANDARBEITER Ich hätt gern die Säge.
Bin vom Nichtstun steif.
Bin jung, 's ist ein Jammer.
DIE SÄGE So nimm!
DIE NÄHERIN Mir eine Nadel!
DER SCHMIED Ich greif immer, greif –
meine Hand ziehts zum Hammer.
DER HAMMER Mein Lieber, darfst mich fassen!
Die Unreinen, die Sachen und die Maschinen schließen einen Ring um den Sonnengarten.
DER MASCHINIST *zu den Maschinen:*
Ich möcht euch ja gern anlaufen lassen.
Nur – werdet ihr nicht aufgehn in Krach und Nebel?
DIE MASCHINEN I – wo. Warum denn?
Dreh nur den Hebel.
Der Maschinist bewegt den Hebel. Kugeln leuchten auf. Räder geraten in Drehung. Die Unreinen machen große Augen in begeistertem Staunen.
DER MASCHINIST Welch ein Lichtermeer,
das ich nicht begreif, nicht ermeß!
Unser Planet
ist das nicht mehr;
nein, ein Komet –
mit einem Schweif
wie ein feuriger Transkontinental-Expreß.
Oh, was habt ihr unterm Joch gelümmelt
und ewig vor euch hingebrümmelt?
Ihr harrtet,
harrtet,
habt Jahre gewartet – – –
Und dicht bei euch, ganz nah daneben
hats diese Pracht, diesen Zauber gegeben!
Und was laufen denn die Leut alleweil in Museen?
Da gehn sie, schon unterwegs schlummernd und schnarchend.
Und ringsum sind lebendige Schätze zu sehn!
Ja, ist das der Himmel oder bloß ein Fetzen Barchent?
Alle Wetter, wenn das und dies unsrer Hände Werk ist –
so sagt an, wo dann noch ein unübersteigbarer Berg ist!

Öffnet das All nicht wirtlich sein Tor
uns Weltraum-Tauchern?
Wir kleiden Planeten in irdischen Flor
und schenken ihnen vertrauten Dekor –
als kosmische Bauherrn.
Verflechten wir Strahlen zu Weidenbesen,
elektrisch die Wolken vom Himmel zu fegen!
Schafft Honig-Ströme und künstlichen Regen,
Sternpflaster-Straßen, glückselig erlesen!
Graben –!
meißeln –!
sägen –!
bohren –!
Auf alles ein Hoch!
ein Hoch auf alle!
Heute noch bloß –
die hier aufgemalte szenische Pforte.
Doch morgen schon groß –
anstatt theatralischer Worte –
Tatsachen und Taten.
Wir glauben und wissen.
Wir sind gut beraten.
So komm denn hierher, Publikum!
Sitz nicht stumm!
Komm herauf, Dekorateur!
Ein Triumph-Paneel gilts zu hissen.
Dichter, auch du!
Und du, Regisseur!
Auf die Bühne steigen alle Zuschauer.

ALLE *im Chor:* Wollt euch, Freunde, der Sonne verschwören!
Stimmen erheben, gewiegt auf Palmen!
in umarmenden Bruder-Chören
Zukünfte preisen mit weltlichen Psalmen!
Wie vom Himmel gefallen, wie aus der Erde gewachsen, erscheint der Versöhnler auf dem Schauplatz und betrachtet verwundert die Kommune; als er begreift, worum es hier geht, nimmt er höflich den Hut ab.

DER VERSÖHNLER Nein, sag ich, nie!

Das Paradies ist nichts für einen Mann von Energie.
Ein Graun waren mir all jene Putten und Pagen
mit ihren seraphischen Bußtag-Visagen.
Der Sozialismus ist nun mal nicht zu umgehen –
Zu den Unreinen:
Genossen, der Chorgesang braucht keine Kämpfer.
Drauflosgrölen gilt nicht, nur Maß und – ein Dämpfer.
Er tritt beiseite und dirigiert still mit einem Federhalter. Der Schmied schiebt ihn sacht aus dem Weg.

DIE UNREINEN *singen:*

Aufbricht der Heerbann der Verdammten,
Kette und Kerker sind zerschellt.
Dankbar dem Werkvolk, dem entflammten,
jauchzt heute die befreite Welt.
Ein Reich zerbrach, Tyrannen beben;
gewendet ist der Dinge Lauf.
Denn die Kommune tritt ins Leben,
reißt Pforten neuer Tage auf.
Völker, hört die Signale:
auf, zum letzten Gefecht!
Die Internationale
erkämpft das Menschenrecht.

Kein Rettungswerk half uns von oben,
kein Gott, kein Teufel für uns stand.
Bis wir als Klasse uns erhoben.
Dann war die Macht in unsrer Hand.
Wir Arbeiter als Kampfgemeinde
befrein die Welt, drin Knechtschaft haust.
Und keine Kraft verschworner Feinde
reißt uns den Sieg aus harter Faust.
Völker, hört die Signale!
Auf, zum letzten Gefecht!
Die Internationale
erkämpft das Menschenrecht.

Das Gestern wird vergessen werden.
Kein Bürgerprotz erhebt sich mehr.

Wir werden Herren sein auf Erden,
wir Werkarmee und Friedensheer.
So laßt uns, Völker, um euch werben,
aus Stadt und Land – hier stellt euch ein!
Das ganze Weltall sollt ihr erben!
Wer Nichts war, der wird Alles sein!
    Völker, hört die Signale:
    auf, zum letzten Gefecht!
    Die Internationale
    erkämpft das Menschenrecht.

Ende
(1920–1921)

Prolog und Einschub zur Zweitfassung des »Mysterium buffo«,

geschrieben für die Festaufführung zu Ehren des Dritten Weltkongresses der Kommunistischen Internationale zu Moskau, Ende Juni 1921.

Prolog

Genossen! . . .
Repräsentanten der Welt!
der Universalkommune Verkünder! . . .
Seht heut uns
als Grußboten
vor euch gestellt: –
uns revolutionäre Entzünder,
Tribünenkomödianten
und Rezitatoren,
Bühnenmusikanten,
Maler und Sang-Autoren.
Bevorsteht euren Ländern,
sich noch heftig zu verändern,
ja, gesprengt, in die Luft zu fliegen: –
Ländern,
die da in Europa liegen,
in Asien,
Afrika,
Amerika –
schon können wir
in ganz phantastischen Nähen
die Züge kommender Kommunen erspähen.
Und all die Ergebnisse von Feldzügen und
Schlachten,
alles Erreichte der Versammlungsredner, Aufrufverfasser,
all das sollt ihr nun
auf diesem Zirkus-Rundfeld betrachten,
von uns gespiegelt wie in einem Tropfen Wasser.

Vorbeiziehn sollen all die Würger,
Ausbeuter, große und kleine Bürger,
mitsamt dem menschewikischen Hysterium;
dann aber kommen wir –
Widerstände wegblasend wie muffigen Flaum!
Den bourgeoisen Buffo hält kräftig im Zaum
der Spielleiter vom proletarischen Mysterium.
Gleich Revolutionen
erschüttern Explosionen auf Bühnen.
Satirische Streik- und Streittribünen
beklopfen gar mächtig den Bauch der Welt.
Genossen Schauspieler!
los, zum Schauplatz empor!
die Worte wie Bajonette gefällt,
stürmt vor!

Einschub in den Text des zweiten Aufzugs

DER VERSÖHNLER Von allen Internationalen wählt nur die
Zwote!
Als Wunderding loben wir dieselbe!
Denn sie ist die mäßig schwarze,
mäßig weiße,
mäßig gelbe,
mäßig rote.
Kautsky,
Martow,
zwei so Berufene, Zünftige,
einigten sich auf sie als das einzig Vernünftige...
DIE UNREINEN Nieder!
DER VERSÖHNLER Nun –
wollt ihr nicht die Zwote, so nehmt
die Zwoeinhalbte.
Ich weich keinen Schritt, geh weiter nicht mit.
Bedenkt! die deutschen Sozialdemokraten
sind keine Kinder.
Und Paul Levi, der Ja gesagt hat, wars nicht minder,
immerhin – ein Politiker, kaum überboten.

DIE UNREINEN Nein, nieder!
wir wollen überhaupt keine Zwoten!
DER VERSÖHNLER Nun, so entschließt euch
für Zwodreiviertel.
Letztes Angebot, letztes Loch im Gürtel.
Mich selbst kostets teurer! . . .
Wie! was!
auch der Preis ist nicht eurer?!
DIE UNREINEN Jetzt reichts! jetzt zahle!
Kein weiteres Feilschen, bitte!
Arbeiter
kennen nur e i n e Internationale:
die Dritte!
(1921)

Libretto zum »Mysterium buffo«,

vom Autor entworfen als Programmzetteltext für die Festaufführung zu Ehren des Dritten Weltkongresses der Kommunistischen Internationale zu Moskau, Ende Juni 1921.

Mysterium buffo

heroisches, episches und satirisches Abbild unseres Zeitalters, besorgt von Wladimir Majakowski, übersetzt von Rita Rait und gespielt von dreihundertundfünfzig Schauspielern.
Das »Mysterium buffo« ist unsere große Revolution, verdichtet durch den Vers und die Bühnenhandlung. »Mysterium« deutet auf das Große in der Revolution, »buffo« auf das Lachhafte an ihr. Die Verssprache des »Mysterium buffo« ist gleichlautend mit den Bandsprüchen der Massenkundgebungen, mit dem Feldgeschrei der Straße, mit der Ausdrucksform der Tagespresse. Die Handlung des »Mysterium buffo« ist gleichbedeutend mit der Bewegung der Massen, dem Zusammenstoß der Klassen, dem Ringen der Ideen, ein Kleinbild der Welt in den Wänden des Zirkus.
Die Revolution hat alles eingeschmolzen, es gibt keine vollendeten Umrisse mehr, so kann es auch kein vollendetes Bühnenwerk geben. »Mysterium buffo« ist das Gerippe eines Stückes, sein Bewegungsschema – tagtäglich wird es von den Geschehnissen umwachsen, tagtäglich in die Bahn neuer Tatsachen gelenkt.
Die jüngste, anläßlich des Dritten Komintern-Kongresses inszenierte Fassung enthält sechs Aufzüge und einen Begrüßungsprolog.
Erster Aufzug. Das Weltall. Der Erdball wird überschwemmt von den Wogenkämmen revolutionärer Fluten. Einziger trockener Zufluchtsort: der Erdpol. Aber schon klafft auch hier ein Leck. Ein Eskimo hält es mit dem Finger zu. Am Pol begegnen einander, gejagt von der Hochflut, die Überreste der Erdbevölkerung: sieben Paar reiner Wesen – Bourgeoisie, sieben Paar unreiner Wesen – Proletariat, sodann ein Versöhnler, der es mit allen Seiten treibt, und andre.

Gepeitscht vom Regenstrom, drängt sich alles um den Pol zusammen, und als der Raum hier zu eng wird, sieht man mit einem Male den Eskimo von seinem Platz weggestoßen, wo er das Spundloch zugehalten hat. Aus der freigegebenen Öffnung bricht die Lohe der Revolution. Alles stürzt sich auf den Herd der Gefahr; er wird mit knapper Not abgedichtet. Die Reinen überreden die Unreinen zur Aufnahme von Rettungsarbeiten. Die Unreinen bauen eine Arche.

Zweiter Aufzug. Seefahrt in der Arche. Auf der Bordfläche des Gefährts lösen sich die Gesellschaftsordnungen ab. Monarchie des abessinischen Negus. Alsdann demokratische Republik der Reinen. Zuletzt werden auch die Reinen über Bord geworfen. Die hungernden Unreinen ergreifen die Macht. Sie möchten den Hunger stillen, sie möchten ausruhen, doch die Arche ist ausgeleert und arg zerschlagen. Deren letzte Vorräte hat die demokratische Republik gierig aufgezehrt. Da erleuchtet durch die Erscheinung des Zukunftsmenschen eine Einsicht die Arche: man muß für die Schaffung der Kommune kämpfen. Die Unreinen verlassen das zerfallende Fahrzeug. Mit dem einzigen Glauben an die eigene Kraft bahnen sie sich über Masten und Rahen quer durchs Gewölk ihren Weg. »Vorwärts! trotz allen Finsternissen! Durch graue Himmel – hindurch! Tretet her, alle Mann! Kameraden, voran! Kommissare zur See, eure Wacht begann!«

Dritter Aufzug. Der von den Popen aufgetane Höllenschlund soll den Unreinen den Weg versperren. Doch kein Beelzebub kann ihnen Schrecken einjagen, da die ans Inferno der Stahlgießereien Gewöhnten keinerlei Hölle mehr imposant finden. Die Unreinen zertrümmern die Hölle – mit Gesang: »Jetzt Schultern gegen die Pfosten gestemmt! Tor auf! – das Fegefeuer zerschmissen. Keine Gegengewalt, die euch hemmt!«

Vierter Aufzug. Das Paradies. Ein körperloses Götterleben, womit alle Verkünder jenseitiger Freuden und alle Anhänger stiller kleiner Reformen die Sterblichen ködern. Ganz anders haben sich die Ankömmlinge ein Gelobtes Land vorgestellt. Durch das zerstörte Paradies klimmen sie weiter, die Unreinen. »Auf! zum wahrhaft gelobten Land! sucht jenseits vom Paradiese! überschreitet seinen Rand! aufwühl unser Marsch die Himmelwiese!«

Fünfter Aufzug. Das Land der Trümmer, wie es die Unreinen nach Kriegen und Revolutionen vorfinden. Auf Stätten der Zerstörung müssen Bauten errichtet werden. Der Ruin trachtet das Werk zu vereiteln. Der Ruin weicht besiegt, überwunden. Über Kohlenzechen und Erdölbohrtürmen glückt es den Unreinen: ein Morgenrot der Verheißung zu erblicken. Jetzt gilts, auf die Lokomotive zu steigen und der Zukunft zuzustreben: »Macht ihn wahr, euern Traum. Schwung über Schwung, Schritt für Schritt! Voran! – und euern Atem teilt den Maschinen mit!«
Sechster Aufzug. Die Kommune. Freude und Staunen erfüllt die Unreinen beim Anblick der ersten Wunderzeichen einer künftigen, jenseits der Bergkämme aufstrahlenden Welt der Arbeit. Mit dem neuen Siegeshymnus der Internationale tun sie ihren Triumph und Erlösungsjubel kund: »Völker, hört die Signale! Auf, zum letzten Gefecht! Die Internationale erkämpft das Menschenrecht.«
(1921)

DIE WANZE

Eine Zauberkomödie in neun Bildern

Es tun mit

Bratfisch, Iwan (Wanja), umbenannt in Pierre Fiedelbratsch, früher Arbeiter, früheres Parteimitglied, zur Zeit Bräutigam
Soja Birkelein, Arbeiterin
Elsevira Davidowna Rinnesans, Braut, Manikürdame und Kassiererin im Frisiersalon ihres Vaters
Rosalia Pawlowna Rinnesans, Mutter und Friseuse
David Ossipowitsch Rinnesans, Vater und Friseurmeister
Trampel, umbenannt in Helge Trombon, Naturbursche aus dem Stamm der Hauseigentümer
Ein Milizmann
Ein Erfinder
Ein Aufwärter
Händler und Händlerinnen
Ein Professor, Ärzte
Ein Tiergartendirektor
Ein Feuerwehrhauptmann, Feuerwehrleute
Brautführer und -führerinnen
Ehrenbrautvater und -mutter
Hochzeitsgäste
Ein Schlosser
Burschen und Mädchen im Jungarbeiterwohnheim
Reporter und Zeitungsleute
Saaldiener
Stadtsowjetvorsitzender
Ein Sprecher
Ein Festordner
Präsidium des Stadtsowjets
Jäger, Kinder, alte Leute, Hochschüler

Zeit und Ort

Russische Kleinstadt Ende der 20er Jahre (Bild 1-4);
Weltrepublik-Metropole fünfzig Jahre später (Bild 5-9).

Erstes Bild

In der Mitte die Drehtür eines Warenhauses. Rechts und links Schaufenster mit schönen Sachen. Kauflustige schleusen sich hinein, mit Einkäufen Vollbepackte heraus. Kreuz und quer über die Bühne bewegen sich Privathändler mit vorgehängtem Bauchladen.

FLIEGENDER KNOPFHÄNDLER

Kein Ehejoch mehr von wegen des Knopfannähens;
kein Scheidungsprozeß mehr wegen abgerissener Knöpfe!
Ein Druck mit Daumen und Zeigefinger,
und die Hosen rutschen nie mehr herunter, Herrschaften.
Echt holländische, garantiert mechanische,
automatische Klapp- und Schnappknöpfe,
ein Halbdutzend nur zwanzig Kopeken . . .
Greifen Sie zu, Schentlmen!

FLIEGENDER PUPPENHÄNDLER

Hüpfende Leutchen
vom Staatsballett.
Bestes Spielzeug
auf Tisch und Bett.
Es hopst jedes Paar
vorm Volkskommissar!

FLIEGENDER OBSTHÄNDLER

Ananas! – ausverkauft . . .
Bananen! – vergriffen . . .
Krummstieläpfel vier Stück nur 15 Kopeken.
Befehlen Sie, junge Bürgerin?

FLIEGENDER SCHLEIFSTEINHÄNDLER

Prima Schleifsteine
für preußischen
Schliff.
Preiswert,
bruchfest
und handlich im Griff.
Klingen geschärft
für die Backen des Gatten!

Zungen geschärft
für verzwickte
Debatten!
Bitt schön, Herrschaften!

FLIEGENDER LAMPENSCHIRMHÄNDLER
Filtert
das Licht
durch farbige Siebe!
Blau fürs Gemüt
und rot für die Liebe!
Greift zu, Genossen!

KINDERLUFTBALLONVERKÄUFER
Fliegende Würste länglich,
schwingt euch zum Himmel
nicht bänglich!
General Nobiles
arktisches
Wohl
hing
an einer solchen Wurst
überm Pol.
Nur zugegriffen, ihr guten Leute!

FLIEGENDER HERINGSHÄNDLER
Republikanische Zwiebelfische,
katervertreibend auf jedermanns Tische!

FLIEGENDE GALANTERIEWARENHÄNDLERIN
Pelzgefütterte Büstenhalter!
Pelzgefütterte Büstenhalter!

KLEBSTOFFVERKÄUFER Bürger,
werft nicht
zum Fenster hinaus,
was euch zerbricht
in Küche und Haus!
Nachttöpfe,
Büsten berühmter Meister
kittet
Exzelsior,
der Pulverkleister.

Wünschen, die Dame?

FLIEGENDE PARFÜMHÄNDLERIN

Riechwasser Còty
auf der Goldschmiedewaage!
Riechwasser Còty
für die Wäscheablage!

BÜCHERVERKÄUFER Was treibt die Gattin, wenn der Gatte nicht zu Haus ist, hundertundfünf ergötzliche Anekdoten des gewesenen Grafen Leo Nikolajewitsch Tolstoi statt ein Rubel zwanzig – nur fünfzehn Kopeken.

GALANTERIEWARENHÄNDLERIN

Pelzgefütterte Büstenhalter,
pelzgefütterte Büstenhalter.

Es treten auf Bratfisch, Rosalia Pawlowna, Trombon.

GALANTERIEWARENHÄNDLERIN

Pelzgefütterte ...

BRATFISCH *begeistert:* Was für aristokratische Kinderhäubchen!

ROSALIA PAWLOWNA Wo sehen Sie Kinderhäubchen? Das sind doch ...

BRATFISCH Hab ich vielleicht keine Augen, was? Und wenn wir Zwillinge zur Welt bringen? Das hier nehm ich für Dorothy und das da für Lilian ... Ich hab schon beschlossen, sie aristokratisch-kinematographisch zu benamsen ... So werden sie hübsch zu zweit spazierengehen. Jawohl, potz Blitz! Mein Haus muß von Wohlstand überströmen. Nehmen Sie das, Rosalia Pawlowna!

TROMBON *kichernd:* Nehmen Sie, nehmen Sie, Rosalia Pawlowna! Ist denn in solchen Köpfen Platz fürs Unflätige? Sie sind nun mal eine junge Klasse, sie begreifen alles auf eigene Art. Sie bringen Ihnen die makellose antike proletarische Herkunft ins Haus, dazu noch das Mitgliedsbuch der Gewerkschaft, und dafür wollen Sie keine Rubelchen ausgeben! Ihr Haus muß von Wohlstand überfließen.

Rosalia Pawlowna zieht seufzend die Geldbörse und kauft.

TROMBON Geben Sie her, ich trag es ... Die Dingerchen sind so leicht ... Nur keine Sorge ... Ich verlange nichts dafür ...

FLIEGENDER SPIELZEUGHÄNDLER

Hüpfende Leutchen vom Staatsballett ...

BRATFISCH Meine kommende Nachkommenschaft muß im Geiste der Grazie erzogen werden. Hier! Nehmen Sie auch das, Rosalia Pawlowna.

ROSALIA PAWLOWNA Aber, Genosse Bratfisch...

BRATFISCH Nennen Sie mich nicht Genosse, Bürgerin, Sie sind noch nicht blutsverwandt mit dem Proletariat.

ROSALIA PAWLOWNA Künftiger Genosse, Bürger Bratfisch, für das Geld würden sich fünfzehn Mann die Bärte rasieren, ganz zu schweigen von den Schnurrbärten und sonstigen Kleinigkeiten. Lieber ein zusätzliches Dutzend Liter Bier für die Hochzeit besorgen, meinen Sie nicht auch?

BRATFISCH *streng:* Rosalia Pawlowna! Ich halte ein Haus...

TROMBON Sein Haus muß überströmen von Wohlstand. Tanz und Getränk müssen bei ihm wie Fontänen sprudeln, wie aus einem Füllhorn.

Rosalia Pawlowna tätigt den Kauf.

TROMBON Nur keine Umständ, geben Sie's her, das kostet nichts, ich trags gern.

KNOPFHÄNDLER Kein Ehejoch mehr von wegen des Knopfannähens! Keine Scheidung wegen abgerissener Knöpfe.

BRATFISCH Im Kreis unserer roten Familie darf es keinerlei Spießersitten geben und keine Verlegenheiten der Hosen halber... Dahier! Nehmen Sie auch das, Rosalia Pawlowna!

TROMBON Solang Sie noch nicht das Mitgliedsbuch der Gewerkschaft fest in Händen halten, reizen Sie ihn nicht, bitte, Rosalia Pawlowna. Er ist nun mal die siegreiche Klasse, Madame, und er fegt alles hinweg auf seinem Weg, wie ein Lavastrom, und auch die Hosen des Genossen Fiedelbratsch müssen sein wie ein Füllhorn.

Rosalia Pawlowna tätigt seufzend auch diesen Kauf.

TROMBON Geben Sie her, ich trags Ihnen, das kostet Ihnen nichts.

HERINGSHÄNDLER

Die besten republikanischen Zwiebelfische,
unersetzlich in salziger Frische!

ROSALIA PAWLOWNA *alle aus dem Weg drängend, laut und erheitert:*

Zwiebelfische – das ist das Richtige! Da haben Sie was Gediegenes für die Hochzeit. Da mach ich mich ran! Machen Sie Platz, meine Herren Schentlmen! Was kostet die Sprotte da?

DER HÄNDLER Dieser Lachs kostet zwei-sechzig das Kilo.

ROSALIA PAWLOWNA Zwei-sechzig für diese altersschwache Zwergmakrele?

DER HÄNDLER Was reden Sie, Madame – nur zwo-sechzig für diesen angehenden Stör.

ROSALIA PAWLOWNA Zwo-sechzig für dieses marinierte Miederfischbein? Haben Sie so was gehört, Genosse Fiedelbratsch? Also hatten Sie doch recht, als Sie den Zaren umbrachten und Herrn Rjabuschinski zum Teufel jagten! Ach, diese Straßenräuber! Ich werde mein gutes Bürgerrecht und meine Salzheringe im staatlich-gesellschaftlichen sowjetischen Konsumverein zu finden wissen!

TROMBON Warten wir hier, Genosse Fiedelbratsch. Wozu die Vermischung mit dem kleinbürgerlichen Element? Man soll seine Heringe nicht auf dem Diskussionswege erwerben. Wenn Sie mir fünzehn Rubel und eine Flasche Wodka bewilligen, so organisiere ich Ihnen eine Prachthochzeit hochprima. Verlassen Sie sich drauf.

BRATFISCH Genosse Trombon, ich bin entschieden gegen diese verspießerte Lebensart – Kanarienvögel et cetera ... Ich bin ein Mensch mit höheren Ansprüchen ... Mich interessiert jetzt ein Spiegelschrank ...

Soja Birkelein stößt fast mit den Sprechenden zusammen, macht verwundert Platz, stellt sich aufs Zuhören ein.

TROMBON Wann findet Ihr Hochzeits-Kortege statt? ...

BRATFISCH Was faseln Sie da? Was für eine Kartusche?

TROMBON Kortege sage ich: Mit diesem Wort, Genosse Fiedelbratsch, bezeichnet man in schönen ausländischen Sprachen jederlei festlichen Aufzug, besonders solch einen Hochzeitszug.

BRATFISCH Nun, nun, lassen Sie's gut sein, Schäker!

TROMBON Die Sache ist die: Wenn das Kortege heranrollt, singe ich das Epithalamium des Hymenäos.

BRATFISCH Was schwatzest du mir vor? Was für ein Himalaja?

TROMBON Nicht Himalaja, sondern das Epithalamium vom Gotte Hymen. Das war so was wie ein Gott der Liebe bei den alten Griechen, ich meine nicht diese gelben opportunistischen Venizelosse, sondern die antiken, republikanischen, echten.

BRATFISCH Genosse Trombon, ich verlange für mein Geld, daß es eine schmucke Hochzeit werde und keinerlei Mythologik. Verstanden?

TROMBON Ach, wie denn, Genosse Fiedelbratsch, da gibts nicht viel drüber zu reden; nicht nur verstanden, sondern kraft meiner Einbildungskraft, die laut Plechanow für Marxisten zugelassen ist, betrachte ich gleichsam wie durch ein Prisma Ihr klassentreues, gehobenes, grazienvolles und hinreißendes Familienfest! . . . Die Braut steigt aus dem Wagen, eine rote Braut, ganz in Rot – das heißt natürlich, sie schwitzt; es führt sie an der Hand der rote Brautvaterstellvertreter, der Buchhalter Jerykalow, er ist zufällig wirklich ein dicker Schlingel, puterrot und zum Schlagfluß neigend. Sie selbst werden von roten Brautführern hereingeleitet, der ganze Tisch prangt im Widerschein roten Schinkens und ganzer Flaschenreihen mit roten Hälsen . . .

BRATFISCH *mitgerissen:* So! ha! recht so, Mensch!

TROMBON Und rote Gäste brüllen, wie sichs gehört: »Küßt euch, küßt euch!«, und da spitzt ihnen die rote Braut, schon Gattin, ihre rot-roten Lippen entgegen.

SOJA Wanja! *Sie faßt verwirrt, fassungslos die beiden am Ärmel. Beide schütteln sie ab und schnipsen den Staub vom Ärmel.* Wanja! Was meint er? Was quatscht diese Witzfigur mit Krawatte? Was für eine Hochzeit? Wessen Hochzeit?

TROMBON Die rote, werktätige Eheschließungs-Zeremonie der Elsevira Davidowna Rinnesans und . . .

BRATFISCH O Soja Iwanna, mein früheres Liebchen,
ich hab eine Hübschere auserwählt;
hat höhere Brüste und tiefere Grübchen
und alles im Überfluß, was dir fehlt.

SOJA Wanja! Und ich? Was heißt das: erst himmlische Höh, dann aus und adieu?!

BRATFISCH *streckt wegschiebend die Hand aus.*
Wir trennten uns, zwei Schiffe auf dem Meer . . .

ROSALIA PAWLOWNA *stürzt aus dem Warenhaus, trägt eine Partie Heringe hoch überm Kopf.*

Walfische! Delphine! *Zu dem Heringshändler:* Nun, zeig her, nun vergleich dein Schneckenzeug! *Sie vergleicht; der Hering des Händlers ist größer; sie schlägt die Hände zusammen.* Ha! – um eine ganze Schwanzlänge größer?! Sagen Sie, worum haben wir gekämpft, Bürger Fiedelbratsch? Wozu haben wir Seine Majestät, den Kaiser, totgeschlagen und Herrn Rjabuschinski verjagt? Ins Grab bringt mich diese eure Sowjetmacht ... Um einen Schwanz, um eine ganze Schwanzlänge größer! ...

TROMBON Verehrte Rosalia Pawlowna, vergleichen Sie mal am umgekehrten Ende – er ist auch um einen Kopf größer, und wozu brauchen Sie einen Heringskopf? Ist ungenießbar, abzuschneiden und wegzuwerfen.

ROSALIA PAWLOWNA Haben Sie gehört, was er sagt? Den Kopf stutzen? Sie sollte man um einen Kopf kürzer machen, Bürger Trombon. Für Ihren Kopf gibt niemand eine Kopeke. Aber Heringe ohne Köpfe sind um zehn Kopeken das Kilo billiger. Nun! marsch, nach Haus! Ich brauche im Haushalt dringend ein Gewerkschaftsmitgliedsbuch; aber das Töchterchen arbeitet in einem einträglichen Unternehmen – das ist bitte auch kein Katzendreck.

SOJA Wir wollten ja zusammen leben, zusammen arbeiten ... Das ist jetzt aus?

BRATFISCH Bürgerin! Unsere Liebe ist liquidiert. Stören Sie bitte nicht die frei Entfaltung eines staatsbürgerlichen Gefühls, sonst hole ich die Miliz.

Soja klammert sich weinend an Bratfischs Ärmel. Er reißt sich los. Rosalia Pawlowna stellt sich zwischen ihn und Soja, wobei Rosalias Einkäufe zu Boden fallen.

ROSALIA PAWLOWNA Was will das zerlumpte Weibsbild? Was verkrallen Sie sich in meinen Schwiegersohn?

SOJA Er ist mein!

ROSALIA PAWLOWNA Ah! ... sie kriegt ein Kind! Ich werde ihr die Alimente zahlen, aber ich werde ihr auch die Fresse einhaun!

EIN MILIZMANN Bürger, macht Schluß mit diesem empörenden Auftritt!

Zweites Bild

Wohnheim junger Leute. Der Erfinder, schnaufend über einen Zeichentisch gebeugt. Der Bursche, auf dem Rücken liegend; auf der Bettkante sitzt das Mädchen. Ein Brillenträger, in sein Buch vertieft. Sooft die Tür aufgeht, gewahrt man einen Gang mit Türen und Glühlampen.

DER BARFÜSSIGE BURSCHE *brüllt:* Wo sind meine Stiefel? Wieder einmal gestibitzt. Soll ich sie vielleicht für die Nacht zum Kursker Bahnhof tragen, zur Aufbewahrung für Hand- und Fußgepäck, was?

DER AUFWÄRTER Bratfisch hat sie an. Ist drin zu seiner Kameldame auf 'n Treff gestiefelt. Hat beim Anziehn mächtig geflucht. Zum letztenmal, sagt er, und abends, sagt er, komm ich in ganz neuer Kluft, die meiner neuen sozialen Stellung besser entspricht.

DER BARFÜSSIGE Der Haderlump!

JUNGER ARBEITER *aufräumend:* Auch sein Müll und Abfall ist irgendwie fein und vornehm geworden. Früher gabs nie was Gescheiteres nach ihm wegzuräumen als eine leere Bierflasche und vielleicht mal den Schwanz von 'nem Pökelfisch. Jetzt liegen da leere Parfümfläschchen umher und Seidenbänder in allen Farben des Regenbogens.

DAS MÄDCHEN Dummes Gewäsch. Da hat sich ein Bursch mal 'nen Schlips geleistet, und schon kriegt er 'n Spottnamen Macdonald!

DER JUNGE BURSCHE Und ist auch ein Macdonald! Schlips ist ja Nebensache. Aber weil nicht der Schlips an ihm, sondern er an dem Schlips hängt. Hat dahier schon Denkbeschwerden, wagt kaum mehr den Kopf zu drehn.

DER AUFWÄRTER Deckt die Löcher in den Schuhn mit Lack. Und wo die Socken durch sind, färbt er die Haut mit Tintenstift.

DER JUNGE BURSCHE Die Haut ist bei ihm sowieso schwarz wie die Sünde.

DER ERFINDER Schwarz – vielleicht nicht am richtigen Fleck. Er müßte die beiden Socken vertauschen.

DER AUFWÄRTER Gleich findet sich ein Erfinder. Laß dirs patentieren. Schau, daß man nicht auch deine Idee stibitzt.
Fährt mit einem Tuch über den Tisch; eine Schachtel fällt zu Boden, daraus gleitet fächerförmig ein Stoß Visitenkarten. Er bückt sich, um sie aufzuheben, nähert den Fund dem Fenster, lacht auf und winkt die Gefährten herbei.

ALLE *lesen und wiederholen:* Pierre Fiedelbratsch! Pierre Fiedelbratsch!

DER ERFINDER Der hat sich einen neuen Namen beigebogen. Bratfisch ... Nun, was ist schon ein Bratfisch? Wozu ein Bratfisch? Wohin mit dem Bratfisch? Wer braucht einen Bratfisch? Aber Pierre Fiedelbratsch, das ist nicht mehr ein bloßer Name, sondern schon eine ganze Romanze!

DAS MÄDCHEN *träumerisch:* Ach ja, es ist schon was dran: Pierre Fiedelbratsch – das klingt sehr wohlgefällig und sogar piekfein. Ihr habt leicht lachen, während er vielleicht in diesem Augenblick an sich die Kulturrevolution in häuslichem Maßstab bewerkstelligt.

DER JUNGE BURSCHE Mit der Visage hat er schon den guten Puschkin in den Sack gesteckt: Backenbart wie 'n Bettvorleger. Will ihn gar nicht lausen, fürchtet ihn zu zausen.

DAS MÄDCHEN Auch der Harry Piel trägt so 'ne Kultur auf die Backen gepflanzt.

DER ERFINDER Sein weiblicher Lehrmeister im Haarfach.

DER JUNGE BURSCHE Wo bei diesem Lehrmeister nur die Haarwurzeln stecken! Keine Spur von Kopf – und doch ein Krauskopf. Macht das vielleicht die Feuchtigkeit?

DER BURSCHE MIT DEM BUCH I-wo. Er ist Schriftsteller. Was er geschrieben hat, weiß ich nicht. Ich weiß nur: er ist berühmt. Schon dreimal hat die Abendzeitung ihn sich vorgeknöpft. Er soll Verse von Apuchtin als Eigenbau verkauft haben. Das muß ihm nahegegangen sein, er hat eine Berichtigung eingesandt: Schafsköpfe allesamt, gibt er an, nichts sei wahr davon: bei Nadson habe er abgeschrieben. Ich weiß nicht, wer recht hat. Drucken tun sie ihn jetzt nicht mehr. Dafür ist er um so berühmter und belehrt die Jugend. Dem einen bringt er das Versemachen bei, dem andern das Singen, dem dritten das Tanzen, und am besten lehrt er, wie man Geld pumpt.

DER BURSCHE MIT DEM BESEN Es ist nicht Arbeitersache, sich künstlich Schwielen aufzulackieren.

Der Schlosser, ölverschmiert, tritt während dieses Satzes ein, wäscht sich die Hände, dreht sich um.

DER SCHLOSSER Mit dem Arbeiter hat er nichts zu schaffen. Heut hat er gekündigt. Er heiratet so 'n Filinchen, eine Friseurstochter, sie ist auch Kassiererin und ist auch Manikürfräulein. Jetzt wird ihm Mademoiselle Elsevira Rinnesans die Krallen beschneiden.

DER ERFINDER Elzevir – so heißt ja eine Druckschriftgattung.

DER SCHLOSSER Von wegen Druckschrift weiß ich nicht, ich kenn nur Korpus, und das paßt auf sie. Er hat dem Buchhalter ihr Bild gezeigt, das sollte die Verrechnung beschleunigen.
Sieh das Weibsstück, welche Büste!
Zweimal zwanzig Pfund die Brüste.

DER BLOSSFÜSSIGE BURSCHE Der ist ein gemachter Mann.

DAS MÄDCHEN Bist wohl neidisch?

DER BLOSSFÜSSIGE Und wennschon. Morgen bin ich vielleicht gar technischer Leiter, dann zieh ich tagtäglich Schaftstiefel an und gabel mir eine prima Wohnung auf.

DER SCHLOSSER Höre meinen Rat, du Lieber: was du brauchst, sind nette Fenstervorhänge. Zieh sie auf – ein Blick auf die Straße. Zieh sie zu – schnapp, ein Schmiergeld in die Tasche. Nur bei der Arbeit ist der Mensch nicht gern alleine. Beim Backhuhn-Essen schon viel lieber. Stimmts? – Als wir im Schützengraben lagen, da gabs auch solche Überläufer ins Glück. Denen haben wir aber mit blauen Bohnen Vernunft beigebracht. Nun, machst du dich auf die Beine?

DER BLOSSFÜSSIGE Ich geh schon, ich geh schon. Möchtest mir wohl einen kleinen Karl Liebknecht vorspielen? Deinesgleichen braucht man bloß mit einem Gänseblümchen aus dem Fenster zu winken, gleich streunst du drauf zu. Heldenfritze!

DER SCHLOSSER Kein Gedanke an so was. Glaubst du, mir imponiert das feine Lumpenpack und sein Geruch? Daß ich nicht lache! Sieh mal an: wir sind zahlreich. Soviel Nöp-Töchter gibts gar nicht auf der Welt, daß sie für uns alle reichen. Wir werden Häuser baun, und dann haben wir die Sache im Nu. Alles in einem Wuppdich ... Nie aber wird man uns mit der weißen Fahne aus diesem Schützengrabenloch kriechen sehn.

DER BLOSSFÜSSIGE Schon wieder die alte Platte: Schützenloch ... Wir schreiben nicht mehr das Jahr 19. Jetzt wollen die Leutchen sich mal selber was Gutes gönnen.

DER SCHLOSSER Ist das alles vielleicht keine Verschanzung?

DER BLOSSFÜSSIGE Blödsinn.

DER SCHLOSSER Läuse in rauhen Mengen.

DER BLOSSFÜSSIGE Unsinn.

DER SCHLOSSER Und schießen tut man mit geräuschlosem Pulver.

DER BLOSSFÜSSIGE Widersinn.

DER SCHLOSSER Unserm Bratfischchen haben sie schon eins aufs Fell gebrannt – aus dem Doppellauf von einem Paar Augen.

Bratfisch tritt ein, trägt Lackstiefel; läßt ein Paar schiefgetretene Schuhe an den Schnürsenkeln weit vor sich her pendeln; wirft sie schließlich dem Bloßfüßigen zu. Trombon kommt mit Einkäufen; er verdeckt den angeekelt im Tänzelschritt zurückweichenden Schlosser vor Bratfisch.

TROMBON Ach, Genosse Fiedelbratsch, schenken Sie diesen plumpen Tänzen keine Beachtung; sie könnten Ihren im Werden begriffenen feinen Geschmack verderben.

Die Burschen des Wohnheims wenden sich ab.

DER SCHLOSSER Hör auf zu katzbuckeln. Wirst dir noch mal die Rübe zerschlagen.

TROMBON Ich verstehe Sie, Genosse Fiedelbratsch. Schwer haben Sie's, unerhört schwer mit Ihrem Zartgefühl in dieser unflätigen Gesellschaft. Nur noch eine Lektion lang bewahren Sie Ihre Engelsgeduld. Der verantwortungsvollste Schritt im Leben: erster Foxtrott nach vollzogner Eheschließung, muß fürs ganze Leben Eindruck hinterlassen. Nun, machen Sie etliche Pas mit einer imaginierten Dame. – Was stampfen Sie wie bei einer Maiparade?

BRATFISCH Genosse Trombon, lassen Sie mich die Stiefel ablegen. Erstens drücken sie, zweitens vertret ich sie.

TROMBON Brav, brav! So, so – leichten Schrittes voran, voran, als wärs eine Mondnacht, und Sie kehren heim aus der Bierhalle, träumerisch und melancholisch. Sehr gut, sehr gut. Nur bitte wackeln Sie nicht mit der untern Büste, Sie führen keine

Grubenlore, sondern eine Mamsell. So ists recht, so ists richtig. Wo sitzt die Hand? Nicht so tief die Hand!

BRATFISCH *gleitet über die imaginäre Schulter:* Die Hand? Sie hat keinen Halt in der leeren Luft.

TROMBON So unternehmen Sie, Genosse Bratfisch, eine leichte Spähtruppstreife in die Miedergegend und lassen Sie, wie um auszuruhn, Ihren werten Daumen drunter aufgestützt. Der Dame tut Ihr Mitgefühl wohl, und Ihnen ists eine Erleichterung – Sie können an die andre Hand denken. Was schütteln Sie die Schultern? Das ist ja kein Fox mehr, da demonstrieren Sie schon liebenswerterweise einen Shimmyschritt.

BRATFISCH Nein. Ich wollte mir nur im Gehen den Rücken scheuern.

TROMBON Aber – wer tut denn so was, Genosse Bratfisch? Sollte während Ihrer Tanzeingebung sich bei Ihnen ein derartiger Kasus ereignen, so verdrehn Sie ein wenig die Augen, als wärs eine leichte Anwandlung von Eifersucht gegen die Dame, machen Sie einige spanische Schritte rückwärts zur Wand und reiben Sie sich gegen irgendeine Skulptur – in den fashinoblen Kreisen, wo Sie nun verkehren werden, ist von dergleichen Gipsgeschnörkel und vergoldetem Drechslerwerk ja klotzig viel aufgetragen. Wetzen Sie sich gehörig den Rücken, vollführen Sie eine Schüttelbewegung und sagen Sie blitzenden Auges: »Ich habe Sie durchschaut, Arglistige, Sie treiben mit mir ihr Spiel ... Jedoch ich hinwiederum ...« Und so weiter. Und fahren Sie fort zu tanzen, gewissermaßen nach und nach abgekühlt und beruhigt.

BRATFISCH Auf diese Art?

TROMBON Bravo! Tadellos! Sie sind eine Begabung, Genosse Bratfisch. Einem Mann wie Sie fehlt unter den Bedingungen der bourgeoisen Einkreisung und der Erbauung des Sozialismus in einem Land jeder Spielraum zur freien Entfaltung. Sollte vielleicht diese unsre Mittlere Ziegengasse Ihnen das würdige Betätigungsfeld bieten? Was Ihnen not tut, ist die Weltrevolution, der Auslauf nach Europa. Sie müßten den Chamberlains und Poincarés das Genick brechen, und Sie werden die Moulin-Rouges und Pantheons durch die Schönheit der Körperbewegung entzücken. So prägen Sie sichs ein und bleiben Sie fest. Ausgezeichnet! – Ich aber mach mich auf die Socken. Diesen Hochzeitshelfern muß man verdammt scharf auf die Finger gucken. Bis zur Trauung, als Vorschuß, jedem ein einziges Gläschen und nicht einen Tropfen mehr. Nach getaner Arbeit mögen sie meinetwegen direkt aus dem Flaschenhals kluckern. Orewuar. *Geht ab, ruft noch aus der Tür zurück:* Und bitte nie zwei Krawatten auf einmal binden, besonders wenn sie verschiedenfarbig sind. Und schreiben Sie sichs hinter die Ohren: gestärkte Hemden werden nie über der Hose getragen.

Bratfisch probiert die neugekauften Sachen an.

DER BURSCHE Wanja, laß doch das saublöde Zeug. Was machst du aus dir, eine Vogelscheuche?

BRATFISCH Stecken Sie, sehr verehrter Genosse, Ihre Hundeschnauze nicht in fremde Angelegenheiten. Wofür hab ich gekämpft? Fürs schönere Leben hab ich gekämpft. Nun halt ichs zwischen den Pratzen: ein Weib, ein Haus, echte Umgangsformen. Im Falle eines Notfalls werd ich meine Bürgerpflicht zu erfüllen wissen. Wer im Krieg gewesen ist, hat das Recht, am stillen Ufer auszuruhn. Jawohl! Gar nicht ausgeschlossen, daß ich mit meinem Wohlstandsglück vielleicht das Gesicht meiner ganzen Klasse schmücke. Jawohl, Mensch.

DER SCHLOSSER Ein Kriegsmann! ein Suworow! recht hat er! . . .
Wohl ein Brücklein wollt ich schlagen,
sollt zum Sozialismus tragen.
Hab es nicht zu End gebaut,
lieg schon auf der faulen Haut.
Auf dem Brücklein wächst schon Gras,
Schäflein hat dran Spaß und Fraß.
Simpel heißt das: wir geruhn,
nun ein wenig auszuruhn.
Stimmts?

BRATFISCH Hol dich der Kuckuck! Laß mich in Ruh mit deinen plumpen Agitationstexten . . . Das laß dir gesagt sein!
Setzt sich aufs Bett und stimmt ein Lied zur Laute an:
Kennst du die Lunatscharskistraße?
Da steht ein schönes altes Haus.
Die Treppe zeigt graziöse Maße,

die Fenster sind ein Augenschmaus.

Ein Schuß knallt. Bratfisch eilt zur Tür.

DER BURSCHE *aus der Tür:* Soja Birkelein hat sich erschossen!

Alle stürzen zur Tür.

DER BURSCHE Die Ärmste! Der wird man jetzt in der Parteizelle den Standpunkt gehörig klarmachen.

STIMMEN Rasch ... rasch ... Die Rettung ... die Rettung ...

EINE STIMME Den Rettungswagen! Rasch! rasch! Sich erschossen! mitten in die Brust. Adresse: Mittlere Ziegengasse Nummer 16.

Bratfisch, allein gelassen, rafft eiligst seine Habseligkeiten zusammen.

DER SCHLOSSER Deinetwegen, du haariges Biest, hat sich solch ein Prachtweib umgebracht! Hinaus mit dir! *Er faßt Bratfisch beim Rockkragen, schleudert ihn durch die Tür hinaus, wirft ihm seine Sachen nach.*

DER AUFWÄRTER *kommt mit einem Arzt gelaufen, fängt Bratfisch auf, stützt ihn und reicht ihm den hinausgeflogenen Hut:* Junge, Junge! mit welchem Krach hast du dich von der Klasse losgerissen!

BRATFISCH Fiaker! Lunatscharskistraße 17! Mit meinem Gepäck!

Drittes Bild

Größerer Friseurladen. Seitlich mehrere Spiegeltischchen. Vor jedem Spiegel ein Papierblumenaufbau. Auf den Rasiertischchen Bierflaschen. Links auf der Vorderbühne ein Klavier mit aufgerissenem Rachen, rechts ein Ofen, dessen Blechrohr sich durch den ganzen Raum windet und winkelt. In der Mitte ein rundlicher Hochzeitstisch. Um den Tisch: Pierre Fiedelbratsch, Elsevira Rinnesans, je zwei Brautführer und Brautführerinnen, Mama und Papa Rinnesans. Als Ehrenbrautvater der Oberbuchhalter und eine ebensolche Ehrenbrautmutter. Helge Trombon führt Regie in der Mitte bei Tisch, mit dem Rücken zum Publikum.

ELSEVIRA Fangen wir an, Fiedelchen?

FIEDELBRATSCH Einen Augenblick Geduld.

Pause.

ELSEVIRA Fiedelchen, fangen wir an?

FIEDELBRATSCH Geduld – hab ich gesagt. Ich wünsche, auf wohlorganisierte Art zu heiraten, im Beisein der Ehrengäste und besonders im persönlichen Beisein des Sekretärs vom Betriebsrat, des allverehrten Genossen Lassalltschenko... Das ist mein Wunsch.

EIN GAST *kommt hereingelaufen.* Hochlöbliche Brautleut, entschuldigen Sie großmütigst die Verspätung, jedoch ich bin beauftragt, Ihnen die Hochzeitswünsche unseres verehrten Sekretärs, Genossen Lassalltschenko, zu überbringen. Morgen, sagt er, komm ich, wenns sein muß – sogar in die Kirche, aber heute, sagt er, heute gehts nicht, auf keinen Fall. Heute, sagt er, ist der Tag der Partei, und da heißts wohl oder übel in die Zelle pilgern, sagt er. Gehn wir demnach sozusagen zur Tagesordnung über.

BRATFISCH Ich erkläre das Vermählungsfest für eröffnet.

ROSALIA PAWLOWNA Verehrliche Genossen und Mussiöhs, wenden Sie sich bitte den Speisen zu. Wo finden Sie heute was Mastschweinernes wie dieses da? Ich habe diese Schweinskeule noch vor drei Jahren gekauft, für den Fall eines Krieges mit Griechenland oder mit Polen. Mittlerweile ... Haben noch keinen Krieg, und das Schinkenbein wird mir schimmelig ... Essen Sie, Herrschaften!

ALLE *heben Becher und Gläser:* Das Brautpaar hoch! Küßt euch! küßt euch!

Elsevira und Pierre küssen sich.

Küßt euch! küßt euch!

Elsevira hängt sich an Pierre. Pierre küßt sie gesetztermaßen und mit dem Vollgefühl seiner Klassenwürde.

DER OBERBUCHHALTER ALS BRAUTVATER Her mit Beethoven! ... Oder, wie heißt er? Her mit Schackespäare! ... Irgendwas Nettes. Wozu feuern wir tagtäglich die Kalenderjubiläen großer Männer?

Das Klavier wird herbeigeschoben.

STIMMEN Beim Flügel faßt 'n Kasten, beim Flügel faßt 'n! Und Tasten hat der Kasten – und Tasten ... wie Zähne, wie 'n Gebiß! Haut ihm mal eins ins Gebiß, dem Kasten!

BRATFISCH Bitte meinem Klavier nicht auf die Füße zu treten.

TROMBON *steht auf, schwankt, verschüttet Wodka aus dem Glas:* Ich schätze mich sozusagen überglücklich, zu sehen, wie der kampfreiche Weg des Genossen Fiedelbratsch auf der vorliegenden Zeitetappe seine edle Vollendung findet. Zwar ist ihm auf diesem Weg ein einzelnes, privates Parteibuch abhanden gekommen, dafür aber hat er eine ganze Mappe voll Obligationen der öffentlichen Staatsanleihe erworben. Wir haben die klassenmäßigen und sonstigen Widersprüche in Einklang und ersprießliche Ordnung zu bringen vermocht und können nicht umhin, mit unserm marxistisch bewaffneten Auge hierin sozusagen wie in einem Tropfen Wasser das künftige Glück der Gesamtheit zu erblicken, welches im Volksmund Sozialismus genannt wird.

ALLE Küßt euch! küßt euch!

Elsevira und Bratfisch küssen sich.

TROMBON Mit welchen Siebenmeilenstiefeln wir auf dem Wege unseres Familienaufbaus vorwärtsmarschieren! Damals, als wir in der Schlacht am Perekop den Tod verachteten und viele von uns ihn auch fanden, ja, sagen Sie, hätten wir da ahnen können, daß diese Rosen uns bereits in der vorliegenden Zeitetappe blühen und duften würden? Damals, als wir unterm Joch des Absolutismus stöhnten, ja, sagen Sie, hätten damals sogar unsere großen Lehrer Marx und Engels voraussetzend hoffen oder gar hoffend voraussetzen dürfen, daß wir dereinst so frei sein würden, zwischen der namenlosen, aber erhabenen Welt der Arbeit und der niedergerungenen, aber ach so bestrickenden Sphäre des Kapitals die süßen Bande des Hymen zu knüpfen?

ALLE Küßt euch! küßt euch!

TROMBON Löbliche Mitbürger! Die Schönheit ist der Motor des Fortschritts. Was wäre ich in meiner Eigenschaft als einfacher Werktätiger? Bürger Trampel und weiter nischt. Was könnte ich in meiner Eigenschaft als Trampel? Blöken, meckern! weiter nischt. Aber in meiner Eigenschaft als Trombon – vermag ich einfach alles! Zum Beispiel:
Helge Trombon,
Fortunas Sohn.
Namen vertauscht –
von Glück ganz berauscht.
So bin ich jetzt der Helge Trombon, und ich genieße als gleichberechtigtes Mitglied der Gesellschaft sämtliche Wohltaten der Kultur und kann mich selbst ausdrücken – scheußliches Wort: ausdrücken; Zitronen, Streichwürste, Mitesser kann man ausdrücken – nein, ich kann mich aussprechen, und wärs, wie die alten Griechen, in Versen: »Elsevira Fiedelbratsch, trauen Sie nicht jedem Tratsch!« Und mir kann das ganze Land Bescheid geben, wie so 'n Troubadour:
O nimm für so viel schöne Seele
den gurkengrünen Lorbeerkranz
und säubre deine Sängerkehle
mit wodkafeuchtem Heringsschwanz.

ALLE Bravo! hurra! küßt euch!

TROMBON Schönheit ist die Mutter –

DER BRAUTFÜHRER *düster aufspringend:* Mutter? Wer hat Mutter gesagt? Ich verbitte mir Familiaritäten im Beisein der Jungvermählten.

Der Brautführer wird auf seinen Sitz zurückversetzt.

ALLE Ein bißchen Beethoven! ... Ein Schnaderhüpferl!

Trombon wird zum Klavier geschleift.

TROMBON *singt:* Die Straßenbahnen ziehn allesamt
zur roten Hochzeit ins Standesamt . . .

ALLE *fallen ein:* Im Arbeitsanzug der Bräutigam
stracks aus der Betriebsratssitzung kam!

DER OBERBUCHHALTER Habe begriffen! alles begriffen! Das bedeutet:
Prost! mein Schäflein, mein Trombönchen,
du kraushaarichtes Persönchen . . .

DER FRISEUR *nähert sich mit seiner Gabel der Ehrenbrautmutter.* Nein, Madame, glauben Sie mir, echt Kraushaar, das gibts nicht mehr seit der Revolution. Chignon gaufré – das dreht man so . . . Man nimmt die Brennschere *er dreht die Gabel,* wärmt sie an leichter Flamme, à l'étoile *sticht mit der Gabel ins Ofenfeuer,* und schlägt überm Haarwirbel so 'ne Art Locken-Soufflé.

DIE EHRENBRAUTMUTTER Sie verletzen meine Ehre als Mutter und Mädchen . . . Lassen Sie los . . . Sie Hundesohn!!

DER BRAUTFÜHRER Wer hat Hundesohn gesagt?! Ich verbitte mir Brutalitäten im Beisein der Jungvermählten.

Der Oberbuchhalter ergreift singend den Kurbelgriff der Registrierkasse und werkelt daran, als wärs eine Drehorgel.

ELSEVIRA *zum Trombon:* Ach, musizieren Sie doch, ach! Den Walzer aus Tosca oder Toscanini, ach, das ist so charmant, ach, das ist gradezu eine petite histoire . . .

DER BRAUTFÜHRER *mit einer Gitarre bewaffnet:* Wer hat pissoire gesagt? Ich verbitte mir im Beisein der Neuvermählten . . .

Trombon beruhigt ihn und stürzt sich auf die Klaviatur.

DER BRAUTFÜHRER *sieht ihm zu, drohend:* Was haust du immerzu nur auf die dunkeln Rippchen? Sieh mal einer, das heißt, fürs Proletariat soll bloß die schwarze Hälfte gut sein? Für die Bourgeoisie hingegen das Ganze?

TROMBON Wo denken Sie hin, Mitbürger? Ich leg mich ja grade mit aller Kraft in die weißen.

DER BRAUTFÜHRER Noch besser! Du schaffst also neue Privilegien für die noble Hälfte! Du hast auf der ganzen Skala zu spielen.

TROMBON Aber ja! auf der ganzen.

DER BRAUTFÜHRER Oho, oho! Das heißt, du gehst auch mit den Weißen, du gesinnungsloser Anbiedermeier!

TROMBON Genosse, begreif doch ... Das ist C-Dur.

DER BRAUTFÜHRER Es heißt nicht Zedur, sondern Prozedur. Schluck gefälligst Pasteten, nicht Silben. Da! *Er schlägt Trombon den Zupfgeigenboden an den Kopf.*

Währenddessen hat der Friseur seine Gabel in die Frisur der Ehrenbrautmutter versenkt.

BRATFISCH *drängt den Buchhalter von Elsevira weg:* Was pflanzen Sie Ihren Hering in meiner Gemahlin ihre Büste? Eine Büste ist kein Blumenbeet und ein Hering keine Chrysantheme!

DER BUCHHALTER Haben Sie uns etwa mit Lachs bewirtet? Haben Sie das etwa, ja? Und jetzt brüllen Sie und machen so 'n Theater. Ja?

In dem nun einsetzenden Handgemenge stürzt die von Gazeflor umwallte Braut auf den Ofen; der Ofen fällt um. Flammen und Rauch.

RUFE Wir brennen!! ... Wer sagt: wir brennen? ... Ein Brand! Eine Feuersbrunst! Nur Hering, kein Lachs?! ... Die Straßenbahnen ziehn allesamt ...

Viertes Bild

In schwärzester Nacht blitzt der Helm eines Feuerwehrmannes auf, die nahe Flamme spiegelnd. Feuerwehrhauptmann allein. Es kommen und gehen Feuerwehrleute, Bericht gebend.

ERSTER FEUERWEHRMANN Nicht unterzukriegen, Genosse Brandmeister? Ja, wenn erst nach zwei Stunden Feuermeldung erstattet wird... Betrunkenes Gesindel!! Es lodert wie in einem Pulvermagazin. *Ab.*

DER HAUPTMANN Weshalb solls nicht lodern? Spinnwebe plus Spiritus.

ZWEITER FEUERWEHRMANN Die Lohe läßt nach, die Wasserstrahlen gefrieren im Steigen zu Eiszapfen. Der Keller ist vollgelaufen wie ein Eislaufplatz. *Ab.*

DER HAUPTMANN Hat man Leichen gefunden?

DRITTER FEUERWEHRMANN Einen hat man abtransportiert. Hat die Stubendecke auf die Schädeldecke gekriegt. Direkt ins Leichenschauhaus. *Ab.*

VIERTER FEUERWEHRMANN Abtransportiert... Ein verkohlter Leichnam von unbestimmbarem Geschlecht mit einer Gabel im Kopf.

ERSTER FEUERWEHRMANN Unterm Ofen aufgefunden ein ehemaliges Frauenzimmer mit einer Blumenkrone über dem hinteren Schädelknochen.

DRITTER FEUERWEHRMANN Bloßgelegt ein Unbekannter mit Vorkriegskörperbau, eine Registrierkasse umklammernd – offenbar bei Lebzeiten Einbrecher.

ZWEITER FEUERWEHRMANN Unter den Lebenden – null Personen... Unter den Leichnamen fehlt eine Person, so daß, gemäß ihrer Nichtauffindung, anzunehmen ist: vom Feuer in Kleinstteilchen zerpulverisiert und aufgelöst.

ERSTER FEUERWEHRMANN Na, ist das eine Illumination! Wie im Schauspielhaus. Nur daß sämtliche handelnden Personen eingeäschert sind.

DRITTER FEUERWEHRMANN Ein Karren fährt sie vom Hochzeitsschmaus

mit rotem Kreuz in das Leichenhaus.
Der Hornist bläst, ruft die Feuerwehrleute. Sie treten in Reih und Glied. Sie marschieren über die Bühne, mit Rufparolen.

DIE FEUERWEHRLEUTE Wodka ist Gift
und der Suff ein Vergifter.
Wer säuft,
ist ein künftiger
Schadenbrandstifter.
Die Republik sagt:
»Branntwein ist Brand.
Heg Feuer
in Küche und Haus
mit Verstand!«
Papierkorb –
kein Bett für brennende Zigarren.
Meide im Kino
kriminalistischen Schmarren.
Kein Gangsterroman
sei Lektüre
vorm Schlafen.
Der Hot-fox
erhitzt
den Kitsch-Phonographen.
Überhitzung
war Untergang
vieler
dank Kochplatte
und dank Plattenspieler.

Fünftes Bild

Ein riesenhafter amphitheatralischer Saal für Sitzungen. Statt menschlicher Stimmen – funkmegaphonische Sprachrohr-Anlagen. Nebeneinander mehrere hängende Wink-Arme, die an Richtungsanzeiger von Kraftwagen erinnern. Über jedem Lautsprecher farbige elektrische Lampen. Unterhalb der Decke des Raumes Projektionsflächen. In der Mitte eine Tribüne mit Mikrophon. Zu beiden Seiten der Tribüne Verteil- und Reguliervorrichtungen für Stimmen und Lichterzeichen.

Zwei Mechaniker, ein alter und ein junger, hantieren im Dunkel des Hörsaals.

DER ALTE *fegt mit zerzaustem Federwedel den Staub von den Sprachrohren:* Heute gibts eine wichtige Abstimmung. Geh, sieh mal nach. Stimmapparat der Landwirtschaftsbezirke, der muß geölt werden. Voriges Mal hatte er eine Panne. Die Stimmabgabe hat gescheppert.

DER JUNGE Die Landwirtschaft? Wird gemacht. Auch die zentralen will ich schmieren. Mit dem Samtlappen ein paarmal über die Smolensker Klappengruppe fahren. Vergangene Woche schienen sie mir etwas heiser. Die Leithebel an den Dienstbereitschaften der Hauptstädte müssen ein bißchen nachgerückt werden; da war eine kleine Abweichung zu bemerken: der rechte verklammert sich in den linken.

DER ALTE Die Ural-Betriebe sind in Aufgepaßt-Stellung. Jetzt schalten wir die Kursker metallurgischen ein, dort ist ein neuer Apparat für zweiundsechzigtausend Stimmen angeschlossen, von der zweiten Ordnungsreihe der Saporoger Wärmekraftwerke her. Mit denen klappts, da läßt sichs leicht arbeiten.

DER JUNGE Weißt du noch, wie das früher war? Mächtig komisch muß das gewesen sein, was?

DER ALTE Die Mutter hat mich einmal auf den Armen zu einer Sitzung getragen. Die Menge ganz klein, vielleicht eintausend waren zusammengekommen; die sitzen da wie Nichtstuer und lauschen. Der Beratungspunkt war irgendwie vordringlich und wichtig; ging einstimmig durch. Mutter war dagegen, konnte aber nicht mitstimmen, weil sie mich auf den Armen trug und keine Hand frei hatte.

DER JUNGE Na, natürlich, in kleinhandwerklicher Manier.

DER ALTE Laß gut sein, Junge. Früher hätte solch ein Apparat wenig getaugt. Da konnte es vorkommen, daß ein Hitzkopf als erster die Hand heben will, um bemerkt zu werden. So stößt er sie dem Vorsitzenden unter die Nase, stochert ihm womöglich gleich mit beiden Händen in die Nasenlöcher und bedauert nur, daß er nicht wie die antike Göttin Isis ein Dutzend Hände hat, um mit allen zwölf abzustimmen. Viele andre waren Drückeberger. Von solch einem Kerl erzählt die Sage, er sei vor einer wichtigen Diskussion ins Klo ausgerückt und hätte dort die Abstimmung übertobakt. Saß und dachte nach, der Tunichtgut, und rettete so seine Haut eines Mannes von Rang.

DER JUNGE Ists ihm gelungen?

DER ALTE Und ob! . . . Er wurde nur in ein andres Verwaltungsgebiet versetzt. Da man seine Liebe zu den Aborten entdeckt hatte, ernannte man ihn zu deren Hauptbetreuer mit Seife und Handtuch. – Bist du fertig?

DER JUNGE Fertig.

Sie eilen hinunter zu den Schaltbrettern und Leitungsdrähten. Ein Mann mit Brille und kleinem Bart betritt durch die weit aufgehende Tür den Podiumaufbau, mit dem Rücken zum Zuschauer, und hebt die Hände.

DER SPRECHER Alle Bezirke der Föderation gleichzeitig einschalten!

DER ALTE UND DER JUNGE Jawohl.

Gleichzeitig leuchten alle roten, grünen, blauen Lämpchen des Sitzungssaales auf.

DER SPRECHER Hallo, hallo! Hier spricht der Vorsitzende des Instituts für menschliche Auferweckungen. Die Frage ist funkzirkularisch bekanntgemacht und beratschlagt worden. Sie liegt einfach und klar. An der Kreuzung der 62. Straße und des 17. Prospekts der früheren Stadt Tambow hat eine Baubrigade beim Fundamentlegen in sieben Meter Tiefe einen mit Erde verschütteten eingefrorenen Keller entdeckt. Durch die Eismasse des Phänomens hindurchschimmernd, ist deutlich der

Umriß einer eingefrorenen menschlichen Gestalt wahrnehmbar. Unser Institut hält die Wiederbelebung des vor fünfzig Jahren vereisten Individuums für durchführbar.
Gewisse Meinungsverschiedenheiten werden gegenwärtig ausgeglichen.
Das Institut ist der Meinung, daß das Leben jedes Arbeiters bis zum letzten Augenblick nutzbar gemacht werden muß. Die Strahlenprobe hat ergeben, daß die Hände des Individuums Schwielen aufweisen, wie sie vor einem halben Jahrhundert für den werktätigen Menschen kennzeichnend waren. Wir erinnern daran, daß nach den Kriegen, die die Welt heimgesucht haben, und nach den Bürgerkriegen, die zur Gründung der Gesamtföderation unseres Planeten führten, durch einen Erlaß vom 7. November 1965 das menschliche Leben für unantastbar erklärt worden ist. Ich bringe Ihnen den Einspruch der Epidemischen Station zur Kenntnis, die die Befürchtung äußert, es könnte möglichenfalls zur Ausbreitung der Bakterien kommen, die den Organismus der früheren Wesen des früheren Rußland ausfüllten. Im vollen Bewußtsein meiner Verantwortung gehe ich nun zur Beschlußfassung über. Genossen, denkt daran, denkt daran und denkt nochmals daran:
Wir
stimmen ab
um ein Menschenleben.
Die Lämpchen erlöschen, ein durchdringendes Klingelzeichen erschallt, auf einem Bildschirm erscheint der Text einer Entschließung und wird vom Sprecher vorgelesen.
»Im Namen der Forschung, die die Arbeitsmethoden der werktätigen Menschheit studiert, im Namen der anschaulich vergleichenden Untersuchung menschlicher Lebensweisen fordern wir eine Auferweckung.«
Eine Hälfte der Sprachrohre verlautbart:
»Richtig, bewilligen!«
Ein Teil der Stimmen äußert: »Nieder!«
Die Stimmen verstummen augenblicks. Der Bildschirm wird finster. Zweites Klingelzeichen: der Text einer neuen Entschließung flammt auf. Der Sprecher liest sie vor.

»Resolution der sanitären Kontrollstellen bei den metallurgischen und chemischen Industriewerken des Donezbeckens. Zur Vermeidung der Gefahr, die mit einer Ausbreitung des Bazillus der Lobhudler und Speichellecker nebst dem Bazillus der Hochnäsigen und Prahlhänse verbunden wäre (zweier Krankheitserreger, die für das Jahr neunundzwanzig so charakteristisch waren), verlangen wir, das Ausstellungsobjekt möge im tiefgekühlten Zustand belassen werden.«
Stimmen aus Sprachrohren:
»Nieder!«
Einzelne Rufe: »Sehr richtig!«
Hat noch jemand Resolutionsanträge und Ergänzungen?
Ein dritter Bildschirm wird hell, der Sprecher liest den Text vor.
»Die feldbautreibenden Bezirke Sibiriens bitten, die Wiederbelebung auf den Herbst zu verschieben, bis zum Abschluß der Landarbeiten, damit den breiten Massen Schaulustiger das Beisein erleichtert werde.«
Die überwiegende Zahl der Lautsprecherstimmen läßt hören:
»Nieder!« – »Ablehnen!«
Die Lichter flammen wieder auf.
Ich bringe zur Abstimmung: Wer für die erste Entschließung ist, möge die Hand heben!
Es hebt sich die überwiegende Mehrzahl der metallenen Signalhände.
Ich danke. Wer ist für den Zusatzantrag Sibiriens?
Es heben sich zwei einzelne Hände.
Die Versammlung der Föderation hat demnach beschlossen: »Auf-er-wecken!«
Lautes »Hurra!« aus den Sprachrohren. Dann verstummen die Rufe.
Die Versammlung ist geschlossen.
Aus zwei plötzlich weit aufgerissenen Türen strömen die Reporter herein. Der Sprecher bahnt sich durch ihre Menge einen Weg, wobei er fröhlich in alle Windrichtungen ausruft:
Auferweckung! Auferweckung! Auferweckung!!
Die Reporter holen rasch aus ihren Taschen Mikrophone hervor und brüllen im Laufen.

ERSTER REPORTER Hallo! Welle 472,5 Meter... »Tschuktschenländischer Bote« ... Auferwecken!

ZWEITER REPORTER Hallo, hallo! Welle 376 Meter... »Witebsker Abend-Prawda« ... Auferwecken!

DRITTER REPORTER Hallo, hallo! Welle 211 Meter... »Warschauer Komsomolzen-Prawda« ... Auferwecken!

VIERTER REPORTER »Literarischer Montag zu Armawir.« Hallo, hallo!

FÜNFTER REPORTER Hallo, hallo, hallo! Welle 44 Meter. »Nachrichten des Chikagoer Werktätigenrates« ... Auferwecken!

SECHSTER REPORTER Hallo, hallo! Welle 115 Meter ... Redaktion »Rotes Rom«! ... Auferwecken!

SIEBENTER REPORTER Hallo, hallo, hallo! Welle 78 Meter ... »Die Slums von Schanghai« ... Auferwecken!

ACHTER REPORTER Hallo, hallo! Welle 220 Meter ... »Landarbeiterin von Madrid« ... Auferwecken!

NEUNTER REPORTER Hallo, hallo! Welle 11 Meter ... »Jungpionier von Kabul« ... Auferwecken!

Fertige Bürstenabzüge in den Händen schwingend, strömen Zeitungsleute herein.

ERSTER ZEITUNGSMANN

Enteisen?
Nicht enteisen?
Das ist hier die Frage
im Leitartikel-Gesang und -Gesage.

ZWEITER ZEITUNGSMANN

Rundfragen-Text von Weltbedeutung:
bringt Auferstehung auch Charakter-Häutung?

DRITTER ZEITUNGSMANN

Schmachtfetzen des Altertums
nebst Gitarren
und sonstigem
volkverblödendem
Schmarren!

VIERTER ZEITUNGSMANN Neueste Nachricht! Interview! Interview!

FÜNFTER ZEITUNGSMANN Auffüllung
sprachgeschichtlicher Lücken

mit sogenannten
Kraftausdrücken!

SECHSTER ZEITUNGSMANN Letzte Funkmeldung!

SIEBENTER ZEITUNGSMANN
Problem des Tabaks: –
stirbt dran ein Koloß
wie Mammut
oder Rhinozeros?

ACHTER ZEITUNGSMANN
Ein Aufschluß,
erzkomisch,
zugleich melancholisch:
Wie wurde
das Menschengeschlecht
alkoholisch?

Sechstes Bild

Zweiflügelige Tür mit Mattglasfüllungen. Jenseits der durchscheinenden Wände Metallteile medizinischer Gerätschaften. Vor der Rückwand stehend, der alte Professor und eine bejahrte Assistentin, deren Züge eine markante Ähnlichkeit mit Soja Birkelein verraten. Beide in weißen Krankenhausmänteln.

SOJA BIRKELEIN Genosse! Genosse Professor, ich beschwöre Sie, verzichten Sie auf dieses Experiment. Genosse Professor, das bringt nur wiederum Krakeel ...

PROFESSOR Genossin Birkelein, Erinnerungen steigen auf in Ihrer Seele. Sie führen eine unverständliche Sprache. Nichts als das leidige Lexikon der abgestorbenen Begriffe. Was ist »Krakeel«? *Er sucht im Wörterbuch:* Krakeel ... Krakeel ... Krakeel ... *blättert* Kaisertum, Kanone, Kapitalist, Kipfel, Klerus, Knecht, Kommerz, Korruption ... Aha, Krakeel – Betätigung von Leuten, die jedwede Betätigung zu stören pflegten ...

SOJA BIRKELEIN Diese seine »Betätigung« hat mir vor fünfzig Jahren beinah das Leben gekostet. Ich ließ mich sogar zu einem Selbstmordversuch hinreißen.

PROFESSOR Selbstmord? Was ist das schon wieder – »Selbstmord«? *Er sucht im Wörterbuch:* Seelsorger, Seeräuber, Sektierer, Selbstherrschaft ... Da haben wir »Selbstmord«. *Verwundert:* Sie haben an sich selbst Hand angelegt? Auf sich selber geschossen? Ja, bitte, auf Grund welches Todesurteils? Gabs einen Prozeß? Revolutionstribunal?

SOJA BIRKELEIN Nein ... Aus eigenem ...

PROFESSOR Eigenem? ... Vielleicht aus Unvorsicht?

SOJA BIRKELEIN Nein ... Aus Liebe.

PROFESSOR Unsinn ... Wer liebt, der baut Brücken und zeugt Kinder ... Und Sie ... Ja! ja! ja!

SOJA BIRKELEIN Lassen Sie mich, bitte. Das geht über meine Kräfte.

PROFESSOR Das ist nun mal ein klarer Fall von ... Wie nannten Sie's doch? ... Krakeel. Jawohl! so ists! Krakeel. Die Gesellschaft ersucht Sie, alle bei Ihnen feststellbaren Gemütsbewegungen zu manifestieren. Das soll dem auftauenden Subjekt die Überwindung von fünfzig Jahren Anabiose maximal erleichtern. Jawohl! so ists! Sie haben richtig gehört. Ihre Anwesenheit ist sehr, sehr wichtig. Ich bin ja heilfroh, daß Sie auffindbar waren und gekommen sind. Er – das ist er. Und Sie – Sie sind sie. Er und sie. Sagen Sie mir, hatte er weiche Wimpern? Für den Fall, daß nämlich die Wimpern beim raschen Enteisen brechen sollten.

SOJA BIRKELEIN Genosse Professor, wie kann ich mir Wimpern vergegenwärtigen, die vor fünfzig Jahren gewesen sind? . . .

PROFESSOR Wie?! Vor fünfzig Jahren? Das ist ja – gestern! . . . Und wie entsinne ich mich der Haarfarbe vom Anwuchs am Schwanz des Mastodons vor fünfhunderttausend Jahren? Jawohl! so ists! Erinnern Sie sich nicht, ob er beim Einatmen in angeregter Gesellschaft mächtig die Nüstern blähte?

SOJA BIRKELEIN Genosse Professor, wie soll ich das noch wissen! Schon dreißig Jahre bläht keiner die Nüstern in ähnlichen Fällen.

PROFESSOR Soso. Soso. Und Sie sind auch ebensowenig unterrichtet über das Magenvolumen und den Umfang der Leber dieses Wesens, für den möglichen Fall einer Ausscheidung des Sprit- und Wodkagehalts, welcher bei hoher Volt-Spannung entflammbar wäre?

SOJA BIRKELEIN Wie hätte ich mir so was merken können, Genosse Professor! Ich weiß nur, der Mann hatte einen Bauch . . .

PROFESSOR Ach, Sie haben gar kein Gedächtnis, Genossin Birkelein! Sagen Sie wenigstens: – war der Mann heftig, stürmisch?

SOJA BIRKELEIN Ich weiß nicht . . . Möglicherweise . . . Aber nicht mit mir.

PROFESSOR Soso. Soso. Ich fürchte, meiner Treu, während wir ihn auftauen lassen, frieren Sie uns mittlerweile ein. Tja, so ists! . . . Nun, fangen wir an.

Er drückt auf einen Knopf. Die Glastürflügel schieben sich auseinander. In der Mitte, auf einem Operationstisch, ein metallisch schimmernder Zinkschrein von den Ausmaßen eines menschlichen Körpers. Der Schrein hat Abflußhähne, darunter stehen Eimer. Rundum elektrische Leitungen. Mehrere Sauerstoffzylinder. Um den Schrein mühen sich sechs Ärzte in weißer Tracht und ruhiger Haltung. Vor dem Schrein, auf der Vorderbühne, sechs Waschgelegenheiten mit Geiserstrahl. Über einen unsichtbaren Draht gehängt, scheinen sechs Handtücher in der Luft zu schweben.

Professor von Arzt zu Arzt schreitend. Zum ersten Arzt: Auf mein Zeichen – Strom einschalten. *Zum zweiten:* Erhöhen Sie die Temperaturen auf 36,4 Grad, alle fünfzehn Sekunden um einen Zehntelgrad steigernd. *Zum dritten:* Die Sauerstoffkissen bereithalten. *Zum vierten:* Das Wasser nur allmählich ausströmen lassen und durch Preßluft ersetzen. *Zum fünften:* Die Deckplatte mit einem Ruck öffnen. *Zum sechsten:* Die Stadien der Wiederbelebung auf der Reflektorscheibe beobachten.

Die Ärzte nicken zum Zeichen des Einverständnisses, und jeder nimmt seinen Platz ein.

Fangen wir an.

Der Strom wird hörbar eingeschaltet, alle verfolgen gespannt das Ansteigen der Temperaturen. Das Wasser beginnt zu tropfen. Der sechste Arzt hat sich mit dem Blick am Reflektor festgesaugt, der, an der kürzeren rechten Wand angebracht, erscheint.

SECHSTER ARZT Natürliche Hautfarbe schlägt durch! *Pause.*
Die Eisschicht schwindet ganz! *Pause.*
Brustkorb in Vibration! *Pause.*
Ängstlich: Professor, beachten Sie den unnatürlichen Impetus, die Vehemenz . . .

PROFESSOR *nähertretend, beobachtend, beruhigend:* Bewegungsmechanik normal, er kratzt sich – offenbar erwachen auch die bei solchen Wesen symbiotisch auftretenden Parasiten.

SECHSTER ARZT Professor, ein unbegreifliches Phänomen. Mit einer Bewegung des linken Arms löst sich vom Körper –

PROFESSOR *aufmerksam hinblickend:* Er ist mit der Musik verwachsen. Sie nannten das »Schöngeist«. In der Vorzeit lebten Stradivarius und der Lyriker Utkin. Stradivarius baute Geigen, und über dies da baute Utkin Verse.

Der Professor betrachtet den Wärmemesser und den Blutdruckanzeiger

ERSTER ARZT Sechsunddreißigkommaeins.

ZWEITER ARZT Puls achtundsechzig.

SECHSTER ARZT Atmung ausgeglichen.

PROFESSOR Plätze einnehmen!

Die Ärzte treten vom Schrein zurück. Dessen Deckplatte wird mit einemmal aufgeklappt. Aus dem Innern hebt sich der zerzauste Schopf und das verwirrt erstaunte Gesicht Bratfischs. Er preßt die Gitarre an sich und blickt im Kreis umher.

BRATFISCH Uff! war das ein tüchtiges Nickerchen! Bitt um Entschuldigung, Genossen. Muß mir da einen schönen Affen gekauft haben. Sind Sie Miliz? Welches Revier?

PROFESSOR Nein, was ganz andres. Sagen wir – Krankenrevier. Sie haben an Ihrer Haut Frostschäden davongetragen.

BRATFISCH Wa-a-as? Ich soll einem was davongetragen haben? Ich soll 'n Strolch sein? ... Was nehmen Sie sich heraus? Wolln noch sehn, wer von uns der Besoffene ist. Jawoll. Die Doktors ham ja selber alle Spritköppe. Haben ja alle Kommoden voll Sprit. Wär noch schöner. Wohingegen – ich ... Ich kann Personalausweis vorlegen. Hab jederzeit meine Papiere bei mir.

Ist mit einem Satz aus dem Schrein gehüpft, dreht alle Taschen um. Was hätten wir da verstaut gehabt? Siebzehn Rubel sechzig. Hm, ja. Mitgliedsbeiträge für die Rote Hilfe – in Ordnung. Für den Wehrhilfsverband – bezahlt. Für den Verein gegen das Analphabetentum – bezahlt ... Und was ist denn das für 'n Zettelchen? Trauschein vom Standesamt! *Pfeift.* Meiner Treu! Da hab ich ja gestern geheiratet! ... Wo sind Sie nun, wer küßt Ihnen die Händchen? Ojemine, zu Haus krieg ich Haue! Dahier die Unterschrift der Brauthelfer. Hier das Mitgliedsbuch der Gewerkschaft. *Sein Blick fällt auf den Kalender; er reibt sich die Augen, blickt entsetzt um sich.* Wa-a-as? Zwölfter Mai 1979! Was ich an Mitgliedsbeiträgen werde nachzahlen müssen! Fünfzig Jahre! Gebietsrat der Gewerkschaft! Zentralrat! Herr des Himmels! Und meine Frau!! Platz da!

Drückt einigen der Umstehenden die Hände, stürzt zur Tür.

Ihm folgt die beunruhigt dreinblickende Soja Birkelein. Die Ärzte umringen den Professor.

ÄRZTE *im Chor:* Sagt an, was hat er soeben mit den Händen getan? Sie ausgestreckt und geschüttelt, geschüttelt und ausgestreckt . . .

PROFESSOR In der Vorzeit herrschte eine unhygienische Sitte dieser Art.

Die sechs Ärzte und der Professor waschen sich bedächtig die Hände.

BRATFISCH *ist auf Soja gestoßen:* Was für Leutchen seid ihr eigentlich, Bürger? Wer bin ich? Wo bin ich? Sollten Sie vielleicht am Ende gar das Muttichen der Soja Birkelein vorstellen? Sieh mal an – *Das Heulen einer Sirene zwingt ihn zu einer raschen Kopfwendung.* Wo bin ich wahrhaftig hingeraten? Wo hat man mich hingeraten? Was soll das alles? . . . Moskau? . . . Paris? . . . New York? . . . Ich brauch eine Droschke! *Aufheulende Kraftwagensirenen.* Nicht Mensch, nicht Roß noch Wagen! Nur der Touringklub. *Die Autosirenen nachahmend:* Touring, Tou-ou-ouring! *Scheuert sich den Rücken an der Tür, tastet mit der Handfläche, wendet sich um, erblickt auf der lichten Wand eine von seinem Rockkragen übergelaufene Wanze.* Oh, eine Wanze, ein Wänzelchen, ein winzig-wänzig Wänzelinchen! *Schlägt die Laute, singt:* O geh nicht weg, o bleib bei mir . . . *Sucht vergeblich, das Insekt mit dem Handteller zu bedecken; es entkommt.* Wir trennten uns, zwei Schiff auf dem Meer . . . Fort ist sie! Und ich allein! Nicht Wort noch Antwort mir, und wieder zieh ich einsam . . . Allein gelassen! Eine Droschke her, Touring . . . Lunatscharskistraße 17! Ohne Gepäck! *Preßt die Hände gegen den Kopf, sinkt ohnmächtig hin, aufgefangen und gestützt von Soja Birkelein, die eben hinzugeeilt ist.*

Siebentes Bild

Im Mittelgrund eine dreieckige Grünanlage. Darin drei künstliche Bäume. Der erste Baum: auf grünen, quadratischen Blättern umfängliche Fruchtschalen, darauf Apfelsinen. Der zweite Baum: papierne Untersätze, darauf Äpfel. Der dritte Baum, mit Tannenzapfen: offene Parfümflakons. Seitlich: gläserne und fliesenbedeckte Hauswände. Die Grünanlage ist flankiert von langen Sitzbänken.

Der Reporter tritt auf, gefolgt von vier Personen, Männern und Frauen.

DER REPORTER Hierher, Genossen, hierher! In den Schatten. Jetzt kriegen Sie hübsch der Reihe nach all diese düsteren und denkwürdigen Geschehnisse zu hören. Also, erstens ... Darf ich um etwas Obst bitten? Sehr sinnreich von seiten der Städtischen Selbstverwaltung, diese Bäumerchen heut mal Apfelsinen tragen zu lassen! Gestern gabs nur Birnen, saftlos, kraftlos und ohne Geschmack; auch keine Spur von Nährwert ...

Ein Mädchen hebt eine Obstschale mit Apfelsinen vom Baum. Die Sitzenden empfangen und schälen die Früchte. Während sie vorgeneigt mit Interesse den Worten des Reporters lauschen, essen sie.

ERSTER MANN Nun, heraus mit der Sprache, Genosse, erzählen Sie, ausführlich und der Reihe nach.

DER REPORTER Tja, die Sache ist die ... Was für saftige Fruchtscheiben, wollen Sie nicht kosten? ... Nun, gut, gut, meine Erzählung beginnt ja schon. Nur keine Ungeduld – gleich sind wir so weit. Natürlich, als präsidierender Oberreporter bin ich über alles bestens informiert ... Zur Sache also – sehen Sie, sehen Sie? ...

Raschen Schrittes überquert ein Mann mit ärztlichen Instrumenten die Bühne.

Das ist ein Tierarzt. Begreifen Sie, die Seuche verbreitet sich. Allein gelassen, hat dies auferstandene Säugetier Fühlung mit allen Haustieren unseres Turmwohnheims genommen. Jetzt sind sämtliche Hunde von einer gewissen Tollwut befallen.

Der Auferstandene hat ihnen das Stehen auf den Hinterbeinen beigebracht. Die Hunde haben aufgehört zu bellen und zu spielen – in einem fort dienern sie; das nannte man voreinst »Männchen machen«. Die Tiere machen sich an jeden heran, der Mahlzeit hält, geben Pfötchen, wedeln und betteln. Die Mediziner wollen wissen, daß der Speichel solcher Tiere auch bei Menschen die Primärsymptome der Kriecherei und Speichelleckerei hervorruft.

DIE ZUHÖRER Ah! Alle Wetter!

DER REPORTER Da schau mal einer!

Vorbei torkelt ein Mann mit Körben voller Bierflaschen.

DER TORKELNDE *singt:* Die Menschen
im neunzehnten Jahrhundert
waren wert,
daß man sie bewundert:
ein Schoppen Bier,
ein Schnäpschen im Glase
und drüber
eine blaurote Nase.

DER REPORTER Sie geben zu: ein schwer pathologischer Fall. Das ist nur einer von den hundertfünfundsiebzig Laboranten der zweiten medizinischen Versuchsanstalt. Um dem auferweckten Wesen die Existenzweise der Transformation zu erleichtern, ist angeordnet worden, das auferstandene Säugetier mit einem flüssigen Gemisch zu letzen, welches in größerer Dosis giftig wirkt, in kleinerer aber widerlich. Man nannte es dazumal »Bier«. Die schädlichen Ausdünstungen dieser Flüssigkeit haben die Köpfe der verunglückten Laboranten benebelt, so daß sie sich irrigerweise verleiten ließen, von dem kühlenden Gemisch zu schlürfen. Seither wird schon zum drittenmal die Laborantenpartie ausgewechselt. Fünfhundertundzwanzig Mann aus dem Laboratorium liegen in den Krankenhäusern, aber die gefährliche dreibocksköpfige Pestseuche wütet weiter, schäumt, wirbelt und fährt lähmend in die Beine.

DIE ZUHÖRER Ah! Alle Wetter! Allerhand!

EIN MANN *träumerisch und schmachtend:* Ich möchte mich gern der Wissenschaft opfern. Wenns gestattet ist, laß ich mir die Rätselkrankheit einimpfen.

DER REPORTER Fertig! Auch der ist fertig! Still ... Man darf diese Mondsüchtige nicht erschrecken ...

Vorbei stolpert ein Fräulein, dessen Beine im Foxtrott- und Charlestonschritt sich tänzelnd verstricken. Die Erscheinung deklamiert Verse aus einem Büchelchen, welches sie mit vorgestrecktem Arm zwischen zwei Fingern der Linken vor sich her trägt. Zwischen zwei Fingern der Rechten hält sie eine imaginäre Rose, die sie zuweilen riechend an die Nase führt.

Die Unglückselige, sie wohnt Tür an Tür mit diesem tollwütigen Säugetier; und nachts, zur Schlafenszeit, ist sie andauernd durch die Wand hindurch einem Gitarrengeschmetter ausgesetzt und einem herzzerreißend gedehnten Schluchz- und Stöhngesang – wie hieß das doch in der Vorzeit? »Romanzen«, wenn ich nicht irre, und »Schlager«. Nacht für Nacht, in ansteigendem Maße. Die Ärmste hat den Verstand verloren. Ihre schwergeprüften Eltern verlangten den Rat eines Ärztekollegiums. Die Professoren behaupten, man habe es mit einem Anfall von akuter sogenannter »Verliebtheit« zu tun – so hieß eine Krankheit der Vorzeit, die in Fällen auftrat, wo die vernünftig übers ganze Leben verteilte Geschlechtskraft plötzlich schlagartig im Laufe einer Woche sich zum galoppierenden Entzündungsprozeß verdichtete. Der Krankheitsverlauf führte zu unüberlegten und kaum glaublichen Handlungen.

EIN MÄDCHEN *bedeckt die Augen mit den Händen:* Lieber nicht hinschaun, ich fühle, wie diese entsetzlichen Mikroben der Verliebtheit sich in Lüften ausbreiten.

DER REPORTER Fertig. Auch die ist fertig ... Die Epidemie greift ozeanisch um sich.

Dreißig Girls schieben sich beineschwingend über die Bühne.

Betrachten Sie diesen dreißigköpfigen Sechzigfüßler. Man versuche sich vorzustellen, daß auch dieses Geschlenker der Gliedmaßen von jenen Leuten *an die Zuhörerschaft* als »Kunst« angesprochen wurde ...

Ein Foxtrott tanzendes Paar wird sichtbar. Die Seuche erreicht – erreicht ihren ... Wen oder was erreicht sie? *Sieht im*

Wörterbuch nach. Ihren Kulminationspunkt. Also bitte: dies ist bereits ein zweigeschlechtlicher Vierfüßler.

Herein kommt in Eile der Direktor des Tiergartens mit einem kleinen Glaskästchen. Hinterdrein eine Menge, ausgerüstet mit Fernrohren, Feldstechern, Photoapparaten und Feuerwehrleitern.

DER DIREKTOR *an alle gewendet:* Liebe Leute, ist sie nicht dagewesen? Haben Sie nichts bemerkt? Ach, auch Sie sagen nein. Ein Pirsch- und Forsch-Team teilt mit, sie solle hier vor einer Viertelstunde gesichtet worden sein, als sie grade zum vierten Stock emporstrebte. In Anbetracht ihrer Durchschnittsgeschwindigkeit von anderthalb Metern in der Stunde ist anzunehmen, daß sie noch nicht weit entkommen sein kann. Genossen, bitte sofort die Wände absuchen!

Die Beobachter ziehen ihre Fernrohre, die Sitzenden springen auf, fassen die Wände scharf ins Auge. Der Direktor unterteilt die Suchgruppe in Abteilungen und übernimmt die Führung.

STIMMEN Aussichtslos! ... Man müßte einen entkleideten Menschen, auf eine Matratze ausgestreckt, in jedem Fenster ausstellen. Sie sucht ja Blutspender dieser Art ... Nicht lärmen, das verscheucht sie! ... Wenn ich sie finde, kriegt sie keiner. Die behalt ich ... Holla, das gibts nicht. Sie ist Gemeinde-Eigentum ...

EINE BEGEISTERTE STIMME Ich hab sie! hurra, da ist sie! wie sie kriecht! ...

Ferngläser und -rohre sind sämtlich auf einen Punkt gerichtet. Ein Schweigen, währenddessen man das Knipsen der Photoapparate und das Surren der Filmkameras vernimmt.

DER PROFESSOR *mit gedämpftem Flüstern:* Stimmt ... Das ist sie! Jetzt aufgepaßt! zugegriffen! abgefaßt! Die Feuerwehr hierher!!

Die Verfolger umringen die Stelle mit Netzen. Die Feuerwehrleute schrauben ihre Leiter fest, die Leute erklimmen deren Sprossen hintereinanderkletternd.

DER DIREKTOR *senkt sein Suchglas, mit Tränen in der Stimme:* Weg ist sie ... Auf die Nachbarwand hinüber ... SOS! Wenn sie abstürzt – ist sie hin! Waghälse, Freiwillige, Heißsporne, Teufelskerle – vorwärts!!

Die Feuerleiter wird vor der anderen Wand festgeschraubt, das Klimmen wiederholt sich. Die Zurückbleibenden folgen mit den Augen in atemloser Spannung.

EINE BEGEISTERTE STIMME *von oben:* Ich hab sie! Hurra!!

DER DIREKTOR Rasch her mit ihr! Vorsicht!! nicht fallen lassen! dem Tier kein Glied verletzen . . .

Die Leiter herab wird die Beute von Hand zu Hand weitergereicht, bis sie den Direktor erreicht. Der bringt sie im Glaskästchen unter und hebt dieses hoch über seinen Kopf.

So laßt euch danken, ihr schlichten Werkleute der Wissenschaft! Unserem Tiergarten ist unnennbares Glück widerfahren . . . Ein Fund von höchstem Seltenheitswert . . . Das einzeln-letzte Exemplar einer ausgestorbenen, doch zu Beginn dieses Jahrhunderts sehr volkstümlichen Insektenart. Unsere Stadt darf stolz auf diese Erwerbung sein. Gelehrte und Ausflügler werden in Massen herbeiströmen . . . Hier, in meinen Händen, sehen Sie die einzige lebende Vancia normalis. Entfernen Sie sich auf Zehenspitzen, verehrte Mitbürger, das Tier ist entschlummert, mit gekreuzten Beinchen eingeschlafen, es will ruhen. Ich lade Sie alle zur feierlichen Einverleibungs-Zeremonie in den Tiergarten ein. Der so wichtige, aufregende Akt der Einbringung ist vollbracht!

Achtes Bild

Opalmatte, glattpolierte, durchschimmernde Zimmerwände. Oben verläuft ein Gesims, dem ein gleichmäßig heller Streifen taubengrauen Lichts entströmt. Links ein größeres Fenster. Davor ein Zeichentisch. Ein Funkempfänger. Eine Bildwerfer-Projektionswand. Drei, vier Bücher. Rechts eine aus der Stubenwand vorspringende Liegestatt, darauf unter einer blendend sauberen Bettdecke der schmutzstarrende Bratfisch. Ein Sauggebläse der Lüftung. Rings um den liegenden Bratfisch arge Unsauberkeit. Auf dem Tisch Zigarettenstummel, umgestürzte Flaschen. Als improvisierter Lampenschirm ein Fetzen rosafarbenen Packpapiers. Bratfisch atmet stöhnend. Ein Arzt geht erregt im Zimmer umher.

DER PROFESSOR *eintretend:* Wie stehts um den Kranken?

DER ARZT Um den Kranken – weiß ich nicht. Aber um mich stehts speiübel. Wenn Sie nicht alle halben Stunden Ablösung schicken, wird er uns alle anstecken, alle durch die Bank. Wenn er mich nur anhaucht, zittern mir die Knie. Ich habe schon sieben Ventilatoren laufen, nur um seinen Atem zu verdünnen.

BRATFISCH O-o-oh!

Der Professor ist mit einem Sprung bei Bratfisch.

BRATFISCH Professor, ach, Professor!

Der Professor zieht die Luft ein und prallt mit einem Schwindelanfall zurück, die Arme in die Luft werfend.

BRATFISCH Einen Stärkungstrunk ...

Der Professor gießt Bier in ein Teeglas, reicht es Bratfisch.

BRATFISCH *richtet sich halb auf, vorwurfsvoll:* Haben mich auferweckt ... und machen sich lustig über mich! Was soll mir das Spatzentränklein. Geben Sie einem Elefanten ein Glas Limonade.

DER PROFESSOR Die Gesellschaft hofft, dich auf die Stufe des Menschen zu heben.

BRATFISCH Gehn Sie zum Teufel mitsamt Ihrer Gesellschaft! Ich habe Sie nicht gebeten, mich aufzuwecken. Vereisen Sie mich gefälligst wieder – und zwar prompt und presto!

DER PROFESSOR Ich versteh nicht, was du meinst! Unser Leben gehört dem Kollektiv, und weder ich noch jemand anderer darf dieses Leben ...

BRATFISCH Heißt das ein Leben, bitte sehr, wenn man nicht mal die Photo-Visage des geliebten Mädels an die Wand heften darf? Kein Reißnagel, der an diesen verdammten Glasflächen nicht abbricht ... Genosse Professor, wie wärs mit dem Stärkungstrunk?

DER PROFESSOR *das Teeglas füllend:* Nur bitte nicht in meiner Richtung auszuatmen.

SOJA BIRKELEIN *mit zwei kleinen Bücherstößen eintretend, führt ein kurzes Flüstergespräch mit dem medizinischen Personal; dieses entfernt sich, worauf sie, die Bücher auspackend, neben Bratfisch Platz nimmt:* Hier, ich bin nicht sicher, daß dies taugt. Was du verlangst, ist nicht zu haben, und niemand weiß darüber Bescheid. »Sträuße von Rosen – Küssen und Kosen«, das hat man nur in der Abteilung Botanik und in der Psychophysiologie, Gruppe Erotogenese. Aber hier wären zwei hochinteressante Bücher, die ungefähr in jene Zeit fallen. Aus dem Englischen übersetzt: Herbert Hoover, »Als ich Präsident war« ...

BRATFISCH *nimmt das Buch und wirft es zu Boden:* Nein, das ist nicht fürs Herz. Ich brauch so 'n kitzligen Reißer, daß der Pulsschlag stockt ...

SOJA BIRKELEIN Hier das zweite – von irgendeinem Mussolini, »Briefe aus der Verbannung«.

BRATFISCH *nimmt es und schleudert es hin:* Nein, was geht so was die Seele an? Laßt mich in Ruh mit euern plumpen Agitationsschriften. Ich will nu' wieder mal fiebern in all meinen Fibern ...

SOJA BIRKELEIN Keine Ahnung, was du meinst. Wer wünscht Fieber und stockenden Puls?

BRATFISCH Wo leben wir? Wofür hat unsereins gestritten und gelitten, sogar Blut vergossen, wenn nun ich, der Hegemon, gewissermaßen ... und soll nicht tanzen dürfen, wie ich das Tanzen erlernt hab!

SOJA BIRKELEIN Ich hab mit Ihrer Körperbewegung den Direktor des Zentralinstituts für Bewegungsforschung persönlich bekannt gemacht. Er will so was nur in alten Kollektionen von pariserischen Ansichtskarten gesehen haben, und heute, meint er, wird kaum mehr jemand darüber Auskunft geben können. Da leben freilich noch irgendwo zwei Greisinnen, die behaupten, sich an derlei Albereien zu erinnern, nur können sie leider nichts davon anschaulich zum besten geben – aus podagrischen Gründen.

BRATFISCH Ja, dann sage mir einer, wozu ich die Erbschätze der schöngeistigen Bildung in meinem Innern aufgestapelt habe. Arbeiten – das durfte ich auch vor der Revolution.

SOJA BIRKELEIN Morgen nehm ich dich mit zum Tanz der Zehntausend – es sind Arbeiter und Arbeiterinnen – auf dem großen Stadtplatz. Diese Reigenfeier ist als fröhliche Probe für das neue System der Feldarbeit gedacht.

BRATFISCH Genossen, ich protestiere, ich protestiere! Ich bin doch nicht dazu aufgetaut, um jetzt von euch gedörrt zu werden. *Wirft die Bettdecke zurück, springt auf, ergreift die restlichen Bücher, schüttelt sie aus dem Packpapier; will dieses in Stücke reißen, bemerkt aber darauf gedruckte Schlagzeilen, wird aufmerksam, eilt lesend von Lampe zu Lampe.* Wo?! Wo haben Sie das her? . . .

SOJA BIRKELEIN Auf der Straße hat mans verteilt . . . Die Bibliothekare werden es zufällig verwendet haben.

BRATFISCH Hurra! ich bin gerettet!! *Er stürzt zur Tür hinaus, das Blatt wie eine Flagge überm Kopf schwingend.*

SOJA BIRKELEIN *allein:* Fünfzig Jahre hab ich vorausgelebt – und hätt vor fünfzig Jahren eines solchen Auswürflings wegen das Leben lassen können . . .

Neuntes Bild

Der Tiergarten. Mittelgrund: auf einem Sockel steht ein Käfig, umhängt mit Fahnen- und Vorhangstoff. Dahinter zwei Bäume. Ganz im Hintergrund Zwingerhaus der Elefanten und Giraffen. Links vom Käfig eine Zuschauerbühne, rechts ein Schaugerüst für Ehrengäste. Ringsumher Musiker. In Gruppen nahen Zuschauer. Festordner mit Armbinden weisen den Neuankommenden Plätze an, je nach Beruf und Wuchs.

EIN FESTORDNER Genossen Auslandskorrespondenten, bitte hierher! Näher zur Tribüne! ... Bitte etwas zurücktreten, wir brauchen Platz für die Brasilianer. Ihr Flugschiff hat eben zur Landung im Zentralflughafen angesetzt. *Geht zur Seite, mustert wohlgefällig eine Gruppe.* Genossen Neger, wollt euch freundlichst in farbiger Gruppierung zu den Engländern stellen, zu der weißlich-blassen Haut der Angelsachsen wird eure Olivenbräune ein prächtiges Gegenstück abgeben ... Liebe Hochschüler, hierher zur linken Seite. Bei euch sollen drei Greisinnen und drei Greise vom Verband der Hundertjährigen eintreffen. Sie werden als Augenzeugen-Berichterstatter die Ausführungen der Professoren ergänzen.
In kleinen Wägelchen kommen die Greise und die Greisinnen angefahren.

ERSTE GREISIN Ich weiß noch genau ... als wärs gestern gewesen.

ERSTER GREIS Nein, ich weiß genauer ... als wärs heute gewesen.

ZWEITE GREISIN Ihr könnt euch vergegenwärtigen, doch ich kann mich zurückversetzen.

ZWEITER GREIS Ich aber kann beides, aha!

DRITTE GREISIN Und ich kann ganz weit, weit, weit zurückdenken.

DRITTER GREIS Ich jedoch kann alles von weit, weit, weit herbeidenken.

DER FESTORDNER Still, Augenzeugen, genug gelispelt! Macht Platz, Genossen, freie Bahn unseren Jüngsten! Hier herbei, Genossen Kinder!
Rascher, rascher!

DIE KINDER *singen im Marsch-Chor:*
Wir lernen vorzüglich –
man sagte einst »prima«;
genießen vergnüglich
das Wochenend-Klima.
Ypsilons und Ixe
sind im Ruhestand;
im Zoo grüßen Füchse
und ein Elefant!
Giraff und Tiger locken uns
in ihr Revier;
wir nähern unerschrocken uns
dem Groß-Getier!

DER FESTORDNER Bürger, die den Exponaten ein Vergnügen zu bereiten wünschen oder sie zu wissenschaftlichen Zwecken benutzen wollen, mögen die Güte haben, dosierte exotische Eßwaren und Forschungsgerät nur bei den amtlich Bediensteten des Tiergartens zu erwerben. Dilettantismus und Überdosierung sind tödlich. Wir bitten, ausschließlich Nahrungsmittel und Instrumente zu benützen, die vom Zentralen Medizinischen Institut und den Städtischen Laboratorien für Feinmechanik auf den Mark gebracht werden.

Die Bediensteten des Tiergartens schreiten die Wege und die Schaustätten ab.

ERSTER BEDIENSTETER
Mit freiem Aug
keine Spur
von Mikroben!
Bedient euch
der Hilfe
von Mikroskopen!

ZWEITER BEDIENSTETER
Des Speichels
Ansteckungskraft
ist enorm.
Schutz
gegen Spuckspritzer
bringt Lysoform.

DRITTER BEDIENSTETER
Der Schaustücke
Fütterung
ist sehenswert: –
Wie jedes
Tabak und Branntwein
begehrt.

VIERTER BEDIENSTETER
Ist das Getier erst
spritsüchtig,
narkotisch,
dann wirds auch podagrisch,
debil,
idiotisch.

FÜNFTER BEDIENSTETER
Die Feuernelke,
die Raucherrose
gewährleisten
hundertprozentig
Sklerose.

SECHSTER BEDIENSTETER
Bewaffnet
die Ohren
mit Kopfhörgeräten
gegen Injurien
und Banalitäten!

DER FESTORDNER *müht sich, den Weg zur Tribüne des Stadtsowjets freizuhalten:* Der Genosse Vorsitzende und seine nächsten Mitarbeiter haben vordringliche Pflichten zurückgestellt und sind zu den Klängen des alten Staatsmarsches bei unserer Feier eingetroffen. Laßt uns die hochverehrten Genossen begrüßen!

Allgemeiner Applaus; Männer mit Mappen schreiten über die Bühne, gemessene Verneigungen; die Ankömmlinge singen.

ALLE Der Dienst
gibt uns Schwung,
und wir altern nicht.
Kurzweil
macht jung

nach getaner Pflicht.
Ein Gruß,
ein lebendiger,
ehre die Bändiger!
Stolz
ist der Rat –
wir
Väter der Stadt!

DER VORSITZENDE *besteigt die Tribüne, schwingt einen Wimpel, alles verstummt:* Genossen, ich erkläre dies Fest für eröffnet. Unsere Zeitläufte sind gekennzeichnet von tiefen Erschütterungen. Die Umwälzungen vollziehn sich im Innern der Gemeinschaft. Äußere Vorkommnisse sind selten geworden. Die Menschheit, noch erschöpft und zerquält von vorhergegangenen Ereignissen, freut sich dieses vergleichsweisen Friedenszustandes. Allein wir verschmähen darum doch nie und nimmer, einem Schauspiel beizuwohnen, welches, äußerlich ans Fabelreich grenzend, unter seiner buntschillernden Oberfläche einen tiefen wissenschaftlichen Sinn verbirgt. Die traurigen Vorfälle in unserer Stadt, Ergebnis der unvorsichtigen Zulassung zweier Schmarotzer in ihre Mauern, sind mit meinen Kräften und den Kräften der Weltmedizin wiedergutgemacht. Doch gemahnen jene Vorfälle, Zeugnisse unserer historischen Gedächtnisschwäche, an die ganze Abscheulichkeit einer untergegangenen Epoche, zugleich an die ganze Größe und Schwierigkeit des Kulturkampfes, den das werktätige Menschengeschlecht auszufechten hat. Mögen denn die Herzen und Gemüter unserer Jugend aus diesen unheilvollen Beispielen Erfahrung und Kraft schöpfen! In aufrichtiger Dankbarkeit erteile ich das Wort unserem ruhmbedeckten Tiergartendirektor, der die Zusammenhänge jener rätselhaften Erscheinung so gründlich aufgedeckt und eine schwere Bedrohung in diesen frohen Zeitvertreib der Unterhaltung und des Wissens verwandelt hat. – Hurra!

Alle rufen Hurra, die Blasmusik spielt einen Tusch; die Tribüne besteigt der Direktor des Tiergartens, mit Verneigungen nach allen Seiten.

DER DIREKTOR Genossen! Eure Aufmerksamkeit macht mich

froh und verlegen zugleich. Obschon ich den eigenen Anteil nicht leugne, so muß ich doch dankbar das Hauptverdienst den braven Mitarbeitern vom Jägerverband zuschreiben. Sie waren die unmittelbaren Helden der aufregenden Spürjagd. Daneben gebührt ein Sonderlob und -dank dem hochverehrten Professor vom Auferweckungsinstitut, der den Eistod überwunden hat. Wiewohl hier nicht verschwiegen werden darf, daß der anfängliche Irrtum des achtbaren Professors zur mittelbaren Ursache gewisser öffentlicher Unannehmlichkeiten werden mußte. Nach einigen rein äußerlichen Mimikry-Merkmalen wie Schwielen, Kleidung et cetera hat unser ehrenwerter Professor das auferstandene Säugetier irrigerweise zur Gattung des »homo sapiens«, ja zu deren höchster Spielart, zur Klasse der Arbeiter, gezählt. Nun möchte ich unsern Erfolg keineswegs ausschließlich meinem langjährigen Verkehr mit Tieren und meinem Eindringen in ihr Gemütswesen zuschreiben. Ein Zufall hat mir geholfen. Eine schleierhafte, fast unterbewußte Hoffnung hat mir eingegeben: »Versuchs mal und laß eine Anzeige in die Tagblätter einrücken!« Und ich formulierte: »Auf Grund der Satzungen des Tiergartens such ich einen lebenden Menschenleib für Insektenstiche, zwecks Erhaltung und Entwicklung eines frisch erworbenen Ungeziefers unter den ihm angewöhnten Normalbedingungen.«

EINE STIMME *aus der Menge:* Ach, wie entsetzlich!

DER DIREKTOR Ich begreife Ihr Entsetzen. Ich selber mißtraute dem eigenen Widersinn. Aber siehe da, auf einmal – erscheint ein menschenähnlich Wesen! Äußerlich wie Sie und ich ...

DER VORSITZENDE DES STADTSOWJETS *schwingt die Präsidialglokke:* Genosse Direktor, ich rufe Sie zur Ordnung!

DER DIREKTOR Verzeihung, Verzeihung! Ich habe mich natürlich alsogleich durch Umfrage und Anwendung vergleichender Tierkundemethoden überzeugen können, daß wir es hier mit einem höchst bedenklichen anthropomorphen Simulanten zu tun hatten, welcher zudem an eine hochgradige parasitäre Lebensform gewöhnt ist. Ich will mich nicht in Schilderungen seines Wesens ergehen, zumal es Ihnen sogleich in natura vor Augen stehen wird – in diesem staunenswerten Käfig. Es handelt sich, genau genommen, um zwei Geschöpfe verschie-

denen Umfangs, doch gleicher Lebensart: die Vancia normalis und den Spießerius vulgaris. Beide gedeihen in den muffigen Matratzen der Zeit.
Die Vancia normalis, fettgemästet und vollgesoffen am Leibe eines Menschen, fällt unters Bett. Der Spießerius vulgaris, fettgemästet und vollgesoffen am Leibe der Gesamtheit, fällt aufs Bett. Das ist der ganze Unterschied! Als das arbeitende Menschengeschlecht der Revolution sich in Krämpfen wand, sich den Unrat der Vergangenheit vom Leibe schabte, da bauten im Unrat diese Wesen oder Unwesen ihr Nest, ihr Haus. Sie prügelten ihre Weiber und schworen bei Bebel. Sie pflogen der Ruhe und fühlten sich sauwohl im Gezelt ihrer Reithosen. Doch der Spießerius vulgaris ist gefährlicher. Dank seiner ungeheuren Anpassungskunst weiß er die Gebissenen irrezuführen, indem er bald als reimchenschmiedendes Heimchen am Herde, bald als romanzenplärrender Vogel Nachtigall in Erscheinung tritt. Dazumal war sogar seine Kostümierung das reinste Verstellungsmanöver: alles vogelförmig, geflügelte Jacke, geschwänzter Frack, schneeweiß gestärkter Brustlatz. Derlei Vögel nisteten in den Logen der Theater, lagerten auf den Emporen der Opernhäuser, schwelgten beim Ballett; zu den Klängen der Internationale rieben sie ein Bein am andern, wiegten sich im Gezweig der Lyrik, schoren Tolstoi nach Marxens Bartfasson, heulten und grölten scharenweise und – verzeihen Sie den Ausdruck, aber es geht hier um Wissenschaft – sudelten und seichten in Mengen, die man nicht mehr als geringfügige ornithologische Belästigung betrachten kann.
Übrigens, Genossen, überzeugen Sie sich selbst! . . .
Er gibt ein Zeichen, die Bediensteten enthüllen den Käfig; auf einem Fußgestell das gläserne Wanzenkästchen, dahinter ein Podium mit einem Doppelbett; Bratfisch, liegend mit der Gitarre. Oberhalb des Käfigs hängt eine gelb abgeschirmte Lampe. Über Bratfischs Kopf ein Strahlenkranz von fächerförmig angeordneten Ansichtskarten. Bierflaschen stehen herum und liegen auf dem Boden umher. Ringsum mehrere urnenförmige Spucknäpfe. Seitlich eigentümliche Filteranlagen: Schallfilter. Auch Entlüftungen und Arom-Apparate.

Spruchbänder mit den Worten: »Vorsicht – es spuckt!«, »Unangemeldet nicht eintreten!«, »Ohren hüten – es schimpft und lästert!« Die Musiker blasen einen Tusch; bengalisches Licht; die anfangs zurückgeschrockene Menge nähert sich wieder, stumm vor Begeisterung.

BRATFISCH *singt:* Kennst du die Lunatscharskistraße?
Da steht ein dunkles, altes Haus.
Die Treppe dient dem Wurm zum Fraße,
im Fenster graut ein Distelstrauß . . .

DER DIREKTOR Genossen, nur herbei, keine Furcht – das Wesen ist vollkommen friedfertig. Näher treten, Genossen, ohne Bange! Je vier Schallfilter zu beiden Seiten halten unflätige Ausdrücke im Innern des Käfigs zurück, nach außen dringen nur einige wenige Wörter, aber durchaus leidliche. Die Filter werden täglich von Bediensteten gereinigt, wobei sie Gasmasken anlegen. Wollt mal zusehen. Das Wesen wird jetzt das sogenannte »Rauchen« bewerkstelligen.

EINE STIMME AUS DER MENGE Ach, wie entsetzlich!

DER DIREKTOR Nur keine Angst. Jetzt wird das Wesen die sogenannte »Inspiration« besorgen. Fiedelbratsch, gießen Sie eins hinter die Binde!

Bratfisch greift nach der Schnapsflasche.

EINE STIMME AUS DER MENGE Genug! nicht weitermachen! das ist ja entsetzliche Tierquälerei!

DER DIREKTOR Genossen, das Wesen ist gar nicht mehr furchterregend. Man hat es gezähmt. Seht mal, ich werde es jetzt auf die Tribüne hinausführen. *Er nähert sich dem Käfig, legt Handschuhe an, prüft die Pistole, öffnet die Gittertür, geleitet Bratfisch hinaus, stellt ihn auf die Tribüne, dreht sein Gesicht in die Richtung der Ehrengäste.*
Bitte, sagen Sie jetzt einen kurzen Satz und ahmen Sie dabei menschliche Stimme, Sprache und Rede nach!

BRATFISCH *stellt sich gehorsam hin, räuspert sich, hebt die Gitarre, wendet sich aber plötzlich um und wirft einen Blick in den Zuschauerraum. Bratfischs Gesichtausdruck verändert sich, wird feierlich. Bratfisch stößt den Direktor von sich, wirft die Gitarre weg und brüllt in den Saal:* Bürger, Brüder, Mitmenschen, liebe Leute! Woher kommt ihr? Wie viele seid ihr?

Wann hat man denn euch enteist und auferweckt? Warum sitze ich ganz alleine im Käfig? Ihr Teuern, ihr Anverwandten meines Herzens, kommt her zu mir! Wofür leide ich allein? Mitbürger! . . .

STIMMEN DER GÄSTE Weg mit den Kindern! Bringt die Kleinen in Sicherheit! . . . Den Maulkorb her! Den Maulkorb auf sein Maulwerk! . . . Ach, wie entsetzlich! . . . Professor, Schluß machen! . . . Ach, nur nicht schießen!

Der Direktor, einen Ventilator in Händen, eilt mit zwei Bediensteten auf die Estrade. Die Bediensteten zerren Bratfisch nach hinten. Der Direktor ventiliert die Tribüne. Die Musiker blasen einen Tusch. Die Bediensteten haben den Käfig hinter Bratfisch wieder geschlossen.

DER DIREKTOR Verzeihung, Genossen . . . Entschuldigen Sie . . . Das Ungeziefer ist überreizt. Lärm und Licht haben es in den Zustand der Halluzination versetzt. Morgen wird es sich wiederum beruhigt haben . . . Still, Bürger, geht auseinander, bis morgen denn also, Musik, einen Marsch!

Ende

(1928-1929)

DAS SCHWITZBAD

Ein Drama in sechs Aufzügen
mit Zirkus und Feuerwerk

Personen

Genosse Trutzwackerl, Chefvorstand der Hauptverwaltung für Koordinierung und Kompromißprojektierung, abgekürzt: Koprochef
Polja, seine Frau
Genosse Optimistelzweig, sein Sekretär im Amt
Isaak Belvederski, Porträtist, Schlachtenmaler
Genosse Momentannenzapf, ein Reporter
Mister Pont Keach, ein Ausländer
Genossin Underton, ein Tippfräulein
Veruntreuer Nächtling
Genosse Radlflitz, Kontrollorgan von der freiwilligen »leichten Kavallerie«
Genosse Käuzerich, ein Erfinder
Madame Mesallianskaja, Angestellte der WOKS, der Unionsgesellschaft für Kulturverbindung mit dem Ausland
Genosse Foskin, Arbeiter
Genosse Zweysam, Arbeiter
Genosse Dreysam, Arbeiter
Mehrere Ansuchende
Vorsitzender eines Wohnhauskomitees
Ein Regisseur
Iwan Iwanowitsch
Menge im Amtshaus
Ein Milizmann
Zwei Theaterdiener
Die phosphoreszierende Frau

Erster Aufzug

Käuzerichs Kellerwerkstattwohnung. Rechts und links je ein Tisch. Ringsum hängende und herumliegende Zeichnungen. Mittendrin Genosse Foskin, mit einer Lötlampe in die Luft hineinlötend. Käuzerich bewegt sich von einer Lichtquelle zur andern und prüft technische Zeichnungen.

RADLFLITZ *hereinstürmend:* Wie ist das? Fällt immer noch ins Kaspische Meer die hundsgemeine Wolga?

KÄUZERICH *mit der Zeichnung fuchtelnd:* Ja, aber nicht mehr lange. Verpfänden Sie Ihre Uhr, verkaufen Sie sie.

RADLFLITZ Gut, daß ich mir noch keine gekauft hab.

KÄUZERICH Nicht kaufen! Auf keinen Fall eine kaufen! Bald wird diese tickende, flachleibige Spottzwiebel lachhafter sein als ein Kienspan am Dneprostroi, tolpatschiger als ein Bulle im Touringklub.

RADLFLITZ Wimmelt denn die Schweiz von Uhren wie ein Sack voller Flöhe?

KÄUZERICH Halt! fahr mit deiner Schwabbelzunge nicht allzu sicher über die Rechenmaschine der heutigen Pfennigfuchser! Meine Idee ist grandioser. Die Wolga der Menschenzeit, worein wir von Haus aus hineingeschmissen sind, wie Baumstämme beim Abflößen, und worin wir uns müdestrampeln und doch nur mit der Strömung treiben – diese Zeit-Wolga muß von nun an uns parieren. Ich zwinge die Zeit, stillzustehn oder dahinzurasen, in jeder gewünschten Richtung und Geschwindigkeit. Die Leute werden aus ihr aussteigen können wie Fahrgäste aus der Trambahn, aus dem Autobus. Vermittels meiner Maschine kannst du die Sekunde eines Glücks über Monate dehnen, bis du den Hochgenuß satt kriegst. Mittels meiner Maschine kannst du die langen Jahre eines Grams zausen und auflockern, du kannst den Kopf einziehn, daß du unberührt und unverletzt spürst, wie über dir hundertmal in der Minute das Geschoß der Sonne dahinsaust, des Leidens dunkle Tage beendend. Sieh her, die lumineszierende Phantasie eines Herbert George Wells, das futuristische Gehirn eines Albert Einstein, die animalische Winterschlafgewöhnung der

Bären und der Jogis – alles, alles steckt komprimiert, gedrängt und verschmolzen in dieser Maschine.

RADLFLITZ Ich versteh so gut wie nichts und seh jedenfalls weniger als nichts.

KÄUZERICH Setz die Brille auf'n Nasensattel. Diese Platin- und Kristalleisten, diese Strahlenverflechtungen voll Glanz und Brisanz scheinen dich zu blenden. Dahier! dahier! siehst du? . . .

RADLFLITZ Nun ja, ich seh was . . .

KÄUZERICH Schau her, du wirst hier zwei Linien bemerken, eine waagrecht, die andere lotrecht, mit Strichskalen, wie bei einer Waage.

RADLFLITZ Nun ja, ich seh . . .

KÄUZERICH An diesen Linien kannst du den Kubus der erforderten Raummenge abmessen. Schau her, siehst du jenen Zirkelregulator?

RADLFLITZ Nun ja, ich seh . . .

KÄUZERICH Das ist ein Schlüsselgerät, womit du den eingeschlossenen Raum ausklammerst, isolierst und sämtliche Ströme der Erdanziehung von allen Belastungen abtrennst. Und mit diesen seltsamen Hebelchen schaltest du alsdann Geschwindigkeit und Richtung des Zeitablaufes ein.

RADLFLITZ Ich versteh! großartig! ungewöhnlich!!! Das bedeutet also: – da wäre zum Beispiel der Unionskongreß zur Frage der Niederplättung aufgeworfener Fragen einberufen, und es wird, versteht sich, zwecks einer Begrüßungsansprache im Namen der Staatsakademie wissenschaftlicher Künste dem hochoffiziellen Genossen Seyffenblaas das Wort erteilt, und kaum hat er begonnen: »Genossen, durch die Fühlhörner des Weltimperialismus zieht sich wie ein roter Faden der Wellenschlag des . . .« – da kann ich ihn räumlich vom Präsidium absondern und lasse die Zeit mit der Geschwindigkeit von hundertfünfzig Minuten in der Viertelstunde laufen. Er da oben schwatzt und schwitzt und gibt anderthalb Stunden Begrüßungen von sich, und das Publikum schaut nur. Das Akademiemitglied hat soeben erst den Mund aufgesperrt – und schon folgt betäubender Schlußbeifall, alles atmet erleichtert auf, hebt von den Sitzen die entlasteten Gesäße, und hoppla, los, frisch an die Arbeit! Stimmts?

KÄUZERICH Pfui Teufel, welche Unflätereien! Was kommst du mir mit so 'nem Seyffenblaas? Ich erläutere dir diese Großtatsache der Weltraum-Relativität, die Sache der übertragungsweisen Herauslösung des funktionalbestimmten Zeitbegriffs aus der metaphysikalischen Substanz, aus dem Ding an sich in die Realität, die der chemischen und physischen Einwirkung Zugang bietet . . .

RADLFLITZ Und was sage ich? Ich sage ja: du baust dir lieber eine reale Forschungsstätte mit voller chemischer und physischer Wirkungskraft, und wir wollen von ihr Leitungsdrähte abzweigen – sagen wir: in alle Geflügelzucht-Brutapparate; binnen fünfzehn Minuten haben wir aus dem Kücken eine Sechzehnpfundhenne entwickelt, dann kriegt sie eine Steckdose unter den Flügel, und schnapp – wird die Zeit ausgeschaltet, und nun sitz und warte, bis man dich auf die Bratpfanne befördert.

KÄUZERICH Was für Brutanstalten? was für Masthühner? Ich erkläre dir . . .

RADLFLITZ Schon gut, schon gut, denk meinetwegen an Elefanten, denk an Giraffen, wenn du den Gedanken ans Kleintier erniedrigend findest. Wir aber sorgen schon selbst dafür, daß alles hübsch unseren unscheinbaren Kücken zugute komme . . .

KÄUZERICH Nun höre einer diese Plattheiten! Mir schwant, du wirst mit deinem praktischen Materialismus bald aus mir selbst eine Leghornglucke fabrizieren. Kaum nehm ich Schwung und rege die Fittiche, rupfst du mir die Federn aus.

RADLFLITZ Laß gut sein, Bester, und keine Aufregung. Und hätt ich dir auch ein Federchen gerupft, verzeih, ich stecks dir wieder ins Gefieder. Flatter nun, flieg, schweb auf, phantasier nur drauflos, wir wollen deinem Enthusiasmus förderlich, nicht hinderlich sein. Na ja, jetzt ärgere dich nicht, junger Mann, zieh dein Wunderding auf und laß den Zauberkasten laufen! Soll ich dir helfen?

KÄUZERICH Achtung! ich berühr nur diesen einen Drehknopf – und die Zeit stürmt los und beginnt, den von uns in die Zelle des Isolators eingefangenen Raum zu drängen, zu verdrängen, auszuwechseln. Jetzt bring ich die Propheten um ihr Brot, steig den Kartenlegerinnen ins Kraut und verderb den Zigeunerinnen ihr Geschäft.

RADLFLITZ Halt ein, Genosse Käuzerich, ich will mal hierher treten, vielleicht bin ich in fünf Minuten aus dem Lebensalter des Komsomolzen draußen und geh von hier fort mit einem Großvaterbart wie ein Karl Marx. Oder nein, lieber noch als Altbolschewik mit dreihundertjährigem Parteialter. Dann haben wir die Sache in einem Aufwaschen.

KÄUZERICH *schiebt ihn erschrocken zur Seite:* Vorsehn, du bist übergeschnappt! Es braucht im Zeitablauf der Jahre hier bloß ein dummer Stahlbalken der Untergrundbahn quer herzukommen, und dein schmächtiger Leib gerät in die Raumzelle des Balkens – dann bist du augenblicks zu Zahnpulver zerrieben. Oder, nehmen wir an, ein Güterzug künftiger Jahre hat eine kleine Entgleisung zu gewärtigen, und sogleich gibts hier ein unerhörtes Zeitbeben vom Meßwert tausend, und unser ganzes Kellergeschoß kehrt in Teufelsnamen das Unterste zuoberst. Im Augenblick ists gefährlich, sich weit dahin vorzuwagen; ratsamer wäre, die von dort Herkommenden abzuwarten. Ich drehe langsam, ganz langsam – höchstens fünf Jahre in der Minute ...

FOSKIN Augenblick, Genosse! wart mal die Minute. Dir kanns ja einerlei sein, wenn du an dem Blechladen schon rumfingerst. Tu mir den Gefallen, schieb gleich diesen meinen Staatsanleiheschein in die Maschine. Nicht umsonst krall ich mich fest in das Papier und trags justament nicht zur Verkaufsstelle. Vielleicht gewinnt die Nummer schon in fünf Minuten hunderttausend Rubelchen.

RADLFLITZ Tolle Idee! aber dann muß das ganze Staatsamt für Finanzen samt dem Volkskommissar mit hineingelotst werden. Sonst hast du gewonnen, und die wissen es nicht, glauben es nicht, verlangen die Gewinntafel.

KÄUZERICH Sieh mal, ich stoße euch Pforten in die Zukunft auf, und ihr klebt am Rubelchen ... Scheußlich, und das wollen historische Materialisten sein!

FOSKIN Sei kein Dämelack. Ich habs ja nur deinetwegen eilig mit dem Gewinn. Hast du denn das nötige Kleingeld für deine Versuche?

KÄUZERICH Ja ... sind eigentlich Geldmittel da?

RADLFLITZ Geld? ...

An der Tür wird geklopft. Ein treten Iwan Iwanowitsch, Pont Keach, Mesallianskaja und Momentannenzapf.

MESALLIANSKAJA *zu Käuzerich:* Do you speak English? Ach, sprechen Sie deutsch? Parlez-vous français, endlich? Na ja, darauf war ich gefaßt! Das verspricht ja eine recht anstrengende Schose zu werden. Ich seh mich gezwungen, faire la traduction aus dem Unsrigen ins Arbeiter-und-Bauernsche. Nun, Monsieur Iwan Iwanowitsch. Sie alle kennen natürlich unsern Iwan Iwanowitsch?

IWAN IWANOWITSCH Guten Tag, schönen guten Tag, liebe Genossen! Nur recht unbefangen! Ich zeige unsere Errungenschaften, wie unser Alexej Maximytsch Gorki zu sagen pflegt. Ich selbst schreibe zuweilen ... Aber, Sie begreifen, diese Arbeitslast! Wir Arbeiter und Bauern benötigen sehr, gar sehr einen eigenen, roten Edison. Natürlich, unsere Wachstumskrise, kleine Mängel im Mechanismus, nun, wo Holz gehauen wird, fallen Späne ... Noch eine letzte Anstrengung – und auch das ist ausgemerzt. Haben sie ein Telefon? Sie haben kein Telefon? Nun, ich rede nächstens gleich mal mit Nikolai Iwanowitsch, er wirds Ihnen nicht abschlagen. Sollte er nein sagen, können wir uns an Wladimir Panfilowitsch persönlich wenden, der kommt Ihnen sicherlich entgegen. Denn sogar auch Semjon Semjonowitsch pflegt mir immer einzuschärfen: »Wir brauchen«, sagt er, »wir benötigen, wir Arbeiter und Bauern, unbedingt unsern eigenen, roten, sowjetischen Edison.« Genosse Momentannenzapf, wir müssen eine breitangelegte Kampagne eröffnen.

MOMENTANNENZAPF Hoheit, Ihres Winks gewärtig,
halten wir im Wünschen Maß.
Sie befehlen? Wir sind fertig.
Das Gehorchen macht uns Spaß.

MESALLIANSKAJA Mossjöh Momentannenzapf, Genosse Momentannenzapf! Ein Mitarbeiter! Ein Mitläufer! Sieht er: die Sowjetmacht marschiert, dann marschiert er auch. Sieht er: wir kommen, so kommt er mit. Sieht er: sie gehen, schon ist auch er gegangen.

MOMENTANNENZAPF Die reine Wahrheit, die allerreinste: ein Mitarbeiter! Ein Mitarbeiter der vor- sowie der nachrevolutionären Presse. Nur die revolutionäre, verstehen Sie, ist bei mir irgendwie, sagen wir, ausgefallen. Hier die Weißen, dort die Roten, da die Grünen, die Krim, die Illegalität ... Ich mußte mir vorübergehend einen kleinen Gemischtwarenladen aufmachen. Er gehörte nicht mir, sondern meinem Vater oder, wenn ich nicht irre, dem Onkel. Ich selber bin Arbeiter meiner Überzeugung nach. Ich habe immer gesagt: lieber unter dem roten Banner sterben als hinterm Zaun verrecken. Unter dieser Losung könnte man eine hübsche Menge Intellektueller von meiner Sorte unter einen Hut bringen. Hoheit, Ihres Winks gewärtig, halten wir im Wünschen Maß!

Pont Keach räuspert sich.

MESALLIANSKAJA Pardon! Verzeihung! Mister Pont Keach, Herr Pont Keach, großbritannischer Angelsachse.

IWAN IWANOWITSCH Oh! Sie waren in England? Ach, ich war in England! ... Überall lauter Engländer ... Ich hatte grade eine Reisemütze in Liverpool erstanden und besichtigte das Haus, in welchem Herr Antidühring gewohnt hat. Erstaunlich interessant! Wir müssen eine großangelegte Kampagne entfalten.

MESALLIANSKAJA Mister Pont Keach ist ein allbekannter, auch in London und in der City bekannter Philatelist ... Philatelist, ce qu'on appelle bei uns Briefmarkenfreund, und er interessiert sich sehr, sehr brennend für Chemiewerke, Flugwesen und überhaupt für Kunst. Ein sehr kultivierter und geselliger Mann. Sogar Mäzen. Ce qu'on appelle ... Nun, wie soll ichs Ihnen übersetzen? ... da hilft er eben Filmleuten, Erfindern ... tja, er ist sozusagen wie eine Arbeiter-und-Bauern-Inspektion, nur umgekehrt ... Vous comprenez? Er hat auf Moskau schon vom Wolkenkratzer der »Iswestija« – »Nachrichten« – heruntergeschaut, er ist auch schon beim Volkskommissar Anatol Wassiljewitsch Lunatscharski gewesen, und jetzt will er, sagt er, Ihnen seine Aufwartung machen ... Ein so kultivierter, geselliger Mann – er selbst hat uns Ihre Adresse gegeben ...

FOSKIN Gaudieb mit guter Nase!

MESALLIANSKAJA Please, Sir.

Pont Keach räuspert sich abermals und kaut fünfundzwanzig Worte Englisch.

Mister Pont Keach will in der ihm eigenen Sprache sagen, daß sämtliche Einwohner seiner nebligen Heimat, von Macdonald bis Churchill, sich geradezu bestialisch gefesselt fühlen von ihrer Erfindung, und er möchte sehr, sehr bitten...

KÄUZERICH Aber natürlich, aber natürlich! Meine Erfindung gehört der ganzen Menschheit. Und ich werde selbstredend sofort... Ich freu mich gradezu riesig. *Er führt Mr. Keach, der einen Schreibblock hervorzieht, beiseite.* Dies da ist – folgendermaßen. Jawohl... gewiß... gewiß... hier zwei Kleinhebel, blicken Sie auf den gleichlaufenden Maßstab aus Kristallglas... jawohl... gewiß... gewiß... Sehen Sie hierher. Und jenes dort – folgendermaßen...

RADLFLITZ *Iwan Iwanowitsch beiseite führend:* Genosse, dem Jungen muß geholfen werden. Ich habe an alle Türen geklopft, wo man »unangemeldet nicht eintreten« darf. Ich habe Stunden in Vorzimmern gehockt, wo es hieß »Jedem Fleiß sein Preis«. Ich habe beinahe übernachten müssen unter Aufschriften »Wer andern die Zeit stiehlt...«. Alles umsonst. Der Amtsschimmel und die feige Furcht vor dem Entschluß, eine Anweisung auf zehn Tscherwonzen zu unterzeichnen, lassen eine großartige Erfindung vielleicht scheitern. Genosse, Sie müssen, ja Sie müssen Ihre ganze Autorität...

IWAN IWANOWITSCH Ja, das ist entsetzlich! Wo man Holz haut, fallen eben Späne. Ich eile jetzt gradeswegs zur Hauptverwaltung für Koordinierung und Kompromißprojektierung. Ich wende mich sofort an Nikolai Ignatjewitsch... Und wenn er nein sagt, will ich mit Pawel Bartholomejewitsch persönlich sprechen... Haben Sie ein Telefon? Ach, Sie haben kein Telefon? Kleine Mängel der Mechanik... Ach, was für Mechaniken gibts doch in der Schweiz! Was, Sie waren nicht in der Schweiz? Ich war in der Schweiz. Überall lauter Schweizer. Erstaunlich interessant!

PONT KEACH *schiebt den Schreibblock wieder in die Tasche und schüttelt Käuzerich die Hand.*

That's well, allright. I'm very and very pleased and I shall go. Do you want some Chervontzes...?

MESALLIANSKAJA Mister Keach meint, wenn Sie vielleicht Tscherwonzen benötigen ...

RADLFLITZ Er – Tscherwonzen? Er braucht keine, er will keine, er pfeift auf Tscherwonzen. Ich habe soeben für ihn einen Sprung in die Staatsbank gemacht und ihm klotzig viel Tscherwonzen mitgebracht. Gradezu widerlich viel. Es sprengt mir die Taschen. Sehen Sie, hier gestopft voll von Einserbanknoten, hier Dreiernoten, und in diesen zwei Taschen lauter Zehnerscheine. Allright! Good-bye! *Er schüttelt Mr. Keach die Hand, umfängt ihn mit beiden Armen und führt ihn entzückt zur Tür.*

MESALLIANSKAJA Ich muß Sie doch sehr um ein wenig Taktgefühl bitten. Mit Ihren Komsomolmanieren drohen Sie einen kolossalen internationalen Konflikt heraufzubeschwören, wenn Sie ihn nicht schon heraufbeschworen haben. Good-bye, auf Wiedersehen.

IWAN IWANOWITSCH *patscht Käuzerich auf die Schulter und verabschiedet sich:* Ach ja, in Ihrem Alter habe ich auch ... Wo Holz gehauen wird, fallen Späne. Wir brauchen, ja wir brauchen dringend einen sowjetischen Edison. *Schon bei der Tür:* Haben Sie kein Telefon? Nun, macht nichts, ich wende mich bestimmt an Nikander Pyramidonowitsch.

MOMENTANNENZAPF *trippelt und singt:*
Hoheit, Ihres Winks gewärtig ...

KÄUZERICH *erwartungsvoll zu Radlflitz:* Herrliche Sache, endlich Geldmittel zu haben!

RADLFLITZ Keine Kopeke.

KÄUZERICH Was heißt das: keine Kopeke? Ich verstehe nichts. Weshalb dann vorhin diese schusselige Prahlerei? Und weshalb dann dies frostige Sichspreizen, wenn uns von ausländischer Seite solide Angebote gemacht werden? ...

RADLFLITZ Du magst ein Genie sein und bleibst doch ein Esel. Du möchtest deine Idee wohl in Metall verkleidet sehen – als britannische, schimmernd-durchsichtige Fliegende Festung, die über die Zeit gebietet und unsichtbar gegen unsere Betriebe und Behörden lospfeffert!

KÄUZERICH Schau mal an! Du hast recht, du hast recht ... Wie konnte ich ihm auch alles ausplaudern? Und er hat sichs gar ins Taschenbuch vermerkt! Konntest du mich nicht gleich zurechtstupsen? Und dann machst du ihm noch selber diese Abschiedshonneurs, umarmst ihn in der Tür!

RADLFLITZ Schafskopf, ich habe ihn nicht umsonst umschlungen. Meine Lehrzeit als »Verwahrloster« kommt mir zugute. Nicht ihn, sondern seine Taschen hab ich umarmt. Hier – sein angelsächsischer Schreibblock. Der Großbritannier geht seiner Aufschreibung verlustig.

KÄUZERICH Bravo, Radlflitz! ... Aber wie stehts mit der Finanz?

RADLFLITZ Käuzchen, ich wage alles. Ich werde Gurgeln durchbeißen und Adamsäpfel schlucken. Ich werde raufen, mich balgen, dermaßen, daß fremde Backen und Kinnladen in der Luft herumfliegen. Ich habe diesem Optimistelzweig zugeredet, habe gebrüllt. Er ist glattpoliert wie eine Gartenzierkugel. Auf seiner geleckten Glatzspiegelwölbung sieht man nur seine Vorgesetzten abgebildet, zuweilen sogar kopfabwärts, in umgekehrtem Zustand. Den Buchhalter Nächtling hab ich schon halb rumgekriegt. Aber wie kommt man diesem verdammten Genossen Trutzwackerl bei? Der Kerl drückt einen jeden förmlich platt mit seinen Verdiensten und seinem Dienstalter. Kennst du seinen Lebenslauf? Auf die Frage: »Was waren Sie vor dem Jahr Siebzehn?« erwidert er im Fragebogen: »War in der Partei.« In welcher Partei – unbekannt. Ob Bolsche oder Mensche – ja, vielleicht weder Bo noch Me. Dann hat ein gewisses Entspringen aus einem Gefängnis stattgefunden, nachdem er einem Wärter Schnupftabak in die Augen geblasen. Und jetzt, nach fünfundzwanzig Jahren, hat die Zeit selber ihm die Augen vollgeblasen mit dem Schnupftabak der Nichtigkeiten und Minuten, seine Augen sind vollgelaufen von Zufriedenheit und Seelenruhe. Was erblickt man mit solchen Augen? Den Sozialismus? Nein, nur das Tintenfaß und die Löschwiege.

FOSKIN Genossen, soll ich das Verlöten vielleicht mit Spucke fortsetzen? Hier sind noch zwei Getriebe einzubauen. Kostet minimaxium – zwohundertsechzig Rubel.

POLJA *rasch eintretend, schwingt ein Bündel Geldscheine:* Hallo, Kasse – in lachhafter Masse!

RADLFLITZ *gibt Foskin das Geld; Foskin eilig damit ab.* Jetzt lauf!

nimm eine Autodroschke! bring Material, bring Hilfskräfte – und sei gleich wieder da! *Zu Polja:* Nun, wie wars? hast du die Obrigkeit auf Familien-Ebene überredet?

POLJA Kann man denn mit Trutzwackerl einfach reden? Es ist zum Lachen! Er zischt, ein papierne Riesenschlange, sooft er resolutionsschwanger heimkommt. Nichts zum Lachen. Nein, das ist vielmehr Freund Nächtling gewesen ... Das ist so 'n kleiner Buchhalter aus meines Gatten Amt, ich seh ihn das erste Mal ... Kommt heut mittag gelaufen, schiebt mir dies Paket in die Hand. »Bitte, geben Sie's weiter«, sagt er ... insgeheim ... wie komisch! – »Ich darf nicht zu denen«, sagt er, »aus Anlaß einer Möglichkeit von Verdachtschöpfung und Mittäterschaft.« Nein, nicht zum Lachen.

KÄUZERICH Sollte er vielleicht dies Geld ...?

RADLFLITZ Ja. Da will manches in Ruhe überlegt sein. Mir schwant einiges ... Na schön! einerlei! morgen bringen wir Licht in die Sache. *Eintreten Foskin, Zweysam, Dreysam.* Alles erledigt?

FOSKIN Jawohl!

RADLFLITZ *alle zusammenrufend:* Nun, herbei! kommt mal her, Genossen!

KÄUZERICH Soso ... Leitungen angeschlossen. Isolierlamellen in Ordnung. Stromspannung geregelt. Mir scheint, jetzt kanns losgehn. Zum erstenmal in der Geschichte der Menschheit ... Weg vom Gerät! Ich schalte ... eins, zwei, drei!

Bengalisches Licht, Sprengentladung, Rauch. Alle fahren zurück, stürzen in der nächsten Sekunde zum Ort der Explosion hin. Käuzerich zerrt ein am Ende fetzig angerissenes Stück transparentes Glasübergußpapier heraus, wobei er sich die Finger verbrennt.

Hoppla, ihr dürft hüpfen und kichern! Seht mal her! das ist ein Brief. Geschrieben von heute in fünfzig Jahren. Begreift ihr? Von heute in fünfzig Jahren!!! Welch ungewöhnliches Wort! Da, lest mal!

RADLFLITZ Was ist da viel zu lesen? ... »I – We 24 – 20«. Was? Vielleicht eine Telefonnummer? Irgendeines Genossen I – We?

KÄUZERICH Nicht I – We, sondern: »Ich werde«. Sie bedienen

sich eines Kürzungsverfahrens. Ersparnis von fünfundzwanzig Prozent Buchstabenmaterial. Verstanden? »Vierundzwanzig« – das ist das morgige Datum. »Zwanzig« – bedeutet die Stunde. Er-sie-es wird morgen um acht Uhr abends hier sein. Eine Katastrophe! Was? Siehst du, siehst du diesen angebrannten, abgefetzten Rand? Das will besagen: Der Zeitablauf ist in seiner Fahrbahn auf ein Hindernis gestoßen, hat auf einen Körper aufschlagen müssen, welcher in einem der kommenden fünfzig Jahre diesen noch leeren Zeitraum einnimmt. Daher die Sprengentladung. Unverzüglich, um das von dort Kommende nicht umzubringen, brauchen wir Leute und Gelder... Sogar recht viel! So rasch wie möglich muß der Versuch so hoch wie möglich hinaufverlagert werden, in den freien Weltraum selber. Wenn mir niemand hilft, will ich die Schose auf meinem eigenen Rücken austragen. Doch morgen wird alles entschieden sein. Genossen, kommt mit mir! *Alle drängen zur Tür hin.*

RADLFLITZ Los, Freunde, jetzt gilts, die Brüder beim Kragen zu fassen, sie zu zwingen! Ich will die Aktenfexe fressen und ihre Knöpfe ausspucken.

Die Tür wird von außen aufgerissen.

DER VORSITZENDE DES WOHNHAUSKOMITEES Wie oft hab ich Ihnen gesagt, Sie sollen sich aus dem Staube machen, mitsamt Ihrem verdächtigen Privattrödelladen. Der Gestank stört unseren hochverantwortlichen Mieter oben, den Genossen Trutzwackerl. *Er bemerkt Polja.* Und – und – wa-a-as? Sie – hier? *Beeindruckt, rasch umschlagend:* Ich sage – meine Herrschaften, Gott befohlen, der Himmel helf Ihrer gesellschaftlichen Tätigkeit. Ich habe für Ihre Zwecke ein entzückendes kleines Ventilatorchen beiseite gebracht. Auf Wiedersehen.

Zweiter Aufzug

Kanzleiwand eines Empfangsraumes. Rechts eine Tür mit Leucht-Aufschrift »Ohne Anmeldung kein Eintritt«. Neben der Tür, an einem Schreibtisch sitzend, Optimistelzweig. Seine Redeweise ist von einer südlichen Mundart gefärbt. Er empfängt eine beträchtliche Reihe von Ansuchenden, die längs der ganzen Wand Schlange stehen. Die Ansuchenden imitieren einander fortlaufend, etwa so, wie sich durch reihenweise aufgestellte Spielzeugfiguren jede Bewegung mechanisch fortpflanzt. Wird in dem Raum hinter der durchscheinenden Wand Licht gemacht, so sieht man von den Bittstellern bloß die Silhouetten und dahinter den erleuchteten Arbeitsraum Trutzwackerls.

OPTIMISTELZWEIG Was gibts, Bürger?

EIN ANSUCHER Ich bitte Sie, Genosse Sekretär, koordinieren Sie meine Angelegenheit, haben Sie die Güte, sie zu koordinieren.

OPTIMISTELZWEIG Warum nicht? Alle Fragen kann man koordinieren und in Bezugnahme setzen. Warum auch nicht? Jedes Problem kann man in Bezugnahme setzen und koordinieren. Haben Sie Referenzen?

DER ANSUCHER Bei uns macht niemand mehr Reverenzen. Warum soll ich vor ihm Reverenzen machen? Nie hab ich Ruh von ihm. Den ganzen Tag nichts als Schimpfen und Prügeln, Prügeln und Schimpfen.

OPTIMISTELZWEIG Ja, sagen Sie, von welchem Problem haben Sie nie Ruhe?

DER ANSUCHER Ach, von keinem Problem nicht, sondern von Pawel Tigerprank, genannt Pascha.

OPTIMISTELZWEIG Entschuldigen Sie, Bürger, aber wie kann man Pascha koordinieren?

DER ANSUCHER Das ist wahr, der Kerl ist viel zu ordinär zum Ordinieren. Aber wenns einer nicht schafft, so schaffens vielleicht zwei, drei Mann. Wenn Sie befehlen, so werden sie ihn schon zur Ordnung ordinieren. Ich bitte Sie inständig, Genosse, bringen Sie den Rowdy zur Ordnung. Die ganze Wohnung stöhnt von dieser Plage.

OPTIMISTELZWEIG Pfui Teufel! Was fällt Ihnen ein, mit solch

lächerlichem Krimskrams einer hohen staatlichen Behörde Zeit zu rauben? Wenden Sie sich an die Miliz ... Der nächste! Was haben Sie, Bürgerin?

EINE ANSUCHERIN Bringen Sie die Sache in Einklang, Väterchen, bringen Sie sie bitte in Einklang.

OPTIMISTELZWEIG Warum nicht? Man bringt alles in der Welt in Einklang und Bezugnahme. Jede Frage kann man in Bezugnahme und Einklang bringen. Haben Sie eine Resolution?

DIE ANSUCHERIN Der braucht keine Resolution, Väterchen. Resolut ist der selber. In der Miliz hats geheißen, vielleicht müßt er 'ne Woche absitzen. Aber was, Väterchen, soll ich die Woche essen? Und wie er rauskommt, prügelt er mich doch weiter.

OPTIMISTELZWEIG Gestatten Sie, Bürgerin, Sie haben doch angesucht, eine Frage in Einklang zu bringen. Und jetzt kommen Sie mir mit Ihrem Ehegatten.

DIE ANSUCHERIN Den Mann mit mir in Einklang bringen, das soll man, Väterchen. Wir leben nicht im Einklang, nein. Kann man nicht sagen. Weil er allzu begeistert trinkt. Und ihn anzurühren, traun wir uns nicht, indem daß er ein Parteimann ist.

OPTIMISTELZWEIG Da fahre doch der Kuckuck drein! Habe ich nicht gesagt: laßt mit euren Läppereien eine hohe Staatsbehörde in Ruhe. Wir können uns nicht mit jedem Quark befassen. Den Staat interessieren nur große Fragen: so allerhand Sachen wie Fordismus und so. *Käuzerich und Radlflitz kommen gelaufen.* Oho! halt! wohin so eilig?

RADLFLITZ *versucht, Optimistelzweig wegzudrängen:* Zu Genossen Trutzwackerl – dringlich, unverzüglich, augenblicklich!

KÄUZERICH *nachsprechend:* Unverzüglich ... augenblicklich ...

OPTIMISTELZWEIG Aha, aha! ich erkenn Sie. Sind Sie Sie selbst oder Ihr Bruder? Da war so 'n junger Mann.

KÄUZERICH Das war ich selber.

OPTIMISTELZWEIG Aber nein ... Der hatte doch keinen Bart.

KÄUZERICH Richtig. Nicht einmal Schnurrbart, zu dem Zeitpunkt, als ich hierher zu pilgern begann ... Genosse Optimistelzweig, diesem Verhalten muß ein Ende gesetzt werden. Wir kommen zum Koprochef persönlich, wir brauchen Trutzwakkerl in eigener Person.

OPTIMISTELZWEIG Aber wozu denn? Wozu ihm Zeit und Ruhe rauben? Ich, ich selbst kann Sie im eigenen Wirkungskreis vollkommen zufriedenstellen. Alles ist geordnet. Eurem Aktenstück ist eine erschöpfende Entschließung zuteil geworden.

KÄUZERICH *freudig einfallend:* Vollinhaltlich zustimmend? Wie?

RADLFLITZ *ebenso:* Erschöpfende Entschließung? Hör ich recht? Hat man den Bürokraten endlich das Zaumzeug angelegt? Ja? Das ist fein!

OPTIMISTELZWEIG Wo denken Sie hin, Genosse? Wo kanns kurz vor der Parteireinigung einen Bürokratismus geben? Ich habe alles auf einen Indikator übertragen, ohne Anstände, ohne Rückstände. Nach dem neuesten Karteisystem. Hopp – hab ich Ihre Registerlade. Hopp – fasse ich Ihren Akt. Und hopp – halt ich die erschöpfende Entschließung in Händen, hier, überzeugen Sie sich selbst! *Alle neigen sich gespannt über das Blatt.* Ich sagte ja: erschöpfende Entschließung. Lesen Sie: »Ab-ge-lehnt!«

Vordergrund wird finster. Licht hinten: der Arbeitsraum des Koprochefs.

TRUTZWACKERL *blättert in Papieren; dreht die Wählscheibe des Tischtelefons; nebenher diktiert er:* »... Und also, Genossen, sollte dieses appellierende, alarmierende, revolutionierende Klingelzeichen der Trambahn wie ein Glockenton im Herzen jedes Arbeiters und Bauern aufklingen. Ab heute verbindet der Schienenstrang Lenins den ›Platz der Zehnjahresfeier der Sowjetmedizin‹ mit der ehemaligen Hochburg der Bourgeoisie, dem Heumarkt ...« *Ins Telefon:* Jawohl. Hallo, hallo! ... Setzt sein *Diktat fort:* »Wer ist vor der Revolution des 25. Oktober in der Trambahn gefahren? Deklassierte Intelligenz, Popen und Aristokraten. Wofür sind sie gefahren? Sie sind für fünf Kopeken je Streckenabschnitt gefahren. Worin sind sie gefahren? In der gelben Tram. Wer wird jetzt fahren? Jetzt werden wir fahren – die Werkleute des Weltalls. Wie werden wir fahren? Wir werden fahren mit allen sowjetischen Bequemlichkeiten. In der roten Tram. Für wieviel? Für nur zehn Kopeken. Und also, Genossen ...« *Das Telefon klingelt; er nimmt den Hörer ab.* Ja, ja, ja. Nein ... Wo sind wir stehengeblieben?

TIPPFRÄULEIN UNDERTON Bei: »Und also, Genossen ...«

TRUTZWACKERL Richtig, ja ... »Und also, Genossen, seid jederzeit eingedenk: Leo Tolstoi ist der größte und ewig unvergessene Künstler der Feder. Sein Erbe der Vergangenheit glänzt vor unserm Blick an der Grenzlinie zweier Welten als mächtiger künstlerischer Fixstern, als großes Sternbild, als allergrößtes von den großen Sternbildern ... als Großer Bär. Leo Tolstoi ...«

UNDERTON Verzeihung, Genosse Trutzwackerl. Sie haben da vorhin etwas mit der Straßenbahn begonnen. Hier nun haben Sie aus irgendeinem Grund Leo Tolstoi im Fahren aufspringen lassen. Soweit ich urteilen kann, liegt hier eine Verletzung der literarischen Straßenbahnfahrordnung vor.

TRUTZWACKERL Was? Welche Straßenbahn? Ach so! natürlich ... Mit diesen ewigen Begrüßungsworten und Festreden! ... Ich muß doch bitten, mir während der Arbeitszeit keine Einwände zu machen. Für selbstkritische Bemerkungen stehen Ihnen die Spalten der Wandzeitung offen. Wir setzen fort ... »Sogar Leo Tolstoi, sogar dieser Große Bär der Feder, wenns ihm gelänge, auf unsere Errungenschaften in Form der obenerwähnten Trambahn herabzublicken, sogar er würde im Angesicht des Weltimperialismus ausrufen: ›Ich kann nicht schweigen! Da habt ihr sie, die roten Früchte der Bildung und des allgemeinen Schulzwangs.‹ Und in diesen Tagen des Jubelfestes ...« *Er unterbricht sich.* Gemeinheit! Ungeheuerlichkeit! Bitte, mir sofort den Genossen ... den Bürger Nächtling, den Buchhalter, herzurufen!

Das Arbeitszimmer Trutzwackerls wird finster. Wieder die Menschenschlange vor dem Sekretärraum. Käuzerich und Radlflitz stürmen herein.

RADLFLITZ Genosse Optimistelzweig, das ist der reine Hohn!

OPTIMISTELZWEIG Aber nein, keine Spur von Hohn. Ihre Frage stand auf der Tagesordnung. Sie wurde erwogen. Sie wurde verworfen. Man hat beschlossen: ablehnen. Für Ihre Erfindung ist im Aufgabenkreis unseres perspektivischen Planungssolls für das nächste Vierteljahr einfach kein Platz vorhanden.

RADLFLITZ Der Sozialismus wird doch nicht auf deinem nächsten Vierteljahrsplan aufgebaut.

OPTIMISTELZWEIG Hören Sie endlich auf, mit Ihren Phantastereien unsere Staatsverrichtung zu stören! *Zu dem eintretenden Belvederski:* Ich bitte ergebenst, nur immer hereinzuspazieren! Machen Sie sichs bequem! *Zu Radlflitz:* Ihr Antrag ist mit dem Volkskommissariat für Verkehrswesen nicht koordiniert, und die breiteste Arbeiter- und Bauernschaft hat dafür keine Verwendung.

RADLFLITZ Was hat das mit Verkehrswesen zu tun? Welcher Unsinn!

KÄUZERICH Natürlich ist die ganze Größe der kommenden Leistungsfähigkeit meiner Erfindung noch nicht abzusehen, und vielleicht, vielleicht wird man sie in Hinkunft auch zur Lösung von Transportaufgaben benützen – bei maximaler Geschwindigkeit und fast jenseits der Zeit ...

RADLFLITZ Nun, ja, meinetwegen. Auch mit dem Verkehrskommissariat kann man die Sache koordinieren. Sie steigen beispielsweise um drei Uhr nachts in Moskau ein und sind um fünf Uhr morgens schon in Leningrad.

OPTIMISTELZWEIG Hm, sehen Sie. Was habe ich gesagt? Ablehnen! Lebensfremd. Was haben wir um fünf Uhr morgens schon in Leningrad zu suchen, wenn alle Ämter noch geschlossen sind? *Das rote Signallämpchen des Telefons leuchtet auf. Er horcht und brüllt:* Nächtling – zu Genossen Trutzwackerl!

Buchhalter Nächtling trottet in leichtem Trab herein und strebt zur Tür Trutzwackerls, wobei er Mühe hat, sich Käuzerich und Radlflitz, die an ihn herandrängen, vom Leibe zu halten.

TRUTZWACKERL *dreht die Wählscheibe und prustet ins Telefon:* Pfui Teufel! Iwan Nikanorowitsch? Guten Tag, Alter! Ich möchte dich um zwei Fahrkarten bitten. Nun ja, Schlafwagen natürlich. Was? Du leitest nicht mehr diesen Dienstbereich? Pfui Teufel! Unter solchen Beschwerlichkeiten verliert man gradezu den Kontakt mit den Massen. Man braucht Fahrkarten – und weiß nicht mehr, wen man darum anzurufen hat. Hallo, hallo! ... *Zu der Schreiberin:* Ja, wo sind wir stehengeblieben?

UNDERTON »Und also, Genossen ...«

TRUTZWACKERL »Und also, Genossen, Alexander Semjonytsch Puschkin, der unübertroffene Verfasser sowohl der Oper ›Eugen Onegin‹ wie auch des gleichnamigen Theaterstücks...«

UNDERTON Entschuldigen Sie, Genosse Trutzwackerl, aber Puschkin hieß Alexander Sergejewitsch, und obendrein haben Sie zu Beginn die Tram ausfahren lassen, dann Tolstoi hineingesetzt, und nun ist auch Puschkin hinzugestiegen – ohne jede Haltestelle.

TRUTZWACKERL Was für ein Tolstoi? Was hat die Tram damit zu tun? Ach ja, richtig! Mit diesen ewigen Begrüßungsansprachen!... Aber ich muß mir doch ausbitten: keine Einsprüche! Ich behandle hier beherrscht und vervollkommnet ein bestimmtes Thema, ohne jede Abschweifung, und Sie wollen mir... Tolstoi, Puschkin und, wenn Sie wollen, sogar Byrón – sie alle sind, obzwar zu verschiedener Zeit, typische Jubiläumsgefährten gewesen, und überhaupt. Ich werde möglicherweise einen generellen, direktivenmäßigen Aufsatz diktieren, und Sie könnten ihn dann, ohne alle selbstkritischen Entstellungen, entsprechend den diversen Fragenkomplexen in beziehungsweise Abschnitte zerschneiden, falls Sie Ihren Beruf nicht verfehlt haben. Aber... Sie denken überhaupt mehr ans Lippenbemalen und Puderauflegen, und eigentlich haben Sie in meiner Behörde gar nichts zu suchen, Längst wärs an der Zeit, durch ein paar junge Komsomolzinnen mein Sekretariat proletarisch aufzufrischen. Ich muß Sie daher bitten, heute noch... *Belvederski tritt ein.* Oh, gegrüßt, gegrüßt, Meister, Genosse Belvederski! Ist mein Auftrag ausgeführt? In beschleunigtem Tempo?

BELVEDERSKI Natürlich, selbstverständlich. Fast ohne mir Nachtruhe zu gönnen, sozusagen in sozialistischem Wettbewerb mit mir selber. Ausgeführt streng gemäß dem sozialen Auftrag und Vorschuß – nachgerade zu dreihundert Prozent. Wollen Sie, Verehrtester, Ihr künftiges Mobiliar, Ihr Ameublement, bestaunen?

TRUTZWACKERL Führen Sie's vor!

BELVEDERSKI Geruhen Sie bitte! Sie wissen doch selbstredend, wie ein berühmter Historiker gesagt hat, daß die Stilarten nach verschiedenen Louis ausgerichtet werden. Hier sehen Sie den

Stil von Louis Quatorze, dem Vierzehnten, von den Franzosen so benannt nach der Revolution des Jahres Achtundvierzig, aus dem Grunde nämlich, weil er unmittelbar auf den Dreizehnten folgte. Dann sehen Sie hier Louis Jacob – und endlich würde ich mir erlauben, Ihnen als ausnehmend zeitgenössisch Louis Mauvaisgoût zu empfehlen.

TRUTZWACKERL Keine üblen Stile. Sauber ausgesucht. Und der Preis?

BELVEDERSKI Alle drei Louis ungefähr in gleicher Höhe.

TRUTZWACKERL Dann denk ich, wir entscheiden uns für den Louis Nummer vierzehn. Freilich, in Übereinstimmung mit den auf Verbilligung abzielenden Forderungen der Arbeiter-und-Bauern-Inspektion würde ich Ihnen vorschlagen, im Eiltempo die geschweiften Beine der Lehnstühle und Diwane gradzubiegen, den Goldbelag zu entfernen, die Dinger im Ton von ebenholzfarbener Eiche umzubeizen, endlich da und dort auf Sesselrücken und sonstigen hervortretenden Teilen das Sowjetwappen anzubringen.

BELVEDERSKI Bezaubernd! Das geht über sämtliche fünfzehn Louis. Keiner ist bisher auf diese Idee gekommen. Sie haben auf bolschewikische, auf revolutionäre Art und Weise sich höher emporgedacht! ... Genosse Trutzwackerl, nun erlauben Sie mir, Ihr Bildnis weiterzumalen und Sie zu verewigen als den Erneuerer der Verwaltung und auch als den Verteiler der Kredite. »Kerker und Verbannung« rufen nach Ihnen – ich meine natürlich die gleichnamige Zeitschrift der Revolutionsveteranen. Das Revolutionsmuseum will Sie haben; mein Originalbildnis wandert dorthin, man wirds mir aus den Händen reißen! Und die Kopien werden mit Wonne von den dankbaren Beamtinnen Ihrer Behörde auf Ratenzahlung erworben; die Damen werden sich die Teilbeträge gern monatlich vom Gehalt abziehen lassen. Sind Sie einverstanden?

TRUTZWACKERL Um keinen Preis, auf keinen Fall. Für derartige Dummheiten kann ich mich natürlich keine Minute vom Steuerruder der Staatsgewalt ablenken lassen ... Aber wenn es die Lückenlosigkeit des zeitgenössischen Geschichtsbildes nun mal durchaus erfordert und wenn Sie's so machen können, daß ich meine Arbeit dabei nicht zu unterbrechen brauche, dann – bitte. Ich setze mich hierher, an den Schreibtisch, aber du malst mich retrospektiv, das heißt: auf meinem ehemaligen Kavallerie-Gaul.

BELVEDERSKI Ihr braves Roß habe ich schon daheim aus der Erinnerung hingemalt, habe mich dazu eigens auf dem Rennplatz inspirieren lassen und sogar, ob Sie's glauben oder nicht, an den erforderlichen Stellen das eigene Spiegelbild abkonterfeit – jetzt bleibt nur noch übrig, Sie auf würdige Art hinzuzufummeln. Erlauben Sie mir, den Papierkorb wegzurücken. Welche Bescheidenheit – bei solchen Verdiensten! Weg mit jeder Beeinträchtigung der Umrisse Ihres stämmigen Batail-len-Beins! Wie zum Küssen sauber der Glanz dieses graziösen Schaftstiefels oder Stiefelschaftes – man möchte ihn geradezu ablecken. Nur bei Michelangelo findet man diese Reinheit der Linie. Sie kennen Michelangelo?

TRUTZWACKERL Andschelow? . . . Sicher ein Armenier.

BELVEDERSKI Italiener.

TRUTZWACKERL Faschist?

BELVEDERSKI Was reden Sie!

TRUTZWACKERL Man kann nie wissen.

BELVEDERSKI Sie kennen ihn nicht?

TRUTZWACKERL Glauben Sie, erkennt mich?

BELVEDERSKI Ich weiß nicht. Er ist ebenfalls Künstler.

TRUTZWACKERL Ah, sehen Sie! Er müßte mich kennen. Künstler gibts massenweise, Koprochef hingegen bloß einen einzigen.

BELVEDERSKI Mein Zeichenstift bebt. Nicht wiederzugeben diese Dialektik des Charakters bei einer derartigen Daseinsbescheidung. Ihre Selbstachtung, Genosse Koprochef, muß geradezu titanisch genannt werden! Lassen Sie mal die Augen aufblitzen – über die rechte Schulter hinweg und über das Wahrzeichen des streitbaren Füllhalters. Gestatten Sie, diesen Augenblick festzuhalten. *An der Tür wird geklopft.*

TRUTZWACKERL Herein! *Nächtling tritt ein.* Aha, Sie sinds!!

NÄCHTLING Ich . . .

TRUTZWACKERL Zweihundertdreißig?

NÄCHTLING Zweihundertvierzig.

TRUTZWACKERL Versoffen?

NÄCHTLING Beim Tarock verspielt.

TRUTZWACKERL Ungeheuerlich! unbegreifbar! Wer sind Sie? Ein Veruntreuer! Wo sind Sie? In meinem Amt! In welcher Zeit? In einer Zeit, da ich mein Amt zum Sozialismus führe – in den genialen Fußstapfen von Karl Marx und entsprechend den Weisungen der Zentralbehörde . . .

NÄCHTLING Nun, wie dem auch sei, auch Karl Marx hat beim Tarockspiel Geld verloren.

TRUTZWACKERL Karl Marx? Am Spieltisch? Niemals!!

NÄCHTLING Nun, Sie meinen: niemals . . . Und was hat Franz Mehring berichtet? Was schreibt er auf Seite 72 seiner grundlegenden Studie »Karl Marx im Privatleben«? – Hat Karten gespielt! Hat gespielt, unser großer Lehrer . . .

TRUTZWACKERL Ich habe Mehring natürlich gelesen und kenne ihn. Aber erstens übertreibt Mehring, zweitens hat Karl Marx wirklich gespielt, aber keine Hasardspiele, sondern Kommerzspiele.

NÄCHTLING Aber sehen Sie mal, ein Mitschüler, ein Kenner und Zeitgenosse, der berühmte Ludwig Feuerbach, schreibt ausdrücklich: auch Hasardspiele –

TRUTZWACKERL Gewiß, ich habe natürlich auch den Genossen Feuerbachow gelesen. Karl Marx hat zweifellos mitunter auch Hasardspiele gespielt, aber nicht um Geld.

NÄCHTLING Sie irren . . . Sein Schwiegersohn Lafargue bezeugt: – um Geld.

TRUTZWACKERL Ich weiß. Aber nicht um fiskalisches, sondern um eigenes.

NÄCHTLING Indessen erinnert sich jeder, der Marx aufmerksam studiert hat: daß es einmal auch einen denkwürdigen Fall mit fiskalischem Geld gegeben hat.

TRUTZWACKERL Hm, hm, zugegeben. Aber dieser historische Fall kann uns höchstens veranlassen, Ihre Verfehlung im Hinblick auf die beachtliche Präsedenz mit Einsicht und Nachsicht zu behandeln. Und dennoch . . .

NÄCHTLING Punktum. Jetzt wollen wir mal den Firlefanz nicht weiter breittreten. Daß Sie's wissen: niemals hat Marx Karten gespielt. Aber wozu Ihnen davon erzählen! Werden Sie denn einen Menschen je begreifen? Wenn Sie nur dem Schema und dem Paragraphen Genüge tun können. Ach, du ausgestopfte

Aktenmappe! Verunglückte Heftklammer in Kanzleiformat!

TRUTZWACKERL Was? Verhöhnen auch noch? Mich? Ihren unmittelbaren, verantwortlichen Vorgesetzten und dazu noch den mittelbaren, unverantwortlichen Schatten unseres großen Karl Marx! – Nicht hinauslassen! Aufhalten! Festnehmen!!

NÄCHTLING Genosse Trutzwackerl, ersparen Sie sich die Mühe, anzurufen. Ich stelle mich selbst der Kriminalpolizei.

TRUTZWACKERL Jetzt aber Schluß! Ich dulde das nicht!!!

BELVEDERSKI Genosse Trutzwackerl! Einen Augenblick! Bleiben Sie in dieser Pose. Lassen Sie mich diesen Augenblick ins Bild bannen.

UNDERTON Hahaha!

TRUTZWACKERL Was? Beifallsgelächter? Sympathiekundgebung? Für den Veruntreuer? Noch dazu mit gemaltem Mund? ... Hinaus! *Allein geblieben, dreht er die Wählscheibe des Telefons.* Hallo, hallo! *Er keucht:* Fu – fu! ... Wer ist am Apparat? Alexander Petrowitsch? Seit drei Tagen versuche ich umsonst ... Bist aufgerückt? Glückwunsch! Na freilich, selbstverständlich! Wer hätte gezweifelt? ... Wie immer, Tag und Nacht beschäftigt ... Na endlich, heute ... Zwei Fahrkarten. Erster Klasse. Mit meinem Tippfräulein ... Was hat die Arbeiter-und-Bauern-Inspektion damit zu schaffen? Muß unbedingt einen Bericht unterwegs zu Ende diktieren. Was bedeuten schon zweihundertvierzig Rubel – hin und zurück? Na klar, wir buchen sie als Tagegelder ab oder sonst irgendwie. Schick mirs im Expreßtempo, mit Eilboten ... Nun, versteht sich, deine Angelegenheit werd ich vorantreiben ... Ganz recht. Ans Grüne Kap ... Mir! So, Schluß, Händedruck, mit verantwortlichem Gruß.

Legt den Hörer auf. Mit dem Toreador-Marschmotiv: Hallo, hallo ...

Lichtwechsel: Vorzimmer. Käuzerich und Radlflitz reden auf Optimistelzweig ein.

OPTIMISTELZWEIG Warum Sie denn immerzu hier anschwirren! Haben Sie, schließlich und endlich, gar keinen Respekt vor der Leistung und Anstrengung des Staatspersonals? *Mesallianskaja tritt ein. Käuzerich und Radlflitz geben nicht Ruhe.* Nein, nein ... Außer der Reihe, gemäß telefonischer Anweisung –

die Dame, bitte ... *Geleitet Mesallianskaja, sie unterm Arm fassend, an sie gewendet:* Alles in Ordnung ... Wie denn sonst? Ich hab ihm erzählt, mit Bedeutung, daß seine Frau sich von Komsomolzen den Hof machen läßt. Zuerst war er mächtig verschnupft. »Ich duld es nicht, diese ungezügelten Kurschneidereien ohne ernstes Berufsalter und ohne solide dienstliche Grundlage!« Dann war er sogar froh darüber. Seine Sekretärin hat er schon abgelöst, wegen sittenloser Lippenbemalung. Gehn Sie nur hinein, keine Bange! *Deklamierend:* Jede feine Liebestat segnet sein Betriebesrat ... *Mesallianskaja ab.*

KÄUZERICH Na also! da haben wirs. Jetzt lassen Sie das Frauenzimmer vor! Genosse, begreifen Sie endlich – keine wissenschaftliche Macht, keine Kraft der Hölle kann jetzt das Kommende aufhalten. Wenn wir unser Experiment nicht hoch in den Luftraum über der Stadt hinaufverlagern, so droht vielleicht sogar eine Explosion.

OPTIMISTELZWEIG Explosion? Bitte sehr, das geht zu weit! Sie bedrohen ein Staatsamt. Uns steht es nicht an, die Nerven zu verlieren. Sollte Ihre Drohung sich bewahrheiten, so erstatten wir an zuständiger Stelle die Anzeige.

RADLFLITZ Begreif doch endlich, Ruppsack und Rappelkopf! ... Gegen dich sollte man die Anzeige erstatten, an allen zuständigen und unzuständigen Stellen. Da sind Menschen, und die Menschen wollen arbeiten, ins gesamte Arbeiter-Weltall hinauswirken – und du, unseliges Blinddarm-Rudiment, beseichst und besudelst ihren Enthusiasmus mit deinem elenden Kanzleigequassel. So ists und nicht anders ...

OPTIMISTELZWEIG Da muß ich denn schon bitten, meine Privatpersönlichkeit aus dem Spiel zu lassen! Die Rolle der Persönlichkeit in der Geschichte ist nicht besonders ... Enthusiasmus! Sie leben nicht in der Zarenzeit! Früher mal war Enthusiasmus gefragt. Aber jetzt herrscht bei uns gottlob Materialismus, historischer, und kein Mensch hat das Recht, von Ihnen Enthusiasmus zu verlangen.

Mesallianskaja kehrt aus dem Chefzimmer zurück.

OPTIMISTELZWEIG Gehen Sie heim, Bürger, die Sprechzeit ist um.

MESALLIANSKAJA *eine Aktenmappe unterm Arm, trällert:* O Bajadere, wie dein Reiz mich bestrickt! Tarara, ramtatatam...

Dritter Aufzug

Die Bühne bildet die Verlängerung der Sitzreihen eines Theatersaals. In der ersten Reihe sieht man etliche freie Plätze. Ein Meldezeichen: »Wir fangen an«. Die Zuschauerschaft späht durch Theatergläser auf die Bühne. Die Bühne äugt durch Theatergläser in den Zuschauerraum. Ungeduldige Pfiffe, Stampfen, Rufe: »Los! anfangen!«

REGISSEUR Genossen, keine Aufregung! Der dritte Akt wird aus Gründen, die nicht von uns abhängen, etwas verzögert beginnen.
Eine Weile später wiederholen sich die Rufe: »Anfangen!«
Eine Minute, Genossen! *Zur Seite:* Nun, wie stehts? Kommen sie? Ich kann die Leute unmöglich länger hinhalten. Unterhandeln kann man schließlich auch später. Geht doch bitte ins Foyer und macht irgendwie eine höfliche Anspielung. Ah, sie kommen?... Treten Sie näher, Genossen. Aber nein, woher denn? Sehr angenehm! Nun, das ist unwichtig, eine Minute, sogar eine halbe Stunde – wir haben ja keinen Schnellzug vor uns, unser Spiel läßt sich jederzeit aufhalten, unterbrechen. Jedermann begreift, wir leben in solch einer Zeit. Es kann vielerlei und allerhand staatliche, sogar planetarische Vorfälle geben. Sie haben den ersten und den zweiten Akt gesehen? Nun, wie wars? Uns alle interessiert natürlich Ihr Eindruck und überhaupt Ihre Ansicht...

TRUTZWACKERL Nicht übel, gar nicht übel. Ich habe mit Iwan Iwanowitsch Meinungen ausgetauscht. Das alles war recht scharf erfaßt. Auch gut beobachtet. Und dennoch – irgendwie wars nicht das Rechte...

REGISSEUR Dann kann mans ja ändern, alles umarbeiten. Wir sind immer bestrebt und zu Diensten. Geben Sie uns nur konkrete Hinweise – Sie werden kaum Zeit finden, sich umzudrehen und schon...

TRUTZWACKERL Tja, 'n bißchen sehr dick aufgetragen das Ganze. Im Leben kommt so was nicht vor... Nun, nehmen wir beispielsweise diesen Trutzwackerl. Das geht doch nicht so...

Dargestellt ist allem Anschein nach ein verantwortlicher Genosse. Und in welchem Licht findet er sich herausgestellt, und obendrein wird er noch »Koprochef« betitelt! Solche Typen gibts bei uns nirgends. Was Sie hier bieten, wirkt unnatürlich, lebensfremd, unähnlich! Das muß richtiggestellt, gemildert, abgerundet und dichterisch verklärt werden...

IWAN IWANOWITSCH Gewiß, gewiß, eine einzige Unschicklichkeit! Haben Sie ein Telefon im Haus? Ich werde Fjodor Fjodorowitsch anrufen, der wird gewiß Entgegenkommen zeigen... Ach, wie? Während der Vorstellung nicht gut möglich? Schön, dann eben im nachhinein. Genosse Momentannenzapf, hier muß eine breitangelegte Kampagne eröffnet werden.

MOMENTANNENZAPF Hoheit, Ihres Winks gewärtig,
halten wir im Wünschen Maß.
Sie befehlen? Wir sind fertig.
Das Gehorchen macht uns Spaß.

REGISSEUR Aber wie denn? was denn, Genossen? Das ist ja nichts andres als ein Publikations-Akt im Zuge der Selbstkritik. Mit Erlaubnis des Gouvernements-Literaturamtes ist eben mal ausnahmsweise ein negativer Typ literarisch aufgezäumt worden.

TRUTZWACKERL Wie sagten Sie doch eben? »Typ«? Darf man denn über einen verantwortlichen Mann der ärarischen Öffentlichkeit so geringschätzig herziehen? Das kann man sich doch höchstens einem völlig parteilosen Spitzbuben gegenüber erlauben. »Typ«! Vor Ihnen steht denn doch kein »Typ«, sondern immerhin ein von führenden Instanzen eingesetzter Koprochef. Und Sie nennen ihn »Typ«! Sollten in seiner Handlungsweise gesetzwidrige Verfehlungen vorgefallen sein, so wären andre Dinge geboten: eine Anzeige an die richtige Stelle, zum Zweck einer Untersuchung und, endlich, etwelche von der Staatsanwaltschaft geprüfte Meldungen – Meldungen, die bereits von der Arbeiter-und-Bauern-Inspektion kundgemacht wären. Solche Meldungen sollte man hernach in symbolische Bühnenbilder ummünzen. Dafür könnte ich Verständnis aufbringen. Aber die öffentliche Bloßstellung von...

REGISSEUR Genosse, Sie haben vollkommen recht; freilich, im Weiterlauf der Handlung –

TRUTZWACKERL Handlung? Was für eine Handlung? Wer handelt hier? Sie haben keineswegs zu handeln. Ihre Sache ist die Darstellung. Das Handeln überlassen Sie gefälligst und seelenruhigst den hierfür zuständigen Partei- und Staatsorganen. Und darzustellen haben Sie gefälligst auch die lichten Seiten unserer Wirklichkeit. Irgendwas Mustergültiges, Vorbildliches, beispielsweise unser Amt, die Behörde, wo ich leitend tätig bin, oder zum Beispiel ganz einfach ich persönlich...

IWAN IWANOWITSCH Ja, ja, wahrhaftig! Bemühen Sie sich doch mal in sein Amt. Direktiven werden befolgt, Zirkulare in die Tat umgesetzt, Rationalisierungsmaßnahmen zur Richtschnur genommen, Akten und sonstige Papiere liegen jahrelang in geordneter Aufbewahrung gestapelt. Für Gesuche, Beschwerden, Eingaben läuft ein Fließband. Insgesamt ein Musteramt, ein wahrer Schauwinkel des Sozialismus. Erstaunlich interessant!

REGISSEUR Aber, Genossen, erlauben Sie...

TRUTZWACKERL Ich erlaube nichts! Habe kein Recht dazu und bin sogar ziemlich erstaunt, daß man Ihnen so was überhaupt erlaubt! Das bringt uns vorm Angesicht Europas in Verruf und Mißkredit. *Zu Mesallianskaja:* Das bitte ich dem Auslandsgast nicht zu übersetzen.

MESALLIANSKAJA Aber nein, nein, allright! Er hat soeben bei einem Bankett Kaviar genossen und schlummert jetzt tief, mein Schützling.

TRUTZWACKERL Und wen stellen Sie uns gegenüber? Einen Erfinder! Was hat er denn erfunden? Etwa die Westinghouse-Bremse? Oder den Füllhalter? Ist vielleicht die Trambahn sein Werk? Hat er das Rationalsystem kanzlarisiert?

REGISSEUR Wie bitte?

TRUTZWACKERL Ich meine: hat er das Kanzleisystem rationalisiert? – Von alledem nicht die Bohne! Wozu dann Staub aufwirbeln? Träumer brauchen wir nicht. Sozialismus ist exakte Berechnung.

IWAN IWANOWITSCH Jawohl. Waren Sie in einer Großbuchhaltung? Ich war in einer Großbuchhaltung. Ziffern, nichts als Ziffern, kleine, große, ganz verschiedene, und am Ende stimmt alles. Berechnung! erstaunlich interessant!

REGISSEUR Genosse, mißverstehen Sie uns nicht. Wir können einmal irren, aber unser Theater haben wir in den Dienst des Kampfes und des Aufbaus gestellt. Die Leute schauen zu – dann machen sie sich ans Werk. Erst Zuschauer – hernach wirksame Kraft. Heute Theaterbesucher – morgen aufgeweckte Entlarver.

TRUTZWACKERL Aufgeweckte?! Ich möchte Sie im Namen aller Arbeiter und Bauern ersuchen, mich nicht ohne Not aufzuwecken. Wer hätte es gedacht: eine Weckuhr! Sie haben meinem Ohr zu schmeicheln, nicht es zu reizen. Ihre Aufgabe ists, dem Auge wohlzutun, nicht es zu beleidigen.

MESALLIANSKAJA Ganz recht, wohlzutun ...

TRUTZWACKERL Wir wünschen, nach unserer staatlichen und gemeinnützigen Geschäftigkeit abends auszuruhen. Zurück zu den Klassikern! Man lerne bei den größten Genies der verdammten Vorzeit! Wie oft habe ich Ihnen das gesagt? Erinnern Sie sich an die Dichterworte:
Nach dem Rauch der Sitzungssäle
schweigt der innre Widerstreit;
keine Zukunft lockt die Seele,
ram-ta-tam tut uns nicht leid ...

MESALLIANSKAJA Ganz natürlich. Die Kunst soll das Leben abbilden, das schöne Leben, schöne lebendige Menschen. Zeigen Sie uns schöne, quicke Kerle, Springfritzen in schöner Landschaft und überhaupt die Zersetzung der Bourgeoisie. Und wenns die Agitation erfordert, sogar Bauchtänze. Oder: – wie im verfaulenden Westen wacker gekämpft wird mit der alten Lebensweise. Zeigen Sie auf der Bühne, zum Beispiel, daß es in Paris keine Behörde für Frauenangelegenheiten gibt, dafür den Foxtrott, oder – welche Röcke von neuer Fasson die altersschwache Welt drüben trägt, ce qu'on appelle le Beau Monde. Ist das klar?

IWAN IWANOWITSCH Ach ja! Machen Sie's uns schön! In der Großen Oper macht mans uns schön. Haben sie den »Roten Mohn« gesehn? Ich habe den »Roten Mohn« gesehn. Erstaunlich interessant! Hierhin-dorthin flattern Tanzende mit Blumen hin und her; da singen und schweben im Reigen allerhand Elfen und ... Syphiliden.

REGISSEUR Sylphiden – wollten Sie vermutlich sagen?

IWAN IWANOWITSCH Ja, freilich! Das haben Sie gut bemerkt: Sylphiden. Man muß eine großangelegte Kampagne entfalten. Ja, ja, freilich – da schweben allerhand Elfen ... und Zwölfen ... Erstaunlich interessant!

REGISSEUR Verzeihen Sie, aber Elfen gabs schon genug. Deren weitere Vermehrung ist im Fünfjahresplan nicht vorgesehen. Zudem können wir sie auch dem Gang der Handlung nach, wie unser Stück nun mal gebaut ist, nicht gut gebrauchen. Hinsichtlich Ihres Erholungsbedürfnisses kann ich Sie indessen vortrefflich verstehn. Und darum sollen dem Stück einige muntere und anmutige Zusätze eingefügt werden. Sehen Sie, zum Beispiel: auch der sogenannte Genosse Trutzwackerl kann, wofern man ihm ein kitzliges Thema gibt, allgemeine Lacheffekte erzielen. Ich erteile hinter der Szene gleich ein paar Weisungen, und die Rolle wird wie Diamant aufglänzen ... Genosse Trutzwackerl, bitte, nehmen Sie irgendwelche Gegenstände zur Hand, drei oder vier Stück: Füllfeder, Unterschrift, Papier und Parteihöchstbesoldung, dann machen Sie einige Jongleur-Übungen. Werfen Sie die Füllfeder hoch, fassen Sie das Blatt Papier, setzen Sie Ihre Unterschrift drauf, empfangen Sie das Höchstgehalt, fangen Sie den Füllhalter ab, greifen Sie nach dem Blatt Papier, setzen Sie Ihre Unterschrift drauf, und schnappen Sie das Höchstgehalt. Eins-zwei-drei-vier, eins-zwei-drei-vier. Amts-tag, Rats-tag, Bü-ro-krats-tag. Amt-und-Rat, Land-und-Stadt, Bü-ro-krat ... Haben Sie den Takt kapiert?

TRUTZWACKERL *in heller Begeisterung:* Herrlich! wacker! keinerlei Niedergangs-Anwandlung! nichts fällt zu Boden. Dabei kann man sich wieder mal Bewegung machen.

MESALLIANSKAJA Voui, c'est très pédagogique.

TRUTZWACKERL Leichtigkeit der Körperbewegung, belehrend und erbaulich für jedermann, wer eine Laufbahn beginnt. Gemeinverständlich, einleuchtend – sogar für Kinder und Minderjährige zulässig. Unter uns gesagt: wir, die junge Klasse, das Arbeitsvolk, wir sind eigentlich selbst ein großes Kind. Freilich, ein nüchtern zurückhaltendes, ohne die gewisse Abrundung und Saftigkeit ...

REGISSEUR Nun, falls Ihnen so was zusagt, eröffnen sich der Phantasie hier unermeßliche Horizonte. Wir können eine gradezu symbolische Revue mit Einsatz sämtlicher vorhandenen Schauspieler-Kader starten. *Klatscht in die Hände.* Hopp, der freie männliche Personalbestand auf die Bühne! Nieder auf ein Knie, Rumpfbeuge mit versklavtem Ausdruck. Jetzt wird mit unsichtbarer Picke in der sichtbaren Hand unsichtbare Kohle gehauen. Finsterer, bitte, finsterer die Antlitze! Dunkle Kräfte bedrücken uns böse. Vortrefflich! es geht gut! ... Sie spielen das Kapital. Treten Sie hierher, Genosse Kapital. Trampeln Sie im Tanzschritt alles nieder, mit dem Gesichtsausdruck der Klassentyrannei. Eine imaginäre Dame sollen Sie nun mit unsichtbarem Arm umfassen und vorgespiegelten Champagner trinken. Bravo, es macht sich! ausgezeichnet! bitte fortsetzen! ... Hopp, jetzt das freie weibliche Personal auf die Bühne!
Sie werden die Freiheit vorstellen. Sie haben das passende Mienenspiel. Sie – sind die Gleichheit, das heißt, Ihnen ist es einerlei, vor wem Sie spielen. Und Sie – die Brüderlichkeit, andere Gefühle könnten Sie, Mamsell, ohnehin schwerlich hervorrufen. Sind alle bereit? Jetzt los! Bringen Sie durch einen imaginären Aufruf fiktive Massen auf die Beine. Trachten Sie, alles mit Begeisterung zu entflammen! Was tun Sie denn?!
Höher das Tanzbein geschwungen – Sie haben einen imaginären Aufschwung zu simulieren. Genosse Kapital, tänzeln Sie nun nach links mit der Fratze der Zweiten Internationale. Wozu diese Armschwünge? Strecken Sie die Fühler des Imperialismus aus ... Sie haben keine Fühler? Wie wollen Sie dann Schauspieler sein? Strecken Sie also vor, was Sie wollen. Verlocken Sie durch vorgetäuschte Reichtümer die tanzenden Damen. Meine Damen, Sie machen alsdann mit der Linken schroff ablehnende Bewegungen. So, so, so! Imaginierte Arbeitermassen, ich erbitte eine symbolische Massen-Empörung! Kapital, ein elegantes Umsinken! So, recht gut! Kapital, bitte effektvoll in den letzten Zügen zu liegen!
Bitte um ein paar schwungvoll-artige Konvulsionen!
Wundervoll!

Das freie männliche Personal möge jetzt die imaginären Fesseln abwerfen und sich zum Symbol der Sonne erheben. Bitte, eine sieghafte Gestikulation. Freiheit, Gleichheit, Brüderlichkeit, simulieren Sie den ehernen Marschtritt der Arbeiterkohorten. Setzen Sie bitte gleichsam den Arbeiterfuß aufs Genick des gewissermaßen gestürzten imaginären Kapitals!
Freiheit, Gleichheit, Brüderlichkeit, vollführen Sie ein Lächeln, als ob Sie sich freuten. Das freie männliche Personal bereite sich vor: »Ein Nichts zu sein, tragt es nicht länger!« und dann: »Alles zu werden, strömt zuhauf!« Es klettert einer dem andern auf die Schulter, das Wachstum des sozialistischen Wettbewerbs darstellend. – Gut so!
Baut einen Turm aus sozusagen machtvollen Leibern und personifiziert derart im plastischen Bild das Symbol des kommenden Kommunismus. Schwingt in der freien Hand den gedachten Hammer im Takt zu Ehren des befreiten Landes, um das Pathos des Kampfes fühlen zu lassen. Orchester, misch Industrielärm in die Musik!
So! recht gut!
Das freie weibliche Personal auf die Bühne! Und nun seien die Werkleute einer großen Weltarmee der Arbeit mit den Blumengirlanden eurer Phantasie umwunden. Damit sei die Blütenfülle versinnbildlicht, die im Sozialismus aufgeht! Sehr gut! Erlauben Sie! fertig! – Das wäre eine erholsame Pantomime auf das Thema: Am Ausgang der Kapital-Zeit
blüht Mimen gesegnete Mahlzeit!

TRUTZWACKERL Bravissimo! wunderbar! Und wie konnten Sie, begnadet mit solchem Talent, Ihren Wert als Bagatellen-Kleingeld, als feuilletonistischen Trödelspaß verschleudern? Sehen Sie: das war echte Kunst, gemeinverständlich für mich, für Iwan Iwanowitsch und für die Massen.

IWAN IWANOWITSCH Ja, wahrhaftig, ganz erstaunlich interessant! Haben Sie ein Telefon? Ich rufe sofort an . . . Irgendwen muß ich anrufen. Das Herz geht mir über. Es wirkt zündend. Genosse Momentannenzapf, man muß eine großangelegte Kampagne entwickeln.

MOMENTANNENZAPF Hoheit, unsre Hochgefühle
haben wir im Dienst gemeistert.

Geben Sie uns Brot und Spiele,
und wir sind auf Wunsch begeistert.

TRUTZWACKERL Ausgezeichnet! Alles klappt! Nur sollten Sie noch ein wenig Selbstkritik hineinmischen. Gleichfalls in einer solchen symbolischen Manier – das ist gegenwärtig sehr zeitgemäß. Stellen Sie irgendwo seitlich ein Tischchen hin, drauf soll einer in Ruhe seine Artikelchen schreiben – während Sie sich hier in Ihrem Fach betätigen. Danke und auf Wiedersehen. Ich will meine Eindrücke von diesem graziösen Ausklang nicht banalisieren, nicht herabzerren lassen. Mit kameradschaftlichem Gruß!

IWAN IWANOWITSCH Mit kameradschaftlichem Gruß! Apropos, wie ist der Name dieser Künstlerin, der dritten von rechts? Eine sehr hübsche und zarte ... Begabung ... Man muß eine breitangelegte Kampagne eröffnen, oder vielleicht auch eine engere, nun, so etwa ... ich und die Kleine. Ich werde anrufen. Oder besser, sie soll anrufen.

MOMENTANNENZAPF Hoheit, nur kein Liebeskummer!
Denn Natur verachtet Scham.
Hier die Anschrift, hier die Nummer;
nur ein Anruf, und – sie kam.

Zwei Theaterdiener halten Radlflitz auf, der sich zur ersten Reihe vordrängt.

THEATERDIENER Bürger, he, Bürger, Sie werden sehr höflich ersucht, von hier zu verduften, und zwar postwendend. Was haben Sie hier zu suchen?

RADLFLITZ Ich muß in die erste Reihe vor.

THEATERDIENER Vielleicht wollen Sie auch 'nen Klotz Gratiskuchen haben? Sie werden überaus höflich gebeten, Bürger, he, Bürger. Sie haben eine Platznummer im Arbeiter-Rang oben, und Sie machen sich mausig im Sperrsitzparkett für bessere Leute.

RADLFLITZ Ich muß in die erste Reihe, zum Genossen Trutzwakkerl, wegen einer Dienstsache.

THEATERDIENER Bürger, he, Bürger, ins Theater geht man zum Vergnügen und nicht wegen einer Dienstsache. Mit größter Höflichkeit fordere ich Sie auf, sich von hier dalli-dalli zu verkrümeln und abzusocken.

RADLFLITZ Vergnügen ist eine Sache von übermorgen. Ich aber habe eine Sache von heute zu verhandeln. Und wenn nötig, werden wir Ihnen nicht nur die erste Reihe, sondern Ihr gesamtes Sperrsitzparkett mitsamt den Logen auf den Kopf stellen.

THEATERDIENER Bürger, ausnehmend höflich wird Ihnen nahegelegt, sich schleunigst von hier zu verdrücken und abzustinken! Für die Garderobe haben Sie nicht gezahlt, kein Programm gekauft, nicht einmal eine Eintrittskarte gelöst!

RADLFLITZ Ich bin auch nicht als Zuschauer hergekommen. Und mit meinem Anliegen verschafft mir auch mein Parteibuch hier Einlaß... Ich komme zu Ihnen, Genosse Trutzwackerl.

TRUTZWACKERL Was brüllen Sie so? Und wer ist das – Trutzwakkerl?!

RADLFLITZ Scherz beiseite. Machen Sie mir nichts vor. Sie sind er. Und ich bei Ihnen, dem Koprochef.

TRUTZWACKERL Wenn schon Vor- und Vatersnamen Sie nicht interessiert haben, so hätten Sie wenigstens Rang und Titel in Erfahrung bringen sollen, ehe Sie sich zu einem höherstehenden, verantwortlichen Genossen auf den Weg machen.

RADLFLITZ Da du nun mal ein Verantwortlicher bist, so sollst du auch verantworten, weshalb in deiner Kanzlei die Käuzerich'sche Erfindung aufs Eis gelegt wird. Wir haben nur Minuten zur Verfügung. Das Unglück wäre nicht wiedergutzumachen. Weisen Sie unverzüglich die Mittel an, dann verlagern wir das Experiment in eine maximal hochgelegene Zone und...

TRUTZWACKERL Was für ein Unsinn!? Was für ein Käuzerich? Und welche hochgelegene Zone? Zudem verreise ich heute selber in hochgelegene Zonen des Kaukasus.

RADLFLITZ Käuzerich ist ein Erfinder...

TRUTZWACKERL Erfinder gibts viele, ich aber bin einzig und allein, und ich bitte überhaupt, mich nicht zu belästigen – in meinen seltenen, durch übergeordnete Instanzen geregelten Erholungsminuten. Lassen Sie sich Freitag bei mir anmelden. *Regisseur macht gegen Radlflitz abwinkende Gebärden.*

RADLFLITZ Man wird dich aufsuchen – und nicht Freitag, sondern heute, und nicht ich, sondern...

TRUTZWACKERL Möge da kommen, wer will, und nicht zu mir, sondern zu meinem Stellvertreter. Sobald in der amtlichen Kundmachung mein Urlaub ordnungsmäßig angemeldet ist, so heißt das: ich bin bereits abwesend. Schließlich muß man wenigstens soviel Verständnis für unsere staatliche und leibliche Verfassung an den Tag legen ... Unerhört, so was!

RADLFLITZ *zu Iwan Iwanowitsch:* Bringen Sie's ihm doch bei, trichtern Sie's ihm meinetwegen durchs Telefon ein. Sie haben es doch versprochen!

IWAN IWANOWITSCH Einer höheren Persönlichkeit, die sich im Urlaub befindet, derart auf die Pelle zu rücken! Erstaunlich interessant! Haben Sie Telefon? Ich werde Nikolai Alexandrowitsch anrufen. Man sollte doch wahrhaftig die Nerven unserer alten Verantwortlichen schonen, solange sie noch jung sind.

REGISSEUR Genosse Radlflitz, ich beschwöre Sie, machen Sie keinen Skandal! Dieser da ist doch nicht der im Stück behandelte Trutzwackerl. Da liegt nur eine Ähnlichkeit vor. Und um alles in der Welt verhindern Sie, daß die Leute das erraten. Im Verlaufe der Handlung werden Sie volle Genugtuung erhalten.

TRUTZWACKERL Adieu, Genosse! Es steht außer Frage, daß Sie sich zwar selbst ein rrrevolutionäres Theater nennen, aber dabei sich nicht entblöden, höchst verantwortliche Funktionäre bis aufs Blut zu kujonieren oder – wie nannten Sie's doch? – durch aufgeweckte Entlarver zu piesacken. Das ist nichts für die Massen. Die Arbeiter und Bauern werden dafür kein Interesse zeigen. Und es ist gut, daß sie keines zeigen werden. Und es tut auch gar nicht not, ihr Interesse dafür zu wecken. Was fällt Ihnen denn ein, aus uns sogenannte »handelnde Personen« zu machen? Wir wollen nichts als – wie heißt das doch? – müßige Zuschauer sein. Nein! das nächste Mal geh ich in ein anderes Theater!

IWAN IWANOWITSCH Jawohl, ganz recht! Und ob! Haben Sie schon die »Quadratur der Kirsche« gesehn? Ich hab mir auch den »Onkel Turbin« angeschaut. Erstaunlich interessant!

REGISSEUR *zu Radlflitz:* Was haben Sie angerichtet! Sie haben unserer Vorstellung beinah den Garaus gemacht. Jetzt bitte, Herrschaften – auf die Bühne! Das Stück geht weiter!

Vierter Aufzug

Quer über die Bühne – Stiegenaufgang in einem Wohnhaus. Wendungen des Aufgangs mit Treppenabsätzen und Wohnungstüren. Auf den oberen Vorplatz heraustretend, in Mantel und Hut, mit einem Reisekoffer, erscheint Trutzwackerl. Er will mit der Schulter die Wohnungstür zudrücken, aber Polja öffnet sie von innen weit und läuft auf den Vorplatz hinaus. Sie legt die Hand auf den Koffergriff.

POLJA Wie soll das sein? Ich muß zurückbleiben? ... Das ist doch nicht zum Lachen!

TRUTZWACKERL Ich bitte dich, laß diese Zänkerei. Was für ein familiäres Spießertum! Jeder Arzt wird dir bestätigen, daß eine volle Erholung unbedingt eines erfordert: man muß sich, wohlgemerkt, sich, und nicht dich, aus der gewohnten Umgebung herausreißen. Nun sieh, ich mache diese Reise, um meinen staatswichtigen Organismus zu stärken, ihm in verschiedenen Gebirgsgegenden eine Kräftigung zu gönnen.

POLJA Aber ich weiß doch, nun, ich habs doch gesehen, daß man dir zwei Fahrkarten brachte. Ich konnte annehmen ... Sag, womit, ja, womit denn würde ich dich stören?
Zum Lachen!

TRUTZWACKERL Ach, laß doch diese kleinbürgerlich schiefen Ansichten über Erholung. Ich habe keine Zeit zum Bootfahren. Das sind so allerhand kleine Vergnügen für das Volk der Subalternbeamten. Schwimm hin, meine Gondel! Ich hab keine kleine Gondel für mich allein, ich verfüge über das große Staatsschiff. Ich fahre nicht Sonnenbäder nehmen. Ich wälze jederzeit Gedanken über die Weltlage im Hirn. Und dann gibts Vorträge, Rechenschaftsberichte, Entschließungen, kurz: den Sozialismus. Dank meiner gesellschaftlichen Lage ist mir vom Gesetz eine Stenotypistin zugeordnet.

POLJA Wann habe ich je deine Stenotypie gestört? Das wär zum Lachen. Nun, gut, du wahrst anderen gegenüber deine Scheinheiligkeit. Warum aber glaubst du, auch mich hinters Licht führen zu können? Das ist zum Heulen. Hältst du an mir als deiner spanischen Wand fest? Laß mich in Gottes Namen ziehen und stenotypiere meinetwegen deine Nächte durch!

TRUTZWACKERL P-st! Du kompromittierst mich mit deinen unorganisierten und obendrein frömmlerischen Ausbrüchen. »In Gottes Namen«. P-st! Unten wohnt Kosljakowski. Er kann es Pawel Petrowitsch weitererzählen. Und der ist von Haus zu Haus befreundet mit Semjon Afanassjewitsch.

POLJA Was willst du da noch groß verhehlen und verheimlichen? Das ist zum Lachen!

TRUTZWACKERL Du, nur du hast Grund, deine verspießerten, ungesunden Altweiberstimmungen zu verhehlen, die an einer so ungleichen Ehe Schuld tragen. Versuch doch vorm Antlitz der Mutter Natur, zu der ich jetzt hinausfahre, dir ernsthaft Gedanken zu machen. Denk drüber nach. Ich – und du! Die Zeiten sind vorbei, wo es genügte, Seite an Seite auf Patrouille zu gehen und unter einem gemeinsamen Soldatenmantel zu schlafen. Ich bin mittlerweile aufgestiegen, auf der geistigen, auf der dienstlichen und auf der wohnräumlichen Stufenleiter emporgekommen. Auch du müßtest dich selbst weiterbilden können und dialektisch dich zu drehen und zu wenden lernen. Was aber sehe ich in deiner Person? Einen Überrest der Vergangenheit, die schleppende Kette-und-Kugel der alten Lebensart.

POLJA Ich bin dir im Wege? Womit? Zum Lachen so was. Nur du, kein andrer als du, hast aus mir eine struppige Bruthenne gemacht.

TRUTZWACKERL P-st, p-st! Genug von dieser Eifersuchtsszene. Treibst du nicht selbst dich in fremden Wohnungen herum? Na ja, Komsomolzen-Vergnügungen. Was? Meinst wohl, ich wisse gar nichts. Konntest dir nicht einmal einen ordentlichen Hausfreund aufgabeln, welcher meiner gesellschaftlichen Stellung entspräche. Ach, jammerlappiger Weiberrock!

POLJA Schweig endlich! Ist ja zum Heulen!

TRUTZWACKERL P-ssst! Ich habe dir gesagt: da unten wohnt Kosljakowski. Gehn wir wieder hinein. Damit muß endlich einmal Schluß gemacht werden!

Er stößt lärmend die Tür auf, nötigt Polja hinein. In diesem Augenblick erscheint auf der unteren Treppe Radlflitz und hinter ihm Käuzerich. Sie tragen eine unsichtbare Maschine. Die Bürde wird von Zweysam und Dreysam mitgehoben.

RADLFLITZ Ho-ruck! noch ein Anhub! noch zwei Dutzend Stufen. Aber – ohne Lärm! Damit der Kerl sich nicht wieder hinter Sekretäre und Aktendeckel verziehe. Möge diese Zeitbombe nicht anderswo, sondern bei ihm zu Haus platzen.

KÄUZERICH Mir schwant, wir schaffens nicht mehr bis zu ihm. Wenn ich mich nur um eine Zehntelsekunde verrechnet habe, so ergibt das in unserm Zeitbegriff die Differenz von einer Stunde.

ZWEYSAM Spürst du unter der Hand, wie sich die Teile erwärmen? Das Glas läuft heiß an.

DREYSAM Auf meiner Seite erhitzt sich die Leiste schon zur Unmöglichkeit. Eine Herdplatte! Ehrenwort, eine Herdplatte! Mit Mühe ertrag ichs, sie noch festzuhalten.

KÄUZERICH Die Last der Maschine wird größer mit jeder Sekunde. Ich kann fast garantieren, daß im Apparat sich ein Fremdkörper materialisiert.

ZWEYSAM Genosse Käuzerich, rascher hinaufgestapft! Bin nicht mehr fähig, weiter anzuheben. Wir tragen einen Feuerbrand.

RADLFLITZ *läuft hinzu und stützt die Bürde, wobei er sich die Hand verbrennt:* Genossen, nicht nachlassen! Noch zehn, fünfzehn Stufen, und gleich hier oben ists. Zum Kuckuck, eine Höllenflamme!

Er reißt die verbrannte Hand zurück.

KÄUZERICH Weiterschleppen ist unmöglich. Offenbar bleiben nur Augenblicke. Rascher! Wenigstens bis zum Treppenabsatz! Hier abladen!

Aus der Wohnungstür kommt Trutzwackerl gelaufen, die Tür fällt ins Schloß, er klopft wieder an. Ein Türspalt wird geöffnet, Polja erscheint.

TRUTZWACKERL Du, bitte, reg dich nur nicht auf ... Du, Poljetschka, mach dir klar, du kannst selbst begreifen, daß unser Leben, daß mein Leben nur durch deinen guten Willen in Ordnung gebracht werden kann.

POLJA Durch meinen? ... durch mich? ... Da hört doch jeder Spaß auf.

TRUTZWACKERL Apropos, ich hab vergessen, meinen Browning

zu verwahren. Er wird mir, glaub ich, kaum von Nutzen sein. Leg ihn bitte an seinen Platz. Aufgepaßt, er ist geladen, und um den Schuß auszulösen, braucht man bloß diese Sicherung hier zurückzuschieben. Leb wohl, Poljetschka!

Wirft die Tür zu, legt das Ohr ans Schlüsselloch und lauscht.

An der unteren Treppe erscheint Mesallianskaja.

MESALLIANSKAJA Wackerlein, wirds bald?

TRUTZWACKERL P-ssst!

Krachen, Detonation und Schuß. Trutzwackerl reißt die Tür auf und stürzt in die Wohnung. Auf dem unteren Treppenabsatz ein Aufleuchten bengalischen Feuers. Anstelle des abgeladenen Apparates erscheint die Frauengestalt mit dem Phosphorschimmer. Sie trägt eine Papierrolle, auf der in Leuchtbuchstaben das Wort »Mandat« zu lesen ist. Allgemeine Erstarrung. Unten kommt Optimistelzweig herausgestürzt, in Pantoffeln, eilfertig und im Laufen die Hosen hochziehend. Er ist bewaffnet.

OPTIMISTELZWEIG Wer?! Wen?!

PHOSPHORESZIERENDE FRAU Salut, Genossen! Ich bin die Delegierte des Jahres 2030! Ich bin für vierundzwanzig Stunden in die heutige Zeitfolge eingeschaltet. Eine kurze Frist, und meine Aufträge sind außergewöhnlich. Prüfen Sie bitte meinen Ermächtigungsbrief und machen Sie sich mit meiner Mission bekannt!

OPTIMISTELZWEIG *ist mit einem Satz bei der Delegierten, saugt sich mit den Augen an ihrem Mandat fest, plappert den Text herunter:* »Institut für die Entstehungsgeschichte des Kommunismus . . .« Soso . . . »Vollmacht ausgestellt . . .« In Ordnung . . . »Eine Auslese der Besten vornehmen . . .« Das ist klar . . . »zwecks Überleitung in das kommunistische Zeitalter . . .« Heiliger Bimbam! Was es da nicht alles gibt, du lieber Gott . . . *Er eilt mit Sprüngen die Stiege hinauf.*

Auf der Schwelle erscheint sehr gereizt Trutzwackerl.

Genosse Trutzwackerl, es wünscht Sie ein Delegierter weiblichen Geschlechts aus dem Zentrum.

Trutzwackerl nimmt die Reisemütze ab, läßt den Koffer fallen, überfliegt bestürzt das Mandatschreiben, dann macht er eine hastige einladende Geste zur Wohnung hin. Flüstert zuerst mit

Optimistelzweig, wendet sich dann an die phosphoreszierende Frau.

TRUTZWACKERL *zu Optimistelzweig:* Rasch, marsch, ans Amtstelefon! kurble, wirble! sofort anfragen, du weißt schon, bei wem, ob so was als Ding oder Unding zu betrachten ist. Obs vereinbar mit der Partei-Ethik und denkbar ist, daß ein Gottloser an solche übernatürliche Erscheinungen glaubt. *Zur phosphoreszierenden Frau:* Ich bin natürlich schon ins Bild gesetzt über diese Angelegenheit und habe ihr jede Unterstützung meinerseits zugesichert. Ihre zuständigen Stellen haben durchaus wohlbedacht gehandelt, als sie Sie zu mir beorderten. Bei uns ist diese Frage schon einer Kommission zur Bearbeitung unterbreitet und wird alsogleich nach Erhalt maßgebender Direktiven mit Ihnen koordiniert werden. Begeben Sie sich geradewegs in mein Arbeitszimmer und schenken Sie bitte keine Beachtung den etwaigen Merkmalen eines gewissen Spießertums; dieses ist nur die Folge einer Unstimmigkeit in den respektiven Kulturniveaus der beiden Ehehälften. *Zu Radlflitz:* Ich bitte sehr! Ich habe Ihnen doch gesagt: kommen Sie gradeaus zu mir herein!

Trutzwackerl läßt die phosphoreszierende Frau an sich vorbei; sie tritt ein und nimmt in dem Maße der fortschreitenden Abkühlung das Aussehen einer Normalfrau an.

TRUTZWACKERL *zu dem herbeigeeilten Optimistelzweig:* Nun, was bringst du?

OPTIMISTELZWEIG Die lachen nur und sagen, das liege jenseits der Grenzen menschlicher Vernunft.

TRUTZWACKERL Ah, jenseits der Grenzen? Dann unterliegt die ganze Schose natürlich der Koordinierung mit dem Vorstand der Gesellschaft für Kulturverbindung mit dem Ausland. Traurig, daß man euch Burschen jede Kleinigkeit erst eigens auseinandersetzen muß! Selber, aus eigenem – nicht die leiseste Initiative. Genossin Mesallianskaja, das Stenodiktat wird vertagt. Wollen Sie sich bitte heraufbegeben, um unverzüglich eine außertourliche Kulturverbindung herzustellen!

Fünfter Aufzug

Bühnenbild des zweiten Aufzugs, nur in Unordnung gebracht. Aufschrift: »Büro für Auslese und Überstellung ins kommunistische Zeitalter.« Die Wand entlang sitzen Mesallianskaja, Belvederski, Iwan Iwanowitsch, Mister Keach, Trutzwackerl. Als Sekretär fungiert Optimistelzweig. Trutzwackerl steht auf und schreitet mißmutig hin und her, in jeder Hand eine Aktentasche.

OPTIMISTELZWEIG Was gibts, Bürger?

TRUTZWACKERL Nein, so kanns nicht weitergehn. Ich werde das noch zur Sprache bringen. Ich will darüber auch in der Wandzeitung schreiben. Unbedingt will ich das! Mit dem Amtsschimmel und der Protektionswirtschaft muß aufgeräumt werden. Ich verlange sofort Zutritt, außerhalb der Reihe!

OPTIMISTELZWEIG Genosse Trutzwackerl, wo kanns dahier einen Amtsschimmel geben, wo doch Kontrolle und Auslese bevorstehen? Sie sollten die Delegierte jetzt nicht stören. Gehen Sie meinetwegen außerhalb der Reihe hinein. Nämlich wenn erst einmal die ganze Reihe dringewesen ist, dann trudeln Sie in Gottes Namen selbständig hinein, ganz ohne jede Reihe.

TRUTZWACKERL Ich muß es sogleich – in dieser Minute!

OPTIMISTELZWEIG Sogleich? Bitte, in dieser Minute! Nur ist Ihr Minutenzeiger mit der Uhr der Genossin Delegierten nicht koordiniert. Sie haben ja, lieber Genosse, eine andre Zeitrechnung, und sobald die Gästin mirs anordnet, kommen Sie in der gleichen Minute dran . . .

TRUTZWACKERL Aber Mensch, ich habe doch im Zusammenhang mit der Überleitung eine Menge Fragen zu klären: bedenken Sie nur – meine Monatsbezüge, meine Wohnung und das übrige.

OPTIMISTELZWEIG Pfui Deibel! ich sag Ihnen doch: kommen Sie nicht mit so ’nem popligen Trödelkram in ein großes, verantwortliches Staatsamt! Wir können uns mit Bagatellen nicht abgeben. Der Staat befaßt sich mit weltumfassenden Dingen: Fordismus, sagen wir, Zeitmaschinen und so . . .

IWAN IWANOWITSCH Sind Sie schon einmal Schlange gestanden?

Ich steh zum erstenmal Schlange. Erstaunlich interessant!

Das frühere Arbeitszimmer Trutzwackerls ist voll. Gehobene Stimmung und an Kampfzeiten gemahnender Wirrwarr, wie in den ersten Tagen der Oktoberrevolution. Die phosphoreszierende Frau redet.

PHOSPHORESZIERENDE FRAU Genossen! – unsere heutige Begegnung vollzieht sich in aller Eile. Mit vielen von euch werden wir noch Jahre verbringen. Ich werde euch noch viel einzelnes von unserer Freude erzählen. Kaum war die Kunde von eurem Experiment zu uns gedrungen, schon richteten unsere Gelehrten einen besonderen Permanenzdienst ein. Sie haben euch in vielen Punkten geholfen, indem sie eure unausbleiblichen Rechenfehler in Rechnung stellten und korrigierten. Wir kamen zueinander wie zwei Stollenbaubrigaden, die von zwei Seiten den Tunnel vortreiben, bis sie sich die Hände reichen – wie wir heute. Ihr selbst habt keine Augen für die Großartigkeit eurer Sache. Wir aber sehen sie deutlicher: wir wissen, was alles mittlerweile ins Leben getreten ist. Ich habe mit Erstaunen kleine Häuslichkeiten, arme Wohngelegenheiten betrachtet, die bei uns längst verschwunden sind und sorgsam in Museen restauriert und konserviert werden; und ich habe eure Giganten aus Stahl und Stein erblickt, an die wir uns dankbar erinnern, weil deren reicher Erfahrungsschatz von uns auch heute noch als beispielgebend für kommunistische Bauweise und Lebensart hochgeschätzt wird. Ich habe die für euch unauffälligen ölfleckigen jungen Burschen beobachtet, deren Namen auf Tafeln des entmachteten Goldes prangen. Erst heute habe ich auf meinem kurzen Rundflug die Macht eures Willens und das Dröhnen eures Ansturms erkannt, welcher sich so rasch zu unserem Glück und zur Freude des ganzen Planeten entwickelt hat. Mit welchem Entzücken gewahrte ich heute die lebendig gewordenen Buchstaben der Legende von eurem Ringen, einem Ringen gegen die gesamte bewaffnete Welt der Schmarotzer und Sklavenhalter. Euer großes, mühevolles Wirken läßt euch keine Zeit, beiseite zu treten und einen wohlgefälligen Blick in den Spiegel zu werfen; um so freudiger rede ich heute zu euch als Zeugin eurer Größe.

KÄUZERICH Genossin, Verzeihung, ich muß Sie unterbrechen. Aber nach unserer Uhrzeit bleiben uns nur noch sechs Stunden, und ich brauche Ihre letzten Weisungen. Wieviel Personen werden überstellt? – in welches Bestimmungsjahr? – und mit welcher Geschwindigkeit?

PHOSPHORESZIERENDE FRAU Richtung: – Unendlichkeit. Geschwindigkeit: – eine Sekunde gleich einem Jahr. Ort: – das Kalenderjahr 2030. Wieviel Personen und wer: – unbekannt. Bekannt ist nur die Zielstation. Das Hier: – ein unbestimmter Wert. Der Zukunft ist die Gegenwart: – ein aufgeschlagenes Buch. Überstellt werden all diejenigen, die auch in hundert Jahren bestehen und sich behaupten können. Beginnen Sie, Genosse! Wer ist mit Ihnen?

FOSKIN Ich!

ZWEYSAM Ich!

DREYSAM Ich!

PHOSPHORESZIERENDE FRAU Und wer von den Mathematikern – wegen der Berechnungen, Zeichnungen, Anleitungen?

FOSKIN Wir!

ZWEYSAM Wir!

DREYSAM Wir!

PHOSPHORESZIERENDE FRAU Ja wieso? Seid ihr Arbeiter auch zugleich Mathematiker?

RADLFLITZ Sehr einfach! Wir sind sowohl Arbeiter als auch Hochschüler.

PHOSPHORESZIERENDE FRAU Einfach ist das für uns. Ich wußte nicht, ob auch für euch der Übergang vom Fließband zum Führungsstand, von der Raspel zum Arithmometer einfach sei.

ZWEYSAM Wir haben noch ganz andre Übergänge vollbracht, Genossin. Wir haben Panzerautos gemacht, dann Feuerzeuge, hernach mit den Feuerzeugen Schluß gemacht und mit Bajonetten begonnen, alsdann sind wir mit den Bajonetten fertig gewesen und zu Traktoren übergegangen. Und danebenher haben wir allerlei Wissenschaft durch unseren Kopf spazierengeführt. In unserer Mitte hat es wohl Kleingläubige und Zweifler gegeben. Nur haben wir diesen Unglauben an die Arbeiterklasse rasch getilgt. Als Sie unsere Zeit studierten, ist

Ihnen ein kleiner Irrtum unterlaufen. Sie denken anscheinend an unser Vorjahr?

PHOSPHORESZIERENDE FRAU Ich sehe, mit eurem hurtig beschwingten Expreßgehirn könnten Sie geradeswegs in die Reihen der Unsrigen treten und unsre Arbeit mittun.

RADLFLITZ Das ists ja eben, was wir fürchten, Genossin. Die Maschine werden wir in Gang setzen und selbstredend auch die Reise mitmachen, falls die Parteizelle uns entsendet. Aber bitte, lieber nehmt uns nirgendhin, einstweilen. Unsere Werkabteilung steht nämlich gerade vor der Umstellung auf die ununterbrochene Betriebswoche. Uns scheint es wichtig und wissenswert zu erfahren, ob wir den Fünfjahrplan in vier Jahren bewältigen.

PHOSPHORESZIERENDE FRAU Ich kann eines versprechen. Wir wollen bei Station »Jahr 1934« haltmachen, um entsprechende Auskünfte einzuholen. Aber – wenns bei euch viele Leute von Ihrer Art gibt, dann erübrigt sich jede Auskunft.

KÄUZERICH Gehn wir, Genossen!

Wand der Kanzlei. Vorbei eilen Käuzerich, Radlflitz, Zweysam, Dreysam, Foskin. Im Gehen vergleichen sie Planaufzeichnungen. Trutzwackerl trippelt hinter Käuzerich einher; dieser macht abwehrende Gebärden.

TRUTZWACKERL *aufgeregt mit den Händen herumfuchtelnd:* Hat sich was! So 'n popliger Käuzerich macht sich den Umstand zunutze, daß er so 'nen Jammer-Apparat von Zeitmaschine erfunden und die Bekanntschaft dieses Frauenzimmers, einer angeblich verantwortlichen Funktions-Dame, früher gemacht hat. Ich bin übrigens noch gar nicht sicher, daß hier nicht einfach ein Fall von demoralisiertem Lebenswandel vorliegt. Kennen Sie das Buch »Geschlecht und Charakter«? Na bitte, da haben Sie's! Jawohl! *Zu Optimistelzweig:* Genosse Sekretär, Sie als mir unterstellter Beamter müssen begreifen, daß es sich hier um die hochwichtige Angelegenheit meiner, eines verantwortlichen Funktionärs, bevorstehenden Dienstreise an der Spitze eines ganzen Staatsamtes über hundert Jahre ...

OPTIMISTELZWEIG Aber Ihre Fahrt ist mit den zuständigen Stellen noch gar nicht abgesprochen!

TRUTZWACKERL Was heißt: nicht abgesprochen? Heut in aller

Herrgottsfrüh hab ich mir selber schon Mandat und Platzkarten ausgestellt.

OPTIMISTELZWEIG Nun, sehen Sie, und mit dem Verkehrskommissariat ist die Reise nicht koordiniert.

TRUTZWACKERL Was hat sie mit dem Verkehrskommissariat zu schaffen? Welcher Unsinn! Das ist doch kein Eisenbahnzug. Dahier stürmen vierzig Mann oder acht Pferde sternschnuppenflugs in einer Sekunde um ein ganzes Jahr voran.

OPTIMISTELZWEIG Ablehnen! unaktuell! ohne Perspektive! Wer sollte sich einverstanden erklären, eine Dienstreise anzutreten, wenn ihm Spesen für hundert Jahre gebühren und ihm nur Sekunden-Diäten zugesprochen werden?

Das Arbeitszimmer Trutzwackerls

PHOSPHORESZIERENDE FRAU Genossen ...

POLJA Ich bitte um das Wort! Entschuldigen Sie meine Zudringlichkeit, ich habe keinerlei Hoffnung, was kanns für Hoffnung noch geben! Es ist zum Lachen. Ich komme bloß, eine Erkundigung einzuholen: was ist Sozialismus? Über den Sozialismus erzählte mir Genosse Trutzwackerl ganze Bände, aber dies alles ist irgendwie gar nicht zum Lachen.

PHOSPHORESZIERENDE FRAU Sie werden nicht mehr lange zu warten brauchen. Sie reisen mit Mann und Kindern.

POLJA Mit Kindern? Ich habe keine Kinder. Mein Mann sagt immer: besser wärs in unserer drangvollen Kampfepoche, man miede diese unbewußten Elemente – oder sagte er vielleicht: Alimente?

PHOSPHORESZIERENDE FRAU Gut. Also verbinden Sie keine Kinder, doch verbindet Sie vieles andere, da Sie nun einmal mit Ihrem Gatten leben.

POLJA Leben? Zum Lachen! Ich lebe nicht mit meinem Gatten. Er lebt mit anderen, die ihm an Verstand, an Entwicklungsstufe gleichkommen. Das ist nicht zum Lachen!

PHOSPHORESZIERENDE FRAU Weshalb nennen Sie ihn dann Ihren Gatten?

POLJA Damit alle sehen, daß er gegen die Lockerung der Moral ist.

PHOSPHORESZIERENDE FRAU Ich verstehe. Das heißt, er sorgt einfach für Sie, damit Sie alles haben?

POLJA Ja ... Er sorgt dafür, daß ich nichts habe. Er sagt, es kompromittiere ihn in den Augen der Genossen, wenn ich mich mit einem neuen Kleid behänge.

PHOSPHORESZIERENDE FRAU Nicht zum Lachen.

Wand der Kanzlei. Polja geht vorüber.

TRUTZWACKERL Polja? du – hier? Hast mich angezeigt? Beschwerden vorgebracht?

POLJA Welche Beschwerden?

TRUTZWACKERL Du hast ihr, in erster Linie, hoff ich, erzählt, wie wir Hand in Hand, Schulter an Schulter, der Sonne des Kommunismus entgegenschritten? Wie wir gegen die alte Lebensform ankämpften? Frauen lieben die Sentimentalität. Ihr hat das gewiß imponiert. Was?

POLJA Hand in Hand?

TRUTZWACKERL Paß auf, Polja! Du darfst meine Ehre als Parteimann mit hohem Parteialter nicht verunglimpfen. Du sollst an unsere ethischen Grundsätze denken und keinen Schmutz aus der Hütte tragen. Übrigens, möchtest du dich nicht lieber heimbegeben in die Hütte, ich meine natürlich: in unser trautes Heim; dort sauber machen, den Schmutz hinaustragen und meine Sachen bereitlegen? Ich reise nämlich. Ich bin gegen Doppelbeschäftigung und fahre vorderhand allein. Dich werde ich brieflich verständigen, wann du mir nachfolgen sollst. Sobald ich nämlich alle meine Verwandten nachkommen lasse. Geh jetzt heim, Polja, sonst ...

POLJA Was geschieht – sonst? ...

Arbeitszimmer Trutzwackerls

PHOSPHORESZIERENDE FRAU Die Wahl fiel auf euer Amtskollektiv rein zufällig, wie auch Erfindungen zufällig scheinen. Mir ist, als seien die besten Menschenexemplare in dem Unternehmen zu finden, wo Zweysam und Dreysam arbeiten. Aber bei euch gibts alle zwei Schritt eine Großbaustelle. Gute Menschenexemplare dürften auch hier vorkommen.

UNDERTON Sagen Sie, Erleuchtete, würden Sie mich mitnehmen?

PHOSPHORESZIERENDE FRAU Sind Sie von hier?

UNDERTON Bislang von nirgendwo.

PHOSPHORESZIERENDE FRAU Wie das?

UNDERTON Gekündigt.

1 »Die vom Filmstreifen Gefesselte«: L. Brick auf Majakowskis Kinoplakat, 1918

2 Film »Nicht für Geld geboren«: David Burljuk und Iwan Now (Majakowski) im »Dichter-Café«, 1918

3 Der Rowdy (Majakowski) bestraft einen Mitschüler

4 Plakat Majakowskis zur Uraufführung des »Mysterium buffo«, Petrograd 1918

5 Der Deutsche – Kostümentwurf Majakowskis für »Mysterium buffo«, 1919

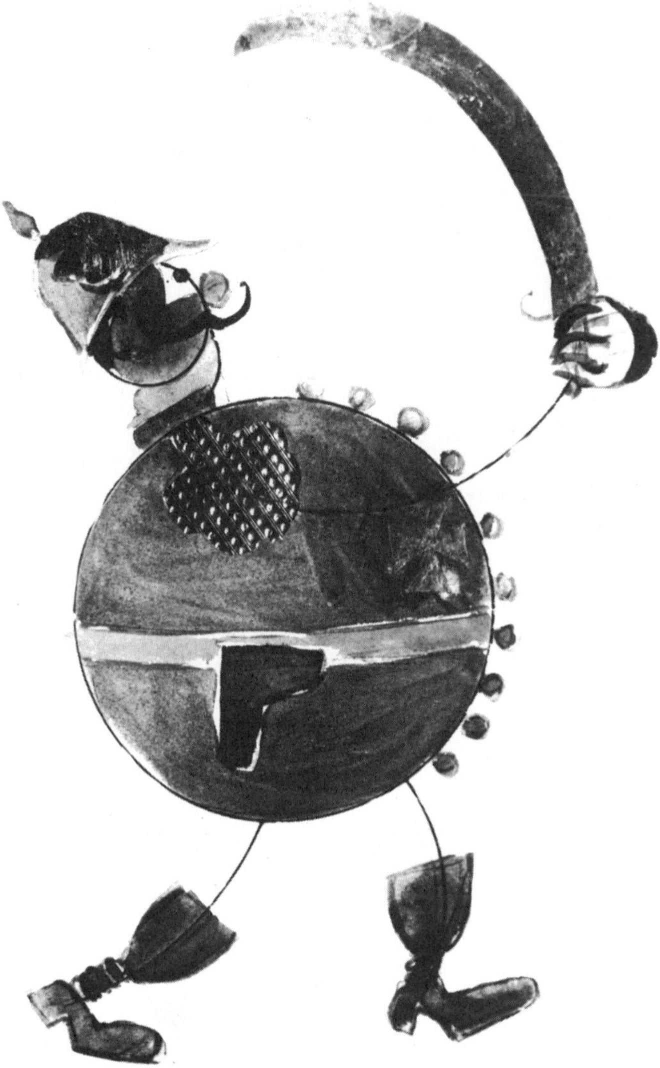

6 Kostümentwürfe Majakowskis für »Mysterium buffo«:
Sieben Paar reiner Wesen, 1919

7 W. Majakowski mit D. Schostakowitsch, W. Meyerhold und A. Rodtschenko während der Proben zur »Wanze«, 1929
8 Kostümentwürfe Majakowskis: Pobedonossikow und Optimistenko, 1929

9 W. Majakowski, 1929

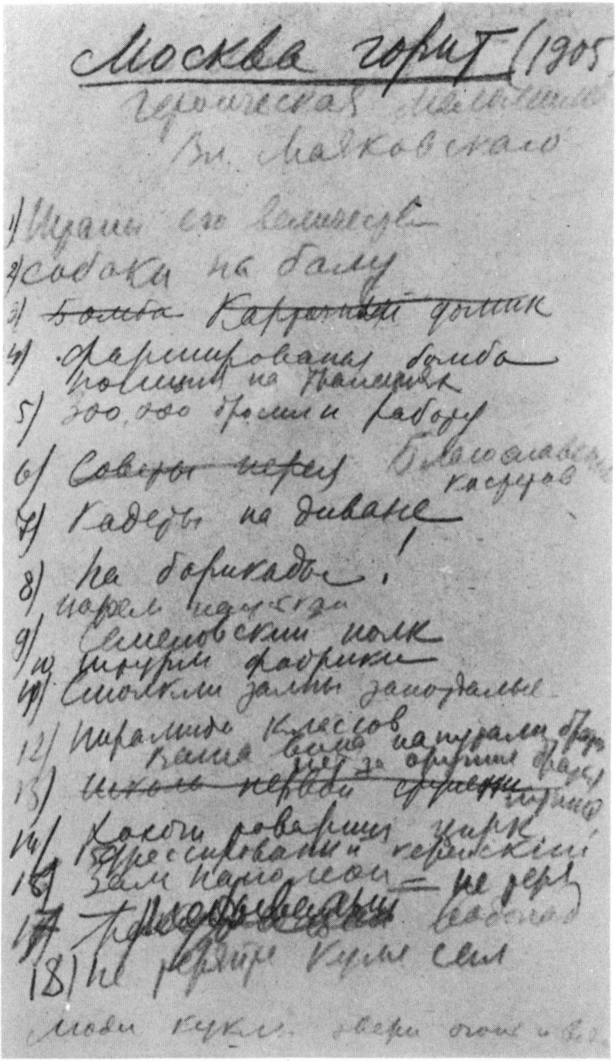

10 Majakowskis Programm-Entwurf für die Aufführung von »Moskau in Flammen«, 1930

11 Plakat Majakowskis zur Uraufführung von »Moskau in Flammen«, 1930

PHOSPHORESZIERENDE FRAU Das bedeutet –?
UNDERTON Es hat Anstoß erregt, daß ich die Lippen bemale.
PHOSPHORESZIERENDE FRAU Wem?
UNDERTON Mir selbst.
PHOSPHORESZIERENDE FRAU Sonst taten Sie nichts?
UNDERTON Ich tippte. Und stenographierte.
PHOSPHORESZIERENDE FRAU Gut?
UNDERTON Gut.
PHOSPHORESZIERENDE FRAU Warum dann – von nirgendwo?
UNDERTON Abgebaut.
PHOSPHORESZIERENDE FRAU Weshalb?
UNDERTON Ich habe die Lippen bemalt.
PHOSPHORESZIERENDE FRAU Wem?
UNDERTON Nun, mir selber.
PHOSPHORESZIERENDE FRAU Ja, wen geht das was an?
UNDERTON Ich bin abgebaut.
PHOSPHORESZIERENDE FRAU Warum?
UNDERTON Ich soll, sagt man, den Mund bemalt haben.
PHOSPHORESZIERENDE FRAU Wozu haben Sie es denn getan?
UNDERTON Unbemalte finden keinen Posten.
PHOSPHORESZIERENDE FRAU Das begreif ich nicht. Wenn Sie irgendwem andern, sagen wir, Besuchern während der Arbeitszeit, mit dem Lippenstift nahegetreten wären, nun, dann könnte es heißen: sie belästigt die Kundschaft, man beschwert sich. Aber so –?

UNDERTON Genossin, bitte entschuldigen Sie meine Lippen. Was soll ich tun? In der Untergrundbewegung bin ich nicht gewesen. Überdies ist meine Nase sommersprossig; wären nicht die Lippen, so würde mich niemand beachten. Wenn in Ihrem Bereich ein Mensch auch ohne so was beachtet wird, so sagen Sie mirs, zeigen Sie mir Ihr Leben dort – wärs nur ein Zipfelchen vom Leben! Natürlich – dort bei Ihnen trifft man nur wichtige Personen... mit Verdiensten, sozusagen, allerlei Trutzwackerls. Ich werde schon gewiß trachten, denen nicht unter die Augen zu kommen. Aber nehmen Sie mich mit, bitte... Sollte ich dort zu nichts taugen, so lasse ich mich gerne zurückexpedieren, auf der Stelle... Während der Reise kann ich mich nützlich machen. Vielleicht wollen Sie Eindrücke diktieren oder eine Spesenabrechnung. Ich tippe alles.

NÄCHTLING Und ich werde addieren. Meine Angelegenheit, meinen Straffall, möchte ich lieber Ihrer Kriminalbehörde unterbreiten. Denn bis hier die Gerichte sich in so einer Sache zurechtfinden ...

Schauplatz des Empfangsraumes

TRUTZWACKERL Tragen Sie's ein. Halten Sie's im Protokoll fest. Diesmal muß ich also erklären, daß ich für meine Person jedwede Verantwortung ablehne. Und sollte infolge Unkenntnis der Vorkorrespondenz und mißglückter Zusammenstellung des Personals eine Katastrophe ...

OPTIMISTELZWEIG Oho, das lassen Sie lieber bleiben! ... Einem hohen Staatsamt sollten Sie nicht mit so 'nen Drohungen kommen! Nervosität und Aufregung stehen unsereinem schlecht zu Gesichte. Sollte indessen eine Katastrophe eintreten, dann melden wir die Sache unverzüglich der Miliz, zum Zwecke der Aufsetzung einer beschaulichen Tatbestandaufnahme.

Vorbei kommt Nächtling; er trachtet, sich hinter Underton zu verbergen.

TRUTZWACKERL *hält Nächtling an und mißt Underton vernichtend mit den Blicken:* Was?! noch im Amte? noch auf freiem Fuß?! Genosse Optimistelzweig! weshalb sind keine Maßnahmen ergriffen? ... Doch übrigens, da Sie nun schon einmal noch nicht gefaßt sind, können Sie sich auch nicht vor einer Sofort-Arbeit drücken. Meine dringende Dienstreise im Spezialauftrag erfordert eine Sonderberechnung von Umzugsgeldern und Außendienstzulagen auf Grund der normalen Ordnungstarife hinsichtlich des Zeitablaufs und Gehaltsdurchschnitts, und zwar für hundert Jahre im voraus, dazu schlagen wir Reisegelder und einen abrechnungspflichtigen Spesenvorschuß ... Im Fall einer Panne wird möglicherweise irgendwo, vielleicht im erstbesten öden Halbjahr, ein Notaufenthalt von zwanzig, dreißig Jahren eingeschoben werden müssen. All dies soll vorgesehen und in Rechnung gestellt werden. Es wäre leichtsinnig, so unorganisiert draufloszupreschen.

NÄCHTLING Verdammter alter Käse, so geh auf organisierte Art den Weg allen Fleisches!! *Geht rasch ab.*

IWAN IWANOWITSCH Käse – Fleisch? Waren Sie bei Sitzungen? Ich war bei Sitzungen. Überall belegte Brötchen mit Käse, kaltem Fleisch, Schinken. – erstaunlich interessant!

TRUTZWACKERL *allein, wirft sich in einen Polstersessel:* Also gut, wie beliebt, ich gehe. Wenn man mich so behandelt, nehme ich meinen Abschied. Dann können sie mich alle ... nach Bildnissen und Erinnerungen von Zeitgenossen studieren. Ich gehe – aber ihr, Genossen, werdet es bereuen!

Auftritt die phosphoreszierende Frau.

OPTIMISTELZWEIG Sprechstunde ist vorüber! Kommen Sie morgen, reihen Sie sich in die Schlange ein.

PHOSPHORESZIERENDE FRAU Was für eine Sprechstunde? Welches »morgen«? Wer züchtet hier Schlangen?!

OPTIMISTELZWEIG *weist auf die Tafel »Ohne Anmeldung kein Eintritt!«:* Gemäß den Grundgesetzen.

PHOSPHORESZIERENDE FRAU Haben Sie vergessen, diesen Blödsinn abzuschaffen?!

TRUTZWACKERL *ist aufgesprungen und geht neben der phosphoreszierenden Frau einher:* Guten Tag, schönen guten Tag, Genossin. Entschuldigen Sie meine Verspätung, aber diese Arbeitslast ... Ich hab trotzdem einen Sprung her gemacht. Ich habe verzichtet, ich war dagegen. Aber niemand will auf mich hören. Mach die Reise, sagen mir alle, denn du mußt repräsentieren. Basta! Nun, wenn das Kollektiv es wünscht, muß ich wohl oder übel ja sagen. Nur bitte ich, Genossin, im Auge zu behalten, daß mir der Rang eines Funktionärs von zentraler Bedeutung zukommt. Mögen andre sich im Dienst von Tageskampagnen aufreiben. Nehmen Sie bitte darauf Rücksicht und holen Sie diesbezügliche Weisungen ein. Genosse Optimistelzweig kann für Sie eine Blitzdepesche abfertigen, auf unsre Kosten. Sie begreifen natürlich selber, daß ich drüben auf einen Posten Anspruch erheben muß, der meinem Dienstalter entspricht und meiner Stellung als einer der prominentesten Amtsträger auf meinem Gebiet.

PHOSPHORESZIERENDE FRAU Genosse, ich weise niemandem Posten an. Ich bin nur erschienen, um hier Überzeugungskräfte zu festigen. Ich zweifle nicht, daß mit Ihnen verfahren wird, wie Sie es verdienen.

TRUTZWACKERL Inkognito? Ah, ich verstehe. Doch kann es zwischen uns angesichts gegenseitigen Vertrauens kein Geheimnis geben. Und ich, als der ältere Genosse, darf Sie wohl darauf aufmerksam machen, daß Sie von Leuten umgeben sind, die man keineswegs hundertprozentig für voll nehmen kann. Radlflitz ist Raucher. Käuzerich ist Trinker, er dürfte, entsprechend seinen Phantastereien, sogar saufen. Ich muß auch sagen und kanns vor der Organisation nicht verhehlen, daß leider auch meine Ehehälfte eine mannstolle, putzsüchtige Kleinbürgerin ist und den verflossenen Lebenssitten anhängt.

PHOSPHORESZIERENDE FRAU Schon gut. Was kümmert Sie das? Immerhin tut jeder von ihnen sein Werk . . .

TRUTZWACKERL Pardon, was heißt hier »immerhin«? Auf werktätigem Wege wandle auch ich immer hin, doch immerhin trinke und rauche ich nicht, gebe keine Trinkgelder, weiche nie nach links ab, komme nie zu spät, kenne kein . . . *flüstert ihr ins Ohr,* meide die Völlerei, gebe mich nie dem Müßiggang hin . . .

PHOSPHORESZIERENDE FRAU Sie erzählen immerzu, was Sie nicht-nicht-und-nicht tun . . . Aber gibts auch etwas, was Sie ja-ja-und-abermals-ja tun?

TRUTZWACKERL Ja, ja und abermals ja? Aber gewiß! Ich führe Direktiven durch, ordne Resolutionen ein, stelle Verbindungen her, zahle Parteibeiträge, nehme das Maximalgehalt entgegen, setze meine Unterschrift hin, drücke meinen Stempel auf. Nun, schaff ich damit nicht einfach ein Musterstück des Sozialismus? Bei Ihnen drüben wird die Zirkulation der Papiere sicher bereits fließbandartig geordnet verlaufen, was?

PHOSPHORESZIERENDE FRAU Ich weiß nicht, was Sie meinen. Aber natürlich wird Papier in die Presse-Rotation fließend eingeliefert.

Auftreten Pont Keach und Mesallianskaja.

Pont Keach räuspert sich.

MESALLIANSKAJA Please, sir.

Pont Keach räuspert sich abermals und kaut fünfundzwanzig Worte Englisch.

MESALLIANSKAJA Mister Pont Keach will sagen, daß er, angesichts der nunmehr völligen Unbrauchbarkeit der Uhren, bereit ist, sämtliche Uhren im Lande zu einem annehmbaren offiziellen Preis aufzukaufen. Hernach will er, sagt er, unter Vorbehalt gern an den Kommunismus glauben.

PHOSPHORESZIERENDE FRAU Klar, auch ohne Dolmetscher. Doch soll hier der Satz gelten: Erst anerkennen, dann daraus Vorteile ziehen! ... Genossen! kommen Sie pünktlich. Punkt zwölf geht der erste Zeit-Expreß zur Station »Jahr 2030« ab.

Sechster Aufzug

Käuzerichs Kellerraum. Zu beiden Seiten der unsichtbaren Maschine betätigen sich Käuzerich und Foskin, Radlflitz und Zweysam. Die phosphoreszierende Frau vergleicht die unsichtbare Maschine mit den Planzeichnungen. Dreysam wacht bei er Tür.

PHOSPHORESZIERENDE FRAU Genosse Foskin! montieren Sie ganz gewöhnliche Windschutzscheiben. Der Fünfjahrplan hat uns Tempo und Geschwindigkeit gründlich beigebracht. Von all der Hurtigkeit der Überfahrt werden wir nicht viel merken.

FOSKIN Gut, ich will das Glas auswechseln. Halbmillimeter und unzerbrechlich.

PHOSPHORESZIERENDE FRAU Genosse Zweysam! kontrollieren Sie die Federung. Sorgen Sie dafür, daß die Weglöcher der Feiertage keine Erschütterungen verursachen. Die ununterbrochene Turnuswoche hat uns mit glattem Gang verwöhnt.

ZWEYSAM Wir fahren gewiß stoßfrei, wenn nur unterwegs keine Wodkaflaschen herumliegen.

PHOSPHORESZIERENDE FRAU Genosse Radlflitz! behalten Sie das Manometer der Disziplin im Auge. Übertretungen reißen den Schuldigen sofort über Bord.

RADLFLITZ Keine Sorge! Wir halten straff wie gespannte Saiten.

PHOSPHORESZIERENDE FRAU Genosse Käuzerich, klar zum Start?

KÄUZERICH Standlinie fixieren – und fertig zur Fahrt.

Ein weißes Rollband läuft im Räderwerk der unsichtbaren Maschine surrend ab.

RADLFLITZ Dreysam, den Starthebel!

Von vier Seiten strömen die Fahrgäste herbei; sie tragen Spruchbänder und singen den »Zeitmarsch«.

DER ZEITMARSCH

Sang der Gesänge,
heb dich zur Sonne
über dem Marsch
der roten Kolonne!

Land,
sei
bereit!
Vor-
wärts
die Zeit!

Land der Länder,
brich auf und stürme,
malme im Schutt
das Modergewürme!
Wage
den
Streit!
Vor-
wärts
die Zeit!

Schreite, mein Land,
der Zukunft verschworen,
denn die Kommune
steht vor den Toren!
Halte
den
Eid!
Vor-
wärts
die Zeit!
Laßt uns frisch
von des Plans fünf Jahren
eins überholen,
eins ersparen!
Zeit-
dränger
seid!
Vor-
wärts
die Zeit!

Greif in die Räder,
Zahnrad der Wochen!
Land, deine Arbeit
sei ununterbrochen!
Spute
dich
heut!
Vor-
wärts
die Zeit!
Meine Kommune,
stoße vom Thron heut
trägen Schlendrian,
alte Gewohnheit!
Herz,
sei
erneut!
Vor-
wärts
die Zeit!

Sang der Gesänge,
heb dich zur Sonne
über dem Marsch
der roten Kolonne!
Land,
sei
bereit!
Vor-
wärts
die Zeit!

OPTIMISTELZWEIG *löst sich aus der Menge; zu Käuzerich:* Genosse, ich möchte Sie streng vertraulich fragen: – wirds dort einen wohlbestellten Erfrischungsraum geben? Nicht? Das hab ich mir denken können! Und warum hat man hiervon nicht durch Amts-Order Mitteilung gemacht? Vergessen? Na ja, tut nichts. Die Getränke müssen hinreichen, und mit den

Eßvorräten können wir zur Not auskommen. Besuchen Sie uns im Abteil! Was für einen Platz haben Sie?

KÄUZERICH Treten Sie neben mich her. Schulterfühlung empfiehlt sich. Fürchten Sie keine Erschöpfung. Ich bewege hier diesen Drehknopf - und im nächsten Augenblick . . .

TRUTZWACKERL *tritt auf in Begleitung von Mesallianskaja:* War noch kein Glockenzeichen? Jetzt kann mans geben. Gleich das zweite. *Zu Zweysam:* Genosse, bist du in der Partei? Ja? So bitt ich dich um einen Freundschaftsdienst: bringt meine Koffer unter. Oh, sehr wichtige Urkunden. Darf man denn allerlei parteilosen Gepäckträgern so was anvertrauen? Die tragen ja für Geldlohn. Aber du, als aufgerückter Werkmann, wirst es mir als Kamerad tragen. Dir vertrau ich! . . . Wo ist hier der diensthabende Chefverwaltungsvorsteher, der das Einsteigen zu überwachen hat? Wo find ich mein Abteil? Mein Liegeplatz liegt hoffentlich unten . . .

PHOSPHORESZIERENDE FRAU Die Zeitmaschine ist noch nicht voll ausgestattet und eingerichtet. Sie, meine Freunde, als Pioniere dieser Beförderungsart, werden, wie alle übrigen Fahrgäste, mit Stehplätzen fürlieb nehmen müssen.

TRUTZWACKERL Was sollen hier die Jungpioniere? Das Pioniertreffen ist beendet, und ich muß bitten, mir nie wieder mit Pionieren in den Ohren zu liegen. Diese Kampagne ist gottlob abgeschlossen. Ich fahre einfach nicht mit! Was heißt das, zum Teufel noch mal? Es ist endlich Zeit, einen alten Gardisten schonen zu lernen, sonst laß ich die Garde links liegen. Schließlich beanspruche ich auch einen Geldausgleich für die nichtkonsumierten Urlaubstage. Mit einem Wort, wo ist mein Reisegepäck?

Zweysam stößt einen Bahnsteig-Handwagen vor sich her; darin sind Aktenbündel, Hutschachteln, Amtsmappen, Jagdgewehre und ähnliches verstaut, ferner ein Schrankkoffer der Mesallianskaja. Der Handwagen ist von vier Hühnerhunden flankiert. Hinterher trottet Belvederski mit Koffer, Malkasten, Pinseltasche, Staffelei und einem Spannrahmen mit Malleinwand.

PHOSPHORESZIERENDE FRAU Genossen, was soll denn dieses Riesenwarenhaus?

OPTIMISTELZWEIG Oh, nur ein kleiner Heimwohlstand mit einem ganz winzigen Fettansatz.

PHOSPHORESZIERENDE FRAU Aber, wozu das? Lassen Sie doch wenigstens einen Teil zurück!

OPTIMISTELZWEIG Natürlich, Genosse, lassen Sie's mit der Paketpost nachkommen.

TRUTZWACKERL Bitte, ohne Einwendungen! Wenns sein muß, legen Sie sich eine Wandzeitung zu und lagern Sie dort Ihre Bemerkungen ab. Meine Sache ists, Dokumente beizustellen: Rundschreiben, Umlaufzettel, Platzanweisungen, Zweitschriften, Vorschreibungen, Drittschriften, Richtigstellungen, Amtsauskünfte, Karteizettel, Resolutionen, Rechnungslegungen, Protokolle und andere Ausweisurkunden. Dazu wenigstens etliche reelle Hundsviecher. Ich hätte für mich einen Sonderwagen beanspruchen dürfen, aber ich will darauf Verzicht leisten – im Einklang mit meiner Bescheidenheit im Privatleben. Vernachlässigen Sie nie die Politik auf weite Sicht. Die wird Ihnen noch gar sehr zugute kommen. Sobald mir der Personalbestand bewilligt ist, will ich die Kanzlei sogleich auf den globalen Maßstab umstellen. Eine Erweiterung des Etats wird mir später die Ausbreitung auf den Maßstab unseres Planetensystems erlauben. Ich hoffe, Sie wollen unseren Mutterstern nicht entkanzleien und dadurch ins Chaos stürzen.

OPTIMISTELZWEIG *zur phosphoreszierenden Frau:* Sagen Sie nicht nein, Bürgerin. Es wäre doch schade um unsern Planeten.

PHOSPHORESZIERENDE FRAU Nur machen Sie bitte rascher!

TRUTZWACKERL Ich muß Sie entschieden bitten, sich nicht in fremde Kompetenzen einzumengen. Das geht zu weit! Ich bitte, nicht zu vergessen: dieses sind m e i n e Leute, und solange man mich nicht enthoben hat, bin ich hier der Hauptvorstandschef-Oberste. Mir wächst das Getue schon zum Hals heraus! Ich werde mich beschweren, bei jedermann und über jedermann, sobald ich erst die Zügel in die Hand bekomme. Gebt mir den Weg frei, Genossen! Stellt die Frachtstücke hierher. Wo ist meine Aktentasche aus hellgelbem jungem Kalbsleder mit meinem Namenszeichen? Optimistelzweig, laufen

Sie, suchen Sie, holen Sie die Tasche! Keine Aufregung, man wird mit dem Abflug eben warten müssen! Ich halte den Start auf, Staatsnotstand die Ursache, beileibe kein Pappenstiel.

Optimistelzweig dienstfertig, eilt los; ihm entgegen kommt Polja mit der gesuchten kalbsgelben Aktentasche.

POLJA Bitte, Mann, zisch nicht! Ich hab zu Hause reinegemacht, wie dus befohlen. Ich will sogleich wieder heimkehren und das Heim kehren. Da seh ich vorhin: du hast was vergessen. Ich denk: was Wichtiges. Besen hingelegt und hergeeilt – bitt schön. *Überreicht ihm die Aktentasche.*

TRUTZWACKERL Nehme den Spruch zur Kenntnis und die Tasche entgegen. So was tut man aber rechtzeitig. Nächstens werde ich solche Verspätung als Versager rügen und als Erschlaffung der Ehedisziplin strafen. Begleitpersonen, verlaßt den Zug! Leb wohl, Polja! Sobald ich drüben eine Beschäftigung habe, überweise ich dir ein Drittel von Irgendwas, in Übereinstimmung mit der Praxis des Gerichts, bis zur Reform der veralteten Gesetzgebung.

Pont Keach tritt ein und bleibt stehen, wobei er sich ausdrucksvoll räuspert.

MESALLIANSKAJA Please, sir.

Pont Keach kaut fünfundzwanzig Worte Englisch.

MESALLIANSKAJA Mister Keach will mitteilen und aussprechen, daß er die Reise ohne Paß und Papiere antreten muß, weil er nicht wußte, ob man ihm einen Ausweis oder eine Ausweisung zugedacht habe ... Doch erklärt er sich gern bereit, in jeden beliebigen Sozialismus progressiv hineinzuwachsen, wenn letzterer ihm nur progressive Einkünfte sichert ...

OPTIMISTELZWEIG Please, please, sir. Unterwegs werden wir uns schon einigen.

IWAN IWANOWITSCH Good afternoon! Meinen Gruß Ihren und unseren Fortschritten! Noch eine letzte Anstrengung – und auch das ist bewältigt. Haben Sie den Sozialismus gesehen? Ich werde jetzt den Sozialismus sehen. Erstaunlich interessant.

TRUTZWACKERL Und also, Genossen ... Weshalb und wo sind wir stehengeblieben?

UNDERTON Bei »Und also, Genossen ...«

TRUTZWACKERL Ja! Ich bitte ums Wort. Ich ergreife das Wort.

Und also, Genossen, wir durchleben die Zeit, da in meinem Apparat der Zeit-Apparat erfunden worden ist. Wohlgemerkt, dieser Apparat der befreiten Zeit entstand in meinem Apparat, weil in meinem Apparat beliebig viel freie Zeit vorhanden war. Das augenblickliche Zeitgeschehen ist dadurch gekennzeichnet, daß es ein augenblickliches Stehen und kein Geschehen ist. Und weil beim Stehen nicht Anfang noch Ende erkennbar ist, will ich mit dem Schlußwort beginnen und mit der Vorrede aufhören. Der Apparat ist erstklassig. Den Apparat, den brauch ich grad. Der Apparat, der schafft mir Rat. Wir freuen uns, weil wir jedesmal, wenn wir in Urlaub gehn, das Jahr zurücklaufen lassen können und also jedes Jahr zwei Jahre im Urlaub verbringen dürfen. Und umgekehrt: jetzt empfangen wir an einem Tag im Monat unser Gehalt, doch wenn wir den ganzen Monat in einen Tag einrollen, so können wir den ganzen Monat tagtäglich Monatsgehalt empfangen. Und also, Genossen . . .

STIMMEN Nieder!
Genug!
Vorwärts ohne Litaneien!
Käuzerich, schalt ihm die Zeit aus!
Käuzerich manipuliert an Trutzwackerls Weste; dieser setzt seine Gestikulationen und Mundbewegungen fort, seine Worte werden aber unhörbar.

OPTIMISTELZWEIG Ich für meine Person ergreif das Wort für alle Personen des Personals und sag Ihnen ohne Ansehung der Person: es ist uns piepegal, welche Person ein Amt bekleidet, denn in Wahrheit kleidet das Amt die Person. Doch freuts uns entschieden, daß Sie von uns nicht scheiden; wir findens annehmlich, daß Sie sich unser annehmen; wollen Sie diese Uhr annehmen, als unser Geschenk an unsern Chef . . .

STIMMEN Nieder!
Salzen Sie ihm die Zunge!
Dreh ihm den Hahn ab, Käuzerich!
Käuzerich hantiert an Optimistelzweigs Weste und schaltet ihn aus. Optimistelzweig gestikuliert und deklamiert weiter, aber auch seine Worte werden unhörbar.

PHOSPHORESZIERENDE FRAU Genossen! beim ersten Startzeichen

stürmen wir vorwärts. Wir durchbrechen die altersschwache Zeit. Die Zukunft nimmt all diejenigen auf, die wenigstens eine Qualität aufweisen, welche sie mit dem Kollektiv der kommenden Kommune eint: – Arbeitslust, Opferbereitschaft, Erfindungsgabe, Stolz aufs Menschentum. Wollen wir unsere Fünfjahr-Schritte verzehnfacht fortsetzen! Haltet euch stark und eng beisammen, als Masse. Der Zeitflug wird jeden Ballast abstreifen, allen Plunder wegschleudern, alle von Kleinmut ausgehöhlten Seelen hinunterwerfen.

TRUTZWACKERL Geh endlich, Polja!

NÄCHTLING *kommt gelaufen, sichtlich verfolgt:* Wenn ich nur den Sozialismus erreiche – dort werden sie sich in meiner Sache schon zurechtfinden!

EIN MILIZIONÄR *holt Nächtling ein und pfeift.* Halt!!

Alle stürzen zur Zeitmaschine.

PHOSPHORESZIERENDE FRAU Eins, zwei, drei!

Bengalische Explosion. »Zeitmarsch«. Dunkel. Auf der Bühne werden Trutzwackerl, Optimistelzweig, Belvederski, Mesallianskaja, Pont Keach und Iwan Iwanowitsch vom Teufelsrad der Zeit abgeworfen, hingeschleudert, ausgestreckt ...

OPTIMISTELZWEIG Aussteigen, wir sind angelangt!!

TRUTZWACKERL Polja, Poljetschka! betaste und betrachte mich rasch von allen Seiten. Mir ist, als wär ich unters Rad der Zeit geraten. Polina! ... Ah, ist sie mir entführt worden?! Aufhalten!! einholen und überholen! Wie spät ists denn? *Er führt die geschenkte Uhr an die Augen.*

OPTIMISTELZWEIG Geben Sie! geben Sie mir sofort die Uhr zurück! Ein solches Unterpfand als Bestechungsgabe steht uns nicht zu Gesichte, da ich allein im Namen aller ein Monatsgehalt in diese Uhr hineingesteckt hab. Wir suchen uns eine andre Persönlichkeit, der wir die Uhr darbringen und der wir huldigen könnten.

IWAN IWANOWITSCH Wo Holz gehauen wird, fallen Späne. Kleinere, größere Mängel des Mechanismus. Man muß ausziehen, die Sowjetöffentlichkeit heranziehen. Erstaunlich interessant!

TRUTZWACKERL Künstler, erfaß den Augenblick, verewige einen lebendigen Menschen in seiner tödlichsten Erniedrigung!

BELVEDERSKI Kommt nicht in Frage! Die perspektivische Verkürzung Ihrer Figur scheint mir jetzt ein wenig unvorteilhaft. Auf ein Modell muß man blicken wie eine Ente hinauf zum Balkon. Nur im Anblick von unten nach oben gelingen mir echt künstlerische Würfe.

TRUTZWACKERL *zu Mesallianskaja:* Ausgezeichnet, ganz ausgezeichnet. Mögen sie nur versuchen, ohne Führung, ohne Segel dahinzugondeln! Ich ziehe mich ins Privatleben zurück, ich schreibe meine Memoiren. Komm, gehen wir. Dir bleib ich erhalten, ich, dein Wackerlein.

MESALLIANSKAJA Ich finde das Wackerlein gar nicht mehr wakker. Eher das Gegenteil. Er konnte weder den Sozialismus erbauen – noch eine Dame erbauen... Ach, Sie impo... santes Figürchen, empfangen Sie meinen Segen! Good-bye, adieu, auf Wiedersehn, leben Sie wohl!!... Please, my Keachlein, my Pontchen! *Sie entfernt sich mit Pont Keach.*

TRUTZWACKERL Was wollte sie, was wolltet ihr, was wollte der Autor damit sagen? Etwa – daß wir, ich und meinesgleichen, der Kommune gar nicht nottun?!...

Ende
(1929-1930)

Wandsprüche für die »Schwitzbad«-Aufführung

Spruchbänder auf der Bühne

Hinweg
mit den Musenpriestern,
den mähnigen
Kunstphilistern!
Der Künstler marschiert,
auf den Lippen ein Lied,
mit der Kommune
in Reih und Glied.

Nicht für
des Kammerspiels
Kleinbürgerseele
türmen Theater die steinernen Säle.
Weg mit
den Individualismus-Pfaffen!
Kunst sei
von Massen
für Massen geschaffen!

Hinweg
mit dem psych-erlogenen Mann da.
Theater
sei Arena
der Werkjahrfünft-Propaganda.

Ich und du
baun den Sozialismus,
wir zweie:

drum zeichnen wir beide
die Bau-Anleihe.

Selbstgewiß sitz dich
aufs Stahlroß drauf –
das Dorf
halle wider
vom Traktorgeschnauf. –
25, voran!
25, brausend –
geschmiedete Leute,
Arbeiter-Tausend!

Auf Bühnen erdröhne!
In Versen ertöne!
Plakatwand,
sei flammenbeschrieben!
Der Wettbewerb walle
im Sturm durch die Halle,
siegjauchzend in Musterbetrieben!

Mit Volldampf
in ununterbrochner
Tour.
Das Werkjahrfünft
daure
vier Jahre nur!

Spruchbänder im Zuschauerraum

Die Kunst von rechts steht zum Angriff geballt.
Rüste, Links-Kunst,
deine Klassengewalt!

Entlarvt dies beides
mit *einem* Satz:
Machenschaften rechts
und
den linken Schwatz.

Spielleiter!
hinaus den Kulissen-Mist!
Verwandle das Dasein,
Regie-Realist!

Gilts –
ein Schwitzbad für Großbürokraten,
so spart nicht mit Heißwasser,
geizt nicht mit Seife!
Laßt nimmer euch
von Jermilow beraten,
vom Schwimmhosen-Onkel
mit Klassiker-Schleife!

Begeisterung,
dröhne,
sei donnerlaut!
Betriebe,
verstrahlt
euer Freudenfest!
O Tag,
der am Sozialismus baut,
dein Licht
halt
auf tausend
Gebäuden fest!

Seelenzergliederer,
weg von der Bühne!
Theater sei Arbeiterkampftribüne!

Ein Kunstrichter brummt:
»Das Stück ist nicht übel,
doch unverständlich
für breiteste Massen!«
Die Schmähung
gehört
in den Abfallkübel,
weil sie's
längst besser als er
erfassen!

Im Künstlertheater,
da spuken die Klassiker,
auch Gespenster
hausen dort rüstig.
Paßt auf:
ein Graf, ein richtiger
rassiger,
vergiftet
die Republik
mit Mystik.

»Sie müßten Ihr Stück
ein wenig
veredeln!«
erklärten
kopfschüttelnd
die Spiel-Inspektoren.
Bemüht,
meine Mär durch Paragraphen zu fädeln,
haben die Weisen den Faden verloren.

Sollten die Weißen
ein Tänzchen
wagen

(nie führte
ein Marsch auf Moskau
zum Ruhme) –
in unserm Theater
steht ohne Zagen
jeder Schauspieler
als Soldat
zur Kommune.

Amtsschimmel droht
der Erde, dem Himmel
mit Ozeanen
von Papp und Papieren! –
Bändigt den rasenden,
zügelt den Schimmel!
sperrt ihn,
gezähmt,
zu den nützlichen Tieren!

Das Schwitzbad
ist einer Roßkur
vergleichbar:
es macht
die gründlichsten
Heilkräfte frei.
Dies Mittel
bleibt Allen und Jedem
erreichbar:
Selbstkritik –
die Universal-Arznei!

Drama sei
Leuchtturm und Feldherrnhügel!
Drama sei
Sturmlauf mit Pauke und Hupe!

Bühne sei
kein nachäffender Spiegel!
Bühne sei Fernrohr!
Bühne sei Lupe!

Schätzt
die Kunst,
die da füllt eure Kasse,
doch die Kunst,
worin
der Oktoberruf gellt,
doch die Kunst,
die da blitzt
mit den Waffen der Klasse,
schätzt höher
als
Schönrednerei und Geld.

MOSKAU IN FLAMMEN

(Das Jahr 1905)
Zweitfassung

Ein Massenschauspiel
in Sing- und Sprechtexten

Es wirken mit:

Erster Ausrufer
Zweiter Ausrufer
Dritter Ausrufer
Vierter Ausrufer
Ein Rothaariger
Ein Soldat
Trepow, Polizeigeneral
Studenten
Fräulein
Offiziere
Erster Rechtsanwalt
Zweiter Rechtsanwalt
Zivilist
Eine Dame
Gäste
Verhaftete
Begleitsoldaten
Ein Gardist
Mademoiselle
Ein General
Schutzleute
Der Zar
Die Zarin
Minister
Ein Spießbürger
Ein Pope
Ein reicher Mann
Ein Bauer
Ein Arbeiter
Ein Polizist
Mehrere Arbeiter
Mehrere Fabrikbesitzer
Erster Liberaler
Zweiter Liberaler
Ein Offizier
Kosaken
Gardesoldaten
In Ketten Gelegte
Ein musizierender Clown
Kerenski
Ein Kulak
Der römische Papst
Pilsudski
Macdonald
Tardieu

Erster Teil

Vier Ausrufer sind von vier Seiten in die verdunkelte Arena getreten. Jeder trägt auf seinem Gewand eine der Leuchtziffern »1«, »9«, »0« und »5«; sie nehmen nebeneinander Aufstellung und bilden so die Jahreszahl »1905«.

ERSTER AUSRUFER Fünferjahr!
aufrechtes Fünferjahr!
das anno siebzehn
Erfüllung
fand!
Blick rückwärts,
denk an die Welt,
wie sie war,
als jene »Fünf«
in Flammen stand.

ZWEITER AUSRUFER Heitere Laune,
wirf Lichtergarben!
doch scherzend
mit spöttischen Schärfen –
vergessen wir nicht,
wie die Väter starben
in mißhandelten
Städten und Dörfern.

DRITTER AUSRUFER Noch heute schlägt ans Gehör
den Enkeln
durch brüllende Brandung
des Schwarzen Meeres –
wie Panzerkreuzer »Potjomkin«
sein Stemmkinn
ins Zarengeschwader stieß,
sein schweres.

VIERTER AUSRUFER Land und Meer
sind vom Blute
gerötet,
Menschen unzählig
von Kugeln getötet,

wie Lokführer Uchtomski
fiel,
als Oberst Riemann
der Leichen so viel
gleich Bretterfrachten
zum Stapel erhöhte.

ERSTER AUSRUFER Stern der Sowjets,
strahl über Allen!
Wie immer denn auch
die Lose fallen –
nie stampft eines Feindes Fuß
unsern Boden.
Genosse,
laß froh
dein Gelächter erschallen,
doch merk auf den Feind
und haß ihn zu Tode.

VIERTER AUSRUFER
Seht:
der Zar im Januar –
was serviert ihm die Truppe?
Da löffelt er
am Neunten
die blutige Suppe.

Über die ganze Breite der Spiel-Arena aufmarschierend, bringen dekorierte Soldaten der Länge nach gestreckte Hosen herangetragen. Das Band ohne Ende verschwindet im Schloßportal, und aus dem Schloßportal zieht sich wiederum ein endloses Band, mit Bündeln beladen, bis zu einem Eingang unterm Schild »Waschfrau am Hofe Seiner Majestät«, wo der Zug verschwindet.

In der Mitte der Szene tritt ein bebrillter Kleinbürger auf, der Rothaarige, und macht sich an den kommandierenden Soldaten heran.

DER ROTHAARIGE Wohin denn die Hosen
in solcher Quantität?

DER SOLDAT Seine Majestät entsendet sie
in die Wäsche.

Es fehlt schon an Hosen.
Denn Seine Majestät
sieht sich gezwungen,
sie jede Minute
zu wechseln.

Die Arena wird dunkel. Auf der Szene erscheint ein überaus musikalischer Clown in einer großangelegten, schief aufgesetzten Krone. Er singt, auf einer leeren Wodkaflasche klimpernd.

DER CLOWN Der Zar, vor Schrecken,
erließ ein Manifest:
den Toten – Freiheit,
den Lebenden – Arrest.
Die Verfassung
hieß Zucker und Honig fließen.
Die Toten befreien,
die Lebenden erschießen.
Dem Munde ein Lächeln,
dem Volke das Heil!
Den Toten die Freiheit,
den Lebenden –
das Gegenteil.

Vor den Clown, ihn verdeckend, senkt sich die Projektionswand. Auf ihr erscheint das Manifest:
Von Gottes Gnaden
Wir,
Nikolaus der Zweite usw.

Hervor tritt Polizeigeneral Trepow, schwingt seine riesenhafte Tatze und stempelt sie mit allen fünf Fingern übers Manifest. Text:
Eigenhändig besiegelt –
Trepow

Die Projektionswand geht nach oben; auf der Arena spielt sich ein Tanzfest und Gastmahl ab. Die Militärkapelle schmettert. Studenten, Fräulein, Offiziere. Zwei Tische voller Weinflaschen sind so aufgestellt, daß zwischen ihnen ein Zug von Häftlingen samt Eskorte hindurchmarschieren kann. Jeder, der den Schauplatz betritt, trägt ein Exemplar des Zaren-

Manifestes in Form einer großen Karte. Zwei Rechtsanwälte, geschniegelt und im Frack, stürzen quer über die ganze Szenenbreite aufeinander zu.

ERSTER RECHTSANWALT

Ach, Pjotr Petrowitsch?!
Gestatten Sie einen Kuß.
Aufschlägt
die Geschichte
ein neues Blatt.

ZWEITER RECHTSANWALT

Vorbei alle Streiks,
dieser fade Verdruß.
Iwan Iwanytsch –
jetzt küssen wir uns satt.

Musik. Ein Pärchen, der Student und das Fräulein, tanzen Walzer.

DER STUDENT *zu dem entzückten Fräulein:*

Sie Stern
am studentischen
Firmament . . .
Aufs Hühneraug trat ich?
Pardon muß ich bitten.
Freiheit herrscht, Freiheit,
Freiheit ohne End:
des Gewissens,
der Versammlungen . . .
und der Umgangssitten.

Die Gäste treten auseinander. Die Häftlinge, als geschlossener Haufe, ziehen vorüber. Die Gesichter der Begleitsoldaten sind Hundeschnauzen. Mehrere Pärchen. Ein Zivilist im Frack und eine Dame.

DER ZIVILIST Ein Küßchen!

DIE DAME Frechling.

DER ZIVILIST Ich begehr Sie . . .

DIE DAME Idiot.

DER ZIVILIST Wie hübsch Sie im Zorn sind!
Amazone
von der Garde.

Genehmigen Madame
er steckt ihr ein rotes Bändchen ans Kleid –
dies entzückende Rot!
Ja, schmücken Sie sich
mit der schönen
Kokarde.

Die Paare drücken sich aneinander und machen Platz. Die Häftlinge, ein ganzer Haufe, ziehen hindurch. Wieder spielt die Musik. Ein Paar gesondert. Der Gardist und Mademoiselle.

DER GARDIST Genug Schweiß vergossen
beim albernen Walzerich.
Spazieren wir hinaus –
nur keine Verdächtigung:
Mamsell, Ihre Lippen!
einen harmlosen Schnalzerich.
Ach, nur nicht geschmollt –
jetzt herrscht Gleichberechtigung.

Wieder treten die Paare auseinander. Ein endloser Zug von Häftlingen. Der General hebt sein Weinglas. Die Gäste stoßen an.

DER GENERAL Herrgott!
gelöscht die Lava
vom revolutionären Krater.
Die Ver-fas-sung,
längst fällig,
nun ist sie da!
Ein Hoch
auf Seine Majestät –
unseren Zaren und Vater!
Hi-hipp,
hurra!

Die Gäste heben ihre Gläser, stoßen an, schwingen die kartoniert steifen Manifest-Plakate. Fallen einander um den Hals. Dann stellen sie die Gläser ab und bauen aus den Karton-Manifesten ein riesiges Kartenhaus. Auf der ganzen Rampenbreite der Arena erscheinen klobige Polizisten. Auf einer erhöhten Plattform zeigen sich: der zwerghafte Zar, die Zarin und etliche Minister. Alle blasen die Backen auf und beginnen aus Leibeskräften dermaßen zu pusten, daß das Kartenhaus flugs hinweggefegt wird. Vom Pusten werden die Lampen verlöscht, die Gäste vertrieben. In diesem Augenblick fliegt eine Bombe auf die Szene. Die Bombe explodiert und streut Flugblätter mit einer Proklamation über die ganze Arena. Die Polizisten und die übrigen Pustenden stieben erschreckt auseinander. An verschiedenen Ecken und Enden der Arena laufen verschiedene Leute auf verschiedene Art durcheinander und lesen die Proklamation.

Der Spießbürger nimmt eines der Blätter, betrachtet es, wirft es weg und sucht das Weite. Der Pope wirft einen Blick in die Proklamation, bekreuzigt sich und flüchtet. Der reiche Mann zerreißt ein Flugblatt und ballt die Fäuste. Der Bauer streicht liebevoll glättend über ein Blatt und läßt es im Hemdausschnitt verschwinden. Der Arbeiter versenkt sich in die Lektüre, ruft Kameraden herbei; alle zeigen ihre ernsthafte und bedrohliche Aufmerksamkeit.

EINER »Versammlungsfreiheit gewährleistet,
doch werden die Versammlungen von Truppenteilen zerniert.«

EIN ZWEITER »Freiheit des Wortes gewährleistet,
doch ist die Zensur unangetastet geblieben.«

EIN DRITTER »Unantastbarkeit der Person gewährleistet, doch sind die Gefängnisse überfüllt mit Verhafteten.«

DER ERSTE »Es ist unerläßlich, daß alle auf der Hut bleiben
und sich bereithalten, zu kämpfen.«

Die im ersten Schrecken geflüchteten Polizisten nähern sich behutsam dem Ort der Bombenexplosion. Sie erblicken die friedlich Lesenden und stürzen sich auf sie. Die Arbeiter laufen auseinander. Ein Schutzmann stürzt dem einen Mann nach, ein anderer Mann benutzt den Augenblick, um ihm einen Flugzettel auf den Rücken zu kleben. Gelächter. Die Polizisten verfolgen den Mann, der den Zettel aufgeklebt. Dieser erklimmt flink das Trapez. Polizisten ihm nach, klettern plump, behängt mit Säbeln und Revolvertaschen. Die Polizisten wischen sich die schweißtriefenden Stirnen. Sie spähen

umher. Bringen sich, erschrocken rückwärtsschreitend, in Sicherheit.
Auf seinen langen, mageren, stelzenhaften Beinen kommt ein Arbeiter heran; flügelartig sind an seinen Ärmeln breite Bänder befestigt, mit der Aufschrift »STREIK«. Der Arbeiter winkt mit der Hand. Von der Gegenseite rennt Hals über Kopf die Polizei heran, ihr nach rollt ein Schubkarren, auf dem Arbeiter mit lautem Räderknarren und Gelärm die Fabrikanten hinausbefördern. Alle bewegen sich zwischen den stelzenhaften Beinen hindurch.

DIE ARBEITER *stimmen Gesang an:*
Diese, ja diese
schäbige, fiese
Verfassung des Herrn Witte –
wünschen wir zum Teufel, bitte!
Ausspeien wir
unzerkaut,
was die Romanows
uns zudachten.
Auf Schubkarren gut verstaut,
laßt uns Rußlands Bourgeoisie hinausverfrachten!

Die Lichtspielfläche wird hell. Auf dem einen Bild: ein fahrender Eisenbahnzug, auf dem zweiten eine rollende Pferdebahn, auf dem dritten ein Industriewerk in Gang. Der Arbeiter macht eine Handbewegung – da bleibt auf dem Bild mitten im Fahren der Zug stehen, die Pferdebahn macht halt, der Industriebetrieb ist reglos erstarrt. Der Arbeiter schwingt den Rockärmel – da erlöschen die Lampen. Völlige Finsternis.

ERSTER AUSRUFER
Um sich greift der Ausstand –

ZWEITER AUSRUFER von der Fabrik zum Telegrafen –

DRITTER AUSRUFER
vom Telegrafen zum Bahnhof –

VIERTER AUSRUFER vom Bahnhof zum Hafen.

ERSTER AUSRUFER Kaum der Streik begann –
schon dreihunderttausend Mann.
Feierschicht vor der Schlacht,
und in der feiernden Stadt

bereitet sich jeder
zum Kampf,
wie er kann.

Ein Scheinwerfer strahlt verschiedene Winkel der Arena an; sein Strahlenbündel fällt auf Gruppen, die sich kampfbereit halten. Ein Diwan. Auf dem Diwan zwei geschniegelte Liberale vor ihren Teetassen. Sie halten Resolutionen bereit. Sichtlich nervös, erheben sie sich mehrere Male von ihren Plätzen, stülpen sich die Hüte auf, nehmen die Hüte wieder ab, setzen sich nieder, springen von neuem auf.

ERSTER LIBERALER Ich meine,
daß mit Willkomm
wir Kadetten
den Streikenden
entgegenzukommen
hätten.

ZWEITER LIBERALER Weshalb für nichts
unsern Ruf gefährden?
Solln sehn,
wie die
ohne uns fertig werden.

ERSTER LIBERALER Doch ich meine,
usw.

Eine Verkaufsbude mit Obstwaren. Es nähern sich Käufer. Sie kaufen eine Kleinigkeit. Zeigen die Parole. Halten Umschau, knöpfen ihre Mäntel auf, bringen Patronen und Waffen zum Vorschein, verteilen sie und verschwinden wieder. Der Obstladen bewegt sich vom Platz weg, unter ihm wird eine Geheimdruckerei sichtbar. Leute mit Stapeln und Stößen von Proklamationen. Die Verkaufsbude nimmt wiederum ihren alten Platz ein.

Mit Heiligenbildern verzierte Altarwand in einer Kirche. Der Pope segnet Gummiknüppel, Holzknüppel, Schlagringe und Revolver der Leute von der Schwarzen Hundert.

DER POPE *Ihr Krieger Christi,*
was rät der Kirchenvorsteher?
Haut die Juden,
ob Hebräer oder Nichthebräer!

Ich selbst,
gemäß meinem heiligen Stand,
beschmutz mir
natürlich
nicht meine Hand.
Im Pogrom erweist ihr
Untertanentreue;
Brüder Schwarzhundert,
tuts für mich,
ohne Reue.
Im Namen des Vaters
und Sohnes
und heiligen Geistes –
Schlagringe
den Lästerern aufs Haupt
auf ihr dreistes!

Scheinwerfer auf eine Gruppe Arbeiter. Rings um die Drehbank herum liegen durcheinandergeworfene Dolche und Piken. Sie werden von den sich bewaffnenden Männern davongetragen.

ERSTER ARBEITER In jedem Fabrikshof
starren
blutige Pfützen.

ZWEITER ARBEITER Genug geduldet, Genossen.
Ans Gewehr, seid jetzt Schützen!

Die Arena wird dunkel. Ausrufer treten heraus.

ERSTER AUSRUFER Moskau
reißt sich
zum Aufstand zusammen.
Dezemberhimmel
schwingt Fahnen
wie Flammen.

Arena. Der Passionsplatz in Moskau. In der Mitte das Puschkin-Denkmal. Auf drei Seiten über den Durchlässen Häuserwände mit Fenstern. Die unteren Stockwerke behängt mit Schildern. Baumreihen den Boulevard entlang zum Ausgang hin. Den Platz überflutet die Volksmenge. Ein Arbeiter mit einem Knaben bahnt sich einen Weg zum Denkmal durch, erklimmt es. Reißt sich die Mütze vom Kopf. Schreit.

DER ARBEITER

Nieder die Autokratie!
Gendarmen haben scharf geladen,
schießen auf Wehrlose.
Drum los, auf die Barrikaden!
Freiheit auf 'm Papier,
in Wahrheit Gewehrpalisaden.
Bereit seid zur Schlacht!
Los, auf die Barrikaden!
Brecht auf
Arsenale
und Waffenladen.
Den Browning zur Hand!
Und –
auf die Barrikaden!

Er holt seinen Browning hervor. Entfernte Schießerei. Sie nähert sich. Der Arbeiter greift sich an die Brust. Er fällt. Die Menge stiebt auseinander. Nur der gefallene Arbeiter bleibt auf dem Platz. Der Knabe steht allein. Auf die Arena sprengen berittene Kosaken. Der Offizier blickt um sich. Zieht den Revolver. Schießt einigemal in die Luft. Die letzte Kugel trifft den Knaben. Nun wird aus allen Fenstern gefeuert. Der Offizier und zwei Kosaken fallen. Ihre Toten und Verwundeten mitnehmend, ziehen sich die Kosaken zurück. Aus Häusern und Quergassen kommen bewaffnete Arbeitertrupps und Städter gelaufen. Aus den Häusern fliegen Matratzen, Schemel und Tische auf die Straße. Passanten reißen die Geschäftsschilder herunter. Sägen die Leitungsmasten ab. Die Gegenstände häufen sich zur Barrikade. Auf der Barrikade wird eine rote Fahne gehißt. Die Arbeitertrupps gehen in Deckung, senden den geflüchteten Kosaken Schüsse nach. Von fern hört man die Marseillaise singen. Die Arena wird verdunkelt.

ERSTER AUSRUFER Der Garde
Sporengeklirr!
der Zar Ihr erkennt: –
hetzt ran
sein Semjonow-Regiment.

Angeführt von schnurrbärtigen Offizieren, strömen auf die Arena marschierende, im Marsch ihre Formation wechselnde, paradestramm geschulte, gedrillte Gardisten. Zu beiden Seiten ihres militärischen Verbands die Marketender mit Wurstkränzen und Schnupsflaschen. Die Garde grölt den alten Gardegesang (aus den Journalen von 1905).

DIE GARDISTEN Schritt vorwärts,
Schritt zurück.
Abteilung – rechts-herum.
Wer
alle Freien
zersäbelt, zerstückt,
verdient sich Ehr und Ruhm.
Hurra! hurra! hurra!
nur feste druff –
es lebe der zarische Doppelaar.

Links! rechts! eins! zwei!
schaff mehr Patronen herbei.
Ganz Moskau
denkt an uns zurücke –
an diese kirschroten Achselstücke.
Hurra! hurra! hurra!
nur feste druff –
es lebe der zarische Doppelaar.

Kompanie, halt!
Kompanie, Feuer!
raus, ihr Kehlen, euern Gesang!
Verdienen wir uns, oho, ihr Teuern,
Wurst und Wodka, gottseidank.
Hurra! hurra! hurra!
immer feste druff –
es lebe der zarische Doppelaar.

Die Gardisten ab. Die Arena wird von vier zerbrochenen Straßenlaternen beleuchtet. Im Zentrum des Schauplatzes eine Fabrik. Hinter der Fabrik treten vorsichtig Arbeitertrupps her-

vor. Zwei erschreckte Kinder laufen über die Szene und zeigen, die Arbeiter warnend, in die Dunkelheit, wobei sie an den Fingern die von ihnen bemerkten Kanonen abzählen. Die Kinder ab. Die Arbeitertrupps zerstreuen sich, je zwei oder drei Mann, sie gehen hinter Gebäudevorsprüngen und Prellpfosten in Deckung. Kampfvorbereitungen. Es beginnt Geschützfeuer. Beschuß der Fabrik. Die Fabrik brennt, stürzt ein. Getroffene Arbeiter fallen. Die übrigen ziehen sich zu der Barrikade bei einer Außentreppe zurück. Die Kanonen nehmen jetzt die Barrikade aufs Korn. Ein Arbeiter schwingt an einem Stab ein weißes Taschentuch. Die Kanonen rollen auf die Arena heraus. Der Parlamentarier wird gefaßt, vor den Lauf einer Kanone gebunden, mit Pistolengriffen geschlagen. Der Beschuß der Barrikade wird fortgesetzt. Ein Scheinwerfer strahlt die rote Fahne über der Barrikade an. Kugeln durchlöchern das Fahnentuch; es zerfällt in Fetzen. Die Arena wird dunkel. Die Ausrufer wieder auf der Szene.

ERSTER AUSRUFER Schimmernd ragt noch
die Klassen-Pyramide.

ZWEITER AUSRUFER
Auf Unternehmerfratzen
wohnt Glanz und Friede.

DRITTER AUSRUFER
Und ein Dutzend Jahre noch –
mit Hängen und Erschießen

VIERTER AUSRUFER
kann der Selbstherrscher
froh seinen Sieg genießen.

Die Arena wird hell, Auf ihr wird eine Pyramide sichtbar. Unterste Lage: angeschmiedete, in Ketten gelegte, sich abrakkernde Arbeiter; darüber zweite Lage: das habgierige Beamtentum; dritte Lage: Popen, Mullahs, Rabbiner; vierte Lage: die Regierung, die Senatsmitglieder, die Minister; fünfte Lage: Bourgeois und Gutsbesitzer; an der Spitze oben: der zwerghafte Zar unter einer riesenhaften Krone. Während die Pyramide dasteht, bewegen sich entlang der Barriere unten, in Fesseln, aneinandergekettet, unter Bewachung, die wegen revolutionärer Betätigung zu Zwangsarbeit verurteilten Werkleute.

Zweiter Teil

Die Arena betreten vier Ausrufer.

ERSTER AUSRUFER Von den Barrikaden
der Dezemberschlacht
haben viele
heulend sich davongemacht.

Die Projektionswand wird hell. Auf ihr erscheint die kleine Gestalt des Intelligenzlers, den Hut auf dem Kopfe.

ERSTER AUSRUFER Selbst der Genosse Plechanow
plärrte –
ZWEITER AUSRUFER »Eure Schuld!
habt euch selber zu grollen,
euerm Irrweg,
dem verhängnisvollen.
Soviel Blut,
Erbitterung und Härte.
Man hätte nicht
zu den Waffen greifen sollen.«

Die zweite Projektionsfläche wird hell. Über ihre ganze Größe erstreckt sich das Bild von Wladimir Iljitschs Gestalt mit der wegweisend ausgestreckten Hand.

DRITTER AUSRUFER In dieses erbärmliche
Greinen und Keifen
rief Lenin
laut drängend und unverdrossen –
VIERTER AUSRUFER
»Nein,
man mußte und muß
zu den Waffen greifen,
nur durchaus mehr
schlagfertig und entschlossen.
Ich sehe den Tag neuer Aufstände.
Tapfer
erhebt sich aufs neue
die Arbeiterschaft.

Immer der Angriff,
nimmer die Abwehr
sei Losung der Massen
und Quell ihrer Kraft!
Und dieses Jahr
im Schaum vielen Blutes
und diese Wunden
im Arbeiterheere,
sie haben
im kommenden Ansturm
ihr Gutes –
als schwerste Probe,
als erste Lehre.«

Rotes Licht auf der Projektionswand. Auf den Anzügen der Ausrufer glühen jetzt die Leuchtziffern auf: »1«, »9«, »1« und »7«. Auf der Arena sieht man mit Ketten Gefesselte.

ERSTER AUSRUFER So lernten
auch wir
beim nächsten Male
uns siegreich schlagen
und ungeschwächt.

ZWEITER AUSRUFER Iljitsch,
man ward deiner Weisung gerecht –

ERSTER, ZWEITER, DRITTER AUSRUFER
– und ging in die Schlacht
unter deinem Fanale . . .

DIE GEFESSELTEN *auf der Arena im Chor:*
»Völker, hört die Signale!
Auf zum letzten Gefecht!«

Die Gefesselten sprengen ihre Fesseln. Sie stehen im vollen Licht der Scheinwerfer. Auf der roten Projektionsfläche: der Riesenschatten eines Händepaars, das seine Fesseln zerbricht. Auf die Arena läuft der Musik-Clown heraus. Er klingelt auf einer gesprungenen Kaiserkrone.

DER CLOWN Genossen, gebt breitem Gelächter Raum.
Wanja und Nastja,
erlaubt euch Gekicher.

Die ganze Zarensippschaft,
gezügelt,
am Zaum
lotsen wir raus auf Numero Sicher.

Ein Arbeiter führt mit Radau und Geklapper einen ganzen Auftrieb von Denkmälern am Halfterband. Die Horde trudelt aus dem weitaufgerissenen Schloßhoftor heraus, macht eine Runde um die Arena und trottet dann durch den Hauptausgang ab. Allen voran – das Reiterstandbild Peters des Großen, dem sein Siegeskranz vom Kopf gleitet, während der Reiter die symbolische Schlange unter den Arm klemmt. Hinter ihm die große steinerne Katharina, von deren Basrelief all die Großen des Reichs davonstieben. Sodann Zar Paul der Erste, der vom Postament herunterspringt und sich raschen Abgang sichert. Ihm folgt Alexander der Zweite, der statt des Reichsapfels und Szepters seinen Kopf auf der Hand trägt. Alexander der Dritte sitzt auf störrischem Gaul; senkt das Tier den Kopf, so sprüht Feuer aus den Nüstern, setzt es sich auf die Kruppe, so erfolgt Detonation von hinten; schließlich und endlich, an den Schweif des letzten Rosses geklammert, erscheint der winzigkleine Nikolaus der Zweite. Die ganze Rösserherde ab. Auf der Arena die Ausrufer.

ERSTER AUSRUFER

Der Doppeladler
ist gerupft und zerschlissen.

ZWEITER AUSRUFER

Und hurtig
wie ein Pudel durch den Reifen, hopp –

DRITTER AUSRUFER

– springt auf Alexandra Fjodorownas Kissen –

VIERTER AUSRUFER

– Alexander Fjodorowitsch,
schmissig und salopp.

Die Auffahrt zum Schloßportal ist jetzt voller Leute von großbürgerlichem Aussehen, und jedermann trägt einen Reifen. Diese Reifen tragen Aufschriften: »Krieg den Deutschen!« oder »Arbeiter ins Gefängnis!« oder »Her mit kapitalistischen Ministern!« usw. Kerenski, rothaarig, hüpft die Freitreppe hin-

auf und schlüpft dabei durch die Reifen. Er tut das Schloßtor auf, verfrachtet sich ins Innere. Unter einem Baldachin ein Bett. In der Mitte die Büste Napoleons. Kerenski geht um Napoleon herum und kopiert dessen Haltung. Ermüdet wirft er sich dann aufs Bett, es ist dasjenige der Zarin. Der Clown betritt wiederum die Arena.

DER CLOWN Am schwarzblauen
Himmel
ein roter Knick:
»Auroras«
Blitzkanonade.
Da kriegte Kerenski
im Gesicht einen Tick
vom wilden Geknall am Newa-Gestade.

Die Arena ist jetzt überfüllt von bewaffneten Rotgardisten. Eine Salve. Napoleon zeigt Kerenski die Geste der Feige.

DER CLOWN Schlüpfte in Schlafhosen
raus aus 'm Bette
der Zarin,
ein Vize-Napoleon.
Verließ Petrograd
mit dem Wind um die Wette:
Richtung Paris –
auf und davon.

Neuerdings eine Salve. Kerenski springt empor. Im Automobil mit Expreßzugsgeschwindigkeit wischt er von der Arena hinweg.

DER CLOWN Bologneserhund
bei Pariser Freunden,
wird er nun,
besser aufgelegt,
dem Herrchen schöntun
und bellend verleumden,
was eine sowjetische Flagge
trägt.

Dunkelheit. Auf der Arena ein Ausrufer; die Jahreszahlen wechseln jetzt: »1918«, »1919«, »1920« usw.

ERSTER AUSRUFER Dem Bürger graut,
seine Kräfte schwinden.
Nicht kampflos
läßt er sich begraben;
zehn Jahre lang,
aus allen zehn Winden,
sammelt er
seine Geier und Raben.

ZWEITER AUSRUFER
Wir sind nicht
zur Nahrung für Raben
geschaffen.
An uns zerbrechen
gekrümmte Krallen.
Nicht sind wir
mit Klauen
glatt wegzuraffen.
Die Massen erwachen,
ihr Haß
trägt Waffen.
Dezember war blutige Schulung
uns allen.

DRITTER AUSRUFER
Nun warn wir
die Weißen zu schlagen
gewohnt –
der Sieg,
unser Flügelpaar war er.

VIERTER AUSRUFER Zur neuen,
standhaften
Aufbau-Front
eilt heute
der Proletarier.

Global die ganze Arena beherrschend, erscheint nun die Karte des Fünfjahresplans. Unten der kümmerliche Flechtzaun, zu einem Kirchlein gehörend, hinter dem Zaun kauern die Schauspieler mit vergoldeten Zwiebelkuppeln statt der Köpfe; ringsumher Betrunkene in Form von schwankenden, zu Boden

torkelnden und immer wieder sich aufrichtenden Flaschengebilden. Von zwei Seiten nähern sich Arbeiterabteilungen. Bergleute mit dem Lämpchen und der Grubenhacke, Hammerschmiede mit dem Vorschlaghammer, Schneidereiarbeiter mit der Nähnadel, Holzfäller mit der Säge. Unter ihren Schritten zerbrechen die Flechtzäune, flüchten die Kirchlein und die Flaschen nach allen Seiten auseinander.
Ein Kulak mit dem Tragbrett eines Straßenverkäufers kommt eilfertig herbei, betrachtet die Landkarte und die Volksmenge und läßt sich nieder.

DER KULAK *studiert die Landkarte:*

Allerhand!
was die wohl für Absichten hatten.
Nur zu!
mein Korngeschäft
breitet sich mehlig –
Will bleiben
und Handel treiben
im Schatten
und in den Sozialismus
hineinwachsen mählich.

Die Arbeiter schließen sich in Reihen zusammen, die einfachen Bewegungen ihrer Werkzeuge einander zuordnend. Von einer Gruppe zur andern stoßen sie den Kulaken einander zu wie einen Ball.

DER KULAK Schön aufgepaßt
und hineingewachsen! . . .
Elektrifizierung –
mich funkts in den Schutt.
Zu Hilfe! –
ernstlich und ohne Faxen
macht man
uns Kulaken als Klasse
kaputt.

Der Kulak sucht in einer Lücke zwischen den Gruppen unterzutauchen. In diese Lücke zwängt sich ein Traktor. Von dem Traktor steigen Bauern und reihen sich als Trupp in die Marschkolonne der Arbeiter.

DIE BAUERN Wie beim Säen,
so beim Mähen
schafft der Traktor
Wunder.
Zu dem Kulaken:
Spar den Schweiß,
Kulakengeschmeiß,
munter geh zugrunde.

Dem in Bedrängnis geratenen Kulaken kommen, sich ungestüm den Weg durch die Reihen bahnend, vier Mann zu Hilfe: der römische Papst, Pilsudski, Macdonald und Tardieu, jeder mit Gefolge. Einander bei den Händen fassend, bilden sie einen Kreis. In dessen Mitte erholt sich von dem Geschüttel der wiederauflebende Kulak.

DER PAPST Aufrufe ich,
der Heilige Vater,
Gemeinden und Bünde.
Hört,
geistliche und weltliche Herren,
mit Wehmut:
zugunsten
des Glaubens und Großbauerntums
verkünde
ich ein Laßt-uns-beten
zum Herrgott!
in Demut.

Die Mannen des Entente-Zirkels entblößen ihre Waffen und zeichnen mit Säbeln und Revolvern Kreuze in die Luft. Die Reihen der Arbeiter, in breitem Aufmarsch, treten einen Schritt vor. In den Entente-Kreis fällt eine Bombe. Der Kreis stiebt auseinander. Die Bombe verstreut bunte Flugzettel mit Proklamationen. An verschiedenen Enden der Arena treten die Ausrufer auf, durch Sprachrohre redend.

ERSTER AUSRUFER Schluß,
Hexensabbat in Spinngeweben!
Schweigt, Päpste und Lords,
macht euch klar: –

die ganze Welt
wird dereinst sich erheben,
wie wir
nach dem Fünferjahr.

ZWEITER AUSRUFER Geht der Aufstand
irgendwo
unglücklich aus,
dann wütet
der Zar dort,
der Diktator rast.
Arbeiter,
kräftiger
preß in der Faust
die Waffe
der Diktatur des Proletariats!

DRITTER AUSRUFER Die Welt schreitet fort
vom Wort
zur Patrone.
Kapital
stürzt vom Thron
wie ein Spuk.
Wisset,
daß seinem einst standfesten Throne
die Presnja die Beine zerschlug.

VIERTER AUSRUFER Entente bedeutet:
Ketten und Kerker,
die Männer des Aufstands
verfolgt und beschimpft.
Vor solcher Drohung
laßt rascher und härter
das Planwerk gedeihen
im großen Jahrfünft.

Die Arbeiter passieren die Reihen, lange Stäbe tragend, an denen Hosen in den »internationalen« Farben befestigt sind.

DER ROTHAARIGE Wohin denn
Hosen
in solcher Quantität?

ERSTER STABTRÄGER
Der Völkerbund schickt
das Zeug
in die Wäsche.

Das Kapital,
Seine Majestät,
ist gezwungen,
die Hosen
öfter zu wechseln.

Der ganze Zug setzt sich in Bewegung, voran die Ausrufer, dann die Stabträger mit ihrer Hosenfracht, den Schluß bilden die marschierenden Arbeiterkolonnen. Marsch:

Pumpt,
Brust-Blasebälge,
verlacht Übereilung!
Los stürme
die Losung,
ein triftiger Hieb:
»Von der Stoß-Brigade
zur Stoß-Werkabteilung,
von der Werkabteilung
zum Stoß-Betrieb!«

ERSTER AUSRUFER Brustkorb,
hol Atem,
gib Kurven die Steilung!

ZWEITER AUSRUFER Der Mund
brülle Hoffnung
für jedermann!

DRITTER AUSRUFER Alle vier Jahre –

VIERTER AUSRUFER – ein Fünfjahrplan.

ALLE ZUSAMMEN Vorwärts! vorwärts!
Voran! voran!

Ende
(1930)

FILMSZENARIEN

KINDER

Ein Filmdrehbuch in fünf Teilen

Erster Teil

1. *Seht, das ist ein Mensch!*
2. Ein Türspalt. In dem beleuchteten Türspalt die Hälfte eines fettleibigen Menschen und die Hälfte eines feuerfesten Schrankes. Im Hintergrund des Spalts ein Kopf auf hochgerecktem Hals.
3. *Ich will ein Mensch sein!*
   Ein jungenhafter Clerk, der den Hals hochgereckt hat, zieht ihn wieder ein. Der Stuhl ist hoch, seine Füße erreichen kaum den Boden. Alle Augenblicke reinigt er seine Schreibfeder an den leichten Zotten seines Haarschopfes.
4. Die Blätter eines Abreißkalenders flattern herab, alles bedeckend.
5. *Kann ich ein Mensch werden?*
6. Ein zerzauster, im höchsten Grade erwachsener Mann, dem Publikum zugewandt (Großaufnahme), gereizt und in Schweiß gebadet, macht sich auf dem Rechenbrett zu schaffen, daß es klappert.
7. Ein ganzer Wasserfall von Kalenderblättern.
8. *Ich werde kein Mensch mehr werden ...*
9. Ein atmend auf und ab gehender Rücken; ins Publikum schimmert eine Glatze herab, über die dann und wann ein Tuch wischt.
10. Der kahlköpfige Mann läßt seinen Blick wandern.
11. Eine Uhr zeigt »7«.
12. Der Kahlköpfige entfernt sich einen endlos langen Korridor entlang.
13. *Ja – aber mein Sohn wird es besser haben!*
14. Ein Zeigefinger, der belehrend auf die Tischplatte klopft. Der Aufnahmeapparat bewegt sich längs des Arms aufwärts und zeigt schließlich den ganzen wutentbrannten Papa.
15. Das unterwürfige Gesicht der Gattin ...
16. Gesamtansicht des Mittagstisches: Vater, Mutter, ein Dreikäsehoch und ein Onkel, der wie ein Boxer aussieht.

17. Der Finger, hin und her bewegt vor einer kleinen Nasenkuppe.
18. Das Gesicht des Knaben, konzentriert auf den Finger.
19. Der Vater und der Knabe in Großaufnahme.
20. *Nach dem Mittagessen werde ich die Hausaufgaben abfragen!*
21. Eine Prozession: vom Mittagstisch haben sich (der Größe nach) erhoben der Knabe, die Mama, der Hausgewaltige und schließlich der Box-Onkel.
22. *Großaufnahme:* gespannter Gesichtsausdruck des Vaters.
23. *In rundem Rahmen:* zwei wie rasend arbeitende kleine Fäuste.
24. Das Gesicht des Vaters löst sich auf in süßliches Grinsen.
25. Der Knirps, bis zum Gürtel sichtbar, und die Brust des Boxerähnlichen. Der Kleine hat beinahe zugeschlagen.
26. Das in Freude zerfließende Antlitz des Vaters.
27. Die kleine Faust des Knirpses trifft unerwartet die Nase des Lulatschs.
28. Zimmerecke mit einem Diwan. Auf dem Diwan die in Entzücken aufgelösten Eltern, wild Beifall spendend.
29. *Großaufnahme:* das Gesicht des verdutzt dreinblickenden Lulatschs.
30. *Die praktischen Fächer okay! Wie aber stehts mit der Theorie?*
31. Das Gesicht des Vaters und der vielsagend erhobene Zeigefinger.
32. Der Sohn benetzt die Feder mit Speichel.
33. Der Vater, auf und ab gehend, diktiert dem schreibenden Sohn voller Nachdruck.
34. *Großaufnahme:* der Schreibende.
35. Dem Geschriebenen nähert sich die Hand und reißt das Blatt ab.
36. Der Vater putzt sich die Brille und vertieft sich in die Handschrift; wendet sich dann allen zu, sichtlich zufrieden das Blatt vorstreckend.
37. *Großaufnahme:* Scheck Nr. 600232.
    Dem Überbringer 75 Dollar ausfolgen, von meinem Konto abbuchen. Jim.

38. Vorwurfsvoller Gesichtsausdruck Mamas.
39. Mama wendet sich dem Vater zu.
40. *Hättest du ihm doch lieber »abnehmen« diktiert statt »ausfolgen«.*
41. Der Vater macht zur Beruhigung eine wegwerfende Handbewegung.
42. *So einer folgt nichts aus!*
43. Papas Zeigefinger, winkend.
44. Der Kleine nähert sich, die Hände hinterm Rücken.
45. *Und wo sind die 50 Cents, die ich dir heute früh gab?*
46. Das Gesicht des Kleinen, zwinkernd.
47. Die Lippen des Knirpses. Er fährt sich mit den Fingern in den Mund und bringt die speichelnasse Münze zum Vorschein.
48. *Da.*
49. Der Vater hebt den Sohn stürmisch in die Höhe und tanzt mit ihm im Zimmer umher.
50. Er hält den Kleinen mit zwei Tatzen wie eine Ikone vor sich hin und trägt ihn auf die Kamera zu.
51. *Tüchtig, gescheit, sparsam. Also – ein echter Businessman.*
52. *Großaufnahme:* das plötzlich aufhorchende Gesicht Papas.
53. Läßt den Sohn fallen und läuft in langen Sätzen vor.
54. Lauscht am Telefonhörer.
55. Das Gesicht eines Geschäftsherrn, Zigarrenrauch ausstoßend und ins Telefon brummend.
56. Papa verbeugt sich untertänigst ins Telefon hinein.
57. Nochmals der brummende Geschäftsherr.
58. Papa ist vorm Telefon halb zusammengeknickt.
59. Nun ist Papa vorm Telefon schon fast bis zum Boden gesunken.
60. Die Hand des Herrn, den Hörer auflegend.
61. Papa schlüpft, schon im Davoneilen, in den Mantel und stürmt aus dem Vorzimmer, den Regenschirm unterm Arm.
62. Der Schirm öffnet sich plötzlich und hält in der Tür den hinausfegenden und verärgerten Papa auf.

63. Papa springt in ein Automobil.
64. Der dahinjagende Wagen.
65. Zwei Finger und eine Hand, die sie drückt wie toll.
66. An der Hand wächst der Papa entlang, an den zwei Fingern der Geschäftsherr.
67. Der Herr in nachlässiger Fragehaltung.
68. *Besitzen Sie Haarflausch?*
69. Die Hand des Herrn dreht Papas in Kontoren glattgescheuerten Ellbogen nach vorn.
70. Das Gesicht des Geschäftsherrn in Runzeln.
71. Das Gesicht Papas in Bestürzung.
72. *Mit einem Wort: Dieser Haarflausch wird . . .*
73. Der Geschäftsherr führt seinen zottigen Ärmel an Papas Nase vorbei.
74. *Wird mit diesem Zapfen aufgekämmt.*
75. Der Herr stößt den Zapfen beinah in Papas Nasenloch.
76. *Und diese Zapfen wird es dort geben.*
77. Der Finger tippt auf die Landkarte der UdSSR.
78. Aus der Karte hebt sich die Halbinsel Krim, mit dem botanischen Garten »Nikitski Sad«. Darin ganze Bäume voller Zapfen.
79. *Da heißt es auskundschaften, ausschnüffeln und wenn möglich die Konkurrenz in Konzession nehmen.*
80. Dieselben zwei Finger und dieselbe pressende Hand.
81. *Sie reisen morgen mit der »Aquitania«.*
82. Eine füllige Hand, die die Sperrkette einer Wohnungstür vorlegt.
83. Das Gastzimmer. Mama, ein Hund und der Knirps.
84. Papas Kraftwagen braust heran.
85. Gähnende Gesichter: Mama, der Hund und der Kleine.
86. Ein die Treppe hinauflaufender Hinterer und ein wischend über die Glatze fahrendes Tuch.
87. Freudig erregtes Gesicht Papas, der breitspurig das Gastzimmer betritt.
88. Ihm entgegen erheben sich Mama, der Hund und der Knirps.
89. Papa hat die Mama umfangen und schleppt sie samt dem Kleinen nach vorn. Ihnen nach zottelt der Hund.

90. *Großaufnahme:* der freudig erregte Papa neigt sich dem Hausmütterchen ans Ohr.
91. *Wir reisen in eine Kolonie, es geht nach irgendeinem Rußland. Halt deinen Hals, Mamachen, für Perlen bereit.*
92. *Großaufnahme:* Mama, süß lächelnd, verdreht die Augen. Auf ihren Hals rollen vielreihige Perlenketten.
93. Wiederum die häusliche Dreieinigkeit. Papa, ernst geworden, neigt sich über den Sohn.
94. *Du wirst nun den richtigen Platz finden, um dich abzuhärten. Wohlgemerkt: der Mensch ist dem Menschen ein Wolf. Einer gegen alle und alle gegen einen!*
95. Der Knirps läßt den Kopf hängen. Seine kleine Stirn bedeckt die ganze Bildfläche. Darauf rollt in kleinen Schattenrissen eine Raufszene ab. Über ihn, den Knirps, fallen irgendwelche zerlumpten Gestalten her.
96. Die Familie betritt das Schlafzimmer.
97. Ein Fuß. Ein Stiefel wird aufgeschnürt.
98. Der schlafende und zuweilen leicht schnarchende Papa.
99. Die Bildfläche oberhalb Papas wird weiß, und darauf erscheint in Trickfilmmanier ein kleiner Heckenzweig; er wächst sich allmählich zu einer Moosbeerenstaude aus. Darunter erhebt sich von selbst ein Tisch aus dem Boden, und ein in Umrissen angedeuteter Bär schleift von fern einen riesenhaften Samowar herbei.

Zweiter Teil

100. Schlecht geht es einem streikenden Bergarbeiter. Doch seinen Kindern geht es noch schlechter. Quer durch die ganze Stadt muß man eine geschenkte Flasche Milch tragen.
101. Bergleute stehen Schlange am Eck einer Verteilstelle der öffentlichen Ausspeisung.
102. Einzelne düstere Gesichter.
103. Einzelne Gesichter der Policemen.
104. Ein Mann in der nur träge sich vorwärts bewegenden Menschenschlange wird nervös, sieht alle Augenblicke auf die Uhr, spuckt in Richtung der Polizeileute aus.
105. Nachdenkliche Augen eines Arbeiters.
106. Als aufdringliches Gedankenbild erhebt sich: eine schwarze Stube, auf der Bettstatt lang ausgestreckt ein mageres Mädchen von 5 bis 6 Jahren und vor ihr sitzend eine Frau, die ihr Antlitz mit beiden Händen bedeckt.
107. Ein Arbeiter als letzter in der Schlange.
108. Er weist seine Karte vor und tippt mit dem Finger in die Ferne.
109. Die schwarze Stube und das Mädelchen.
110. Lächelndes, Mitgefühl ausdrückendes Gesicht der Frau bei der Ausgabestelle.
111. Milch, die in eine Flasche gegossen wird.
112. Ein Arbeiter auf der Straße, mit der Milchflasche, kratzt sich hinter den Ohren.
113. Kopf des Arbeiters.
     Aus den weit offenen Augen steigt der Plan einer Stadt mit sehr langen Gassen, und auf der längsten von ihnen bezeichnet ein Pfeil vorauslaufend den Weg, den der Bergmann einzuschlagen hat.
114. Die schwarze Stube und das Mädelchen.
115. Der Arbeiter macht sich auf den Weg, beschleunigt seine Schritte, hält sorgsam die Flasche fest.
116. Zwei Gesichter: ein Policeman und ein Spitzeltyp, die zufrieden miteinander tuscheln.

117. Der Spitzeltyp weist den Polizisten irgendwo hin, stößt den Finger bald in den Raum, bald auf die eigene Tasche.
118. Der Polizist versetzt dem Spitzeltyp vergnügt einen Rippenstoß.
119. Der dahinschreitende Arbeiter.
120. Der Spitzeltyp mit gespielt gleichgültiger Miene.
121. Die beiden stoßen zusammen. Dem Arbeiter fällt beinahe die Flasche aus der Hand. Der Spitzeltyp befühlt die Tasche des Arbeiters, als suche er ihn nach Waffen ab.
122. Die Stube und das Mädelchen.
123. Der Arbeiter stellt vorsichtig die Flasche auf den Gehsteig ab, weist auf die verspritzten Milchtropfen und geht mit Fäusten auf den Spitzeltyp los.
124. Die herbeieilende Gestalt des Policeman.
125. Handgemenge des Arbeiters mit dem Spitzeltyp.
126. Der bereits von dem Polizisten abgeführte Bergmann greift im Vorbeikommen nach der kostbaren Flasche.
127. Der Bergmann reißt sich los. Weitere verspritzte Milchtropfen.
128. Die Stube und das Töchterchen.
129. Der Bergmann verdoppelt seine Anstrengungen, sich freizukämpfen. Um so stärker auch die Bemühungen der Policemen, ihn mitzuzerren.
130. Eine Gruppe düster um sich blickender Arbeiter.
131. Gesichter, die gespannt hinblicken.
132. In der Ferne wird der Arbeiter weggeschleift.
133. Jetzt ist man mit ihm auf gleicher Höhe. Die Polizisten kommen vorbei, mit schielenden Seitenblicken.
134. Von hinten gesehen: der Arbeiterhaufe stürzt nach, um den Bergmann herauszuhauen.
135. Handgemenge.
136. Die Policemen türmen. Einer bläst, fast die Backen sprengend, in seine Trillerpfeife.
137. *Großaufnahme:* der Pfeifende.
138. Freudig erregte Gruppe der Befreier mit dem freigekämpften Bergmann in der Mitte.
139. Ein Riesenkerl, der die Befreiung mitgemacht hat, ergreift die Hand des Bergmanns und schüttelt sie so stark, daß

aus der Flasche in des Bergmanns anderer Hand neuerdings einige Milchtropfen hervorspritzen.

140. Der Bergmann reißt seine Rechte los.

141. Der Bergmann brüllt der ihn umringenden Menge lebhaft etwas zu.

142. Die Stube und das Töchterchen.

143. Die Gesichter der Befreier sind ernst geworden.

144. Die kostbare Flasche im Gleichgewicht haltend, eilt der Bergmann im Laufschritt dahin.

145. Ernster Gesichtsausdruck des stehengebliebenen Bergmanns.

146. Berittene Policemen, die hinter einer Hausecke hervorsprengen.

147. Anblick der Straße, wo an verschiedenen Stellen Leute versteinert stehenbleiben.
Die Erstarrung weicht. Alles macht sich auf die Beine, um verschiedene schwere Gegenstände zum Barrikadenbau herbeizuschleppen.

148. Eine Gruppe, die mühevoll Gartenbänke heranschleift.

149. Zwei, die eine Haustür herausbrechen.

150. Eine Frau zieht Federbetten hinter sich her.

151. Eine Gruppe wickelt Leitungsdrähte auf.

152. Der Bergmann schaut zu, wobei er sich die Hand über die Augen hält.

153. Bestürzter Gesichtsausdruck. Bald schaut er ins Weite, bald auf seine Flasche. Blickt um sich. Lächelt, wie über einen Einfall.

154. Erklettert eine Straßenlaterne.

155. Stellt die Flasche hinter die Laternenklappe.

156. Rasch gleitet er am Laternenmast runter und eilt zu Hilfe.

157. Die herannahende Reiterei.

158. Eine Gruppe, die zusammen mit dem Bergmann einen Kraftwagen umwirft, die Insassen herausschüttelnd.

159. *Großaufnahme:* der umgestürzte PKW.

160. Anblick der improvisierten Barrikade.

161. Die an die Barrikade herangerittenen Polizisten.

162. Von der Barrikade her und aus den Fenstern ein Hagel von Knüppeln, Steinen, Müll und allerhand Unrat.

163. Ein Policeman, von einem Steinwurf getroffen, langt nach der Pistolentasche.
164. Ein Dienstältester fällt dem vom Stein Getroffenen in den Arm.
165. *Noch zu früh! Wollen sie noch nicht zum Äußersten reizen. Wir kommen ihnen von hinten bei.*
166. Die Berittenen ziehen sich zurück.
167. Die Berittenen sprengen in Karriere nach hinten.
168. Mützen, die hochgeworfen werden.
169. Eine Gruppe von freudig jubelnden Arbeitern.
170. Der Bergmann wischt sich die Stirn.
171. Die Stube und das Töchterchen.
172. Der Bergmann stürzt auf die Straßenlaterne zu. Erklettert sie wie eine Katze. Läßt sich alsdann mit der Flasche herabgleiten, wobei während der schnellen Bewegung abermals einige Milchtropfen herausspritzen.
173. Die laufende Gestalt des Bergmanns.
174. Ein Polizeiposten brüllt den Bergmann an.
175. Der Bergmann wendet den Kopf, ohne im Aufschritt einzuhalten.
176. Der Policeman nimmt rennend die Verfolgung des Bergmanns auf.
177. Das Rennen entlang der Häuserwände.
178. Der Bergmann ist erschöpft.
179. Die Stube und das Töchterchen.
180. Der Bergmann biegt um eine Ecke, bricht aus dem Gehsteig das locker gewordene Gitter einer Müllversenkung heraus und versteckt sich hinter einem Simsvorbau.
181. Die Gestalt des eine Sekunde überm Müll-Loch schwankenden Policemans.
182. Der stürzende Policeman verschwindet in der Grube.
183. Der Bergmann verläßt sein Versteck und wirft sich in eine Seitengasse.
184. Dämmerung. Der vollends außer Atem geratene Bergmann setzt sich auf den Boden, lehnt sich an eine Wand und stellt seine Flasche auf die erstbeste Stufe ab.
185. Die Wand hinterm Rücken ist in Bewegung geraten. Die Lastfuhre eines Möbeltransports weicht zurück, und auf

dem Trittbrett des Lastwagens wird die Flasche, ihren Inhalt verspritzend, mitgekarrt.

186. Der überraschte Bergmann ist umgekippt, springt aber rasch auf die Beine und rennt der davonfahrenden Flasche nach.

187. Die Stube und das Töchterchen.

188. Im Laufen faßt er die Flasche, überschlägt sich fast dabei, und wiederum spritzen einige Tropfen Milch aus der Flasche.

189. Fast völlig entkräftet erreicht der Bergmann die Haustür.

190. *Großaufnahme:* er betrachtet die Flasche. Der halbe Inhalt ist verschüttet. Er schüttelt unzufrieden den Kopf.

191. Ungeschickt öffnet er die Haustür, die Flasche zwischen den Knien pressend.

192. Die Gestalt des Bergmanns, wie er mit letzter Kraft mühsam die Treppe emporklimmt.

193. Die letzte Tür. Erleichtert atmet er auf. Schiebt den Schlüssel ins Schlüsselloch. Die Milch ist auf den Boden abgestellt. Ein vorbeistreunender Köter wirft die Flasche um.

195. Ein Rinnsal Milch auf den Stufen.

196. Der Hund, die Milch aufschleckend.

197. Das Gesicht des Bergmanns drückt Entsetzen aus.

198. Die Stube und das Töchterchen.

199. Völlig außer sich stürzt er sich in sein Heim. Ihm entgegen die Tochter. Heiter und freudig fällt sie dem Vater um den Hals.

200. Der Bergmann nimmt die Tochter auf den Arm. Verwundert läßt er seinen Blick von der Frau zur Tochter wandern.

201. *Wer hat sie zum Leben wiedererweckt, Elly?*

202. Die Tochter hält dem Vater ein kleines Stück Papier hin.

203. Der Zettel: »Genossin Irma Jones ist von den Jungpionieren aller Schulen ... nach Rußland delegiert, wo sie das Leben der russischen Jungpioniere studieren soll.«

204. Die freudige Tochter umarmt den freudigen Vater.

205. *In zwei Wochen bin ich in seinem Heimatland.*

206. Der Aufnahmeapparat gleitet über die Wand mit dem Bildnis Lenins und einer Abbildung des Mausoleums.

Dritter Teil

207. *Bei Pjotr Saboistschikow und seiner Frau gab es etliche Kinder.*
208. Eine Küche. Die Frau rührt mit dem Kochlöffel die Kohlsuppe um. Auf dem andern Arm, ihn sichtlich überlastend, ein Kleinkind. Säuglingswäsche hängt herum.
209. Das Gesicht der Mutter. Sie lauscht aufmerksam.
210. Der kleine Junge schreit. Er zieht aus seinem Mund den Zwirnfaden einer ganzen Spule.
211. Die Mutter eilt ihm zu Hilfe und setzt das Töchterchen vom Arm auf den Boden.
212. Die Mutter, ganz entsetzt, zieht aus dem Mund des kleinen Jungen mehrere Meter Zwirnfaden, wickelt ihn um die Hand und entschließt sich endlich, dem Kleinen die Spule aus dem Mund zu nehmen.
213. Die in Speichel aufgeweichte Spule.
214. Die auf den Boden gesetzte kleine Tochter erklettert einen Küchenhocker, blickt erstaunt auf die Kohlsuppe, dann erwischt sie etliche Küchenschaben bei den schnurrbartartigen Fühlern.
215. Mama entfernt aus der Stube des kleinen Jungen alle kleineren Gegenstände. Verläßt den Raum.
216. Das Töchterchen versenkt die Küchenschaben in die Kohlsuppe.
217. Mama ist entsetzt. Sie versetzt der Kleinen einen Patsch auf die Pfoten und fischt die Küchenschaben aus der Suppe.
218. *Großaufnahme:* die Jagd.
219. Der kleine Junge hat vergeblich den Schrank zu erklettern versucht und klimmt nun auf den Waschtisch. Hat die Füße auf den Sockel des Waschtischs gesetzt, klammert sich nun mit den Pfötchen an die gesprungene Marmorplatte, ein mächtiger Wasserstrahl klatscht ihm auf den Kopf. Erneutes besessenes Geplärr.
220. Die Mutter horcht und rennt.
221. Das Töchterchen hat zwar versprochen, ruhig zu sitzen, ist

indes auf den Tisch gestiegen und setzt sich auf den fertigen Kuchen.

222. Die Mutter befreit den kleinen Jungen von der Wut des feuchten Elements.
223. Trägt ihn auf den Armen, trocknet ihm mit einem Handtuch den Kopf.
224. Mama, ganz verzweifelt, holt nun das Töchterchen aus dem frischen Teig des Kuchens hervor.
225. Der Kuchen mit dem Abdruck des kleinen Hinterns.
226. Die Mutter nimmt beide Kinderchen auf die Arme und blickt völlig entmutigt auf die überlaufende Milch.
227. In der Kluft zwischen Häusern eine trostlose Wasserlache unter dem Feuerwehr-Hydranten.
228. Ein Knirps am Ufer des Tümpels bohrt ein Loch in einen riesigen Gummischuh und versieht ihn mit einem Segel.
229. Die Hand, die den Gummischuh aufs Wasser setzt.
230. Mutter horcht hin, läßt die Kinder nieder und eilt zum Fenster.
231. *Mamachen, Papas Galoschen gehen unter!*
232. Der im Wasser versinkende Gummischuh.
233. Mütterchen schlägt die Hände zusammen und läuft aus dem Zimmer.
234. Die Kinder, angeregt durch Mutters Neugier, nähern sich gleichfalls dem Fenster.
235. Zu zweit schleppen sie den Hocker herbei.
236. Erklimmen das Fensterbrett.
237. Mama hat ihr Kleid hochgeschürzt und nimmt die Verfolgung der Gummischuhe auf.
238. Die Kinder erscheinen oben auf dem Fensterbrett im Fenster.
239. Mama, den einen Gummischuh in der Hand, hebt den Blick hinauf.
240. Das Auge wandert empor, während die Fensterreihen herunterlaufen, die Vielstöckigkeit des Hauses aufzeigend.
241. Im obersten Stock, die Beine hängen lassend, sitzen die beiden Kleinkinder im Fenster.
242. Die Mutter läßt den Gummischuh fallen und stürmt Hals über Kopf ins Haus.

243. Eine schwarze, lange Treppe, die ins oberste Stockwerk führt.
Die Mutter, ganz außer Atem, fliegt dahinauf.
244. Der Sohn kommt kaum vorwärts, den Gummischuh nachziehend.
245. Von neuem die Frau außer Atem.
246. Von neuem der Sohn.
247. Zehenspitzen.
248. Die Mutter schleicht sich auf Fußspitzen ans Fenster heran.
249. Die Kinder im Fenster. Von hinten, wie ein Habicht, stürzt sich ungestüm die Mutter auf sie und erfaßt sie.
250. Der dritte ist, völlig gleichgültig gegen alles rundum, herangetrottet und schiebt den Gummischuh in die Bratröhre.
251. Das glückliche Kleeblatt umringt die noch kaum zu Atem gekommene Mutter.
252. Die Mutter zieht, beunruhigt schnuppernd, die Luft ein.
253. Läuft auf den Treppenflur hinaus.
254. Läuft ans Fenster.
255. Aus der Bratröhre zieht sich ein dünnes Rauchfähnchen.
256. Die Mutter, erschreckt, riecht nacheinander in alle Ecken des Zimmers hinein.
257. Ihre Nase entdeckt den sich mächtig ausbreitenden Rauch aus der Bratröhre.
258. Die Mutter zieht den halbverbrannten Gummischuh heraus.
259. Die Mutter, fast unter Tränen, hält den angebrannten Galoschenstummel dem erstaunt tuenden Söhnchen unter die Nase.
260. Die Tür erzittert von starkem Pochen, und überm Türrahmen löst sich Mörtelwerk und bröckelt zu Boden.
261. Weiberfäuste, die an die Tür pochen.
262. Die Kinder halten sich die Ohren zu, so unerträglich wird der Lärm.
263. Die Mutter stürzt zur Tür, horcht einen Augenblick, fragt und schiebt den Riegel zurück.
264. Ins Zimmer dringen zwei wütende Weiber, jede hält

unterm Arm rechts und links je eine Katze mit einer Wäscheklammer am Schwanz.

265. Die Weiber stoßen die Katzenschwänze der Mutter beinahe vor die Nase.
266. *Ihr Sohn hat alle Katzen toll gemacht.*
267. Der ältere Junge schüttelt weitere vier mit Klammern behaftete Katzen aus einem Sack zur Tür hinaus.
268. *Da seht mal, was die Gören angerichtet haben.*
269. Die Weiber schleppen die Mutter in ihr Zimmer.
270. Das Zimmer in völliger Verwüstung.
271. Die Mutter wiegt den Kopf und greift sich in die Haare.
272. *Wo in aller Welt treibt dies Ungeheuer sich herum?*
273. Die Mutter blickt aus dem Fenster.
274. Unten ein Halbkreis von Leuten, die, den Kopf im Nacken, heraufstarren.
275. Einer, die Hände zum Sprachrohr formend, brüllt.
276. *Großaufnahme:* das Brüllen.
277. *Ist das nicht dein Strolch, der droben am Funkmast rumfummelt?*
278. Die Mutter läuft auf den Klopfbalkon hinaus und späht, den Rücken zurückgebogen, in die Höhe.
279. Am obersten Knauf des Antennenmastes, bei ständiger Absturzgefahr, wickelt der zügellose Sohn ein Drahtende auf.
280. Das Haus in seiner ganzen Größe mit dem kleinen Punkt, der sich ganz oben auf dem Mast zu schaffen macht.
281. Die Menge der Gaffer. Der Vater drängt sich hindurch. Wirft kurz einen Blick hinauf, stemmt die Fäuste in die Hüften und stürmt alsdann die Treppe hinauf.
282. Das Gesicht des Vaters in der Dachluke.
283. Der Vater hebt den Sohn vom Antennengerüst.
284. Ihn vorwärtspuffend, geleitet er ihn übers Dach.
285. Auf dem zerschlissenen Diwan sitzen die Eltern, erschöpft zum Umfallen, die Köpfe über die Rückenlehne zurückgeworfen, keuchend und schnaufend.
286. Der Aufnahmeapparat gleitet vorbei an den vier fassungslosen Grimassen.
287 Mama *(Großaufnahme).*

288. *Auf alle soll ich aufpassen. Doch auf den Großen... Ich bin keine Hexe, um auf Schornsteine raufzuklettern.*
289. Drei Gestalten klopfen an die Tür.
290. Der Arbeiter begrüßt sie und zerfließt in ein Lächeln, als er den Zweck des Besuches erfährt.
291. *Die Kommission für die Verschickung von Kindern in Sanatorien.*
292. Der Arzt horcht die Kinder ab. Die drei sind rasch abgefertigt. Beim Ältesten hält sich der Arzt länger auf.
293. Ernster Gesichtsausdruck des Arztes am Brustkorb des Ältesten.
294. *Zu schmaler Brustkasten, Unterernährung, Übermüdung – den schicken wir nach Artek.*
295. Das Attest wird ausgestellt und den Eltern überreicht.
296. Die Eltern lesen es, blicken einander an und zeigen sich froh und zufrieden.
297. Da wird die Mutter plötzlich bekümmert.
298. Sie faßt den Arzt am Ärmel.
299. *Wer aber holt ihn runter, wenn er auch dort aufs Dach klettert?*
300. Lachendes Gesicht des Arztes.
301. *Er wird nicht klettern. Dort gibt es nur Zelte.*
302. Gesamtansicht des Bahnsteigs.
303. Umstellt von Koffern – eine amerikanische Familie. Alle rümpfen angewidert die Nasen.
304. Ein begeistertes kleines Mädel aus England im Kreis der Jungpioniere und Pionierleiter.
305. Kaum zu bändigen, wiewohl an beiden Ärmeln festgehalten, tritt der ausgelassene Sohn des Arbeiters auf den Plan.
306. Ein kleiner Verwahrloster, der auf einem Schächtelchen Musik macht.
307. Das kleine Kindesantlitz und das Schächtelchen.
308. Eine Lokomotive. Der Eisenbahnzug verlangsamt seinen Lauf.
309. Würdevoll defilieren die Amerikaner in die Erste Klasse.
310. Die kleine Engländerin wird in der Zweiten untergebracht.
311. Der mutwillige Junge wird in die Dritte gesetzt.

312. Es läutet die Stationsglocke.
313. Verächtliches Gesicht des Verwahrlosten.
314. *Gesindel! Wo das eingestiegen ist. Mein Waggon ist stattlicher.*
315. Der Verwahrloste schlüpft unter den internationalen Schlafwagen.
316. Man sieht kurz in der Ersten Klasse den naserümpfenden Amerikaner.
317. Das strahlende Lächeln der kleinen Engländerin.
318. Der Mutwillige läßt die Beine vom Trittbrett baumeln.
319. An einer Zigarette saugend, der Verwahrloste unterm Schlafwagen.
320. Der verschwindende letzte Wagen des Zuges.
321. Das heraufziehende Panorama der Berge und der Krim.
322. Ein Lagerfeuer, Menschensilhouetten.
323. Solowjow am Feuer unterhält sich mit den Kindern.
324. *Genossen, wir empfangen jetzt neue Gäste.*

Vierter Teil

325. Der Sohn des Amerikaners. Er schläft. Auf schwarzem Hintergrund erscheinen Hornisten. Sie lassen die Trompeten schmettern. Der kleine Amerikaner wälzt sich von einer Seite auf die andre. Vergräbt sich ins Kissen, gähnt, dreht sich auf die andre Seite.
326. Wieder dunkel. Der leise schnarchende kleine Amerikaner.
327. Im schwarzen Hintergrund wild drauflosschlagende Trommler. Der kleine Amerikaner springt aus dem Bett.
328. *Großaufnahme:* der kleine Amerikaner hat die Bettdecke zurückgeworfen und sich auf die Bettstatt gesetzt. Blickt auf die Uhr.
329. Zifferblatt: »7«.
330. Der kleine Amerikaner kleidet sich an.
331. Der lauschende kleine Amerikaner auf der Terrasse eines noch schlafenden kleinen Hauses auf der Krim.
332. Der kleine Amerikaner läuft die Freitreppe hinunter.
333. Er rennt durch den Garten.
334. Er bleibt stehen und wirft den Kopf in den Nacken.
335. Eben wird die Flagge der Jungpioniere gehißt.
336. Er legt den Kopf noch weiter zurück.
337. Die Flagge steigt noch höher.
338. Dem kleinen Amerikaner fällt die Mütze vom zurückgelegten Kopf.
339. Im Himmel flattert die Pionierflagge.
340. Der kleine Amerikaner wirft sich bäuchlings zu Boden und robbt behutsam vorwärts.
341. Er biegt das Heckengezweig auseinander und erstarrt vor Staunen.
342. Aus den Zelten kommen die Jungpioniere gelaufen und eilen zum Sammelplatz.
343. Der Pionierleiter betätigt seine Pfeife.
344. Der Hornist bläst.
345. Die ins Glied tretenden Jungpioniere.
346. Der vom Anblick entzückte kleine Amerikaner reibt sich die Augen.

347. Die Pioniere, in Reih und Glied aufgestellt. Vor der stillstehenden Front stellt der Pionierleiter die kleine Engländerin vor.
348. Freudige Zurufe der Pionierbrüder.
349. Die kleine Engländerin schreitet mit ihrem Begleiter auf ein kleines Zelt zu, während die Versammelten laut jubilieren.
350. Die kleine Engländerin verschwindet in dem Zelt.
351. Innenansicht des Zeltes. Durch die Türöffnung des Zeltes erblickt man draußen die Pioniere.
352. Der Pionierleiter zur kleinen Engländerin *(Großaufnahme):*
353. *Hier wohnen Sie, Genossin.*
354. Der Amerikaner zieht seinen Kopf aus dem Heckengezweig.
355. Er läuft auf einen Baum zu und klimmt hinauf.
356. Der kleine Amerikaner späht in die Ferne, auf einem Baumast sitzend.
357. Gesamtansicht des Pionierlagers.
358. Ein Zug von Jungpionieren schlängelt sich den Weg zum Meer hinab; sie haben Liegematten mitgenommen.
359. Der kleine Amerikaner ist vollends verblüfft.
360. Er gleitet vom Baum herab.
361. Er läuft zu seiner Behausung zurück.
362. Er rüttelt den Vater in dessen Schlafraum wach.
363. *Papa! Papa! Gefahr! Am Strand sind Indianer aufgetaucht.*
364. Unwilliges, sodann lachendes Gesicht des Vaters.
365. Der Vater erhebt sich von der Bettstatt.
366. Der Vater im Schlafrock auf dem flachen Dach, hält durch einen Feldstecher Ausschau nach der vom kleinen Amerikaner bezeichneten Gegend.
367. Reihen von ruhig am Strand in der Sonne liegenden Jungpionieren.
368. Der Vater reicht dem Sohn den Feldstecher.
369. Der Sohn brüllt zurück:
370. *Das sind sie ja! Man muß sie im Schlaf überrumpeln.*
371. Der Vater greift neuerdings zum Feldstecher.

372. Der Pionierleiter hat die Trillerpfeife angesetzt.
373. Die in der Sonne Bratenden springen auf.
374. Der Vater unter Gelächter:
375. *Zu spät, sie zu überrumpeln. Ich habe keine Ahnung, was die vorstellen, doch du wirst jedenfalls nicht hingehen.*
376. Innenansicht eines Zeltes. Alle liegen. Es ist Ruhestunde.
377. Das Zelt von außen. Unterm Zeltleinen hervor das pfiffige Gesichtchen eines kleinen Jungen. Er ruft etwas übern Weg.
378. Aus dem nächsten Zelt (gegenüber) guckt ein Mädelchen hervor, gleichfalls unterm Zeltleinen das Gesichtchen zeigend.
379. Die Lagerstraße zwischen den Zelten. Von Zelt zu Zelt Stimmen herüber und hinüber:
380. *Eine kleine Engländerin ist angekommen . . .*
Klapperdürr. Haut und Knochen . . .
Ich habe ihr meine Brötchen gegeben.
Wollen wir 'n Rundgang durchs Lager machen? Nach der Ruhestunde?
381. Trillerpfeife des Pionierleiters.
382. Die aus den Zelten herauseilenden Jungpioniere.
383. Um die kleine Engländerin sammelt sich eine Kinderschar, zieht sie mit sich fort, zeigt ihr unterwegs jede Kleinigkeit.
384. Ein Mast mit der Uhr.
385. Ein Pionier weist mit dem Finger hinauf.
386. *Siehst du, vier.*
387. Der Aufnahmeapparat neigt sich bis zu der Tafel mit dem Tagesprogramm.
388. *Um vier ist es Zeit für den Klub.*
389. *Bleibt die Uhr einmal stehen, so kontrollieren wir sie nach dem Stand der Sonne.*
390. Nach einem Blick auf die Sonnenuhr laufen alle weiter.
391. Gebäude des Klubs.
392. Alle tummeln sich über die Veranda hinein.
393. Eine Reihe Kinder steht bei der Bücherausgabe Schlange.
394. Ein Knirps kommt die Treppe heruntergelaufen, das Gesicht in ein übergroßes aufgeschlagenes Buch versenkt.

395. Vor den Augen der kleinen Engländerin werden in rascher Folge Sammlungen von Mineralien, Tannenzapfen, Schmetterlingen vorbeidemonstriert.
396. Ein Jungpionier pocht sich stolz auf die Brust.
397. *Alles selber zusammengetragen!*
398. Man drängt sie in das Zimmer, wo Briefe geschrieben werden.
399. Ein Knirps, Zungenspitze aus dem Mund gestreckt, bemüht grade eine kratzende Feder übers Briefpapier.
400. Man schiebt der kleinen Engländerin eine Postkarte hin.
401. Postkarte: nach Kinderart ist da primitiv ein Jungpionier aufgemalt.
402. Das Mädelchen schreibt: »London«. Dabei umringen es zuschauend die anderen Kinder, ganz wie auf Repins Gemälde »Die Saporoger«.
403. *Schreib auch über unsre Uhr!*
Und übers Mittagessen!
Und über unsern Igel!
404. *Und jetzt wollen wir mal lesen, was in der Zeitung steht.* Man drängt die kleine Engländerin zur Wandzeitung.
405. Jemand führt seinen Finger die Überschrift entlang.

»L-e-i-t-a-r-t-i-k-e-l«.

»Dem Andenken des Genossen Dzierżyński«.
406. Ernste kleine Gesichter der Lesenden.
407. Die Wandzeitung in anderer perspektivischer Verkürzung. Der kindliche Finger steht unterm Wort »*Chronik*«.
408. *Gebraucht werden Wassermolche und Ringelnattern für unsern Igel.*
409. Ein kleiner Junge klatscht die Hände zusammen:
410. *Los, gehen wir Wassermolche fangen.*
411. Eine Pioniergruppe auf dem Wege zum Wasserbecken.
412. Die Jungen kriechen hinunter.
413. In der auseinandergeschobenen Hecke das neiderfüllte, scheelblickende Gesicht des kleinen Amerikaners.
414. Die Kinder kommen wieder heraufgekrochen und zeigen der kleinen Engländerin die Wassermolche.
415. Der Glasnapf mit den Wassermolchen.

416. Sich in Neugier verzehrend, reckt der kleine Amerikaner den Hals, um den Glasnapf zu sehen.
417. Die Kinder mit den Wassermolchen entfernen sich, lachend und spaßend.
418. Auf die Terrasse mit dem Wasserbecken steigt der kleine Amerikaner hinunter. Blickt vorsichtig um sich.
419. Er beugt sich zum Becken hinab. Mißt mit den Augen den Abstand und springt.
420. Der Amerikaner ist hurtig dabei, Wassermolche mit seinem Hut einzufangen.
421. Der kleine Amerikaner versucht herauszuklettern. Gleitet mehrmals zurück. Blickt um sich.
422. Schlammboden und polierter Stein.
423. Setzt sich auf einen Stein, die Haare zerzaust.
424. Das Gesicht wird immer grämlicher und verzieht sich endlich zu lautem Weinen und Schluchzen.
425. Die zurückkehrenden Jungpioniere vernehmen das Schluchzen, Rufen und Weinen.
426. Die Pioniere beugen sich übers Wasserbecken und fahren zurück.
427. Der kleine Amerikaner auf dem Stein.
428. *Da unten ist ein Bourgeoisknabe hängengeblieben!*
429. Kichernde Gesichter der Jungpioniere.
430. Drei Jungens springen in das Becken.
431. Sie greifen dem großtuenden kleinen Amerikaner unter die Arme, stellen ihn auf die Schultern eines Pioniers und befördern ihn mit Hilfe des oben stehenden Jungen ans Tageslicht.
432. Der kleine Amerikaner, gewohnt, Dank in Geldform abzustatten, entnimmt seiner kleinen Rocktasche das letzte silberne 50-Cent-Stück und will es den Rettern reichen.
433. Ein Pionier dreht verwundert die Münze in der Hand herum.
434. Die Münze, auf der Handfläche, hochgeworfen und aufgefangen.
435. Die Pioniere werfen Blicke auf den Handteller und schütteln den Kopf.

436. *Ein halber Rubel – und doch kein halber Rubel, eher eine Art Metallknopf.*
437. Der Pionier holt weit aus und läßt den »Knopf« wie einen flachen Uferkiesel übers Meer hintanzen.
438. Der kleine Amerikaner kauert sich fast nieder vor Staunen und Kränkung.
439. Der kleine Amerikaner geht mit den Fäusten gegen seine Beleidiger los.
440. Zwei Pioniere packen den kleinen Amerikaner bei den Fäusten.
441. Das Söhnchen des Petrograder Arbeiters faßt den kleinen Amerikaner am Kragen und erklärt ihm:
442. *Im Faustkampf schlagen wir dich allemal. Unser sind viel. Bewähr dich doch lieber im Spielen.*
443. Sie fassen den verdutzten Amerikaner rechts und links unterm Arm und schleppen ihn zum Klubhaus.
444. Der kleine Amerikaner und ein Jungpionier am Schachbrett.
445. Der kleine Amerikaner schließt eine Wette mit dem Pionier.
446. *Umsonst spiele ich nicht, lieber um ein Mittagessen.*
447. Der Pionier nickt zustimmend.
448. Das Spiel wird hitzig. Rings um die Spielenden erregte Gesichter der Pioniere.
449. Der kleine Amerikaner rauft sich die Haare.
450. Der triumphierende Pionier macht den letzten Zug.
451. Der kleine Amerikaner denkt eine Sekunde nach, dann streckt er die Hand aus und wirft die Figuren wild durcheinander.
452. Der Amerikaner schlendert schmachbedeckt und zerschlagen heim.
453. Lachende Jungpioniere auf der Veranda. Zeigen mit Fingern auf den Davontrottenden.
454. Der kleine Amerikaner betritt das Eßzimmer. Beunruhigte Gesichter der Eltern.
455. Die Mutter befühlt mit der Hand die erhitzte Stirn des Kleinen. Sie wiegt den Kopf.
456. Der kleine Amerikaner (*Großaufnahme*). Senkt die Augen.

457. *Ich fühl mich nicht wohl. Ich möchte in meinem Zimmer essen.*
458. Der kleine Amerikaner, hingelagert. Man bringt ihm auf einem Tablett das Mittagessen.
459. Das Zimmermädchen geht hinaus, schlägt die Tür zu.
460. Der kleine Amerikaner horcht an der Tür, ob es im Hause wieder still sei.
461. Die kleine Engländerin, der Arbeitersohn und ein Jungpionier brechen in Gelächter aus:
462. *Hat uns schön angeschmiert, dieser schmucke Knabe.*
463. Der kleine Amerikaner packt sein Essen in ein Tüchlein.
464. Er springt aus dem Fenster.
465. Der Hintere des kleinen Amerikaners, während er wieder auf die Beine kommt.
466. Trillerpfeife des Pionierleiters.
467. Die Kinder treten an, um zu Tisch zu gehen.
468. Vor der Reihe der Angetretenen erscheint der kleine Amerikaner mit seinem Eßpaket. Läuft die Reihe entlang, sucht seinen Spielpartner. Er findet ihn und steckt ihm sein Päckchen zu.
469. Verschiedene Formen des allgemeinen Gelächters.
470. *Der Bursche ist ehrlich. Komm mit uns Mittag essen.*
471. Man begibt sich ins Speisehaus. Mitten unter den gereiht Sitzenden der über alles staunende, jedoch sichtlich zufriedene kleine Amerikaner.
472. Der Aufnahmeapparat schwenkt durch den Speiseraum, der von gierig Essenden erfüllt ist. Der kleine Amerikaner ißt mit, wendet aber den Kopf dahin und dorthin, voll Verwunderung.
473. *Wie lustig! Ich wär froh, wenn mein Papa so viele Kinder hätte.*
474. Der kleine Amerikaner tippt seinen Nachbar am Ärmel:
475. *Eure Mama muß sehr alt und sehr reich sein. Wieviel Jahre und wieviel Geld muß nötig sein, um so viele Kinder zur Welt zu bringen und satt zu machen!*
476. Vor Lachen fällt einem kleinen Mädchen ein Stück Semmel aus dem Mund.
477. *Unsere Mama ist erst neun Jahre alt.*

478. Das Mädelchen tippt mit dem Finger auf die Buchstaben der Fahneninschrift »KPdSU« und auf das Wappen der UdSSR: Sichel und Hammer.
479. Der kleine Amerikaner ist verwundert, steht vom Essen auf, und alle trachten um die Wette, ihm die Sache zu erläutern.
480. Der kleine Amerikaner in einem Zelt. Ringsum Kinder mit Büchern, auf deren Titel sie hinweisen.
481. Der Sohn des Petrograders:
482. *Na schön. Beim Lagerfeuer wollen wirs dir erklären.*
483. Zwei Strolche kommen eine Anhöhe herab.
484. Die Jungpioniere, sich gegenseitig ins Wort fallend, reden beim Lagerfeuer auf den kleinen Amerikaner ein.
485. Die Strolche betrachten aus der Ferne das Konzessionärshaus.
486. Die Strolche (*Großaufnahme*).
487. *Das Geld verwahren sie bestimmt in der Stadt... Im Bankhaus.*
488. Zwei Milizmänner schreiten gewichtig auf und ab, den feuerfesten Schrank bewachend.
489. Nochmals (*Großaufnahme*) die Strolche.
490. *Wir öffnen den Schrank mit Hilfe des Söhnchens.*
491. Der kleine Amerikaner kehrt auf einem Feldpfad heim, hält Umschau und steigt dann durchs Fenster ein.
492. Gesamtansicht des schlafenden Pionierlagers.
493. Der kleine Amerikaner kann nicht einschlafen. Wälzt sich. Erinnert sich an die Erlebnisse dieses Tages. Lächelt zufrieden.
494. Die Strolche umschleichen das Haus, betasten die Fenster, prüfen Riegel und Verschlüsse.

Fünfter Teil

495. Vier Jungpioniere brüllen hinterm Gebüsch hervor ins Weite.
496. *Holla! 's ist Zeit zum Baden.*
497. Der kleine Amerikaner springt aus dem Bett, läuft zum Fenster und ist mit einem Satz hurtig im Freien.
498. Ein Grüppchen von fünf Kindern hüpft munter zum Strand runter.
499. Man reicht dem kleinen Amerikaner Badehöschen.
500. Die fünf Kleinen planschen im Meer herum, schwimmen zu einem Boot hin, erklimmen es und stoßen mit den Rudern ab.
501. Hinter einer Strandklippe schlüpft ein verwahrloster Junge hervor, der hier gebadet hat, kriecht am Strand hin und nimmt schon seine Lumpen auf, da fällt sein Blick auf den Anzug des kleinen Amerikaners.
502. *Uh, deftige Kluft das.*
503. Mustert mit Vergnügen den kleinen Anzug und schlüpft rasch hinein.
504. *Und nu wird getürmt.*
505. Blickt rings um sich.
506. Vor seinen Augen erhebt sich der Bärenberg.
507. Der kleine Bursche macht sich aus dem Staub, nach allen Seiten spähend.
508. Die Strolche, hinter einer Uferklippe hervorlugend.
509. Der kleine Vagabund, nunmehr beruhigt, blickt liebevoll an seinem neuen Anzug hinab.
510. Die Strolche fallen über den Verwahrlosten her.
511. *Großaufnahme:* die Strolche verbinden ihm den Mund.
512. Die Strolche heben den Verwahrlosten in den Sattel eines ihrer Pferde.
513. Die ins Gebirg Davonreitenden.
514. Die Gruppe der fünf Kinder kehrt zurück ans Ufer.
515. Bestürzung und Entsetzen des kleinen Amerikaners, der auf dem Strand nur noch Lumpen vorfindet.
516. Der Petrograder beruhigt ihn.

517. *Das werden die Unsern genommen haben, für den Ochsen. Setz dich, warte bis Abend. Wir finden es.*
518. Der gefesselte Verwahrloste wird zu einer Höhle geschleppt, die notdürftig als Berghütte ausgestattet ist.
519. Dem vor Schrecken sprachlosen Verwahrlosten wird die Binde vom Mund genommen.
520. *Behandle ihn mit Glacéhandschuhen. Der Kerl ist etepetete erzogen. Den müssen wir wohlbehalten zurückliefern.*
521. Der Verwahrloste, der diese Rede mit angehört hat, wird sichtlich munterer.
522. Einer der Strolche reicht dem Verwahrlosten eine gebratene Kalbshaxe.
523. *Diese diversen amerikanischen feinen Leckerbissen, die führen wir nicht. Friß, was da ist.*
524. Der Verwahrloste, der schon Jahre kein derartiges Gericht zu sehen bekommen hat, verschlingt es mit Gier und vorzüglichem Appetit.
525. Die Strolche setzen sich hin, um einen Brief abzufassen. Der Bärtige mit Brille diktiert.
526. Der zweite Strolch wirft ängstlich Seitenblicke auf den kleinen Amerikaner.
527. Der Bärtige sucht ihn zu beruhigen:
528. *Keine Bange. Der versteht von unserer Sprache keinen Piep.*
529. Der Verwahrloste benagt die Haxe und horcht neugierig zu.
530. Der Strolch schreibt, was ihm der Bärtige diktiert.
531. Der Verwahrloste fällt von einem Staunen ins andre.
532. Der echte kleine Amerikaner, nichts am Leibe als sein Badehöschen, in einem Zelt der Pioniere.
533. Der Strolch galoppiert auf seinem Pferd los.
534. Er schiebt den Brief unter eine Tür. Pocht wild an die Tür. Als er herannahende Schritte hört, springt er in den Sattel und sprengt davon.
535. Der Papa öffnet die Tür. Blickt verwundert umher, endlich fällt sein Blick auf den Brief. Er hebt ihn mit wachsender Bestürzung vom Boden auf, wendet sich um und eilt ins Zimmer.

536. Reißt im Lampenlicht den Briefumschlag auf, saugt sich förmlich in die Schriftzeichen hinein. Neben ihm die beunruhigte Mutter.

537. Der Brief:
»Forschen Sie nicht nach dem Verbleib Ihres geliebten Kindchens. Dasselbe befindet sich an einem sicheren Ort und wird den Eltern prompt überstellt, wenn abends am Fuß der großen Eiche fünfzigtausend Rubel hinterlegt sein werden. Andernfalls wird demselben etwas sehr Übles widerfahren. Wir warten bloß drei Stunden.
Mit allergrößter Hochachtung
die Schwarze Hand und Pharao.«

538. Die Eltern plumpsen auf den Diwan und wischen sich den kalten Schweiß von der Stirne.

539. Sie erheben sich und rennen aufgeregt hin und her.

540. *Man muß hingehen!*

541. Sie setzen sich wieder.

542. *Wohin?*

543. Einer der Strolche allein mit dem Verwahrlosten.

544. Der Strolch gähnt.

545. Der Strolch legt sich nieder, wobei er trachtet, mit seinem Körper den Ausgang zu verlegen.
Er schläft ein.

546. Der Verwahrloste trommelt überm Ohr des Strolches auf seiner Schachtel.

547. Der Strolch nimmt die Schachtel an sich und schläft ein.

548. Der Verwahrloste schüttelt den Strolch – er möchte essen.

549. Der Strolch gähnt, schneidet ein Stück Hammelflanke runter.

550. Der Strolch legt sich wieder hin.

551. Der Verwahrloste benagt das Fleischstück und blickt lächelnd nach dem Schlafenden hin.

552. Der Strolch im süßen Schlaf.

553. Der vollends frech gewordene Verwahrloste veranlaßt den Strolch durch einen Fußtritt aufzustehen und deutet durch Gesten an, er müsse jetzt trinken.

554. Der in Wut geratene Strolch will mit Fäusten losschlagen, hält jedoch inne.

555. Vor seinen Augen steht ein Sack voll Geld, nach Art eines Werbeplakats für Anleihen mit Gewinnverlosung.
556. Sich hinterm Ohr kratzend, holt er den Wasserkrug.
557. Der Junge trinkt und zeigt sich belustigt.
558. Der Strolch droht ihm mit dem Finger und legt sich wieder hin.
559. Der kleine Bursche befestigt einen Bindfaden am schlafenden Strolch, schreitet dann über den Mann hinweg und entkommt, wobei er von fern an dem Bindfaden zieht.
560. Der durch den Bindfaden aus dem Schlaf gerissene Strolch springt auf die Beine, vermißt den Jungen und stürzt hinaus, um ihn zu suchen.
561. Der Junge kehrt grinsend in die Höhle zurück und streckt sich auf dem Boden aus.
562. Zerschunden und mit verzweifeltem Gesichtsausdruck kehrt der Strolch von vergeblicher Suche zurück, zerfließt beim Anblick des Jungen zuerst in Feixen, wird alsdann fuchsteufelwild und greift nach einem Stein.
563. Vision des Geldsacks.
564. Die Zähne zusammenbeißend, legt der Strolch sich wieder hin.
565. Der kleine Junge hebt den Kopf, sieht den Schnarchenden und versengt ihm mit Zündhölzchen die Fersen.
566. Das völlig verzerrte Gesicht des Strolchs.
567. Der Junge schüttelt verneinend den Finger, als sollte der Strolch sich keinen Schlummer erlauben, denn sonst würde er selbst davonlaufen, was er mit zwei Fingern andeutet.
568. Der Strolch geht mit gezücktem Messer auf den Jungen los, doch in dem Augenblick tritt der Bärtige ein und gebietet dem anderen Halt.
569. Der Strolch wirft sich dem Bärtigen an die Brust und erzählt ihm fast unter Tränen, was er tagsüber ausgestanden hat, wobei er fortwährend in die Richtung des Jungen weist.
570. Das unbekümmerte Gesicht des kleinen Jungen.
571. Der Papa des kleinen Amerikaners reicht seiner Frau ein Glas Wasser.
572. *Wollens mal ausrechnen! Falls unser Sohn es wert ist, will*

ich selbstredend für ihn die zwanzigtausend Dollar auf den Tisch legen.

573. Nimmt ein Blatt Papier und ein Rechenbrett und setzt sich an den Tisch. Die Mama steht daneben, strengt ihr Gedächtnis an und rechnet mit.

574. Der Vater schreibt:

575. *Produktion und Unterhalt meines Sohnes Jim.*

Ausgaben *Einnahmen*

576. Mama biegt rechnend die einzelnen Finger ein.

577. Auch der Vater biegt einen Finger ein, forscht in seinem Gedächtnis, blickt in seine Kontrollzettel und macht Eintragungen.

578. *Ausgaben* *Einnahmen*

Hebamme	100	Dollar
Arzt	150	Dollar
Windeln	27	Dollar
Milch der Mutter	15	Dollar
Milch der Amme (3 Monate à 60 Dollar)	180	Dollar
10 Jahre zu 2 Dollar täglich	7 300	Dollar
weitere 10 Jahre	7 300	Dollar
Lösegeld an »Pharao« und »Schwarze Hand«	20 000	Dollar
Summe	35 072	Dollar

579. Sie machen weitere Eintragungen, biegen die Finger krumm, streiten und reden durcheinander:

580. *Ausgaben* *Einnahmen*

Mittlere Lebenserwartung 40 Jahre

Erste zehn Jahre 50 Dollar die Woche	26 000	Dollar
Folgende 10 zu 100	52 000	Dollar
Summe	78 000	Dollar
minus	35 072	Dollar
Reingewinn (ohne Abzug der Verpflegungskosten)	42 928	Dollar

581. Hocherfreut zeigt Papa der Mama die Bilanz:
582. *Wir werden ihn loskaufen müssen!*
583. Er schüttelt seine gesamte Barschaft aus der Brieftasche, leert die Schublade, kramt in der abgelegten Anzughose.
584. *Zu wenig!*
585. Zeigt auf den Ring und den kümmerlichen Faden des Halsschmucks der Frau.
586. Die Frau legt ihren Schmuck ab.
587. Die rundliche Hand beim Abnehmen des Ringes.
588. Alles wird zusammengepackt.
589. Papa mit Regenschirm geht zum hohlen Baum.
590. Versenkt sein Paket in die Höhlung.
591. Geht langsamen Schrittes nach Haus.
592. Steht auf der Terrasse, die Uhr in der Hand, und wartet.
593. Der Bärtige im Sattel.
594. Der Bärtige bei der hohlen Eiche.
595. Die Wohnhöhle. Der Verwahrloste und, Zähne zusammengebissen und Fäuste geballt, der Strolch.
596. Der Bärtige kehrt zurück.
597. Gierig zählen die zwei den Gewinn.
598. Sie befehlen dem kleinen Verwahrlosten, sich zu trollen.
599. Der Junge weigert sich, verkriecht sich in eine Ecke.
600. Sie zerren den Jungen an den Armen hervor.
601. Sie befördern ihn ins Freie, versetzen ihm Fußtritte, bewerfen ihn mit Steinen, können ihn aber von der Wohnhöhle nicht verscheuchen.
602. Die Strolche wissen sich keinen Rat, sie schleppen ihn bei den Armen vorwärts.
603. Die Jungpioniere in Artek spielen Fußball. Das Spiel ist beendet. Die Pioniere und der kleine Amerikaner machen ein Lagerfeuer.
604. Der Pionierleiter:
605. *Dein Anzug ist nicht gefunden worden, du wirst in einem von uns gehen müssen.*
606. Der kleine Amerikaner legt Pionierkleidung an, spiegelt sich im polierten Deckel der Taschenuhr, ist zufrieden.
607. Die Jungpioniere drängen sich um den Neuen und bestaunen ihn.

608. Der kleine Amerikaner, halb mit Worten, halb mit Gesten, gibt zu verstehen:
609. *Ich will hierbleiben.*
610. Die Pioniere sind freudig einverstanden und gehen mit ihm eingehängt.
611. *Los, wir wollen es deinem Papa sagen.*
612. Der ungeduldig wartende Papa.
613. Von fern werden die Strolche sichtbar, mit dem widerstrebenden Verwahrlosten.
614. Papa stürzt ihnen zuerst entgegen, dann weicht er zurück.
615. *Solch einen nehm ich nicht mal gratis. Von dieser Sorte könnt ich für mein gutes Geld ein Dutzend kriegen.*
616. Er packt die Strolche bei den Rockschößen.
617. *Ich bin hier!*
618. Hinter dem Papa eine Gruppe Jungpioniere, vorneweg ihm der kleine Amerikaner.
619. Der Papa läßt die Strolche, die sich losreißen, entkommen.
620. Die Strolche und der Verwahrloste türmen.
621. Der kleine Amerikaner.
622. *Ich bleibe jetzt dort!*
623. Er weist mit der Hand in die Richtung des Pionierlagers.
624. Das Pionierlager.
625. Der in Ohnmacht fallende Papa.
626. Die Mama macht ihm kalte Umschläge.
627. Der Geschäftsherr in Amerika. Sichtet den Posteinlauf.
628. Ein Lakai. Bringt einen Eilbrief.
629. Der Herr reißt ihn auf.
630. *Ich hab meinen Sohn verloren und nur die Tannenzapfen gefunden, die auf beigelegtem Foto klar zu sehen sind.*
Ihr gehorsamster Diener
Tom Dopkins.
631. Er betrachtet die herausgerutschte Fotografie.
632. Dopkins mit klar sichtbar zerschlagenem Gesicht: zapfengroße Beulen.
633. Herbst. Von einem Baum fallen die Blätter.
Aushängeschild: Artek, Kinderlager »Solowjow«.
634. Eine Jungpionierkolonne auf dem Marsch.

635. *Prüfung vor dem Abgang.*
636. Ein Zug Pioniere marschiert vor dem Tisch der Kommission vorbei.
637. Die Pioniere machen rechts um und stehen gerade.
638. Ein Kommissionsmitglied ruft jeden beim Namen auf.
639. Die Pioniere treten einzeln an den Tisch heran, man stellt ihnen einige Fragen, dann treten sie ab.
640. Die kleine Engländerin ist an der Reihe.
641. Bewegliches Diagramm in Trickfilmmanier.
642. Die spindeldürre kleine Engländerin, daneben ein Pluszeichen: verzehrte Kost häuft sich hinzu. Dann ein Gleichheitszeichen: die kleine Engländerin hat um das Anderthalbfache zugenommen.
643. Die kleine Engländerin entfernt sich, begleitet von Beifall.
644. Der Sohn des Petrograders.
645. Sie messen den Brustumfang und zeigen dem Publikum voll Zufriedenheit an: 15 Zentimeter.
646. *In die Breite gegangen!*
647. Die Kommission stellt Fragen.
648. *Kletterst du noch auf Dächer?*
649. Zwei Jungen zeigen eine Mineraliensammlung.
650. *Er klettert nur auf Felsen, und auch das nur in sachdienlicher Absicht.*
651. (*Mit Sonderbetonung:*) Ein mit Hieroglyphen bedeckter Stein.
652. Nun tritt der kleine Amerikaner vor, mit komisch erhobener Hand.
653. Solowjow begrüßt die angetretenen Pioniere.
654. Die Jungpioniere in Reih und Glied.
655. Wieder Solowjow.
656. *Aus euch rekrutiert sich der Komsomol, und der Komsomol ist die Ablösung der alten Garde. In unserer Gesundheitsschmiede sollt ihr zu Eisen euch härten.*
657. Die Jungpionierkolonne in dahinschreitender Bewegung, wächst sodann in den Komsomol hinüber und verwandelt sich sogleich weiter in eine marschierende Arbeiterkolonne, die nun rote Fahnen entfaltet.

Ende (1926)

KINO-HERZ

Neufassung des Drehbuchs
»Die vom Filmstreifen Gefesselte«

Ein Phantasie-Faktum
in vier Teilen
mit Prolog und Epilog

Hauptpersonen der Handlung:

1. *Ein Filmstar*
2. *Ein Anstreicher*
3. *Ein Manikürfräulein*
4. *Ein Melonenhut*
5. *Douglas Fairbanks*
6. *Charlie Chaplin*
7. *Rodolfo Valentino*

Der Direktor und viele andere

Prolog

1. *Vor dem zwanzigsten Jahrhundert hat uns die Zeitgeschichte nur tote Zeugen hinterlassen.*
2. Eine Spinne, die ihr Netz webt; und dahinter:
3. *Wandbilder . . .*
4. Ein Grande in vergoldetem Rahmen. Einen Degen und einen Rosenstrauß in den Händen.
5. *Standbilder . . .*
6. Unterhalb des Wandbildes beugt sich verschämt eine Marmor-Venus vor.
7. *Bücher . . .*
   Zu Seiten des Standbildes riesige Bücher: die Bibel, das Lied der Lieder.
8. *Da tritt aus einem Laboratorium ein wohlgelaunter Mensch.*
9. Unter einem Wust von Filmrequisiten ist aus der Tür (Edison) ein yankeeartiger Onkel hervorgetreten und schreitet nun fröhlich die Gassen entlang.
10. *Er hat Gefallen daran gefunden, Ruinen zu kurbeln.*
11. Der Yankeeartige dreht an der Kurbel seines Aufnahmegeräts: da fährt das Spinnennetz auseinander, der Grande entsteigt dem Bildrahmen, steckt der Venus sein Bukett zu, die zum Leben erwachte Venus umfängt den Grande, und die aus den Büchern hervorschlüpfenden Solo-Hornisten rühmen die Liebe.
12. Dem Kurbelnden nähert sich ein beleibter Onkel von sehr vermögendem Aussehen, im Melonenhut, blickt ganz verzückt und patscht dem Drehenden auf die Schulter.
13. *Sie haben da ein famoses Ding, Sir.*
14. Der Yankeetyp nimmt den Hut ab, hält im Drehen inne, das Bild verblaßt.
15. *Wieviel?*
16. Der Yankeetyp schwingt mehrere Male seine zehn Finger, nimmt dann seine Stiefel ab und zählt an den Zehen weiter.
17. *All right!*

18. Der Melonenhut schreibt einen Scheck aus, überreicht ihn dem Yankeeartigen und entführt dessen Gerät.

Erster Teil

1. *Man kann nicht umhin, sich nach ihr umzudrehn.*
2. Eine Frau von auffallender Schönheit. Sie geht. Eine Straße. Leute, die gleichgültig hintrotten und sogar sich drängen, werden mit einemmal liebenswürdig, wenden den Kopf machen Platz, blicken eine Sekunde unschlüssig, setzen ihren Weg fort und schauen nochmals zurück.
3. *Ein Mann, der nichts von einem Helden hat.*
4. Ein Anstreicher von kümmerlichem Äußeren ist unterwegs, trägt einen Farbeimer und balanciert seine Pinselstiele.
5. Passanten schürzen ihre Kleidung hoch, sobald sie mit dem schmierigen Eimer auf gleicher Höhe sind. Sie gehen vorüber und machen mit zwei Fingern die Geste, als stippten sie vermeintlichen Staub vom Ärmel.
6. Der gemächliche Anstreicher prallt beinahe mit der Schönen zusammen, trachtet an ihr vorbeizuschlüpfen, pufft sich freie Bahn, hebt den Blick ruckartig, spreizt die Finger und gibt verwirrt den Weg frei.
7. Angewidert den Mund verziehend, schreitet die Schönheit vorbei.
8. Der Anstreicher sucht vorwärts zu gelangen, blickt aber wiederholt rückwärts, stellt endlich Eimer und Pinsel an einer Wand ab, um der Schönen nachzueilen, wobei er sie jedoch in der Menge verliert, im Zehenstand sie suchen muß, die Hand als Schirm über den Augen.
9. *Ein Mensch unter ausländischer Flagge.*
10. In einem Kraftwagen mit ausländischem Wimpel schwebt der Konzessionär vorbei (der Melonenhut aus dem Prolog).
11. Die vorüberkommende schöne Frau.
12. Der Konzessionär wendet den Kopf, reißt die Augen immer weiter auf und verrenkt sich fast den Hals.
13. Der Kraftwagen muß vor einer heranrollenden Straßenbahn stoppen.
14. Die Schöne springt aufs Trittbrett des überfüllten Straßenbahnwagens.

15. Die Straßenbahn setzt sich in Bewegung.
16. Der Anstreicher ist herbeigerannt und sucht aufzuspringen.
17. Ein Milizmann packt ihn am Beinkleid und holt ihn runter.
18. Der Anstreicher reißt sich los. Doch der Milizmann ist unerbittlich. Er fordert eine Geldstrafe, zückt seinen Quittungsblock.
19. Das feixende Profil des mit Kopfwendung vorbeischwebenden Konzessionärs.
20. Die Straßenbahn mit der davonfahrenden Schönen.
21. Der Konzessionär, bemüht, neben dem Straßenbahnwagen einherzufahren.
22. Der Anstreicher fährt sich durch die Mähne und zahlt einen Rubel.
23. Er grient und schüttelt die Faust.
24. *Den Rubel werde ich abarbeiten!*
25. Die Schöne ist vom Trittbrett abgesprungen. Hat laufend den Straßendamm überquert, rasch zurückgeblickt und ist in einer Haustür verschwunden.
26. Der Konzessionär hat seinen Wagen verlassen, die Stockwerke des Hauses gemustert, Straße und Hausnummer notiert.
27. Er winkt den Hauswart herbei, beschreibt ihm mit Gebärdensprache das Aussehen der Schönen und erfährt deren Vor- und Familiennamen laut Auskunft des Hauswarts, der erfreut einen Dreirubelschein empfangen hat.
28. Der Anstreicher hat Eimer und Pinsel wieder an sich genommen.
29. Der Anstreicher setzt seinen Weg fort, unachtsam die Passanten streifend, im allgemeinen Geschimpfe der von ihm mit Farbe Bespritzten.
30. *Die Schöne wird mir zugute kommen.*
31. Der Anstreicher macht halt bei einem Friseurladen mit noch unvollendeter Beschriftung auf gläserner Aushangtafel.
32. Der Anstreicher lehnt seine Leiter an.
33. Der Anstreicher steigt die Leiter hinan, wobei er unacht-

sam die in den Laden eintretende Manikürerin mit Farbe betropft.

34. Das Manikürfräulein beklagt sich im Laden bei den Frisiermeistern und dem Inhaber über den Anstreicher, wobei sie drohende Handbewegungen gegen die Glasscheibe richtet.
35. Jenseits der Glasscheibe der flink leiterkriechende Anstreicher, der den Umriß jener Schönen aufs Glas wirft.
36. Die Frisiermeister treten näher und sehen mit Staunen zu.
37. Um den Anstreicher sammelt sich schon eine Menschenmenge.
38. *Der Sternenmacher.*
39. Auf den abgegriffenen Klingelknopf an der schadhaften Tür drückt der Konzessionär.
40. Die Wohnungstür, an ihrer Sicherheitskette, wird spaltbreit aufgetan.
41. Der Konzessionär schiebt seine Visitenkarte hinein.
42. Die Karte: Jones,
Direktor der Großen Hollywooder
Filmproduzentenvereinigung.
43. Papa, Mama und die junge Schöne heften staunenden Blick auf das Kärtchen.
44. Der ungeduldige Konzessionär.
45. Die ganze Familie beeilt sich gemeinschaftlich, dem Konzessionär die Tür zu öffnen.
46. Der Konzessionär hat seinen Melonenhut auf den Tisch gelegt und entrollt nun Kinoplakate und Bilder von Darstellern in üppigen Kostümen.
47. Die Schöne staunt mit offenem Munde.
49. *Und hier wohnen die Eltern der Filmstars.*
49. Er breitet vor den begeisterten Eltern Baupläne von Palästen aus.
50. *Da wird nicht lang gehandelt.*
51. Die Eltern, mit nassen Augen, aber gewinnsüchtig, zählen die ihnen eingehändigten Tscherwonzen-Scheine.
52. Die Schöne setzt ihre Unterschrift unter ein als »Vertrag« gekennzeichnetes Blatt Papier.

53. *Rasch ging dem verliebten Anstreicher die Arbeit von der Hand.*
54. Er vollendet den Kopf der Schönen, wobei er ihr eine unwahrscheinliche Haartracht hochtürmt.
55. Alle Passanten bleiben stehen, bewundern, klatschen Beifall, manche zupfen den Anstreicher am Rocksaum und notieren seine Adresse.
56. Das Manikürfräulein behandelt die Hände eines Kunden und sticht ihn unversehens in den Finger, weil sie sich alle Augenblicke entzückt umdreht und dem durch die Glaswand sichtbaren Anstreicher zusieht.
57. *Fertig.*
58. Der Anstreicher entfernt die Leiter, wirft noch einen letzten Blick auf das Bildnis und schlendert nach Haus.
59. Ein Teil der Betrachter verharrt in Bewunderung vorm Malwerk, andere laufen dem Anstreicher nach.
60. Ein Zeitungsreporter, der mit dem Anstreicher ein Interview macht.
61. Photographen überholen den Anstreicher und knipsen ihn.
62. Im Friseurladen stecken ein Meister, der Inhaber und das Manikürfräulein die Köpfe zusammen, sie reißen einander ein Zeitungsblatt aus den Händen.
63. Das Abendblatt: Ein Anstreicher als hervorragender Kunstmaler.
64. Die Manikürerin betrachtet verliebt sein Porträtfoto.
65. *Er hat sich einen Schlips zugelegt.*
66. Der Anstreicher ist nicht wiederzuerkennen, rasiert und frisiert zupft er unterm Kinn eine Fliege zurecht.
67. *Aufträge kamen, Besteller drängten sich.*
68. Auf gewundener Treppe steigen Damen, Herren und Kinder hinauf.
69. Im Wartezimmer, vor mehreren Spiegeln, machen die Modelle sich schön.
70. Der Anstreicher weist einem Modell seinen Sitz an, es ist ein ehrenwerter kleiner Biedermann mit einem Buch in der Hand.
71. Der Anstreicher geht zur Seite, holt die aufgespannte Malerleinwand und Farben herbei.

72. Das Modell wird allmählich durchsichtig, man gewahrt statt des Herzens versiegelte Halbliterflaschen und irgendein kräftiges Frauenzimmer.
73. Der Anstreicher legt die Pinsel weg.
74. *Kommen Sie morgen.*
75. In würdiger Haltung tritt eine ehrsame Matrone ein, faltet sehr gesittet die Hände und posiert im Gebet.
76. Resignierend greift der Anstreicher wieder zum Pinsel.
77. Das Weib wird durchsichtig, und statt des Herzens sieht man einen unflätigen jungen Burschen mit aufgezwirbeltem Schnurrbart nach Art einer Rasierklingen-Reklame.
78. *Kommen Sie morgen!*
79. Durch die Tür schiebt sich das Manikürfräulein herein.
80. Nicht ohne Freude grüßt der Anstreicher. Er setzt sie zuvorkommend auf ihren Platz, tritt ein wenig zurück, die Palette in der Hand, faßt sie ins Auge.
81. Auch die Manikürerin wird transparent, und statt des Herzens erblickt man den Anstreicher zusammen mit ihr unterm Aushängeschild eines Standesamtes.
82. Der Anstreicher wirft mit Abscheu sein Malgerät hin, jagt das Manikürfräulein fast brutal hinaus, wirft ihr die Tür zu.
83. Der Anstreicher setzt sich in tiefem Sinnen hin.
84. Es erscheint ein großes herausgeschnittenes Herz.
85. An dem Herzen läuft ein kleiner Eisenbahnzug hin, in einem Wagenfenster sieht man flüchtig wie einen Scherenschnitt das Profil der Schönen.

Zweiter Teil

1. *Die Lage ist mies.*
2. Eingang eines Kinos, ein großes abgewetztes Plakat.
3. »Kakerlaken aus Torshok«.
   Ein Schlager von Weltklasse.
4. Eine schüttere Andeutung von Publikum, schon in Annäherung zum Eingang, liest das Plakat und kehrt dem Kino den Rücken.
5. Zwei herzhaft gähnende Physiognomien.
6. Der Pförtner, in Luxus-Montur, rafft sich plötzlich aus dem Halbschlummer auf, faßt und zerrt die Zuschauer bei den Rockschößen, doch diese reißen sich los und suchen das Weite, unter Zurücklassung der Rockschöße.
7. Eine pudelnasse, arg geschundene Katze schlüpft trübsinnig in den Kinoeingang.
8. Ein Treppenflur.
   Geschäftsstelle eines Filmverleihs.
9. Mutlos dreinblickende Burschen in Jacken vor der Tür mit der Aufschrift »Direktor«.
10. *Es fehlt an Schlagerfilmen*
11. Der Direktor mit seinen Gehilfen und Stellvertretern. Der Direktor geht auf und ab, fuchtelt aufgeregt, tritt zu dem Plakat »Kakerlaken aus Torshok«, reißt es von der Wand, knüllt es zusammen und wirft es zu Boden.
12. Unterm abgerissenen Plakat ist ein anderes zu sehen:
    Wissenschaftlicher Kulturfilm
    »Halsentzündung bei den Krokodilen«.
13. Der Direktor betrachtet es und spuckt verdrossen aus.
14. Eine mißmutige Sitzungsrunde kratzt sich hinter den Ohren.
15. Papierblätter, Schriftstücke:

Soll	Haben
1 235 756	23
	17
	100 000 000 000

16. Die Tatzen der Sitzungsteilnehmer zeichnen bekümmert unter die Buchhaltungsposten Bleistifthunde und -katzen.
17. *Ein ersehnter Gast.*
18. Zur Eingangstür der »Geschäftsstelle des Filmverleihs« rollt der Kraftwagen des Konzessionärs heran.
19. Der Konzessionär springt hinaus, drückt auf den Klingelknopf, preßt unterm linken Arm zusammengerollte Plakate, unterm rechten eine runde Filmkassette.
20. Der die Tür aufreißende verschlafene Pförtner ist wie verwandelt, in aufgeräumter Stimmung.
21. Der Konzessionär betritt die Geschäftsstelle wie ein Inhaber.
22. Vor dem Konzessionär bilden die Angestellten, Botengänger, Laufburschen ehrerbietig eine Gasse, die Tippfräulein wenden ihm den Kopf zu, sie alle wechseln von Mißmut zu Freude.
23. Die grämliche Runde der Sitzungsteilnehmer.
24. Auf der Türschwelle erscheint wie in Versteinerung der Konzessionär, den Melonenhut ein wenig lüftend, um ihn sogleich wieder auf den Kopf zu stülpen.
25. Ein Dutzend froh zum Gruß erhobener Hände.
26. Der Direktor samt seinen Gehilfen stürzt dem Ankömmling entgegen.
27. Ohne die Schwelle zu überschreiten, entrollt der Konzessionär das Plakat, indem er es an zwei Ecken festhält.
28. Das Plakat:
    »Kino-Herz«!
    Ein Welt-Film unter Mitwirkung
    aller Sterne und Sternbilder!
    Die Schöne des Anstreichers, kostbar gekleidet und geschmückt und von allen Filmpersonen umringt. Sie hält ein Riesenherz in Händen.
29. Der Trustdirektor macht entzückt ein paar Schritte rückwärts.
30. Reichliche Beifallskundgebungen der Verwaltung.
31. Der Konzessionär öffnet die Filmkassette.
32. Alle Verwaltungsmitglieder drängen sich, das Ende des Filmstreifens gegen das Licht zu halten und zu betrachten.

33. Einzelne Filmkader, Aufnahmen der Schönen in üppigen Kostümen und faszinierenden Bewegungen.
34. Vor dem Plakat drängt sich das ganze Kontor, vom Laufburschen bis zur Putzfrau, alle betrachten entzückt das riesenhafte Werbebild.
35. Der Direktor entfernt alle aus dem Verwaltungsraum und bleibt mit dem Konzessionär allein.
36. *Jetzt heimsen wir Reingewinn!*
37. Der Direktor drückt unterwürfig die Hand des kaltblütigen Konzessionärs.
38. *Gute Ware erheischt gute Werbung.*
39. Der Konzessionär klopft mit dem Finger auf die Filmkassette.
40. Der Direktor nimmt den Telefonhöhrer ab, bläst hinein und brummt eine Nummer.
41. Der gemächliche Anstreicher hebt ab.
42. Der Direktor macht eine bittende Grimasse.
43. Der Anstreicher schüttelt verneinend den Kopf.
44. Der Direktor bleibt hartnäckig:
Hundert! Zweihundert! Dreihundert!
45. Der Anstreicher denkt eine Sekunde nach, stimmt widerwillig zu, wirft den Hörer auf die Gabel und greift nach seinem Hut.
46. Der Direktor, hocherfreut, reibt sich die Hände.
Er hat »ja« gesagt, jetzt ist alles in schönster Butter.
47. Der Konzessionär tritt ein, stößt in der Tür mit dem Maler zusammen.
48. Der Maler schenkt niemandem Beachtung, geht gleichgültig auf einen Polstersessel zu, begleitet vom lakaienhaft scharwenzelnden Direktor.
49. *Wir täten da ein nettes Plakatchen brauchen – zu diesem Bild dahier.*
50. Der Direktor dreht den Maler bei den Schultern dem ausländischen Plakat zu.
51. Der Maler wendet seinen gleichgültigen Blick in der angezeigten Richtung.
52. Die sich mehr und mehr weitenden Augen des Malers.
53. Der Maler springt auf, stürzt sich vors Plakat.

54. Der erstaunte Direktor springt dem Maler nach.
55. Der Anstreicher greift sich ans Herz und weicht, fast fallend, zurück.
56. Der verwunderte Direktor schlägt die Hände überm Kopf zusammen.
57. Der Anstreicher wirft sich zu Boden, rollt das Plakat zusammen, drückt es liebevoll an sich und läuft zur Tür.
58. Der staunende Direktor faßt den Anstreicher beim Rocksaum, legt dem sich Umwendenden die Hand auf die Stirn: ob der Mann nicht Fieber habe.
59. Der Maler reißt sich los und stemmt sich, die Finger spreizend, mit der Hand vom Direktor ab:
60. *Ja, in Ordnung, alles wird gehörig ins Lot kommen.*
61. Der Anstreicher verschwindet in der Tür.
62. Der in Fassungslosigkeit erstarrte Direktor.
63. Der Anstreicher läuft die Straße entlang, gegen Passanten anrennend, das Plakat fürsorglich ans Herz drückend.
64. Der Anstreicher bleibt vorm Aushängeschild des Friseurladens stehen, rollt das Plakat auf und vergleicht Porträt und Porträt.
65. Aus dem Friseurladen gucken die Meister heraus, das Manikürfräulein kämpft sich zum Eingang durch.
66. *Sie kommt, sie kommt!*
67. Eilig sein Plakat zusammenrollend, macht sich der Anstreicher davon.
68. Rasch, im Laufen den Hut aufs Haar stülpend, eilt die Manikürerin dem flüchtenden Anstreicher nach.
69. Der Anstreicher jagt eine Treppe hinauf.
70. Auch die Manikürerin hinkt treppauf.
71. Völlig außer Atem stürmt der Anstreicher in die Werkstatt, wobei das Plakat sich aufrollt und zu Boden gleitet.
72. Herein braust das Manikürfräulein und bleibt stehen vor der Plakat-Schönen. Sie erkennt sie. Gehässig tritt sie vor den Anstreicher.
73. Er faßt sie einfach an den Schultern und setzt sie vor die Tür.
74. Die Manikürerin bearbeitet mit der Faust die versperrte Tür.

75. Dabei schlägt sie sich die Faust fast wund; bläst drüber.
76. *Nachtwandler, gottsjämmerlicher!*
77. Sie droht mit dem Finger gegen die Tür, macht ruckartig Kehrtum und läuft die Treppe wieder hinunter.
78. Der Anstreicher führt sich auf wie ein Mondsüchtiger, spannt in fieberhafter Eile ein Blatt Papier aufs Brett.
79. Auf dem Blatt beginnt sich skizzenhaft die Schöne vom Friseurschild abzuzeichnen.
80. *Der Feldzug hat eingesetzt.*
81. Plakatkleberinnen befestigen das Plakat »Kino-Herz«.
82. Augenblicklich sammelt sich eine Menge vorm Plakat.
83. Junge Burschen verteilen Flugzettel.
84. Ein Mann versteckt sorgsam das Flugblatt in der Tasche.
85. Zeitungsjungen verbreiten das Zeitungsblatt mit der Veröffentlichung über das »Kino-Herz«.
86. Ein Mann, mit anderen zusammenstoßend, liest die Beschriftungen und betrachtet das Bildnis.
87. In langer Reihe schlängelt sich ein Zug von Werbeläufern mit Rücken- und Brustplakat: »Kino-Herz«.
88. Ihnen nach tummeln sich Trupps von kleinen Jungen und erwachsenen Kinonarren.
89. Auf einem Elefanten, auf einem Dromedar treibt das Plakat vorbei.
90. Die verächtliche Miene des Anstreichers.
91. Der Anstreicher auf einer Leiter, mit dem Pinsel.
92. Er türmt die Haartracht der Friseurladen-Schönheit nach dem Vorbild ihrer letzten Filmaufnahme.
93. Er malt ihr noch ein kostbares Halsband hinzu.
94. *Laß die Leute ein, in einer Viertelstunde beginnt der Vorverkauf.*
95. Der Kinopförtner läßt die Menge ein, die andrängt und sich um Eintrittskarten reißt.

Dritter Teil

1. *Ein toller Tag.*
2. Vor dem mit Plakaten »Kino-Herz« geschmückten Eingang eines Lichtspieltheaters ein Menschengewühl. Halberdrückte quietschen. Spazierstöcke und Regenschirme werden geschwungen.
3. *Schon am frühen Morgen hat ein Zuschauer sich in den Saal gesetzt.*
4. Im leeren Zuschauerraum sitzt als einziger in all den Sitzreihen der Anstreicher und blickt auf die Uhr.
5. Die Platzanweiserinnen betrachten ihn mit Verwunderung und Mißbilligung.
6. Das Tohuwabohu vorm Eingang.
7. Die Tür des Büfettraums. Die Menge stürmt herein.
8. Die Menge überflutet alle vorhandenen Sitzgelegenheiten.
9. Wer da keinen Sitzplatz mehr fand, drängt sich in den Durchgängen.
10. Das ungeduldig vorgestreckte Gesicht des Anstreichers.
11. Die Leinwand wird dunkel. Ausgeleuchtet wird »Kino-Herz«.
12. Die Galerie voll gespannt konzentrierter Gesichter.
13. Großaufnahme vom Mienenspiel des Anstreichers, der hinstarrt.
14. Die Kinoleinwand. Darauf die Schöne. Sie flüchtet, will sich vor den sie verfolgenden kinematographischen Gestalten in Sicherheit bringen (hält dabei ein riesenhaftes Herz in Händen): Douglas Fairbanks, Rodolfo Valentino, der mit seinem Stöckchen nachwatschelnde Charlie Chaplin und andre.
15. Die gespannt blickenden Gesichter der Zuschauer.
16. Die Handlung auf der Leinwand entwickelt sich. Die Schöne springt von Fels zu Fels. Schon scheint sie sich gerettet zu haben, da erscheint der Melonenhut, wirft von einem Vorsprung aus wie ein Lasso die Schlinge eines Filmbandes. Die Schöne ist gefangen. Man zerrt sie weg.
17. Die Gesichter der Zuschauer in höchster Spannung.

18. Der Anstreicher springt aus dem Armlehnengehege der Sesselreihe. Die vor ihm sitzende Zuschauerin, deren Hut er gestreift hat, wendet entrüstet den Kopf.
19. Der Anstreicher macht gegen sie eine abwehrende Handbewegung und dringt beinahe zur Kinoleinwand vor.
20. Verwunderte Gesichter der Zuschauer, die den Anstreicher ins Auge fassen.
21. *Ende.*
22. Die Kamera fährt die ganze Breite des beifallklatschenden Saales entlang.
23. Der Anstreicher (auf Zehenspitzen) trachtet sich über alle hinauszurecken und klatscht wie rasend Beifall.
24. Noch im Gehen weiterklatschend, zerstreuen sich die Leute aus dem Kino.
25. Nach und nach bleibt der applaudierende Anstreicher allein zurück, von den sich Entfernenden betrachtet.
26. Der allein im leeren Kinosaal weiterapplaudierende Anstreicher vor der schwarzen, Feierabend machenden Kinoleinwand.
27. Die Aufwärter nähern sich dem Anstreicher, schütteln ihn und weisen ihn hinaus. Er macht sich frei und weigert sich verstört.
28. Plötzlich wird die Kinoleinwand hell, auf ihr erscheint die Schöne. Sie schickt sich an, der Kinoleinwand zu entsteigen.
29. Mit erschreckten Blicken, sich am Kopf fassend, laufen die Aufwärter davon.
30. Allein geblieben, verstummt, die Arme wartend ausgebreitet, sitzt der Anstreicher da.
31. Die Schöne entsteigt der Leinwand, nähert sich lächelnd dem Anstreicher.
32. Mit weit aufgerissenen Augen faßt der Anstreicher die Schöne untern Arm und führt sie durch den leeren Mittelgang.
33. Die Pförtner öffnen verschüchtert die Flügeltür vor dem unwahrscheinlichen Paar.
34. Der Anstreicher geht voraus. Er blickt zurück. Die Schöne ist verschwunden.

35. Der Anstreicher starrt voll Bestürzung: durch die geschlossene Tür, als Erscheinung, schreitet die Kino-Schönheit hindurch.
36. Die Arme gebreitet und lächelnd, schnuppert die Schöne die frische Luft der Straße.
37. *Schon lange hab ich all das nicht gesehen. Man wird gradezu schwindlig vom lebendigen Leben.*
38. Der zu sich gekommene Anstreicher wirft sich der Schönen entgegen.
39. Die Schöne runzelt mißvergnügt die Brauen.
40. Sie tritt einen Schritt zurück. Langsam bewegt sie sich rückwärts zur Tür und verschwindet durch die Türfüllung ins Innere.
41. Der Anstreicher stürzt zur Tür, stößt aber auf Riegel und Türschloß.
42. Der Anstreicher hämmert gegen die Tür. Hämmert weiter. Schlägt sich die Fäuste wund. Wirft wilde Blicke um sich, weicht zurück und wendet sich zur Flucht.
43. Der Anstreicher, bei den Passanten Aufsehen erregend, rennt die Straße entlang, verliert den Hut und hetzt weiter, ohne ihn aufzuheben.
44. An der wartenden Manikürerin vorbei, ohne ihr Beachtung zu schenken, wirft er sich in den Treppenflur seines Hauses.
45. Die betrübte Manikürerin folgt dem Flüchtenden mit den Augen.
46. Der Anstreicher stürzt in die Werkstatt, fällt auf sein Bett und verharrt liegend reglos.
47. Das Manikürfräulein steckt die Nase durch die Tür. Sie betritt den Raum, betrachtet entsetzt den halbtoten Anstreicher und läuft zum Telefon.
48. Ein Arzt hebt ab, hört zu, entsinnt sich des Namens, faßt rasch einen Entschluß, packt seine Visitentasche und eilt davon, im Laufen den Mantel anziehend.
49. Die Manikürerin bemüht sich vergeblich, den Anstreicher aus seiner Ohnmacht wachzurütteln.
50. An die Tür pocht der Arzt.
51. Die Manikürerin, ganz außer sich, eilt zur Tür.

52. Der Arzt tritt ein, kommt ans Krankenlager, hält dem Liegenden ein Riechfläschen unter die Nase, fühlt ihm den Puls und setzt das Fieberthermometer ein.
53. Der Arzt prüft den Puls und schüttelt bedenklich den Kopf.
54. Das Thermometer zeigt 40,5.
55. Der Anstreicher dreht sich schwach herum.
56. Der Doktor schreibt ein Rezept.
57. Das Manikürfräulein reißt das Rezept an sich, steckt dem Arzt eine Geldnote zu, begleitet ihn hinaus und eilt mit dem Rezept davon.
58. Sie läuft zur Apotheke, man verabfolgt ihr Schächtelchen, Fläschchen und Döschen.
59. Der Anstreicher reglos auf seinem Bett.
60. Die Manikürerin hetzt zurück, trägt den in dünnes Papier gewickelten Arzneivorrat.
61. Das Packpapier reißt, und die Medikamente fallen aufs Pflaster.
62. Die auf dem Straßenpflaster verstreuten Döschen und Schächtelchen.
63. Die Manikürerin blickt ratlos umher.
64. Sie reißt den erstbesten Anschlag vom Zaun; es ist ein Plakat »Kino-Herz«. Sie packt die Arzneien in dieses Papier und läuft weiter.
65. Die Manikürerin wickelt am Bett des Anstreichers in fliegender Eile die Arzneien aus. Das Plakat fällt zu Boden. Sie stellt die Döschen auf den Nachttisch.
66. Der Anstreicher öffnet die Augen, sein Blick bohrt sich ins zu Boden gefallene Papier.
67. Der Anstreicher springt auf, drängt die Manikürerin hinaus.
68. Allein geblieben, glättet er das zerknüllte kleine Plakat, hängt es über die Bettwand und legt sich, müde von der Anstrengung, wieder hin.
69. Die aufs Bild gerichteten Augen des Anstreichers.
70. Aus dem an der Bettwand hängenden Plakat löst sich allmählich die Frau, tritt aus dem Rahmen und setzt sich beinahe aufs Bett.

71. Freudiges Erstaunen des halb aufgerichteten Anstreichers, der sich auf die Handflächen stützt.
72. Die Schöne legt ihm ihre Hand aufs Haar und neigt sich ihm zu.
73. *Guten Tag.*
74. Das Auge des Maniküırfräulcins am Schlüsselloch der Tür.
75. Die Manikürerin reibt sich die Augen, blickt wieder hin, reibt sich nochmals die Augen und verläßt mit angstverzerrtem Gesicht Hals über Kopf die Tür.
76. *Seltsame Vorfälle auf den Straßen der Stadt.*
77. Werbeläufer mit Brust- und Rückenplakat kommen vorbei, begleitet von Schaulustigen.
78. Plötzlich ist auf allen Trageplakaten die Gestalt der Schönen wie weggewischt.
79. Die Plakatträger setzen ihren Weg fort.
80. Die Zuschauer reiben sich die Augen, halten die Werbeläufer auf und weisen mit Fingern auf die leeren Rahmen.
81. Die Werbeläufer werfen die leeren Rahmen weg und laufen voll Entsetzen auseinander.
82. Ein beleibter Biedermann liest mit sichtlichem Ergötzen ein Plakat »Kino-Herz« an der Wand.
83. Augenblicks verschwindet die Frauengestalt vom Plakat.
84. Der Biedermann reibt sich die Augen, überzeugt sich vom mysteriösen Sachverhalt und entfernt sich fluchtartig von der Wand.
85. Der Kopf der Schönen überm Friseurladen. Er verblaßt und schwindet allmählich ganz.
86. Aus dem Friseurladen kommen die Insassen gelaufen, reiben sich die Augen vor dem seltsamen Phänomen.
87. Tür des Arbeitszimmers: »Direktor.«
88. Der Direktor sitzt lächelnd in die Einnahmen-Aufstellung vertieft.
89. Das im Kino sitzende Publikum blickt ungeduldig auf die Uhr.
90. Trampelnde Füße.
91. Der im Vorführraum bestürzt umherrasende Vorführer sucht den verschwundenen Filmstreifen.
92. Der Vorführer am Telefon.

93. Der Direktor hebt ab.
94. Der Direktor horcht am Hörer, kanns nicht begreifen, fragt zurück, faßt sich am Kopf, greift wieder zum Hörer, ruft aufgeregt an.
95. Der Telefonhörer in der Hand eines Agenten der Kriminalpolizei.
96. Der Direktor schnauzt:
Um Gottes und Teufels willen, ergreifen Sie Sofortmaßnahmen, unser einträglichster Film ist geraubt worden.
97. Der Agent der Kriminalpolizei haut den Hörer hin, klingelt, andere Agenten kommen gelaufen. Aufgeregt beraten sie das Ereignis und die notwendigen Maßnahmen.
98. *Inzwischen haben die Käufer von Eintrittskarten ein Kino demoliert.*
99. Die im Kino Sitzenden blicken auf die Armbanduhr, werfen den Arm wieder zurück und heben die Fäuste.
100. Die trampelnden Füße zertrümmern fast den Fußboden.
101. Vor der Leinwand erscheint der Vorführer, um das Publikum zu beruhigen.
102. *Bürger und Bürgerinnen!*
Die Zuschauer springen von den Sitzen auf, demolieren die Sessel und Sitzreihen.
Die Zuschauer stürmen auf die Straße hinaus, trampeln den Pförtner nieder und zertrümmern die Tür.

Vierter Teil

1. *Ein Tag ungewöhnlicher Abenteuer.*
2. *Eine gutbesuchte Kundgebung im leeren Theater.*
3. Das Kino von außen, die Tür ist fest verschlossen.
4. Die leeren Sitzreihen des Kinos mit umherliegenden Fetzen von Plakaten und anderen Spuren des gestrigen Getümmels.
5. Die Leinwand. Leerer schwarzer Fleck anstelle des Herzens und der schönen Frau. Auf dem stehengebliebenen Filmbild sind die Verfolger erstarrt. Allmählich geraten die Verfolger wieder in Bewegung und steigen einer nach dem andern als zweidimensionale Figuren von der Filmleinwand in den Saal herunter. Hier ist schon ein ganzer Haufe von angesehenen und unansehnlichen Kinohelden versammelt: Fairbanks, Chaplin, Harold Lloyd, Detektive, Bösewichter usw.
6. Die Helden sind miteinander in aufgeregter Unterhaltung begriffen. Fairbanks beruhigt sie. Er läßt sie im Halbkreis Platz nehmen, steigt auf einen Stuhl und hält feurig, in abgehackten Sätzen eine Rede:
7. *Meine Kino-Herrschaften, uns ist unser Herz gestohlen worden, ein elegantes, schmuckes Weibsbild. Ja, werden denn die reichen alten Herren, werden die verliebten Sekretärinnen jetzt Eintrittskarten kaufen?*
8. Tiefbekümmerte Zustimmung der Helden-Kundgebung.
9. *Da heißt's für uns: unverzüglich die Verfolgung aufnehmen.*
10. Die »Helden« begrüßen entschieden den Vorschlag, schütteln dabei drohend ihre Requisiten: Chaplin sein Stöckchen, Lloyd seine Hornbrille, die Detektive ihre Brownings, die Cowboys ihre Lassos.
11. *Eifersucht.*
12. Erbost und überreizt platzt das Manikürfräulein in den Friseurladen herein. Der Laden ist leer. Die Gehilfen lesen Zeitung.
13. Die Manikürerin setzt sich hinter ihr Tischchen, legt ohne

Sinn und Zweck die einzelnen Stücke ihres Handwerkzeugs bald dahin, bald dorthin.

14. Die Lesenden zeigen Belebung, sind auf irgendeine Notiz aufmerksam geworden. Einer reißt dem andern die Zeitung aus der Hand, klopft mit dem Finger aufs Blatt, läuft zum Manikürfräulein.
15. Die Manikürerin überfliegt die Notiz.
16. *Großdiebstahl. Gestern ist aus dem Gebäude des Lichtspieltheaters »Morgenröte« der Filmstreifen »Kino-Herz« entwendet worden. Der Schaden ist sehr beträchtlich. Das Publikum . . . dem Finder . . .*
17. Die Manikürerin wirft die Zeitung zur Seite, droht mit der Faust.
18. *Da ist er jener zuliebe sogar zum Diebstahl fähig geworden.*
19. In großer Erregung läuft die Manikürerin im Laden auf und ab.
20. Sie bleibt stehen. Ihr Gesicht spiegelt froh lächelnd die allmählich aufkeimende Einsicht.
21. Die Manikürerin ergreift das Telefonbuch, sucht rasch, indem sie mit dem Finger die Zahlenkolonnen entlangfährt. Sie hat das Gesuchte gefunden und eilt zur Telefonzelle.
22. Das Telefon klingelt im Arbeitszimmer des Filmtrustdirektors, der gerade übellaunig mit dem Konzessionär und dem Kriminalagenten konferiert.
23. Das Gesicht des Direktors hellt sich freudig auf, er brüllt den sofort aufmerksam werdenden Besuchern etwas zu, wirft den Hörer auf die Gabel, und alle drei rüsten zum Aufbruch, wobei sie erwartungsvoll auf die Eingangstür blicken.
24. Das Manikürfräulein, böse lächelnd und mit zur Seite gerutschtem Hütchen, eilt die Straße entlang.
25. *Unbequemlichkeiten von Romanen mit zweidimensionalen Menschen.*
26. Der Anstreicher hat sich von seiner Bettstatt halb erhoben und sucht die Schöne zu umarmen, doch sobald ihm dies gelingt, hält er ein zerknülltes Plakat in den Armen.

27. Er reibt sich die Augen – da steht die Schöne schon in der gegenüberliegenden Ecke des Zimmers.
28. Der Anstreicher meint, seine ungebührliche Übereilung und Derbheit hätten die Schöne gekränkt; behutsam und schuldbewußt gleitet er von der Bettstatt.
29. Mit zitternden Händen rückt er seinen Schlips zurecht und streicht sich die Haartolle hoch.
30. Schwankenden, unsichern Gangs macht er ein paar Schritte, erwischt im Vorbeigehn einen Stuhl, verrenkt sich höflich, stellt den Stuhl hin und lädt die Schöne ein, Platz zu nehmen.
31. Die Schöne schwebt dem Stuhl zu und läßt sich darauf nieder.
32. Der Anstreicher nimmt einen zweiten Stuhl, rückt ihn vor und will neben der Schönen sich niedersetzen, da sieht er nebenan auf dem Stuhle nur eine Filmkassette liegen. Er reibt sich abermals die Augen.
33. Die Schöne steht in der gegenüberliegenden Stubenecke und zeigt mit dem Finger auf den runden, weißgedeckten Tisch.
34. Der Anstreicher lenkt den Blick verwundert vom Tisch auf die Schöne.
35. Der Anstreicher hat erraten. Er faßt das Tischtuch am Zipfel und zieht es zur Wand, wobei er aufs herabgefallene Tafelbesteck tritt.
36. Er befestigt das Tischtuch wie eine Kinoleinwand an der Stubenwand, und die Schöne nimmt freudig ihren gewohnten Platz auf weißem Hintergrund ein. Sie verweist den Anstreicher auf den Platz vor ihr.
37. Der Anstreicher stellt vor die Leinwand anstelle des Orchesters ein Grammophon, nimmt allein den Platz des Publikums ein und verschlingt die Leinwand mit den Augen, wobei er fast vom Stuhl fällt.
38. Die Schöne beginnt auf der Tischtuchleinwand ihre einstudierte Rolle zu agieren.
39. *Die Hetzjagd.*
40. Tür des Filmtrusts.
41. Die Tür wird mit Gewalt aufgerissen. Angeführt von dem

Manikürfräulein, stürzen heraus der Direktor, der Konzessionär und der Agent.

42. Die aufgeregte und bekümmerte Gesellschaft springt in einen Kraftwagen.
43. Der Kraftwagen hetzt durch die Straßen der Stadt.
44. Vorn der dahinsausende Kraftwagen. Am Ende der Straße erblickt man das im Näherkommen größer werdende Kinogebäude.
45. Die Türen des Kinoeingangs sind fest versperrt.
46. Durch die verschlossene Tür schimmert eine Brille hindurch. Heraus schält sich der ganze Harold Lloyd. Winkt den übrigen.
47. Nun hervorschimmernd Buster Keaton, ein Spielzeug-Auto hinterherziehend.
48. Nun schwebt Douglas Fairbanks vor, ein Roß am Zügel führend.
49. Hervor springt eine Gruppe Detektive, im Gehen die Revolver ladend.
50. Schleichend nähern sich »Bösewichter« mit Messern.
51. Hervorschimmernd nun ein Haufe Cowboys, theatralisch ihre breitkrempigen Hüte zurechtrückend, das Lasso knüpfend und die Pferde sattelnd.
52. Das Auto der Verfolger flitzt am Kino vorbei.
53. Der Konzessionär beugt sich aus dem Auto und gibt den Helden einen Wink.
54. Die Helden, rennend, rutschend und hopsend, setzen dem Kraftwagen nach.
55. Ein ungewohnt hastiges Treiben auf den stillen Straßen. Vorn das Auto des Konzessionärs, ihm nach das Spielzeug-Auto Keatons, hinter Keaton hopst Douglas, diesem folgen lassoschwingende Cowboys, den Cowboys auf den Fersen bleiben die nachhüpfenden und unausgesetzt nach hinten äugenden Bösewichter und Detektive. Die wilde Jagd beschließt Chaplin, der, sein Stöckchen zwischen den Zähnen, sich auf Stelzen vorwärts bewegt.
56. Die Verfolger machen halt bei der Haustür des Anstreichers.
57. Die Verfolger hasten die Treppe hinauf.

58. Die Verfolger lauschen an des Anstreichers Wohnungstür.
59. Der Anstreicher, völlig erschöpft, hat den Kopf auf die Hand gestützt und folgt mit den Augen immer noch der Schönen, die das Herz über der Tischtuch-Kinoleinwand hochhebt.
60. Die vor der Tür zusammengedrängten Verfolger stemmen sich gegen die Türflügel und erbrechen die Tür.
61. Der Anstreicher wendet sich um, von dem tollen Getöse erschreckt.
62. Die Bande stürzt ins Zimmer, allen voran das Manikürfräulein.
63. *Da habt ihr sie.*
64. Die Manikürerin weist mit dem Finger bald auf den Anstreicher, bald auf die Schöne.
65. Der Anstreicher drückt sich in einen unauffälligen Winkel.
66. Ohne dem Anstreicher Beachtung zu schenken, tritt der Konzessionär vor die Schöne hin, den Vertrag wie einen Schild vorhaltend.
67. *Kehr zurück ins Kino, sonst richtest du uns zugrunde.*
68. Die Schöne weicht zurück (sich auf der Bildwand verkleinernd) und schüttelt verneinend den Kopf.
69. Der Konzessionär sinkt von ihr in die Knie, bettelt, schüttelt seine Brieftasche.
70. *Kehr zurück, wir zahlen dir die doppelte Gage einer Gloria Swansson.*
71. Die Schöne weicht weiter zurück, obschon nicht mehr so entschieden, schüttelt aber immer noch den Kopf.
72. *Wozu soviel Federlesens mit ihr.*
73. Aus der Menge stößt die Manikürerin vor, nachdem sie erst verdutzt dreingeschaut hat, entreißt einem der Bösewichter sein Messer und ersticht die Schöne.
74. Die Schöne ist zum Plakat geworden, und das Messer, in der Wand steckend, sitzt drin fest. Das Papier ist leicht eingerissen. Die Schöne, nebenan stehend, bricht in Gelächter aus.
75. Das Manikürfräulein fällt in Ohnmacht.
76. Der Konzessionär schiebt die auf dem Boden Liegende mit dem Fuß beiseite.

77. *Weg mit der dummen Ziege.*
78. Der Konzessionär tritt nahe an die Schöne heran und zieht drohend einen Filmstreifen aus der Tasche.
79. *Und folgst du nicht willig, so kapern wir dich mit der Gewalt aller geltenden Bräuche unserer Gesellschaft, mit der ehernen Gewalt eines ungeschriebenen Gesetzes, das unser Dollargeschmack diktiert.*
80. Der Konzessionär umwickelt sie mit dem Filmband, und die Schöne geht auf in dieser Fessel. Nach dieser Abrechnung mit der Schönen umwickelt der Konzessionär auch die übrige Sippschaft der Kinohelden mit dem Streifen. Die Manikürerin macht sich erschrocken aus dem Staub.
81. In dem Raum bleiben zurück: der Konzessionär, der jetzt den Filmstreifen in die vor ihm auf dem Tisch liegende Kassette verpackt, der Firmeninhaber, der sich vor Freude die Hände reibt, und der Anstreicher, der am Boden liegt und wild die Augen wandern läßt.
82. Nachdem das Filmband verwahrt ist, verläßt als erster der Direktor den Raum, ihm nach der Konzessionär. Aus seiner Rocktasche ragt das Ende des Filmstreifens. Wie er nun die Tür zuschlägt, bleibt das Band-Ende eingeklemmt in der Tür stecken.
83. Der Direktor und der Konzessionär laufen die Treppe hinunter – hinter ihnen rollt sich der oben eingeklemmte Streifen auf.
84. Der Direktor und der Konzessionär fahren im Auto davon, hinter dem dahinrasenden Wagen spult sich der Film weiter ab.
85. Der Anstreicher, allein geblieben, wischt sich den Schweiß von der Stirn. Er betrachtet sich selber, dann das an die Wand befestigte Tischtuch, dann das Bett. Er will sich die abgelaufenen Geschehnisse ins Gedächtnis rufen und ist hierzu nicht imstande.
86. Er streckt die Hand nach der im Getümmel fallen gelassenen Tabakspfeife aus und greift nach den Streichhölzern.
87. Er entzündet umständlich und mit Genuß seine Pfeife. Er wirft das brennende Zündholz weg.

88. Das Zündholz fliegt durch die Luft.
89. Das Zündholz fällt aufs eingeklemmte Filmband.
90. Der Film entzündet sich.
91. Der erschrockene Blick des Anstreichers.
92. Das Feuer läuft den Film entlang die Treppe hinunter.
93. Als bengalisches Feuer läuft die Flamme durch die Stadt.
94. Unter der Tür des Trustkontors schlüpft der Feuerbrand durch.
95. Das Feuer hüpft die Stiege zur Tür des Direktors hinauf.
96. Der Konzessionär hält mit dem Direktor voll Genugtuung den Film gegen das Licht.
97. Feuer läuft durch den Raum.
98. Das Feuer klettert an den Armen des entsetzten Konzessionärs und des Direktors empor.
99. Das Feuer sprengt die Filmkassette.
100. Der Direktor und der Konzessionär hetzen wild im Kontor umher und trachten vergeblich, die wachsende Feuersbrunst zu löschen.
101. Das Durcheinander von Personen und Gegenständen im brennenden Kontorraum.

Epilog

1. *Wie immer, pilgerten zum Hauseingang der Aktiengesellschaft die hübschesten Mädchen und Burschen auf der Suche nach Arbeit beim Film*
2. In großer Hast sucht man sich noch rasch im Gehen schön zu machen, rückt sich den Schlips zurecht, zupft die Hosenfalten glatt, man möchte beim Film eine Anstellung finden.
3. Beim verschlossenen Hauseingang der Aktiengesellschaft drängen sich Miliz und durcheinandertuschelnde Herren mit Melonenhut.
4. Die Menge wächst. Die Leute sind empört, machen die Melonenhüte und Milizionäre auf eine Zeitungsanzeige aufmerksam.
5. *Gesucht werden hübsche Mädchen im Alter von 16 bis 24 Jahren zwecks Vertragsabschlusses für Aufnahmen in Am... Fahrt... Kostüm...*
6. Aus der Menge der Melonenhüte löst sich der abgehärmteste und ernsteste Typ, stellt sich auf der obersten Stufe auf die Zehenspitzen und redet, die Versammelten mit Gesten der Hand beschwichtigend.
7. *Die Aktiengesellschaft hat pleite gemacht. Filmwerke aus unserer Welt finden aus verschiedenen Gründen keine Zuflucht, keinen Platz in eurer seriösen Republik. Darum... wird niemand mehr eingestellt...*
8. Man tritt von einem Fuß auf den andern, dann zerstreut man sich. Der verlassene Hauseingang zeigt Brandspuren und wird von Miliz bewacht.
9. Als Letzte entfernen sich der Kameramann und eine siebzehnjährige Schauspielerin, nahezu eine Kopie der Schönen aus dem »Kino-Herz«.
10. Die beiden schreiten zuerst bedrückt, dann lebhafter und schon heiter plaudernd dahin.
11. Der Kameramann bleibt stehen, faßt das Mädchen am Ellbogen und weist mit der Hand nach vorn.
12. Auf dem Baugerüst eines riesenhaften Neubaus steht ein

Zimmermann und befestigt sorglos und heiter einen Balken hoch über der Stadt.

13. Der Kameramann schiebt den Riemen des Aufnahmeapparats von der Schulter und stellt eilig das Objektiv ein.

14. *Weshalb sollte man in der Kinematographie nicht das lebendige Leben in Angriff nehmen? Dieser Trick ist weißgott tauglicher als ein Douglas!*

15. Der Kameramann kurbelt. Das Mädchen sieht ihm begeistert zu.

16. Der Kameramann hat die Dreharbeit beendet. Das Mädchen schmiegt sich an ihn.

17. *Und weshalb durfte ich bisher nur auf der Kinoleinwand Küsse geben?*

18. Sie umarmen sich. Ein Kuß.

Ende

(1926)

JOHANN SCHRANKNARRS LIEBE

Komödie in vier Teilen mit einem ernsthaften Prolog

Hauptpersonen der Handlung:

1. *Ein Tippfräulein*
2. *Ein Flieger*
3. *Ein Museums-Kustos*

Prolog

1. *Die früheren Zeitläufte flossen langsam dahin . . .*
2. Verschlafene Häuserchen und ein schläfriges Dasein im Winkel einer Stadt des 18. Jahrhunderts.
3. *Man kleidet sich ungeschlacht . . .*
4. Gewänder, die bis zum Kinn reichten, herabhängende Perücken.
5. *Im Umgang war man geschraubt . . .*
6. Tiefer Knicks und Dank-Reverenzen.
7. *Man wahrte den Staub und die Tradition . . .*
8. Ein biedersinniger Städter wühlt in einem Haufen kleiner Truhen und klopft seinen Gehilfen mit dem Fingerknöchel auf die ungelehrigen Schädel.
9. *Unser Jahrhundert ist schnell und einfach.*
10. Eine städtische Straße voller Ungestüm und Bewegung, bevölkert von einfachen Leuten in Jacketts und Blusen.
11. *Freilich, viele empfingen als Erbe der Vergangenheit auch das träge Gebaren, die Tagedieberei und den schlotternden Respekt vorm alten Krempel.*
12. Gebäude mit heutigem sowjetischem Straßenleben und Bezeichnungen unserer Tage.
13. *Ein Herr, aufgeblasener als ein Würdenträger.*
14. Ein groß aufgetakelter Vorfahr mit der Schreibfeder hinterm Ohr, mit allen Attributen der Kanzleiarbeit, auch mit dem Schild »Ohne Voranmeldung nicht eintreten!« u. ä. Vor ihm verbeugt sich tief ein kleiner sowjetischer Staatsangestellter.
15. *Andre sind geschraubter als eine Gräfin.*
16. Das Tippfräulein mustert sein Schönheitspflästerchen und dreht sich einen Haarwickel zurecht.
17. *Dritte sind langsamer als eine stehengebliebene Uhr.*
18. Neben einer Maschine, die im Leerlauf klappert, steht ein Bummler und schmaucht seine Zigarette.
19. *Eine vierte Spezies schert sich den Teufel um den Aufbau und wurstelt weiter im alten Trott.*
20. Ein vorsintflutlicher Museumswärter. Die Mauer irgend-

einer alten Stadtburg wird renoviert. Als Gegenstück: Panorama einer baufälligen Arbeitersiedlung.

21. *Die Kommune braucht Maschinen.*
22. Panoramen von Industriewerken, Baupläne des Dneprostroi, des Wolchowstroi u. ä.
23. *Arbeit tut not.*
24. Über ihrer Arbeit schwitzen verwachsene, erschöpfte Menschen.
25. *Und auch neues Menschenmaterial.*
26. Wohltrainierte Arbeiter, schlank und gewandt, lösen die alte Fabriksarbeitergeneration ab.
27. *Zu diesem Zweck müssen alle Schranknarren auf einem Fleck zusammengetrieben und verlacht werden.*
28. Die Züge des Kanzleichefs, des Bummlers und des lockig frisierten Tippfräuleins verschmelzen zu einem riesenhaften Schranknarren. Rundum werden aufgezeichnete Gesichter erkennbar, mit Mündern, die allmählich im Gelächter zerfließen.

Erster Teil

1. *Sinas Urlaub und der Adels-Sproß.*
2. Ein ansehnliches Gebäude, das zum Markenzeichen der kosmetischen Firma »Teshe« auseinanderrinnt.
3. *Die letzten Minuten vor Sinas Urlaub.*
4. Eine sehr hübsche Blondine trommelt mit den Fingern auf einer »Underwood«-Schreibmaschine. Nachdem sie etliche Buchstaben getippt hat, wirft sie den Rücken gegen die Lehne, zuckt mehrmals nervös zusammen, gähnt und stürzt sich von neuem auf die Tasten.
5. Ein dickwanstiger Buchhalter macht sich ums Arbeitstischchen zu schaffen und diktiert unbeirrbar.
6. *Im laufenden Jahr würden uns geliefert an Walroßfett*...
7. Der Buchhalter schielt hinterm Diktatkonzept hervor.
8. Eine Haarsträhne hat sich freigeringelt.
9. Das Tippfräulein beugt sich völlig erschöpft über die Tasten.
10. Der Buchhalter dreht sein Konzeptblatt herum, faltet es sorgfältig und zerfließt zu einem Feixen.
11. *Schluß.*
12. Die Hand des Tippfräuleins entreißt dem Rachen der »Underwood« voll Wut das Geschriebene.
13. Die Hand schippt den Blätterstoß dem Buchhalter zu.
14. Der Buchhalter preßt den Rechenschaftsbericht an die Brust, den auseinanderflatternden Stoß mit Mühe umklammernd.
15. Das Tippfräulein greift hastig nach Hut und Handtasche.
16. Das Tippfräulein durcheilt den Kontorraum, drückt im Laufen ein Dutzend Hände und Finger, die sich ihm entgegenstrecken.
17. Der Buchhalter blickt der Enteilenden nach, wobei sein Gesicht abwechselnd sich drohend verdüstert und wohlwollend lächelt.
18. *Die ist endlich zu ihrem Urlaub gelangt.*
19. Sina tritt aus dem Trust-Portal, spreizt die Finger in die Luft, blinzelt in die Sonne, tut einen Seufzer der Erleichterung.

20. *Uff!*
21. Das Tippfräulein jagt die Straße dahin, bleibt mal auch vor einem Schaufenster stehen und lächelt die Passanten an.
22. Aushängeschild:
»Antiquitätenhandlung«.
23. Eine geräumige verglaste Auslage voll Antiquitäten.
24. *Großaufnahme:* Bildnisgravüre mit Löckchenkopf.
25. *Großaufnahme:* geflügelter kleiner Amor.
26. Perspektivischer Einblick ins Schaufenster: vorn Reifröcke, dahinter Krinolinenkleider auf Gliederpuppen, sodann schimmernde Ritterrüstungen.
27. Das Tippfräulein drückt die Nase gegen die Auslagenscheibe.
28. *Großaufgenommene* Nasenspitze des Fräuleins, am Glas breitgedrückt, vom Innern des Schaufensters aus.
29. Das Tippfräulein hat sich umgedreht, die Pfötchen zusammengeschlagen und träumerisch verschränkt.
30. *Ach, früher haben die Leute ohne diese verflixten Maschinen gelebt.*
31. Das Tippfräulein steht eine Minute in ihrer Verträumtheit still, dreht sich dann schroff auf dem Absatz um und läuft in den Laden hinein.
32. Der Ladengehilfe tummelt sich um das Tippfräulein, legt ihm verschiedene kleine Antiquitäten vor. Das Fräulein schiebt den läppischen Kleinkram verdrossen zurück und wendet sich einer bekleideten Gliederpuppe zu.
33. Das Tippfräulein betrachtet entzückt die Krinolinengewänder.
34. *Wieviel?*
35. Der Verkäufer nennt eine Zahl. Das Fräulein schürzt die Lippen und macht erstaunt »oh!«
36. Das Tippfräulein wühlt in der Geldbörse und rechnet an den Fingern.
37. *Mag mein Urlaub draufgehen – packen Sie mirs ein.*
38. Das Tippfräulein verläßt freudig den Antiquitätenladen.
39. Das Tippfräulein eilt mit dem Kartonpaket die Straße entlang.

40. Das Tippfräulein läuft in den Treppenflur zu Hause.
41. Das Tippfräulein schiebt sich, behutsam das Paket schützend, in den Fahrstuhl.
42. Das Tippfräulein eilt wie gehetzt ins Wohnzimmer, setzt das Kartonpaket auf dem Fußboden ab, packt in fiebernder Eile das gekaufte Kleid aus, reißt sich schon die Bluse vom Leibe.
43. Das Tippfräulein dreht sich vorm Spiegel im Krinolinenkleid.
Ihre ungestümen Bewegungen weichen sofort der Gelassenheit des achtzehnten Jahrhunderts.
44. Das Tippfräulein läßt sich schmachtend in einen Lehnstuhl nieder, mustert sich im Wandspiegel und nickt ein ... Ins Fenster tritt schwarz die Nacht.
45. *Genosse Mischa hat soeben die Fliegerprüfung bestanden.*
46. Der junge Flieger schwingt sich geschickt aus dem Flugzeug – nach einem wohlgeglückten Finish.
47. Die Gefährten laufen auf Mischa zu, drücken ihm beglückwünschend die Hände.
48. Mischa salutiert dem Kommandeur, der ihm soeben das Diplom eingehändigt hat, liest die Urkunde, lächelt erfreut und steckt das Diplom in die Tasche seiner Uniformjacke.
49. Mischa schlüpft aus der Fliegerrüstung, winkt mit seiner Schirmmütze den Versammelten und faßt die Lenkstange seines Motorrades. Mischa rollt davon, die Freunde gehen auseinander.
50. Mischa läßt sein Kraftrad die Straßen der morgendlich erwachenden Stadt entlangjagen.
51. Mischa hält beim Hauseingang des Tippfräuleins, springt ab. Mit dem Ärmel fährt er reinigend über einen verstaubten Teil seiner Benzinstute, prüft die Speichen, bläst ins Motorgehäuse, läßt erst dann das Fahrzeug stehen und wirft ihm im Weggehen noch manchen verliebten Blick zu.
52. *Sein Herz gehörte der Maschine (und auch der Maschinenschreiberin).*
53. Mischa ist mit einem Satz im Treppenflur.
54. Mischa wirft sich in den Aufzug.

55. Mischa verwächst förmlich mit dem Klingelknopf an der Tür des Tippfräuleins.
56. Sina schläft im Lehnsessel noch so, wie sie am Abend eingenickt ist.
57. Mischa hängt immer noch am Klingelknopf.
58. Das Tippfräulein fährt auf, erwacht, blickt mit staunenden Augen an sich hinunter, erinnert sich, lächelt und geht die Tür öffnen.
59. Mischa erstarrt zur Säule vor Verblüffung beim Anblick des Tippfräuleins.
60. Das Tippfräulein macht geziert einen Knicks.
61. Das Tippfräulein tritt mit Mischa ins Wohnzimmer, wobei sie ihn bei den Fingerspitzen hält und andeutungsweise Menuettschritte macht.
62. Mischa versucht Sina zu umarmen. Sina entzieht sich ihm zimperlich und weist mit schwungvoller Gebärde auf einen Stuhl.
63. Mischa knetet seine Mütze. Er sitzt wie auf Nadeln und kann nichts verstehen.
64. Mischa springt mit erneuter Heftigkeit vom Sitz.
65. Sina heißt ihn mit der gleichen Anmut: er möge Platz nehmen.
66. Mischa schlägt gereizt die Hände zusammen.
67. *Sina! Wir haben doch beschlossen, unsern Urlaub bei Mama in Poltawa zu verbringen! Ich komme Sie abholen!*
68. Sina schwebt geziert zur Tür hinaus; ihr folgt plump stapfend der verdutzte Flieger.
69. Mischa lädt Sina ein, sich in den Beiwagen zu setzen.
70. Sina versucht es.
    Der Reifrock geht nicht hinein. Sina wehrt mit ihrem Gewand das Motorrad ab.
71. *Haben Sie nicht eine Reisekutsche mit Schlafsitz?*
72. Der Flieger reckt den Hals, spitzt die Ohren, reckt abermals den Hals, greift sich ans Ohr, bohrt den kleinen Finger hinein, spitzt nochmals die Ohren, begreift nichts, wirft den Motor an.
73. Sina hält sich die Ohren zu, um das Knattern nicht zu hören, und fährt scheu zur Seite.

74. *Niemals besteige ich diese »Underwood«, sie lärmt ja wie von allen guten Geistern verlassen!*
75. Sina entschwebt, ohne sich umzuschauen.
76. Der Flieger kämpft mit sich, tritt ratlos von einem Fuß auf den andern, macht dann eine hoffnungslose Handbewegung, schaut auf die Uhr und fährt, nachdem er sich die Augen mit einem Tuch gerieben, in der entgegengesetzten Richtung davon.
77. Sina geht weiter und wird zum Zielpunkt verwunderter Blicke.
78. *Sie schritt von den Straßen in die Nebengassen und aus den Gassen wiederum auf die Straßen.*
79. Sina geht an großen Gebäuden vorbei.
80. Sina geht an niedrigen kleinen Häusern vorbei.
81. Sina hat unter Baumkronen die Stadt verlassen.
82. Ein Landsitz mit Säulenportikus in einer Tafel: »Museum: Gutshof des 18. Jahrhunderts«.
83. Sina hat haltgemacht, nachgedacht, ist durchs Hoftor eingetreten, die Freitreppe hinaufgestiegen und hat die Tür aufgestoßen.
84. *Manche retteten sich vor der Revolution ins Ausland, andere ins Volkskommissariat für Kultur und Unterricht.*
85. Sina tritt in die Tür und betrachtet mit Staunen die Einrichtung.
86. Eine Stube mit Mahagoni-Möbeln, Vasen in den Ecken und Ahnenbildnissen an den Wänden.
87. *Kustos des Museums Ioann Schranknarr.*
88. Ein weitgeöffnetes Fenster, aus dem Fenster geschoben das Ende einer rauchenden Tabakpfeife.
89. Die Kamera folgt dem Verlauf der Pfeife aufwärts.
90. Der Kopf Schranknarrs, gepudert und in Perücke.
91. Schranknarr in voller Größe, sehr altertümlich gekleidet, in Strümpfen und Halbschuhen. Er saugt an seiner Pfeife.
92. Sina wirft eine Statuette um, als sie ungeübt im Reifrock eine Wendung macht, um sich womöglich zurückzuziehen.
93. Der Kustos spitzt die Ohren, legt die Tabakpfeife weg und bewegt sich gravitätischen Schrittes zur Eingangstür.

94. Der Kustos macht in der Tür geziert seinen Kratzfuß.
95. Der Kustos grüßt sehr formell, ganz tief in die Kniebeuge gehend, heftet die Augen auf Sina und tritt einen Schritt zurück.
96. *Wie ähneln Sie doch der Tante meiner Großmutter!*
97. Sina läßt sich bestürzt in einen Lehnstuhl nieder.
98. *Hat Ihre ... Tante ... gleichfalls solch ein Geschirr zerteppert?*
99. Der Kustos kichert höflich, läßt sich auf ein Knie nieder und legt die Rechte ans Herz.
100. *Oh! je zertepperter die Antiquitäten, desto teurer sind sie.*
101. Der entzückte Kustos dreht und wendet vor Sinas Augen allerlei Altertümer, nimmt die Bildnisse von der Wand, zeigt mit dem Finger bald auf die Bilder, bald auf sich.
102. Nachdem vor Sinas Augen nun schon Berge von Gerümpel aufgebaut sind, schiebt der Kustos die ganze Archäologie auseinander und wirft sich auf die Knie.
103. *Seien Sie mein, o Diana, Venus und Andromache!*
104. Sina bewegt sich zuerst auf den Kustos zu, macht dann einen Satz und läuft zum Ausgang.
105. *Nein, nein. Ich will mirs überlegen ... Ich komm morgen um zwei zu Ihnen.*
106. Sina läuft die Vortreppe hinunter.
107. Der Kustos streckt ihr das Gästebuch »Berühmte Besucher« hinterher.
108. Schon im Wegeilen kritzelt Sina Namen und Anschrift ins Buch.
109. Der in seine Reverenz-Kniebeuge sinkende Schranknarr in der Tür.
110. *Drei Schlaflosigkeiten.*
111. Der Flieger sitzt am Tisch, schreibt Briefanfänge: »*Liebe Sina ... Verehrte Sina ... Teure Sina ...*« Er zerreißt ungeduldig eines der Blätter nach dem andern und wirft sie weg.
112. Schranknarr schmaucht träumerisch seine Pfeife.
113. Sina sitzt vorm Spiegel und erblickt bald sich selbst, bald Herrn Schranknarr. Sie lächelt verträumt und ordnet ihre Krinoline.

Zweiter Teil

1. *Nur eine ganz kleine Verdunkelung – und alles nimmt einen andern Verlauf.*
2. *Warten auf zwei Uhr.*
3. Der Kustos macht sich schön, zieht die Rockschöße glatt, bringt einen Strumpf in Ordnung, fährt plötzlich auf.
4. Der Kustos läuft hinaus, schaut beängstigt auf die Sonnenuhr, atmet erleichtert auf.
5. *Es ist erst elf.*
6. Der Kustos hüpft auf einem Fuß zurück ins Haus.
7. Der Kustos zieht den andern Strumpf an, dann einen Halbschuh.
8. Der Kustos springt abermals auf und läuft zur Sonnenuhr.
9. Der Kustos starrt die Sonnenuhr an.
10. *Halb zwölf.*
11. Der Kustos eilt wieder ins Haus.
12. Der Kustos betupft vorm Spiegel sein Gesicht mit Puder, klebt sich ein Schönheitspflästerchen bald auf die eine, bald auf die andere Wange.
13. *Hingehen oder nicht hingehen?*
14. Zwei weibliche Hände beim Raten: ja oder nein? Die beiden Zeigefinger umkreisen einander. Sie treffen sich.
15. *Hingehen.*
16. Sina springt vom Stuhl auf, bringt vorm Spiegel ihr Gesicht in Ordnung, glättet die Fältchen.
17. *Nach der Arbeit.*
18. Der Kustos sitzt im Lehnsessel. Daneben lehnt die Pfeife.. Mit leichtem Gähnen liest er die »Diözesannachrichten«. Die Lider sinken, er nickt ein.
19. Aus der Stadt strömen Volksmengen. Alles starrt angestrengt zum Himmel hinauf, manche durch Operngucker, andere durchs Fernrohr.
20. Ein Händler hockt vor einer Öllampe und schwärzt Glasstücke mit Ruß.
21. Eine kokett aufgetakelte Dame nähert sich dem Glasschwärzer und bleibt verwundert stehen.

22. Der Glasschwärzer streckt eine Zeitung vor.
23. *Heute um ein Uhr fünfundvierzig Minuten ist totale Sonnenfinsternis.*
24. Die Dame liest, stutzt, schaut auf die Uhr, reicht dem Mann rasch Kleingeld, bewaffnet sich mit dem Glasstück und läuft weiter.
25. Eine Vielzahl von Köpfen, die Augen auf den Himmel geheftet, auf verschiedene Weise bewaffnete Augen.
26. Sina schlendert durch die Gassen, bleibt stehen, blickt zum Himmel auf und schlendert weiter.
27. Die verdunkelte, langsam verschwindende Sonnenscheibe.
28. Der Kustos erwacht, streckt sich und blickt sich bestürzt um. Er schlägt Feuer, entzündet einen Kienspan.
29. Der Kustos läuft zum Fenster, wirft den Vorhang zur Seite. Draußen ist Nacht.
30. Der Große Bär am Himmel.
31. Der Kustos stürzt Hals über Kopf aus dem Zimmer.
32. Der Kustos bemüht sich, im Licht des Spans die Sonnenuhr zu befragen. Er setzt sich erschöpft auf den Boden. Steht wieder auf und irrt verloren umher.
33. Er steht einen Augenblick mitten im Zimmer, dann beginnt er sich die Kleider vom Leibe zu reißen.
34. *Verschlafen. Habe die Liebe verschlafen.*
35. Der Kustos, im Schlafrock, weint und wischt sich die Tränen.
36. Der Kustos irrt im Schlafrock hin und her.
37. Der Kustos versperrt die Museumstür mit eisernen Riegeln.
38. Der Kustos kehrt ins Zimmer zurück, löscht den Kienspan und legt sich ins Bett.
39. Sina sieht sich im Dunkeln um, tastet sich zur Museumstür vor. Sie klopft an die Tür.
40. Der Kustos richtet sich auf, erhebt sich, geht auf Zehenspitzen, nimmt von der Wand eine Pistole und einen Degen, legt beides neben sich, legt sich wieder hin, zieht die Decke höher, nachdem er übers Zimmer ein Kreuz geschlagen.
41. *Gespenster.*

42. Sina klopft, klopft nochmals, lauscht.
43. Die Sonnenscheibe beginnt wieder lichter zu werden.
44. Sina hat nochmals geklopft, gehorcht, ihr Gesicht drückt Zorn aus, und sie entschwebt stolz von der Vortreppe.
45. *Eine Sinnestäuschung.*
46. Der Kustos kann nicht schlafen, er wälzt sich hin und her, öffnet endlich die Augen und sieht das Zimmer taghell.
47. Der Kustos springt auf die Beine, läuft zum Fenstervorhang und erblickt im Fenster den hellichten Tag.
48. Starrt aus dem Fenster.
49. Lange Züge lebhaft erregter Menschen, die mit Beobachtungsgläsern zurückkehren.
50. Der Kustos läuft zur Tür.
51. Der Kustos wirft in höchster Bestürzung einen Blick auf die Sonnenuhr.
52. *Einviertel drei.*
53. Der Kustos läuft aus der Eingangstür und spricht den erstbesten Mann mit Fernglas an, der vorbeikommt.
54. Der Mann mit Fernglas wirft dem Kustos einen geringschätzigen Blick zu.
55. *Wie? Sie haben die Sonnenfinsternis verschlafen?*
56. Der Kustos schreitet in fürchterlicher Erregung im Zimmer auf und ab.
57. Der Kustos setzt sich an den Tisch und beginnt mit ellenlangem Gänsekiel Schriftzeichen aufs Papier zu kratzen.
58. Die überaus gereizte Sina rennt mit geballten Fäusten durch die Gassen nach Hause.
59. *Verdammter Archivar!*
60. Sina stürzt in ihre Stube und schreitet in heller Wut von einem Eck zum andern.
    Sie bleibt vorm Spiegel stehen, zeigt wachsende Entrüstung und beginnt sich die Krinoline vom Leibe zu reißen.
61. *Das Ende der Schlaflosigkeit.*
62. Der Flieger schreibt einen Brief, zerreißt ihn, greift nach der Mütze, läuft auf die Straße.
63. Er eilt die Straße entlang.
64. Betritt rasch das Telegraphenamt.

65. Er steht jetzt vorm Schalter »Blitztelegramme«. Füllt ein Depeschenformular aus.

66. »*Sina, eines von beidem: entweder sind Sie die Meine, oder ich bin der Ihre . . .*«

67. Der Museumskustos Schranknarr hat gleichfalls einen Brief geschrieben; jetzt streut er Sand darüber und überfliegt ihn mit Vergnügen:

68. »*Oh, Dulcinea! Die verhängnisvollen Kräfte der Natur sind gegen uns. Jedoch der lichte Eros wird alles besiegen. Wenn Sie nicht um zwei zu mir kommen, komme ich um vier zu Ihnen. Ich küsse die Spuren Ihrer Füße. Ihr ergebenster Diener Schranknarr.*«

69. Der Kustos verläßt das Haus und trägt feierlich das Schreiben vor sich hin.

70. Erklimmt einen Taubenschlag.

71. Die Leiter zerbricht unter seiner Last, die erschreckten Tauben flattern wild auseinander.

72. Schranknarr stellt sich auf die Vortreppe und zerbröselt einen Kringel.

73. Die Tauben kommen angeflogen. Der Kustos wirft sich auf sie, doch die Tauben fliegen davon. In Schranknarrs Hand bleibt nur die kleine Feder aus einem schlecht erwischten Taubenschwanz.

74. Der Kustos zerbröckelt wieder einen Kringel, liegt dabei auf dem Bauch.

75. Dabei zielt er mit seiner Perücke auf eine der Tauben.

76. Jetzt hat er die Taube mit der Perückenmütze gefangen.

77. Steckt der Taube seinen Brief zu.

78. Bindet einen Zwirnfaden um den Schnabel der Taube.

79. Läßt die Taube los, scheucht sie durch Armschwünge weg und droht ihr mit der Faust.

80. Die Taube fliegt in Windungen hoch empor.

81. Der Kustos winkt ihr mit seinem Spitzentüchlein nach und kehrt zufrieden ins Haus zurück.

82. Entlang einer Telegraphenleitung fliegen die Worte: »*Sina, eines von beidem . . .*« Überm Telegraphendraht fliegt die Taube.

83. Der Text überholt die Taube. Man sieht aufblitzen: »*Ent-*

weder sind Sie die Meine, oder ich bin der Ihre.«

84. Die Taube fliegt allein.
85. Die Taube macht eine Wendung und setzt sich aufs Gesims eines Hauses.
86. Sie putzt mit dem Schnabel ihr Gefieder und läßt den Brief fallen.
87. Sina sitzt noch immer zornig da. Ein Junge tritt rasch ein, bringt das Blitztelegramm.
88. Sina überfliegt die Depesche, lächelt erfreut, schreibt.
89. »*Einverstanden.*«
90. Reicht dem Jungen das Telegramm und Geld. Der Junge geht.
91. Sina drückt das Telegramm an die Lippen.
92. Die Taube auf dem Sims schlummert friedlich.
93. An der Taube vorbei läuft auf der Leitung in der entgegengesetzten Richtung das Wort »*Einverstanden*«.
94. Der Flieger empfängt die Antwortdepesche, überfliegt sie und schwingt sich aus dem Fenster.
95. Der Flieger fällt genau rittlings aufs Motorrad. Er dreht sich um und ruft etwas.
96. Eine Hand wirft ihm aus dem Fenster die Mütze nach.
97. Der Flieger fängt die Mütze schon in voller Motorradfahrt auf.
98. Der Kustos saugt an seiner Pfeife.
99. In einem Rauchkringel ersteht Sinas Kopf.
100. Im Rauchkringel: die Taube mit dem Brief läßt sich auf Sinas Schulter nieder; Sina nimmt eilig den Brief, liest ihn und sendet einen Luftkuß zurück.
101. Der Kustos entschlummert. Die Pfeife gleitet zu Boden.

Dritter Teil

1. *Schranknarrs* Wanderung durch die rauhe Welt.
2. *Zwei Uhr* und keine einzige Sina.
3. Der Kustos hockt vor der Sonnenuhr auf dem Boden, betrachtet den Schatten, dann die Sonne, seufzt und wischt sich die Augen mit der Spitzenmanschette.
4. Der Flieger rast auf dem Motorrad durch den Staub der Chaussee.
5. Der Kustos steht entschlossen auf und hebt drei Finger zum Schwur.
6. *Ioann wird seine Liebe finden.*
7. Ioann probiert den Dreispitz, stippt die Stäubchen von der Kopfbedeckung.
8. Ioann wählt einen Degen und schnallt ihn an.
9. Ioann pflückt im Vorbeigehen einen Orden von einer musealen altväterischen Rockbrust und steckt sich ihn an.
10. Der Kustos holt von der Wand das Bildnis irgendeines Vorfahren herunter, vergleicht aufmerksam sich mit ihm und verläßt dann sichtlich zufrieden den Raum.
11. Der Kustos geht auf die Vortreppe hinaus, links einen halben Brotlaib unterm Arm und rechts das Gästebuch. Er steht einen Augenblick sinnend. Dann blickt er aufmerksam vor sich hin.
12. Weidende Gänse.
13. Der Kustos fängt eine der Gänse.
14. Der Kustos verpackt das Brot und die umgebrachte Gans in ein großes Tuch mit Adelswappen und Kronen.
15. Der Kustos macht sich auf den Weg, das Bündel in der Hand (es beschwert ihm sichtlich den Arm).
16. Der Kustos bleibt stehen, wägt mit der Hand das Bündel, zieht dann den Degen, bindet sein Gepäckstück dran und setzt seinen Weg fort, die Traglast hinterm Rücken.
17. Der Motorradfahrer kommt die Straße entlanggefahren, im Fahren immer wieder auf die Uhr schauend.
18. Der Kustos nimmt höflich den Dreispitz vom Kopf und macht vor einem Passanten eine tiefe Reverenz-Knie-

beuge. Der Passant sucht mechanisch in der Tasche und wirft eine Münze in den Hut.

19. Der Kustos reicht beleidigt die Münze zurück und zeigt die gesuchte Adresse in dem schweren Folianten »Vornehme Besucher«.
20. Der Passant weist ihm den Weg, faßt ihn alsdann am Ärmel und zeigt mit dem Finger auf die heranrollende Straßenbahn.
21. Der Kustos will von der Straßenbahn nichts wissen, als wärs der Teufel in Person, schlägt ein Kreuz davor, reißt seinen Ärmel los und trottet zu Fuß weiter.
22. Der Motorradfahrer rast mit zunehmender Geschwindigkeit dahin.
23. Dem Kustos folgen schon viele Gaffer, Gassenjungen versuchen, sich dem Wandersmann zu nähern und ihn in die Waden zu zwicken. Der Kustos läßt sich nicht aus der Ruhe bringen.
24. Eine baufällige Bierschenke.
25. Aushängetafel: »Bierhalle mit Garten.
Ruh aus von der Kulturarbeit.«
26. Tische mit Trinkenden. Im Vordergrund ein Tischchen mit drei Zechern vom Rowdy-Typ. Ein Dutzend geleerte Flaschen steht herum.
27. Einer von den Rowdy-Burschen stützt in mächtigem Katzenjammer den Kopf auf die Handfläche.
28. *Das zweite Dutzend wird ohne Musik auf keinen Fall zu bewältigen sein.*
29. Die Kumpanei verläßt den Tisch und blickt aus dem Fenster.
30. Im Fenster erscheint der befremdliche Umriß des Kustos mit Bündel und Stab.
31. *Her mit dem Theaterfritzen . . .*
32. Die ganze Kumpanei ist sogleich auf den Beinen und stürmt ins Freie, wobei auch der Tisch angerempelt und umgestoßen wird.
33. Der selbstbewußt einherschreitende Kustos.
34. Die Rowdys nehmen die Mützen ab und machen tiefe Verbeugungen.

35. *Verehrsamer Bürger Gaukelmann, verstatten Sie die Bitte, uns mal 'n hübsches Tänzchen vorzuzelebrieren.*
36. Der Kustos ist empört, weicht aus, zieht sich zurück, pocht sich an die Brust.
37. *Ich? Ich... bin der letzte Sproß vom vornehmen Geschlechte der Schranknarren. Ich...*
38. Die Kumpanei zwinkert sich erheitert zu.
39. *Na los! Da wolln wir uns diesen Vornehmen mal vornehmen...*
40. Einer der Rowdy-Burschen fegt dem Kustos die Perücke vom Kopf, zwei andere fassen seine Rockschöße, der Kustos wird in die Bierkneipe gezerrt.
41. Schranknarr reißt sich los, wobei die Rockschöße draufgehn, zückt den Degen und nimmt die klassische Haltung des Duellanten ein.
42. Der Kustos, der auf ungeregelten Kampf nicht gefaßt war, empfängt Hiebe auf den Arm, läßt den Degen fallen. Zwei Kerle machen sich über sein Gepäckbündel her.
43. *Da sieh mal an, eine Gans mit Zubehör...*
44. Zwei von den Rowdy-Burschen bringen den Kustos zu Fall und setzen sich auf den Liegenden.
45. Ein dritter hat den Degen ergriffen und spießt die Gans drauf, die aus dem Bündel gefallen ist.
46. *Nu wolln wir mal Fleisch schmausen, wolln ein Feuerchen entzünden.*
47. Sie machen sich rings zu schaffen, werfen entzündetes Astwerk zuhauf, der dritte schickt sich an, die Gans wie Schaschlyk überm offenen Feuer zu braten.
48. Zwei Rowdys begießen den Liegenden mit Bier, bestreuen ihn mit Erbsen.
49. *Ziep... ziep... ziep...*
50. Einer von den Burschen befestigt einen riesigen, schon hummergroßen Krebs an der Perücke des Kustos.
51. Der Flieger, auf dem Motorrad rasch daherrollend, beginnt, scharf vorauszublicken.
52. Die Menge rings um den unglückseligen Kustos.
53. Der Flieger nähert sich auf seinem Fahrzeug der Menge.
54. Er dringt fahrend in sie ein.

55. Die Rowdy-Burschen werfen sich mit geschwungenen Fäusten auf den Flieger.
56. Der Flieger zieht seinen Dienstrevolver.
57. Die Menge weicht eingeschüchtert-friedfertig zurück, mit offensichtlichen Zeichen des Respekts.
58. Der Flieger faßt den Kustos von hinten unter die Arme und richtet den armen Teufel auf.
59. Der Kustos vollführt eine artige Verbeugung und schlägt sein Adreßbuch »Vornehme Besucher« auf.
60. Der Flieger wirft einen Blick hinein, stutzt und kratzt sich verblüfft hinter den Ohren, bricht dann in Lachen aus und lädt den Kustos ein, im Beiwagen Platz zu nehmen, wo schon ein mächtiger Blumenstrauß untergebracht ist.
61. Der Kustos lehnt entsetzt ab, sich dem Motorrad zu nähern.
62. Der Flieger faßt den Kustos von hinten am Rock und Hosenbund und verstaut ihn auf dem Soziussitz.
63. Der Kustos packt währenddessen seine mit dem Krebs geschmückte Perücke und setzt sie sich verkehrt auf.
64. Der Flieger bindet den Kustos am Sitz fest, nachdem er zu diesem Zweck den Hosenriemen abgeschnallt hat.
65. Der Flieger setzt sich auf den Fahrersitz, läßt den Motor an und fährt los.
66. Der Kustos preßt den fast zerdrückten Blumenstrauß und saust, das Gesicht nach hinten gekehrt, immer wieder aufbegehrend und prustend.
67. Der Kustos greift im Vorbeiflitzen nach dem erstbesten Gartenzaun, reißt gut die Hälfte des Zauns ab und schleppt sie ein Stück mit.
68. Die abgerissene Zaunhälfte liegt zerschlagen auf dem Fahrdamm.
69. Der Kustos greift nun nach der Hose des erstbesten Passanten, zerrt ihn eine Minute lang rückwärts, bis die Hose heruntergerissen ist.
70. Der Kustos greift nach einem vorbeiflitzenden Strauch.
71. Der entwurzelte Strauch in den Händen des Kustos.
72. Der Strauch mit den ausgerissenen Wurzeln liegt auf der Straße.

73. Der Kustos packt den Puffer eines Straßenbahnwagens.
74. Der Wagen, zur Verwunderung aller Umstehenden, rollt rückwärts.
75. Der Schaffner schiebt sich aus dem Fenster, steigt dann aufs Trittbrett herunter und brüllt den Kustos an.
76. Der Kustos hält sich in den Puffer verkrallt.
77. Der Schaffner schlägt mit seiner Fahrscheintasche auf die Hand des Kustos, die nicht losläßt.
78. Der Kustos will vom Puffer nicht ablassen.
79. Der Straßenbahnfahrer läßt sich von einem mitfahrenden Handwerksgesellen eine Säge geben und sägt kopfschüttelnd den Puffer ab.
80. Der abgesägte Puffer in der Hand des dahinfahrenden Kustos.
81. Weggeworfen liegt der Puffer einsam auf der Straße.
82. Die Gesichter von Fahrgästen, die sich aus dem Trambahnwagen schieben und verwundert die sonderbaren Mitreisenden anstarren.
83. Der Flieger guckt jeden Augenblick mit staunendem Lächeln auf seinen hartnäckig widerstrebenden Kustos.
84. Das Motorrad stoppt vor dem Haus des Tippfräuleins.
85. Der Flieger schnallt den Riemen auf, faßt den Kustos an Schulter und Hosenbund und stellt ihn wieder auf die Beine.
86. Der Kustos macht eine höfliche Reverenz.
87. Der Flieger schiebt den Kustos vorwärts und betritt mit ihm den Treppenflur.
88. Der Kustos macht schuldbewußt ein paar Schritte, wobei er den Blumenstrauß, den er sich angeeignet hat, verbirgt.
89. Der Flieger lädt den Kustos ein, im Fahrstuhl Platz zu nehmen. Der Kustos weigert sich, auch der Hausportier tritt dazwischen.
90. Der Flieger macht eine verzichtende Handbewegung, betritt den Aufzug und schwebt hinauf.
91. Der Hausportier macht den Kustos auf den Krebs aufmerksam, der im Perückengelock verklemmt sitzt.
92. *Haustiere müssen in der Portierloge zurückgelassen werden.*

93. Der Kustos löst selbstbewußt den Krebs vom Gelock.
94. Der Portier setzt den Krebs im Behälter für Gummischuhe ab.
95. Der Kustos bringt sein Äußeres vorm Spiegel in Ordnung.
96. Der Kustos ordnet auch den Blumenstrauß, steigt dann würdevoll die Treppe hinauf, wobei er von jedem Treppenabsatz einen Luftkuß emporsendet.
97. Der Flieger ist aus dem Aufzug getreten und drückt auf den Klingelknopf des Tippfräuleins.
98. Der Flieger und das Fräulein fallen einander um den Hals.
99. Der Flieger zieht das schon zum Ausgehen angekleidete Tippfräulein zum Fahrstuhl.
100. Den Blumenstrauß in der Hand, macht der Kustos vor der Wohnungstür einen galanten Knicks und drückt auf den Klingelknopf.

Vierter Teil

1. *Die Taube kommt nicht vom Fleck – oder: die Braut ist weg.*
2. Der Kustos steigt treppauf, den Blumenstrauß hinterm Rücken haltend. Er bleibt immer wieder stehen und macht sich Mut.
3. An dem Kustos vorbei schwebt der Aufzug mit Sina und dem Flieger abwärts.
4. Der Kustos wendet sich angewidert vom Lift ab.
5. Mit sichtlicher Aufregung ist der Kustos vor Sinas Türklingel angelangt, macht sich ein wenig schön und ordnet den Blumenstrauß.
6. Sina und der Flieger springen unten aus dem Fahrstuhl.
7. Sina eilt zum Ausgang, der Flieger hält sich noch auf, zieht den Krebs aus dem Behältnis und schiebt ihm einen Brief in die Schere. Dann eilt er Sina nach.
8. Der Flieger sucht im Beiwagen den Blumenstrauß, vermißt ihn und blickt vorwurfsvoll zu Sinas Fenstern hinauf, dann setzt er sie in den Beiwagen, schwingt sich aufs Motorrad und fährt los.
9. Der Kustos drückt zaghaft auf den Klingelknopf.
10. Der dahinrasende motorradfahrende Flieger mit Sina.
11. Der Kustos drückt immer beharrlicher auf die Klingel.
12. Vom Bett erhebt sich die alte Dienstmagd, hört mißmutig das Geklingel und schlurft zur Tür.
13. Der Kustos horcht, hört Schritte und hebt, sich in die Brust werfend, seinen Blumenstrauß.
14. Die Tür wird von einem steinalten Frauenzimmer geöffnet.
15. Dem Kustos, der schon sprungbereit war und nun zurückweicht, wanken die Knie vor Überraschung, und ihm fällt fast sein Bukett aus der Hand.
16. *Wo ist denn . . .?*
17. Die Vettel fährt mit der Hand in die Luft, deutet mit Zeige- und Mittelfinger das Wegfliegen an.
18. *Sind auf- und davongeflattert . . . wie die Spatzen . . .*

19. Die Vettel schlägt ihm die Tür vor der Nase zu.
20. Den Blumenstrauß nachschleppend, trollt sich der Kustos wieder treppab.
21. Er trottet zum Ausgang, da holt ihn der Portier ein, den Krebs mit dem Brief in der Hand.
22. *Sie belieben Ihr Mitgut zu vergessen . . .*
23. Der Kustos reißt den Brief aus der Krebsschere und liest atemlos.
24. *»Satteln Sie den Krebs und galoppieren Sie zum Flugplatz. Einer, der es gut meint.«*
25. Der Kustos wirft den Krebs weg und läuft auf die Straße hinaus.
26. Der Kustos rennt auf der Straßenbahnstrecke dahin, sein Bukett vor sich her tragend.
27. Die Straßenbahn fährt beinahe den Kustos an. Mit Mühe wird noch rechtzeitig gebremst.
28. Das wütende Gesicht des Fahrers, der die Warnklingel aus Leibeskräften betätigt.
29. Völlig unberührt hiervon, jagt der Kustos weiter.
30. Der ganz aufgebracht klingelnde Straßenbahnfahrer, der Schaffner und die Fahrgäste strecken allesamt die Köpfe aus dem Wagen, weidlich brüllend und drohend.
31. Eine ganze Kolonne von aufgehaltenen Straßenbahnzügen.
32. Der Schaffner springt aus dem Wagen und schleppt im Laufen den auf nichts achtenden Kustos nach rechts vom Gleis weg.
33. Der Schaffner springt wieder in die Straßenbahn; diese soll nun ihre Fahrt fortsetzen.
34. Der Kustos läuft zwar mehr rechts, doch auf dem rechten Gleis, so daß er weiterhin der Fahrt im Wege ist.
35. Der Schaffner läßt den Wagen halten, springt hinaus, faßt den Laufenden um die Hüfte und hält ihn fest. Der Kustos, dem Trägheitsgesetz folgend, setzt mit den Beinen die Laufbewegung fort.
36. Die Straßenbahnzüge voll empörter, drohender und speiender Fahrgäste in Fenstern und auf Plattformen defilieren an dem gewaltsam festgehaltenen Kustos vorüber.

37. Der letzte Straßenbahnwagen fährt vorbei, der Schaffner springt auf die hintere Plattform, nachdem er dem Kustos als Lehre einen gehörigen Puff versetzt hat; der Kustos schießt einen Purzelbaum, macht einen halsbrecherischen Luftsprung und rennt weiter.
38. Der Kustos späht in die Ferne, und auf seinem Gesicht malt sich Bekümmernis.
39. Vorn, in sehr weiter Ferne, doch deutlich wahrnehmbar, sieht man Sina und den Flieger, die sich bei einem Flugzeug zu schaffen machen.
40. Der Kustos wirft im Laufen Blicke nach allen Seiten.
41. Ein gelangweilter Mietkutscher in Erwartung eines Fahrgastes.
42. Der Kustos stürzt auf den Kutscher zu.
43. Er bittet und fleht, streut dem Kutscher Geldmünzen in den Handteller.
44. *Leihen Sie mir für eine Minute Ihr edles Tier.*
45. Das Gesicht des Kutschers drückt Gleichmut aus.
46. Aus einem Geldsäckel werden noch weitere Münzen ausgestreut.
47. Das Gesicht des Kutschers drückt Interesse aus.
48. Eine ganze Handvoll Hartgeld.
49. Das Gesicht des Kutschers zeugt von voller Zufriedenheit und Wonne.
50. Die gepflegte Hand des Kustos schaufelt Hartgeld in die behaarte derbe Hand des Kutschers.
51. Der Kustos und der Kutscher schirren das Pferd aus.
52. Der Kustos schwingt sich auf das Tier und treibt es an.
53. Der glückliche Kustos sprengt auf dem Pferd dahin und blickt in die Ferne.
54. Sina und der Flieger besteigen schon die Flugmaschine.
55. Der Kustos treibt das Tier aus Leibeskräften an.
56. Der Kustos peitscht das Pferd mit dem Blumenstrauß und hält ihn schließlich dem Tier vor die Schnauze.
57. Das Pferd schnappt mit den Zähnen nach dem Bukett.
58. Der Kustos trachtet das Bukett aus dem Pferdemaul zu reißen, doch das Tier wendet den Hals nach hinten und tanzt auf einem Fleck, nach dem Bukett schnappend wie

ein Hund nach dem eigenen Schwanz.

59. Der Kustos blickt rundherum, im Antlitz malt sich Verzweiflung.
60. Sina und der Flieger haben das Flugzeug schon bestiegen.
61. Der Kustos entreißt den Blumenstrauß dem Gebiß des Pferdes und springt in völliger Entrüstung von dem kreiselnden Tier herunter.
62. Das Pferd stürzt sich auf das Bukett und kriegt es in der Hand des Kustos zu fassen.
63. Der Kustos rauft mit dem Tier, reißt die Blumen an sich.
64. Der Kustos rennt hinter dem Pferd einher, packt dessen Schweif. Der Schweif reißt ab.
65. Der verblüffte Kustos steht nun mit dem Roßschweif statt des Blumenstraußes in der Hand.
66. Der Mechaniker ist schon dabei, den Motor des Flugzeuges anzulassen.
67. Tolles Kreisen des Propellers.
68. Schranknarr ist bei der Flugmaschine angelangt, in der Sina und der Flieger sitzen.
69. Aus der Kabinenluke ein Luftkuß von Sina.
70. Schranknarr wirft sich aufs Trittbrett des Flugzeugs.
71. Das Flugzeug setzt sich flott in Bewegung.
72. Schranknarr springt ab und fällt auf den Boden.
73. Das Flugzeug rollt auf dem Flugfeld dahin.
74. Schranknarr springt auf die Beine und rennt auf dem Flugfeld dahin.
75. Das Flugzeug löst sich von der Erde.
76. Schranknarr rennt weiter, auf nichts achtend.
77. Dann ist er völlig erschöpft, trachtet aber immer noch weiterzurennen, den Kopf tief gesenkt.
78. So rennt er mit Schwung gegen einen Baum.
79. Fällt hin und liegt eine Sekunde reglos.
80. Erhebt sich wieder und reibt sich die Beule auf der Stirn.
81. Erstaunt reißt er die Augen auf: ein Blatt Papier liegt vor ihm auf dem Boden.
82. Er hebt das Blatt auf und erkennt mit Staunen seine eigene Handschrift.
83. »Oh, Diana, Venus, Andromache ...«

84. Langsam hebt er die Augen zum Himmel.
85. Auf einer Drahtleitung zwischen den Bäumen, in der schon bekannten Haltung, schlummert die Taube.
86. Mit unerwarteter Energie springt da der Kustos auf die Beine, droht mit beiden Fäusten dem gleichgültigen Vogel.
87. *Uh, oh, ach, du, schwanzloser Telegraph!*
88. Er trommelt mit den Fäusten gegen einen Baumstamm, dann trollt er sich übers Feld.
89. Schranknarr schleppt sich bis zur Straßenbahnhaltestelle, versucht weiterzugehen und fällt fast hin.
90. Plötzlich bleibt der Kustos entschlossen stehen, macht eine wegwerfende Bewegung und besteigt die herangefahrene Straßenbahn.
91. Niedergeschlagen und beschämt, ohne aufzublicken, hält Schranknarr dem Schaffner sein Zehnkopekenstück hin.
92. *Bitte einen Fahrschein. Ich habe das Fastengebot verletzt.*
93. In Tränen zerfließend, schaut Schranknarr aus dem Straßenbahnfenster zum Himmel.
94. Am Himmel schwebt als Punkt das Flugzeug.

Ende
(1926)

WIE GEHTS IHNEN?

Ein Tag in fünf Kino-Details

Prolog

1. Eine Straße. Da schreitet ein gewöhnlicher Mensch: Majakowski. Panorama.
2. Panorama in der Gegenrichtung. Fortgesetzte Bewegung des Menschen auf demselben Hintergrund: an denselben Häusern entlang.
3. Leute
4. Kraftwagen
5. Straßenbahnen
6. Autobusse

   als Hintergrund des Schreitens.
7. Es schreitet ein zweiter Mensch, dem ersten fast gleich.
8. Er geht fast ebenso, die Arme schwingend wie Mühlenflügel.
9. Ein Arm.
10. Filmbilder 1–6.

11. Da schreitet der erste gewöhnliche Mensch, schreitet der
12. zweite.
13. *(Alternativ-Montage, die eine Begegnung*
14. *vorbereitet.)*

15. Majakowski bleibt stehen, blickt aufmerksam, beginnt dann den Arm zu schwingen und geht weiter.
16. Der zweite Majakowski hat ihn erblickt, ist stehengeblieben, blickt aufmerksam und geht auf gleiche Art weiter.
17. Das Schwingen des Arms beim ersten Majakowski.
18. Das Schwingen des Arms beim zweiten Majakowski.
19. Hand hat auf Hand geschlagen, unter den Handtellern Wasserspritzer nach allen Seiten.
20. Die beiden stehen mit festem Händedruck reglos wie auf einem provinziellen Foto. Sie stehen sehr lange *(fotografisch fixiert).* Der Verkehr im Hintergrund, übersteigert, dauert an.
21. Der erste vertauscht den reglosen Gesichtsausdruck gegen ein Lächeln mit den bloßen Lippen *(Typ: Tichomorow, der Ballettänzer).*
22. Auch der zweite vertauscht den reglosen Gesichtsausdruck gegen ein Lächeln mit den bloßen Lippen.

23. Der erste reißt seine Hand zurück.
24. Der zweite reißt seine Hand zurück.
25. Der erste zieht den Hut.
26. Der zweite zieht den Hut.
27. Beim ersten geht vor guter Laune der Kragen in die Höhe.
28. Beim zweiten geht der Schnurrbart hoch.
29. Bei beiden der Ausdruck höchstmöglichen Wohlbefindens. Aus dem Mund des einen springt ein »W«. Sogleich entspringen dem Mund des andern die Worte: »Wie gehts Ihnen?«
    »*Wie gehts Ihnen?*«
30. So sind sie Nase an Nase einander gegenübergetreten, blicken gespannt aufeinander, auf die Gegenäußerung wartend.
31. Beide treten gleichzeitig zurück zum Randstreifen des Filmbildes.
32. Zwischen Saum und Saum der vorgestreckten Hände erscheint:

Erster Teil

Alle Menschen, mit Ausnahme der Reichen und der Toten, begrüßen den Morgen folgendermaßen:

33. Schwarze Bildfläche. Daraus tritt, mit Kreide gezeichnet, hervor: ein Großmütterchen, das Kaffee trinkt. Die Kaffeekanne verwandelt sich in eine Katze. Die Katze spielt mit einem Wollknäuel; aus dem Knäuel streben die Fäden in Form hinweisender Zickzacklinien mit Pfeilgebilden zum Haupte des schlafenden Majakowski *(er tritt allmählich als Umriß in Erscheinung).*

34. Ein Bett. Im Bett Majakowski. Der Hintergrund des Bettes verwandelt sich in ein Meer.

35. Das Meer. Hinterm Horizont geht die kleine Scheibe der Sonne auf.

36. Die Sonne wird von einer Wolke zugedeckt. Hinter der Wolke hervor ein Strahlenbündel.

37. Auf der schwarzen Bildfläche ein schmal durchs Fenster dringendes und gegen das Bett zu sich verbreiterndes, allmählich kräftiger leuchtendes Strahlenbündel.

38. Im Strahlenbündel deutlich sichtbar ein Stück des liegenden Menschen.

39. Im Strahlenbündel Fußgänger, die einhertrotten.

40. Schritte.

41. Das von den Schritten zitternde Bettgestell.

42. Der Mensch dreht sich auf die andre Seite.

43–50. Im Strahlenbündel bemerkt man vereinzelte Autos und Lastkraftwagen, letztere fahren Lebensmittel aus.

51. Die Bettstelle zittert stärker. Der Mann dreht sich auf die andere Seite.

52-55. Im Strahlenbündel das ganze Drunter und Drüber der Großstadt mit Straßenbahnen, mit Autos, mit Lastkraftwagen und Fußgängern.

56. Der Mann wälzt sich hin und her.

57-61. Einander ablösend, lärmen Autohupen, Straßenbahnklingeln, Dampfpfeifen von Schiffen, Fabriksirenen.

62. Im Zimmer ist es hell geworden. Der Mann blinzelt mit

einem Auge, hebt die Uhr zum Gesicht. Die Uhr zeigt drei Viertel acht.

63. Der Minuten- und der Sekundenzeiger sind fast angedrückt ans obere und untere Augenlid. Die Zeiger treten auseinander, das Auge aufspreizend. *(Bei allen Aktionen der Uhr muß diese in hohem Maße als Wirklichkeit deutlich werden, und nur im Augenblick der Zeigertätigkeit soll das Zifferblatt leicht verschwimmen.)*

64. Der Mann springt auf, öffnet ein wenig die Tür und ruft durch den Türspalt.

65. Der Türspalt. Majakowskis Stube. Aus dem Munde springen Buchstaben:
»*Die Zeitung!*«

66. Die Buchstaben der Worte verbreiten sich durch Wohnraum und Gang, hüpfen in die Küche, und einer nach dem andern läßt sich auf dem Kopf der Köchin nieder, die sich am Samowar zu schaffen macht, und verschwinden in ihrem Kopf.

67. Majakowski schiebt den Stecker der elektrischen Teekanne in die Steckdose.

68-69. Die Köchin hebt sich mit einem Ruck vom Sitz und schlurft die Treppe hinunter.

70. Der Mann betritt das Zimmer, im Gehen Hände und Gesicht abtrocknend.

71. Die Köchin bleibt bei einem Zeitungskiosk stehen.
Die ganze Welt im Papierblatt.

72. Der Zeitungsverkäufer reicht der Köchin mehrere Tagesblätter.

73. Die Köchin schubst ihren Einkaufskorb voller Lebensmittel, über denen sich nun Zeitungen häufen, auf die rechte Schulter und entfernt sich.

74. Beim Zeitungsverkäufer bleiben zwei Komsomolzen stehen. Sie nehmen eine Zeitung vor. Hurtig überfliegen sie sie mit den Augen, auf der Suche nach den Kurzzeilen von Gedichten. Sie schlagen die Hände zusammen.
»*Schon wieder keine Verse, eine trockene Zeitung.*«

75-80. Die Köchin schreitet. Die Zeitungen auf ihrer Schulter wachsen; sie beugen die Köchin bodenwärts. Die Häuser,

vor deren Hintergrund die Köchin geht, werden allmählich kleiner.
Die Köchin selbst wird völlig klein. Die Häuser erscheinen nun noch winziger. Auf der Schulter trägt die Köchin jetzt den ungeheuern Erdball. Sie geht, kaum noch imstande, unter seiner Last die Füße vorwärtszubewegen.

81. Ein Straßendurchblick in Verkürzung. Straßenbahngeleise direkt ins Aufnahmeobjektiv führend. Aus der Raumtiefe rollt aufs Objekt eine Erdkugel zu, ein sich perspektivisch rasch vergrößernder Globus.
82. Ein Hauseingang. Die Haustür öffnet sich von selbst. Auf die Tür rollt der Erdball zu und wird so lange kleiner und kleiner, bis er die Tür passieren kann.
83. Ins Haus rollend, nimmt er selbsttätig seinen Weg die Treppe aufwärts.
84. Eine Wohnungstür mit dem Türschild: »Brick. Majakowski.« In der Tür tritt die Köchin in Erscheinung, mit ihren Einkäufen und den Zeitungen.
85-86. Dem sein Rasiermesser säubernden Majakowski wird eine Zeitung in den Türspalt geschoben. Er nimmt sie entgegen und setzt sich an den Tisch.
87. Majakowski macht eine Kopfbewegung und blickt her.
88. Eine Einzelheit auf seinem Schreibtisch.
89. Ein Rundfunkmast.
90. Majakowski entfaltet das Zeitungsblatt.
91. Hinter dem Zeitungsblatt hervor fährt ein Eisenbahnzug direkt aufs Objektiv zu.
92-93. Einzelbeobachtungen an der Arbeit der Lokomotive.
94. Majakowski schrickt ein wenig zurück vom Zeitungsblatt, geht aufs Fenster zu und öffnet die Lüftungsklappe.
95. Ein Flugzeug in der Luft.
96-97. Einzelbeobachtungen an der Arbeit des Flugzeugs.
98. Majakowski am Tisch. Er breitet die ganze Zeitung aus.
99. Die Augen Majakowskis.
100. Ein Zeitungs-Detail: Leitartikel »Unser Getreideexport«.
101. Aus dem Rahmen des Leitartikels löst sich ein Mensch von graphischem Aussehen, rückt seinen Kneifer zurecht

und verweilt auf der Ebene des Zeitungsblattes wie auf einer Tribüne, bis er von dem Blatt herabspringt.

102. Er faßt Majakowskis Hand, schüttelt sie, redet überzeugend auf ihn ein. Aus seinem Mund hervor schieben sich Zitate, Ziffern.

103. Zahlen fliegen ins Ohr des zuhörenden Majakowski, erzeugen einen Wirbel über seinem Haupt.

104. Majakowski kauert sich zusammen, gähnt leicht, lehnt sich

106. auf: »Gewiß, gewiß doch.« Schließlich legt er seine ruhige und gutmütige Hand auf die Schulter des Leitartikelmanns und drängt ihn in die Zeitungsspalte zurück.

107. Majakowski wendet das Zeitungsblatt. Er liest weiter.

108. Die Augen Majakowskis öffnen sich weit; er lehnt sich im Sessel zurück, blickt im Zimmer umher.

109. Die Gegenstände auf dem Schreibtisch beginnen zu zittern.

110. Die Lampe bricht auseinander.

111. Der Kalender zerfällt zu einem Blätterhaufen. Auf dem Tisch sieht man Splitter und Trümmer von Zeitungslettern, Sätze fügen sich zusammen: »Erdbeben in Leninakan.« Der Mann faßt die Zeitungszeilen aufmerksam ins Auge. Seine Hände und Schultern zittern. Er lauscht.

112. Er dreht sich um.

113. Die siedende Teekanne.

114. Majakowski nimmt die Kanne, stellt sie auf den Schreibtisch mitten zwischen die Splitter. Die Teekanne zischt, bebt, wirft sich auf, als wolle sie einen Vulkanausbruch nachahmen. Der Mann betrachtet das siedende Wasser, lächelt, sammelt die Splitter auf, packt sie in ein Zeitungsblatt. Die Zeitung richtet sich auf und wird neuerdings zum regelrechten Tagesblatt.

115. Majakowski liest weiter.

116. »Zunahme des Bürokr...« Aus dem Buchstaben »o« drängt sich ein kleiner Mannskopf herauf, mit einem Federhalter hinterm Ohr. Er stützt sich mit Pfötchen auf den Reifenrand, klettert heraus, wächst, höher, schwingt drohend Schreibfedern und Bleistifte.

117. Der Mann weicht vor ihm zurück, dann geht er zum Angriff über, springt ihm an die Kehle, würgt ihn, drängt ihn mit Mühe zurück in das Zeitungsblatt.

118-119. Der Mann gießt sich Tee ein, verschnauft ein wenig, trinkt einen Schluck und schaut beflissen ins Blatt: »Kleine Chronik«. Vorfälle.

120. Er setzt sich, schwer atmend. Kneift sich den zerdrückten Schlips zurecht. Liest.

121. »Selbstmordversuch . . . Gestern um 6 Uhr hat die Soundso, 22 Jahre alt, durch einen Revolverschuß . . . Ihr Zustand ist hoffnungsl . . .«

122. Das Tagesblatt stellt sich auf, bildet einen Winkel, wie ein riesenhafter Wandschirm.

123. Aus dem dunklen Winkel der Zeitung tritt die Gestalt eines Mädchens hervor, hebt in Verzweiflung die Hand mit dem Revolver, setzt die Waffe an die Schläfe, berührt den Abzug.

124. Majakowski springt in den von der Zeitung gebildeten Raum, springt quer durch die Papierwand, zerreißt sie wie ein Zirkushund beim Sprung durch eine Reifenmembran.

125. Er trachtet die bewaffnete Mädchenhand zu packen und zurückzureißen, zu spät; das Mädchen sinkt zu Boden.

126. Der Mann tritt zurück. Auf seinem Gesicht Entsetzen.

127. Majakowski in dem Zimmer. Er knüllt das Tagesblatt, schiebt angeekelt die Teetasse weg und wirft sich im Sessel zurück.

128. Das Gesicht des Mannes beruhigt sich nach und nach. Er heftet abermals den Blick auf die Zeitung.

129. »Werbeanzeigen«.
»*Jedes neue Kleid, jede Naht –*
nur vom ›Moskauer Nähkombinat‹«.

130. In der Stubenecke hängt schlichte Männerkleidung. Die Watte kriecht aus dem Futter hervor. Der Rockkragen ist abgewetzt. Der Mann faßt mit zwei Fingern den Mantelsaum und breitet vor den Augen das zerschlissene Gewebe aus.

131. »Werbeanzeigen«. »Jedes neue Kleid, jede Naht . . .« Eine Straße. Auf der Straße kommen glattgeplättete, ganz neue,

selbsttätige, menschenlose Mäntel und ganze Anzüge daher: Hosen, Jacketts und Westen. Jedes Kleidungsstück trägt statt eines Kopfes die Preistafel mit einem ansehnlichen Betrag.

132. Nur noch die schimmernd vorbeihuschenden Preisbeträge.

133. Der Mann wiederholt nachsinnend mit den Lippen die Beträge, zusammenzählend und nachrechnend.

134. Die huschenden Beträge bleiben stehen, bilden eine Reihe und treten zu einer riesenhaften Summe zusammen.

135. Die Riesenzahl verwandelt sich in einen Stoß Tscherwonzen.

136. Der Stoß Tscherwonzen raschelt wie Laub vor den Augen.

137. Der Mann erhebt sich und blickt nachdenklich.

138. Vor seinem Blick öffnet sich von selbst ein Gedichtband, seitlich im Filmbild vorm Stoß Tscherwonzen. Das Buch schließt sich, darüber stapeln sich neue Bücher.

139. Zwischen den Gedichten und den Tscherwonzen erscheinen zwei Federn, die sich in ein weißes Gleichheitszeichen verwandeln.

140. Der Mann greift nach den zwei in Striche verwandelten Federn.
»Unweigerlich muß man arbeiten.«

Zweiter Teil

1. Der Mann steht vorm Fenster und spitzt seinen Bleistift mit einer Rasierklinge.
2. Mit dem gespitzten Bleistift zielt er drohend durchs Fenster.
   »*Wir brauchen Verse!*«
3. Beim Tee sitzt eine ferkelhaft aussehende Familie.
4. Der wohlrasierte Vater im Vordergrund.
   »*Ich pfeif auf Gedichte!*«
5. Komsomolzen mit einer Komsomolzin unterm Mond spazierend. Die Komsomolzin geht seitwärts und verlangt träumerisch:
   »*Wir brauchen Verse!*«
6. Bei Papa, dem Biedermann, löst sich der Rockkragen, dafür wächst ihm ein Bart und das Büschelhaar am Rücken der Tatze, die das Teeglas umfaßt hält.
   »*Ich pfeif auf Gedichte!*«
7. Die Komsomolzen beim Zeitungsverkäufer.
   »*Wir brauchen Verse!*«
8. Papa wird zusehends zum Orang-Utan.
   »*Mir können eure Gedichte gestohlen bleiben.*«
9. Ein Plakat. Dichterwettstreit: Assejew, Kirsanow, Majakowski, Pasternak.
10. Voller Saal in einer Arbeiter-und-Bauern-Fakultät. Alles steht auf und klatscht Beifall.
11. Auch Majakowski ist aufgestanden und läßt seine Blicke wandern.
12. Majakowski streift sich entschlossen die Ärmel auf.
13. Majakowski feuchtet den Bleistift an den Lippen.
14. Majakowski nimmt mit dem Bleistift das Blatt Papier aufs Korn.
    »*Eine Fabrik ohne Rauch und Schlote.*«
15. Wischt sich die Stirn. Bewegung der Hand, an das Umdrehen eines Steckers erinnernd.
16. Aus dem Kopf schwingen sich Buchstaben in die Luft, tanzen im Zimmer herum.

17. Majakowski setzt den Buchstaben mit kleinen Sprüngen nach, reiht sie auf einen Bleistift.
18. Majakowski streift die Buchstaben vom Bleistift wie Kringel vom Stab und befestigt sie mühevoll auf dem Papier.
19. Die fliegenden Buchstaben fügen sich zu abgedroschenen Redensarten zusammen und flattern wieder auseinander.
20. Eine Minute lang halten sich Phrasen in der Schwebe, etwa: »Wie schön, wie frisch, ach, waren die Rosen«, »Gottes Vögelein kennt weder . . .« und ähnliche.
21. Majakowski zerrt die gekoppelten Buchstaben auseinander, faßt und wählt die für ihn zweckdienlichen.
22. Er setzt sie wieder aufs Papier.
23. Majakowski blickt wohlgefällig auf das zu Papier Gebrachte.
24. Auf einem Blättchen Papier steht mit erhabenen Schriftzeichen aufgetragen: »Links, links, links!«
25. Majakowski am Fenster, den gesäuberten Bleistift in der Hand, entschlossen und lächelnd.
26. Er sammelt die vom Bleistiftspitzen daliegenden Spänchen auf ein Blatt und wirft sie durch die Luftklappe des Fensters hinaus.
Er bringt in der Klappenöffnung die Flügelschraube eines Ventilators an.
27. Er entnimmt der Tischschublade ein Blatt Papier und streicht es liebevoll glatt.
28. Die Lüftungsschraube dreht sich.
29. Die Sogmuffe des Ventilators befördert die verbrauchten Reime ins Freie: Liebe – Triebe – Rübe, Massen – Klassen, Herz – Schmerz und andere.
30. Der Mensch füllt das Blatt mit Schriftzeichen, setzt seine Unterschrift darunter und erhebt sich zufrieden.
Das wird so ausgedrückt: »Er wußte sich vor Wonne kaum zu fassen.«
31. Der Mensch rollt in flammender Zuversicht das Geschriebene zu einer Röhre zusammen, legt ein Bändchen darum und –
32. – geht die Treppe hinunter, ohne mit den Füßen die Stufen zu berühren.

33. Er bewegt sich die Straße entlang, indem er sehr beträchtliche Strecken mit reglos zusammengelegten Füßen überfliegt.
34. Er überragt die anderen Leute um zwei Köpfe. Die Passanten drehen sich nach ihm um. Die im Wind flatternden Mantelschöße geben der Gestalt etwas Dämoni-
35. sches.
36. Majakowski im Empfangsraum eines Redakteurs. Neben ihm sitzt wartend eine ganze Reihe gleichgesichtiger Besucher, die ebenfalls eine mit gleichem Bändchen zusammengehaltene Papierrolle tragen.
37. Majakowski wird aufgerufen.
38. Majakowski betritt das Arbeitszimmer des Redakteurs. Beim Überschreiten der Schwelle wächst er zusehends in der Tür, bis er den ganzen Türrahmen füllt.
39. Der Redakteur und der Mensch drücken einander die Hände.

Der Mensch ist wieder zur Größe des Redakteurs geschrumpft. Der Redakteur ist ein Zeitungsbürokrat. Er schlägt vor, der andre solle rezitieren.

40. Der bislang gleichgroße Redakteur wird kleiner und kleiner, bis er ganz winzig ist. Majakowski attackiert ihn mit
41. seinem Manuskript, schwillt zu Riesenmaßen hoch, ist schon viermal so groß wie der Redakteur. Was da auf dem
42. Redakteursessel sitzt, ist nur noch ein winzig kleiner Bauer aus dem Schachfigurenkästchen.
43. Der Dichter rezitiert vorm Hintergrund eines Auditoriums.
44. Der Redakteur hat zugehört, richtet sich nun auf, blättert im Manuskript, verzieht ärgerlich die Miene und attackiert den Dichter. Majakowski schrumpft. Der Redakteur wächst zum Riesenmaß, ist schon viermal so groß wie der Dichter. Dieser steht auf einem Stühlchen als winzig kleiner Schachbrett-Bauer.
45. Der Redakteur kritisiert vorm Hintergrund der Orang-Utan-Familie.
46. Der Dichter hebt einen Zettel mit dem Wort »Rechnung«.
47. Der Dichter attackiert den Redakteur recht tapfer, wobei

er abermals größer wird, obschon nicht mehr im früheren Ausmaß.

48. Hinter dem Dichter die angreifenden Komsomolzen.

49. Der Redakteur schwillt neuerlich ins Gigantische. Der winzig kleine Poet steht auf dem Stuhle; der Redakteur schiebt ihm einen unterzeichneten Wisch in die Hand.

50. Hinter dem Redakteur die vergnügten Orang-Utans.

51. Der Redakteur schreibt: »Zehn Rubel Vorschuß.«

52. Majakowski tritt durch die Tür hinaus, ganz klein, kaum über der Schwelle sichtbar.

53. Der Dichter steht in einer Reihe mit anderen beim Kassenschalter.

54. Überm Kassenschalter ein Aushängeschild: »Komme gleich wieder«.

55. Der Dichter beginnt zu gähnen.

56. Der Dichter nickt ein.

57. Das Gitter des Kassenschalters verwandelt sich in die blumenumwundene Umhegung einer südländischen Terrasse.

58. Die Flügelschraube der Entlüftung verwandelt sich in einen Vogel.

59. Der Entschlummerte stößt ein Tintenfaß um. Die Tinte fließt übers Papier.

60.–61. Die Papiere vom Tisch des Kassierers und des Verlagshauses verschmelzen und verwandeln sich in das echte Schwarze Meer.

62. Eine Palme schaukelt im Wind.

63. Ein Palmenwedel kost und kitzelt die Dichternase.

64. Majakowski erwacht. Die Borsten-Enden vom Besen der Aufräumefrau berühren fast seine Nase.
»*Was schläfst du, Mensch? Der Kassierer kommt nicht, er empfängt erst Mittwoch.*«

65. Majakowski geht auf der Straße. Sieht sich um.

66. Das Schaufenster des »Moskauer Nähkombinats«.

67. Majakowski zieht aus der Westentasche die Uhr, betrachtet sie in Bauchhöhe. Halb sechs. Die Zeiger stehen übereinander. Er steckt die Uhr wieder ein.

68. Ihm ist, als grüben sich die Zeiger in seinen Bauch. Er zieht den Bauch ein.

69. Majakowski bleibt vorm Schaufenster eines Ladens stehen, holt Kleingeld hervor und wägt es auf der Handfläche.

70. Majakowski geht in den Laden hinein, erkundigt sich nach
71. dem Preis und ersteht dann ein kleines Paket. Ein Bröt-
72. chen und Wurst.

Dritter Teil

Das tägliche Brot

1. Majakowski sitzt in seiner Stube bei Tische, nippt ohne Appetit und lustlos an den Speisen, starrt dann ins Zeitungsblatt. Nimmt ein Stück Brot zur Hand, schiebt es in den Mund, es widersetzt sich dem Abknabbern. Er betrachtet erbittert den Brocken, verzieht das Gesicht und wirft ihn angewidert zu Boden.
   »Wieviel Arbeit wegen eines Stückchens Brot?«
2. Das ungekaute Stück Brot fällt auf den Fußboden.
3. Aus dem Tageblatt schält sich der Leitartikel-Homunculus, packt den Sitzenden bei der Hand, tippt mit der anderen auf den Fußboden.
   »Soviel Arbeit wegen eines Stückchens Brot.«
4. Das Brotstück liegt auf dem Boden.
5. Das Brotstück hüpft empor und ist mit einem Satz in der Hand.
6. Aus dem Mund herausfahrend, vereinigt sich ein abgebissener Happen mit dem Stück.
7. Die Hand legt das Brot auf den Tisch; das Stück verwächst mit dem ganzen Laib.
8. Der Mensch fährt in den Anzug, drückt sich türwärts.
9. Der Mensch bewegt sich, rückwärts schreitend, die Treppe hinab.
10. Der Mensch geht auf der Straße.
11. Der Mensch betritt einen kleinen Bäckerladen.
12. Der Mensch gibt das Brot zurück.
13. Der Mensch schleicht sich zur Kasse.
14. Der Mensch empfängt Geld von der Kasse.
15. Er verläßt das Geschäft.
16. Das Brot klimmt aufs Wandbrett hinauf.
17. Das Brot klettert vom Bord wieder runter zu einem Brothaufen.
18. Die Laibe kriechen in den Backofen.
19. Die Laibe kommen als Teigmasse wieder zum Vorschein.
20. Die Laibe verwandeln sich in Mehl.

21. Das Mehl schüttet sich in den Sack.
22. Der Sack wird von Leuten zum Ausgang getragen und auf einen Lastkraftwagen gehoben.
23. Der Sack ist auf das Fahrzeug verladen.
24. Das Packpapier vom Brot glättet sich.
25. Das Packpapier wächst zum Papierstapel.
26. Die Packpapierstöße werden in eine Kiste verpackt.
27. Die Kiste wird mit anderen Frachtstücken vereinigt.
28. Die Kisten werden auf einen Kraftwagen verladen.
29. Der Kraftwagen rollt zur Papierfabrik.
30. Der Kraftwagen mit den Mehlsäcken kehrt zum Mehllager zurück.
31. Im Mehllager wird das Mehl übernommen.
32. Das Mehl wandert zurück zur Mühle.
33. Die Mühle fabriziert aus dem Mehl wieder Getreide.
34. Das Getreide wird von Bauern übernommen.
35. Die Bauern fahren mit dem Getreide zur Tenne.
36. Das Getreide formt sich zum Ährengut.
37. Die Ähren binden sich in Garben.
38. Die Garben werden zum Feld befördert.
39. Unter den Garben richtet sich die Roggensaat auf.
40. Auf einem der Wege durchs Roggenfeld wandelt ein Mädchen aus der Lokalredaktion, Majakowski hält sie unterm Arm gefaßt.
41. Die Roggensaat wird immer kleiner.
42. Die Roggensaat nimmt die grüne Farbe jungen Sprießens an.
43. Aufgeackertes Erdreich.
44. Die Furchen werden immer kleiner.
45. Ein Landmann ist müde geworden.
46. Leute aus dem Dorf kommen ihn abholen.

47., 48., 49. Das Dorf wird angegriffen und angezündet.

50., 51., 52. Partisanen schlagen die Angreifer zurück.

53. Eine Stadt, angefüllt von demonstrierenden Massen.

54., 55., 56. Auf allen Plakaten und Fahnentüchern: »Brot und Frieden!« (*Ausblenden.*)

57. *(Eingeblendet)* Majakowski, in seiner Stube, sitzt vor einer Tasse Tee und einem Stück Brot.

58. Der in Trickfilmmanier gezeichnete Leitartikel-Homunculus drückt ihm die Hand und schlüpft wieder in die Zeitung.
59. Majakowski blickt auf das weggeworfene Stück.
60. Majakowski hebt behutsam das Stück vom Boden auf.
61. Majakowski stippt den Staub von dem Stück.
62. Majakowski legt das trockene Stück in eine mächtige, üppige Vase. Er säubert das Innere der Vase mit seinem Rockzipfel und breitet sein eigenes Taschentuch als kleine Tischserviette fürs Brot. Im Abgehen blickt er wohlgefällig zurück.

Vierter Teil

Natürliche Liebe
Stein

1. Mehrere gewöhnliche, reglose Steine.
Sumpf
2. Gewöhnliche, reglose Sümpfe.
Zufall
3. Eine Hand nimmt einen Stein auf.
4. Wirft den Stein ins Wasser.
Ergebnis
5. Regelmäßige Kreise im Sumpf auf der Projektionswand.
Leute
6., 7., 8. Im Zimmer wird eine Kerze umgestoßen, die Kerze entzündet einen Türvorhang, hinterm Türvorhang fängt das Zimmer Feuer.
9., 10., 11. Ein anderes Zimmer. Man beglückwünscht den Bräutigam und die Braut, die zur Hochzeit geschmückt sind.
Zufall
12. Das Haus brennt.
13., 14., 15. Die Feuerwehrtruppe fährt aus.
16., 17. Aus dem Hause rennen Leute.
18.-20. Leute umringen das Haus und machen scharenweise darum die Runde.
21.-24. In verschiedenen Wohnungen kleiden sich Leute zum Fest, sie haben Einladungsschreiben zur Hochzeit erhalten.
25.-28. Leute verlassen das Haus.
29.-32. Das Hochzeitspaar setzt sich in die Droschke.
33.-35. Leute in Droschken und in Automobilen hinter der Hochzeitskutsche herfahrend. Fußgänger laufen der Kutsche nach.
36. Das Haus der Braut.
37. Unablässig kommen Leute und äugen in die Fenster.
38. Die Gäste kommen angefahren.
39. Bild der Stadt aus Vogelperspektive.

40.-41. Ein Kreis von Leuten um das brennende Haus.
42.-43. Ein Kreis rund um das Hochzeitshaus.
Eine aus dem Kreise
44. Der Kreis um die Hochzeit: in der Menge ein Mädchen, das in Eile ist und Sehnsucht empfindet.
Einer aus dem Kreise
45. Mitten unter den Leuten, die den Brand anstarren, steht Majakowski, er schaut zu und sehnt sich.
Die Kreise schneiden sich
46.-47. Der Kreis (*Großaufnahme*), ein Teil der Umgebung des Mädchens und ein Teil der Umgebung Majakowskis.
48.-49. Die beiden Kreise rücken einander zu Leibe.
50. Das Mädchen dreht sich nach Majakowski um. Aus dem Kreis um den Brand blickt sich Majakowski nach dem Mädchen um, das dem Hochzeitskreis zugehört. Das Mädchen ist wie alle Mädchen.
51. Das Mädchen tritt aus seinem Kreis heraus.
52. Majakowski tritt aus seinem Kreis heraus.
53. Majakowski eilt dem Mädchen nach. Er blickt es an. In seinen Augen verwandelt sich das Mädchen in jenes aus der Lokalredaktion.
54. Er holt sie ein.
»Ich lasse mich mit Ihnen in kein Gespräch ein.«
55. Das Mädchen weicht aus, wendet einigemal den Kopf, schüttelt den Kopf verweigernd.
56. Endlich spricht sie doch.
»Ich denke nicht daran, mit Ihnen zu kommen, höchstens zwei Schritt.«
57. Sie macht einen Schritt neben ihm.
58. Dann hängt sie sich ein, und sie gehen zusammen.
59., 60., 61. Majakowski pflückt im Gehen eine Blume vom Fahrdamm, die auf geheimnisvolle Weise dort Wurzel geschlagen hat.
62. Majakowski vor dem Tor seines Hauses.
»Ach möchten Sie nicht zu mir raufkommen, nur für eine Minute.«
63.-69. Ringsum ist Winter, nur unmittelbar vor dem Haus blüht ein Gärtchen, stehen Bäume mit Vögeln; die Fas-

sade des Hauses ist ganz bedeckt mit Rosen. Der auf einer kleinen Bank im Russenkittel dasitzende Hausmeister wischt sich den herabrinnenden Schweiß ab.

Auf den Fittichen der Liebe

70.-72. Dem Mädchen und Majakowski wachsen Flugzeugflügel.

73.-74. Das Mädchen und der Mann fliegen im Treppenhaus aufwärts.

75.-80. Jedes Ding im unsaubern Zimmer erblüht, aus dem Tintenfaß sprießen Lilien, die Tapeten mit sehr einfachem Muster werden vor aller Augen rosig geblümt. Eine einfache Lampe wird zum Kronleuchter.

81. Majakowski gießt aus einer Karaffe Wasser ein.

»*Wir werden auch nicht trinken – höchstens ein einziges Glas.*«

82. Das Mädchen spricht:

»*Was haben Sie doch für ein kräftiges Wasser!*«

83.-84. Er nimmt ihr das Glas aus der Hand und nähert sich ihr leise.

»*Ja, wir werden auch die Küsserei unterlassen!*«

85. Die Lippen der beiden streben einander zu.

86.-89. Fassade des Hauses; die Blumen werden von der Fassade hinweggezaust, Schnee fällt. Der Hausmeister im Russenkittel kriecht in einen dicken Pelz.

90.-93. Das Zimmer, das nun wieder sein gewöhnliches unsauberes Aussehen hat.

94.-96. Sie treten aus der Haustüre. Er trägt Überschuhe an den Füßen, sie hat schiefgetretene Absätze. Jeder das zusammengefaltete Flügelpaar unterm Arm. Sie rutschen. Sie gähnen.

97. Nach wenigen Schritten zieht der Mann die Uhr.

98.-101. Neun Uhr zweiundzwanzig Minuten. Die beiden Zeiger weisen in entgegengesetzte Richtungen. Der Mann zeigt dem Mädchen die Uhrzeiger, nimmt Abschied. Sie gehen in entgegengesetzte Richtungen auseinander.

Fünfter Teil

So tags wie nachts

1.-11. Angestrengte Arbeit des zentralen Wasserleitungssystems. Die aus Filteranlagen hervorströmende Wassermasse. Das Geäder der Leitungsröhren. Die Hauptrohrleitung.
Die Wasservertilger.

12. Der durch seine Gebrechlichkeit staunenerregende Wasserhahn.

13. Eine Küche. Majakowski seiht Wasser in den Samowar.
Die lokale Macht.

14.-16. Die Küche. Ein Milizionär sympathisiert mit der Köchin. Er legt seine Uniform ab.

17.-18. Majakowski facht den Samowar mit dem Schuh an
So tags wie nachts.

19.-27. Das unermeßliche Gebäude der Telefonzentrale. Die unablässige Arbeit der Telefonfräulein. Das Durcheinander der Drahtleitungen im Telefonnetz.
Die Schädlinge des Telefonwesens.

28. Eine unansehnliche Familienmutter am Telefonhörer. Hinter der Mutter steht schon Papachen Schlange, sodann eine schon sehr reife Tochter, drei kleine Jungen, zwei Köter. Das Telefongespräch.
»*Wir kommen nämlich zu Ihnen auf Besuch, aus Anlaß des Vorabends von Robespierres Geburtstag.*«

29. Majakowski am Telefon macht ein liebenswürdiges Gesicht, er spricht:
»*Kommt nur! Wir stellen gleich den Samowar auf.*«

30. Majakowski legt heftig den Hörer auf, murmelt wütend:
»*Sobald ihr erst wieder draußen seid – dann trinken wir Tee . . .*«

31.-33. Die Familie auf der Straße.

34.-35. Majakowski facht mit dem Schuh das Samowarfeuer an; es will nicht brennen. Blickt auf die Uhr. Entfernt vom Samowar den Schuh, zieht ihn auf den Fuß, nimmt einen Schaftstiefel, wie ihn die Miliz trägt, und benutzt ihn zum Anfachen.

36. Das Telefon klingelt.
37. Der Student der Arbeiter-und-Bauern-Fakultät ruft an.
38. Die zum Hörsaal strömende Menschenmenge.
39. Majakowski ins Telefon:
»*Ich komme, sobald ich meine Gäste los bin.*«
40. Die Türklingel geht.
31.-42. Die Familie wälzt sich samt Hündchen herein.
43.-45. Der Mensch läßt seine Gäste Platz nehmen, wobei er ein übertriebenes Lächeln zur Schau trägt.
46.-47. Der Mensch trägt Tee auf, die nunmehr Sitzenden bewirtend.
48.-50. Die Sitzenden bringen liebenswert ihre liebenswürdigen Fragen vor:
Der Vater: »*Es heißt, daß der Preis-Index für Schweins-Gedärm wiederum ins Schwanken gerät?*«
Die Tochter: »*Sagen Sie mal, haben Sie irgendwann die ideale Liebe kennengelernt?*«
51. Der Sohn mit dem Köterchen:
»*Ich hab 'n kleinen Hund, der is dlissiert: er macht Pipi nicht wann er will, sondern wann ich will.*«
52. Mama ist hoch begeistert:
»*Mein Toto, nicht wahr? – das reinste Vergnügen, der Kleine, ist er nicht weit über sein Alter hinaus gereift?*«
53.-55. Majakowski gibt jedem Antwort, er ist sehr zuvorkommend, doch kaum hat sich der Gesprächspartner abgewandt, schneidet Majakowski eine verzweifelte Grimasse.
56. Der Hörsaal ist überfüllt.
57. Drei Arbeiter-und-Bauern-Fakultäts-Hörer am Telefon.
58. Majakowski am Telefon.
»*Ich habe zu Hause eine Sitzung.*«
59. Die Gäste haben sich mit Tee vollgetrunken.
60. Majakowski steht auf, reibt sich freudig die Hände.
61.-63. Die Gäste danken. Aber sie setzen sich allesamt in einer Reihe auf den Diwan und sagen:
»*So angenehm ists, bei Ihnen zu sitzen; man ruht ordentlich seelisch aus.*«
64. Das Auditorium wogt stürmisch.
65. Man drängt sich ums Telefon.

66. Majakowski will das Telefongeklingel gar nicht hören.
67. Majakowski läuft aus dem Zimmer.
68. Majakowski schluchzt in der Küche, auf den Küchentisch gestützt.
69. Majakowski hebt den Kopf.
70. An einem Nagel hängt die Uniform des Milizmannes, der bei der Köchin übernachtet hat.
71. Die Gäste haben es sich auf dem Diwan gemütlich gemacht.
72. Ein schnurrbärtiger Milizionär tritt ein. Hält ein Blatt vor. »*Empfang gegenzeichnen.*«
73. Die bestürzten Gäste nehmen das Blatt in Empfang, sie lesen:
»*Kundmachung vom Hauskomitee. Abteilung für Seismographie. Angesichts der Möglichkeit einer Wiederholung des Tokioter Erdbebens in Moskau wird angeordnet, daß man die bezeichnete Nacht außerhalb der Häuser verbringe: auf der Straße.*«
»*Unterzeichnen Sie!*«
74.-76. Der Milizionär zückt das Blatt. Den Hut verkehrt aufsetzend, mit einer Hand in den Mantelärmel fahrend, mit der andern den Namen hinkritzelnd, verflüchtigt sich die Familie und zieht den kleinen Köter am Schwanz hinter sich her.
77. Der Gatte spricht, ganz perplex, zur Gattin:
»*Man müßte dem Hausherrn adieu sagen ...*«
78. Die Gattin zieht ihn gereizt am Rockzipfel hinter sich nach.
»*Morgen sagen wir ihm adieu!*«
79. Majakowski blickt sich um, reißt sich den Schnurrbart ab, legt die Uniform weg und kichert.
80. Aus Dankbarkeit schiebt er drei Rubel in die Milizmannshosen.
81. Majakowski flitzt die Treppe hinab, hoppla ins Taxi.
82. Majakowskis Fahrt.
83. Majakowski auf dem Podium.
84. Ein Sprecher aus der Hörerschaft.
85. Ein Schlummernder in der Hörerschaft.

86. Der loslegende Majakowski.
87. Leute aus der Hörerschaft, die die Stimmung hochschrauben.
88. Majakowski hat seine Rezitationen beendet. Durch den Saal streben Anfragezettel nach vorn.
89. Beifallsklatschen.
90. Der ermüdete Majakowski schreitet treppab.
91. Majakowskis Heimfahrt.
92. Majakowski poltert in sein Zimmer.
93. Majakowski setzt sich auf die Bettstatt und löst die Schnürsenkel.
94. Majakowski im Bett, ein Buch lesend.
95. Das Zimmer verschwimmt.
96. Einmal wird es so sein:
97. Der Mensch diktiert in ein Mikrophon.
98. Ein Hörsaal und Leute, die einem Lautsprecher lauschen.
99. Gleisketten und dünne Drähte entlang ziehen sich Fragezettel vorwärts. Es dunkelt.
100. Es wird ganz dunkel.
101. Schwärze.
102. Die Familie im Freien, unterm Regenschirm dahindösend.
103. Gestirne.
104. Majakowski schläft.
105. Ein Traum.
106. Von jenseits des Meeres steigt die Sonne.

Ende
(1926)

ANHANG

Anmerkungen

Die Auswahl stützt sich auf die letzte sowjetische Gesamtausgabe von Majakowskis Werken: Владимир Маяковский. Полное собрание сочинений в тринадцати томах. Москва 1955-1961. Alle Nachdichtungen, auch die früher publizierten, wurden an Hand dieser Ausgabe überprüft. Der Band bringt also auch die Nachdrucke in der jeweils letztgültigen Fassung. Die Bühnenwerke und die Filmszenarien sind – innerhalb der beiden nach Genres getrennten Abteilungen – chronologisch nach ihrer Entstehungszeit angeordnet. Die großen Bühnenwerke wurden alle aufgenommen, jedoch wurde bei Vorliegen mehrerer Fassungen stets nur eine berücksichtigt; die sowjetische Gesamtausgabe enthält darüber hinaus noch eine Reihe kleinerer Agitationsstücke Majakowskis. Von den neun erhalten gebliebenen Filmszenarien bietet diese Auswahl vier, die sämtlich 1926 entstanden sind. (Die fünf ersten Szenarien Majakowskis sind verlorengegangen, drei wurden jedoch 1918 verfilmt; siehe dazu die Kommentare »Zu den Abbildungen« auf S. 427 bis 434 im vorliegenden Band.)
In den Anmerkungen finden sich an erster Stelle jeweils die Angaben über die vollständige Erstveröffentlichung des Originals. Die Erläuterungen stützen sich auf die Kommentare zu der o. g. dreizehnbändigen sowjetischen Ausgabe. Zusätzlich wurden insbesondere ausgewertet: W. Majakowski, Theater und Kino (zwei Bände), herausgegeben und kommentiert von A. Fewralski; W. Katanjan, Majakowski / Literaturchronik, Moskau 1956; W. Majakowski in Erinnerungen von Zeitgenossen, herausgegeben von N. Reformatskaja, Moskau 1963 (sämtlich russisch).

9 **Wladimir Majakowski** Zs. Первый журнал русских футуристов (Erste Zeitschrift der russischen Futuristen), Moskau 1914.
Geschrieben im Sommer 1913 in Moskau und im benachbarten Kunzewo, abgeschlossen im September oder Oktober. Ursprüngliche Titelvarianten: »Die Eisenbahn« und »Aufstand der Sachen«. Die erste Inszenierung veranstaltete im Dezember 1913 die Künstlergemeinschaft »Jugend-Verband« im Petersburger Theater »Lunapark«. Die Dekorationen besorgten P. Filonow und I. Schkolnik. Alle Rollen waren mit Schülern und Theaterliebhabern besetzt – ausgenommen die Hauptrolle, die Majakowski selbst übernahm. Er führte auch die Regie. Es fanden zwei Aufführungen statt: am 2. und am 4. Dezember. Über die Resonanz berichtet Majakowski in seiner Autobiographie: »Nach Strich und Faden ausgepfiffen.« Die Rezensionen ließen zumeist kein gutes Haar an dem Stück, doch fanden sich auch Hinweise darauf, daß das Publikum unterschiedlich reagierte – es wurde gepfiffen, aber auch applaudiert. Der Aufführung wohnten u. a. Alexander Block und Welemir Chlebnikow bei. Bei Block rief Majakowski, wie W. Hippius bezeugt, großes Interesse hervor, insbesondere durch seine »demokratische Position«. Chlebnikow saß, wie der Regisseur A. Mgebrow später berichtete, »geradezu seltsam konzentriert und still«. Treffend widerspiegelt Mgebrows Eindruck von der Tragödie die eruptive Kraft sowohl des sozialen Protestes, der schon dieses Frühwerk Majakowskis bestimmte, wie auch einer Verzweiflung, die des Dichters damaliger politischer Isoliertheit und seinem Gefühl der Ausweglosigkeit entsprang: »Mir war, als sei ich an jenem Abend mit der Schwermut, mit einer für ewig geschundenen Seele in Berührung gekommen, die – gleich einem Prinzen in den Lumpen des Bettlers – den Ausweg für ihre Tränen in der Rebellion der Futuristen gefunden hatte.«
Weiter aus A. Mgebrows Erinnerungen: »Das Licht erlischt, der Vorhang hebt sich. Die Vorstellung hat begonnen. Auf die Bühne, die von Tuch oder Kaliko begrenzt wird, und auf den Hintergrund aus schwarzem Karton, der faktisch die einzige Dekoration darstellt, fällt halbmystisches, schwaches Licht. Was der Karton darstellen soll, verstehe ich ebensowenig wie die anderen, aber es ist sonderbar – er weckt die Vorstellung, als sei in ihm viel Blut, Bewegung ... Vielleicht ist das, was ich damals auf diesem Karton erblickte, die allerrealste Darstellung einer Stadt, die ich je gesehen habe ...
Langsam traten die handelnden Personen vor die Kulissen und

defilierten nacheinander vorbei: lebendige Kartonpuppen. Das Publikum versuchte zu lachen, doch das Gelächter brach ab. Warum? Ja, das war doch wahrlich nicht lächerlich... Wenn ich in der Erwartung gekommen bin, unbedingt ein unterhaltsames, fröhliches Stück zu sehen, wenn ich gekommen bin, mich über einen Hanswurst lustig zu machen, und plötzlich beginnt dieser Hanswurst, ernst über mich zu sprechen, dann erstirbt das Lachen auf den Lippen. Als also das Gelächter schon im ersten Moment verstummte, verbreitete sich angespannte Erwartung im Saal... Nun erschien Majakowski. Er kam ungeschminkt, in seinem Alltagsanzug auf die Bühne. Er stand gleichsam über der Menge, über der Stadt – war er doch ein Sohn der Stadt, und die Stadt hatte ihm ein Denkmal errichtet. Wofür? Zumindest dafür, daß er ein Dichter war. ›Verhöhnt mich nur!‹, schien Majakowski zu sagen. ›Ich stehe wie ein Denkmal unter euch. Lacht, ich bin ein Dichter... Mein Reichtum und mein Trost ist die Liebe. Meine Freude schöpfe ich daraus, Dichter zu sein. Ich bin das Streben, ihr seid das Piedestal. Ich greife euch an, bin gegen euch und mit euch, doch ich gehe über euch... Aber ich liebe euch. Ich bin einsam, hungrig, bettelarm... Hier seht ihr meine Träume – nehmt sie euch, wenn ihr könnt. Hier seht ihr meine Tragödie – ihr werdet sie euch nicht nehmen können...‹
Majakowski sagte all dies natürlich nicht, aber mir schien, daß er es sagte. Dann setzte er sich auf einen Karton, der ein Holzscheit darstellte. Dann sprach der vieltausend Jahre alte Mann: alle Kartonpuppen verkörperten seine Träume, Träume einer Menschenseele, die einsam, vergessen, abgehetzt ist inmitten des Chaos der Bewegungen.
›Nicht weggehen, Majakowski‹, schrie das Publikum spöttisch, als er verwirrt und erregt die Tränen, die Zeitungsblätter, sein Kartonspielzeug und den Spott des Saales in einen großen Leinensack sammelte; er sammelte das alles, um in die Ewigkeit wegzugehen, in grenzenlos weite Räume...
Sie spielten natürlich schlecht, artikulierten die Worte schlecht und unverständlich, und doch war darin, so glaube ich, etwas, das ganz von Herzen kam. Der Saal folgte der Handlung jedoch zu grob, als daß ihn das, was auf der Bühne vorging, hätte anrühren können...«

13 *Alter Mann mit den Katzen* – Majakowski hat diese Gestalt in seinem Aufsatz »Ohne weiße Fahnen« erklärt: »Wenn die Ägypter oder die Griechen schwarze und trockene Katzen streichelten, konnten auch sie elektrische Funken hervorrufen; wir aber bringen

nicht ihnen ein Ruhmeslied dar, sondern denen, die den aufgehängten Laternenköpfen glänzende Augen verliehen und die Kraft Tausender Arme in die summenden Kummete der Straßenbahnen gegossen haben.«

15 *der Matschisch-Tanz* – ein schneller Tanz, auch die entsprechende Tanzmusik.

29 **Mysterium buffo** Erstfassung: **Мистерия-буфф,** Petrograd 1918. – Zweitfassung: Beilage zur Zs. **Вестник театра** (Theater-Information), Moskau 1921, Nr. 91-92, 15. Juni.

Die Idee zu dem Stück geht nach Majakowskis Autobiographie »Ich selber« auf den August 1917 zurück. Schon im Sommer 1917 hatten sich Maxim Gorki und die Schauspielerin Maria Andrejewa im Namen des Petrograder »Volkshauses« an Majakowski und andere junge Dichter mit dem Vorschlag gewandt, eine revolutionäre Chronik zu schreiben. »Mysterium buffo« entstand jedoch erst nach der Oktoberrevolution. Majakowski schrieb es im Sommer 1918 in Lewaschow bei Petrograd, am 27. September trug er es in Bricks Petrograder Wohnung zum erstenmal vor. Unter den Zuhörern – Regisseuren, Künstlern – befand sich der Volkskommissar für das Bildungswesen A. Lunatscharski. »Mysterium buffo« war das erste sowjetische Theaterstück – das erste, das ein sowjetischer Autor schuf und ein sowjetisches Theater aufführte. Zwei Tage vor der Premiere schrieb A. Lunatscharski unter der Überschrift »Ein kommunistisches Stück« in der »Petrograder Prawda«, es sei »das einzige Theaterstück, das unter dem Einfluß unserer Revolution entstanden ist und darum – übermütig, verwegen, heiter, herausfordernd – ihren Stempel trägt . . .«.

Die Aufführung mußte Majakowski gegen den massiven Widerstand konservativer Kräfte durchsetzen. Das Ensemble des Alexandrinischen Theaters, an das sich der Dichter auf Vorschlag A. Lunatscharskis zuerst wandte, lehnte die Inszenierung unter Ausflüchten ab. Für die Aufführung am »Theater des Musikdramas« warb Majakowski Mitwirkende durch einen Aufruf in der Presse: »Genossen Schauspieler! Sie sind verpflichtet, den großen Festtag der Revolution mit einem revolutionären Stück zu begehen . . . Kommen Sie alle Sonntag, den 13. Oktober, in den Saal der Tenischewschen Lehranstalt. Der Autor wird das ›Mysterium‹ vorlesen, der Regisseur den Plan der Inszenierung darlegen, der Künstler die Entwürfe zeigen, und Darsteller werden jene von euch sein, die diese Arbeit packt . . .«

Die Premiere der Erstfassung fand am 7. November 1918 im Petrograder »Theater des Musikdramas« statt. Regie führten W. Meyerhold und W. Majakowski, die Bühnendekoration und die Kostümentwürfe stammten von K. Malewitsch. Die Rolle »Einfach ein Mensch« hatte Majakowski selbst übernommen, auf der Premiere mußte er außerdem den Methusalem und einen der Teufel spielen, weil die betreffenden Schauspieler ausblieben. Die Aufführung wurde zweimal wiederholt.

Das große Interesse, das die Aufführung beim Arbeiterpublikum fand, kam danach nicht zuletzt in einer Reihe von Lesungen des Stückes durch den Autor auf Arbeiterversammlungen zum Ausdruck, den ersten Lesungen dieser Art in der sowjetischen Literatur. Auf Alexander Block, der neben anderen Schriftstellern das Stück sah, machte es einen außerordentlich starken Eindruck. Über eine spätere öffentliche Lesung in Moskau berichtete die deutsche Zeitschrift »Aktion« unter anderem: »Der bürgerliche Teil des Publikums fühlte sich zuerst angenehm gekitzelt, dann chokiert und verließ schließlich den Saal, die Arbeiter nahmen den Dichter durchaus ernst, für sie war der Ton eine Art dichterischer Lizenz, aber sie ließen sich mit ihm in Diskussion ein ... Majakowskis rhetorisches Drama ist stellenweise sehr stark und stellenweise sogar genial. Es schildert die Weltrevolution als ein Urereignis, der Sintflut gleich. Wie im Kasperle-Theater zieht Europa vorbei und verschwindet in der Versenkung.«

Als das »Mysterium buffo« im Oktober 1920 in das Repertoire des neugegründeten Moskauer »Ersten Theaters der RSFSR« aufgenommen wurde, schuf Majakowski die Zweitfassung des Stückes (sie liegt der Nachdichtung im vorliegenden Band zugrunde). Hier fand die Blockade Sowjetrußlands durch die Interventen während des Bürgerkrieges ebenso ihren künstlerischen Niederschlag wie die Mobilisierung der Kräfte zur Verteidigung des Sowjetstaates (vgl. die neu eingeführten Gestalten wie Georges Clemenceau und David Lloyd-George einerseits oder ein Rotarmist andrerseits). Der zusätzlich geschriebene fünfte Aufzug spiegelte den Kampf des Landes zur Überwindung der Zerstörungen und stellte zugleich ein Beispiel der Produktionspropaganda in der Kunst dar, die Majakowski damals vertrat. Neu eingeführt wurde die Gestalt des Versöhnlers, an die Stelle von »Einfach ein Mensch« trat »Der Mensch der Zukunft«, der Prolog wurde völlig neu geschrieben, der Schluß des Stückes verändert. Somit unterschied sich die im Dezember 1920 oder im Januar 1921 abgeschlossene Zweitfassung des »Mysteriums buffo« von der ersten so weitgehend, daß Majakowski in künftige Ausgaben seiner Werke mit Recht beide gleichberechtigt aufnahm. Im Personenverzeichnis der Zweitfassung feh-

len der Schuster und der Schornsteinfeger; sie treten im Stück zusätzlich zu den verzeichneten sieben Paar unreiner Wesen auf.
Die Premiere der Zweitfassung fand in dem von W. Meyerhold geleiteten »Ersten Theater der RSFSR« am 1. Mai 1921 statt. Von da an wurde das Stück bis zum Ende der Saison am 7. Juli täglich gespielt. Später folgten Inszenierungen in vielen anderen Städten der Sowjetunion.
Am 24., 25. und 26. Juni 1921 wurde das »Mysterium buffo« im Moskauer »Ersten Staatszirkus« zu Ehren der Delegierten des III. Kongresses der Komintern in deutscher Sprache aufgeführt. Unter den Zuschauern befand sich Ernst Thälmann. Für die deutschsprachige Aufführung hatte Majakowski eigens einen Prolog und einen Epilog geschrieben, mit denen er sich an die Repräsentanten des Weltproletariats wandte, außerdem einen Einschub in den Text des zweiten Aufzugs. Die Nachdichtung besorgte Rita Rait, eine russische Studentin, die vom deutschen Regisseur Reinhold Reichenbach und vom Autor des Stückes unterstützt wurde. Von dieser deutschen Fassung ist nur der Epilog überliefert (in der erhalten gebliebenen russischen Originalfassung fehlt gerade er):

Das Spiel ist aus.
Genossen, hei!
Jetzt ist an euch die Reih'!
Ideen die heute geblitzt hatten,
Verkörpert morgen in Taten.
Wir – zum Werktisch,
Ihr – zum Gewehr.
Dein Vaterland spreng, Revolutionär.
In Reih und Glied,
In Schritt und Tritt,
Vorwärts, marsch!

Außerdem gibt es, laut Auskunft von Rita Rait, noch ein Manuskript mit der Rohübersetzung des ersten Aufzugs.
Rita Rait schreibt in ihren Erinnerungen unter anderm: »Die Aufführung ging in einem Meer verschiedenfarbigen Lichts vonstatten, das die Arena einmal in das Blau des Ozeans, dann wieder in das Rot der Höllenflammen tauchte. Das Finale gipfelte im Triumphmarsch der Unreinen und in der Parade aller Mitwirkenden, in den Donner der ›Internationale‹ fiel das ganze vielsprachige Auditorium ein. Das ›Mysterium buffo‹ wurde auch in der Fremdsprache zu einem revolutionären volkstümlichen Stück. – Lange rief das Publikum nach Majakowski. Schließlich trat er in die Mitte der Arena, ungewohnt verlegen riß er die Mütze vom Kopf und

verbeugte sich vor den Repräsentanten des ganzen Erdballs, von dessen Schicksal er soeben erzählt hatte.«
Das »Mysterium buffo« ist in vielen Sprachen veröffentlicht worden; ausländische Aufführungen fanden u. a. in Prag statt (1922), in Warschau (1922, Prolog zur Erstfassung) und Łódź (1925, Prolog zur Erstfassung). Während des Aufenthalts Majakowskis in Berlin im November 1922 wandte sich die Redaktion der »Roten Fahne« mit der Bitte an ihn, ihr ein Gespräch über die Aufführung des Stückes zu gewähren. Johannes R. Becher schuf wenig später im Auftrag der in Wien erscheinenden Zeitschrift »Arbeiter-Literatur« eine Nachdichtung des »Mysteriums buffo«, doch wurde diese Arbeit nicht veröffentlicht und ging später verloren. Rund vierzig Jahre später schuf Helmut Baierl sein »Mysterium buffo / Variante für Deutschland (Heroische, epische und satirische Darstellung unserer Epoche frei nach Majakowskis Mysterium buffo)«. Der erste Akt dieser Arbeit, »Der Kyffhäuser«, erschien in Nr. 2/1966 der Zeitschrift »Sinn und Form«, Berlin.

34 *Sieben unreine und sieben reine Pärchen* – Majakowski verwendet hier ein Motiv aus der Bibel: Als Gott die Menschen für ihre Sünden mit der Sintflut strafte, verschonte er nur Noah, dem er befahl, eine Arche zu bauen und zur Erhaltung des Lebens auf Erden sieben Paar reine und sieben Paar unreine Tiere zu sich zu nehmen.

37 *Scheidemann, Ph.* (1865-1939) – Politiker und rechter sozialdemokratischer Führer; war maßgeblich an der Niederschlagung der Novemberrevolution 1918 in Deutschland beteiligt, 1919 einige Monate lang Reichskanzler.
Dis steinernen Hohenzollern – Denkmäler für Mitglieder der letzten Dynastie deutscher Kaiser in der Berliner Siegesallee.

38 *ob Marschall Foch am Werk ist* – Gemeint ist einerseits die Offensive, die 1918 von den Entente-Armeen unter dem Oberkommando des französischen Marschalls F. Foch gegen Deutschland eröffnet wurde, andererseits die revolutionäre Bewegung der Arbeiter, die im November 1918 in Deutschland aufflammte.

40 *Tscheka* – Abkürzung für »Außerordentliche Kommission für den Kampf gegen Konterrevolution und Sabotage«; die Kommission bestand von 1918 bis 1922.

42 *Lloyd-George, D.* (1863-1945) – englischer Politiker, Führer der Liberalen, von 1916 bis 1922 Premierminister Englands; er gehörte zu den Organisatoren der militärischen Intervention gegen Sowjetrußland.

43 *Wrangel, P.* (1878-1928) – General der zaristischen Armee, leitete

1920 von der Krim aus den letzten großen Interventionsversuch gegen Sowjetrußland.

44 *Kautsky, K.* (1854-1938) – Sozialdemokrat, Zentrist, trat für »Burgfrieden« sowie gegen Klassenkampf und Revolution auf; führender Theoretiker der II. Internationale.

49 *Jeder Zoll ein Kanzler* – Anspielung auf Otto von Bismarck (1815-1898), Reichskanzler von 1871 bis 1890.

52 *petit gâteau* (französisch): »kleiner Kuchen«.

53 *bis zum Berg Ararat* – Nach der biblischen Legende setzte die Arche Noah, als die Sintflut verebbte, auf dem Berg Ararat auf.

54 *Clemenceau, G.* (1841-1929) – Ministerpräsident und Kriegsminister Frankreichs von 1917 bis 1920; er gehörte zu den Organisatoren der militärischen Intervention gegen Sowjetrußland.

61 *Großfürst Michail oder Nikolaus* – Zar Nikolaus II. dankte am 15. 3. 1917 zunächst zugunsten seines Bruders Michail ab, unter dessen Regentschaft die Provisorische Regierung die Monarchie aufrechterhalten wollte; tags darauf sah sich jedoch auch Michail gezwungen, auf den Thron zu verzichten.

71 *übern See-Genezareth* – bezieht sich auf das Wunder, das dem Evangelium zufolge Jesus Christus vollbrachte, indem er den See Genezareth zu Fuß überquerte.

90 *Tolstoi, L.* (1828-1910) – In seinem Aufsatz »Nur keine Erinnerungen« berichtete Majakowski später, daß sein Spott über Tolstoi beinahe die Absetzung des »Mysteriums buffo« noch vor seiner Aufführung in Moskau bewirkt hätte; bei aller Anfechtbarkeit von Majakowskis damaligem Verhältnis zur klassischen Literatur richtete sich die Einreihung Leo Tolstois unter die »Heiligen« objektiv gegen die dem Werk dieses großen russischen Realisten immanente Lehre »Widerstrebe dem Bösen nicht mit Gewalt«.

»Rousseau, J.-J. (1712-1778) – Zu seinen Hauptwerken gehört »Der Gesellschaftsvertrag«; darin trat er für das Recht des Volkes auf den Kampf gegen Absolutismus und Monarchie sowie für die bürgerliche republikanische Staatsform ein: in ihr, so urteilte er abstrakt-theoretisch, würde die Macht beim gesamten Volke liegen.

100 *Wir brauchen ernannte Beamte . . . Ohne Puffer weiß man sich keinen Rat* – Anspielung auf die Diskussion über die Gewerkschaften in den Jahren 1920 und 1921.

108 *Twerskaja . . . Sadowaja* – Moskauer Straßen; die Twerskaja heißt heute Gorkistraße.

124 *Martow, L.* (1873-1923) – einer der Führer der Menschewiki, nahm nach der Großen Sozialistischen Oktoberrevolution eine

sowjetfeindliche Position ein, ging 1920 in die Emigration, beteiligte sich an der Organisierung der zentristischen »Zweieinhalbten« Internationale.

Levi, P. (1883-1930) – zu den Linken in der deutschen Sozialdemokratie gehörend, dann führender Funktionär der KPD von ihrer Gründung 1918 an, wurde er 1921 »wegen groben Vertrauensbruchs und schwerer Parteischädigung« aus der nunmehrigen VKPD ausgeschlossen.

126 *Rait, R.* (geb. 1898) – Aus einer brieflichen Auskunft, die der Herausgeber des vorliegenden Bandes von ihr erhielt: »Ich spreche von Kind auf fließend deutsch und englisch; zwar bin ich nie im Ausland gewesen, aber mein Vater, ein Provinzarzt, betrachtete Sprachkenntnisse als unentbehrliches Element der Bildung . . . Vor allem aber wußte Majakowski, daß ich seine Verse liebe, fast alles, was er geschrieben hat, auswendig kannte und jede Zeile, jede Nuance eines Verses richtig verstand. Er wußte, daß ich auch selbst ein wenig schrieb, half ich ihm doch, Bildtexte zu den ROSTA-Plakaten zu machen . . .« Ihre damalige Übertragung des »Mysteriums buffo« betrachtet Rita Rait als Notbehelf: »Nachdichten kann man nur in seine Muttersprache.« Vor russischem Publikum trug sie in jenen Jahren dennoch auch andere Übertragungen ins Deutsche (und Englische) vor, darunter Majakowskis »Seltsames Abenteuer«.

129 **Die Wanze Клоп,** Moskau-Leningrad 1929.

Geschrieben im Herbst 1928. Eine wichtige Quelle nannte Majakowski Anfang 1929 selbst: »Das Material, das ich verarbeitet und in die Komödie aufgenommen habe, stammt aus einem Berg von Spießer-Fakten. Von allen Seiten strömten sie mir in die Hände und den Kopf, solange wie ich in der Presse, in der Publizistik – vor allem für die ›Komsomolskaja prawda‹ – arbeitete. Diese Fakten, so unbedeutend sie im einzelnen sind, habe ich in zwei zentralen Figuren der Komödie zusammengepreßt und konzentriert: in Prissypkin, einstmals Arbeiter und nunmehr Bräutigam, der seinen Familiennamen um der Eleganz willen in Pierre Skripkin ändert, und in Oleg Bajan, ein aus dem Hausbesitzerstand hervorgegangenes, schleimendes Naturtalent. Die Pressearbeit hat auch bewirkt, daß meine Komödie publizistisch, problemgeladen, tendenziös geworden ist. Das Problem lautet: Entlarvung des heutigen Spießertums.«

Spießerideologie und -lebensformen mußten überwunden werden, damit sich die sozialistische Kultur erfolgreich entwickeln konnte. Zu diesem Zweck hatte Majakowski schon ab Oktober 1927 einige

Vortragsreisen unternommen; er sprach zum Thema »Her mit dem eleganten Leben!«, wandte sich aber in Wahrheit gegen das Kopieren der bürgerlichen »Eleganz«. In einem Zeitungsbericht über Majakowskis Lektion in Tbilissi hieß es: »Der Referent führte Beispiele an, die das neue Spießbürgertum charakterisieren. Ein Mädchen, Fabrikarbeiterin, vergiftete sich, weil sie ihren einzigen Seidenrock verloren hatte, ohne den sie meinte nicht leben zu können. Der Arbeiter Borja, nach der Lektüre französischer Bücher mit seinem Namen unzufrieden, nennt sich jetzt Bob. Der Dichter Moltschanow sagt seiner Liebsten in einem Gedicht, er verließe sie zugunsten einer anderen mit ›straffen Brüsten und einem Modell-Jackett‹ . . .«

Majakowski schrieb viele Gedichte, mit denen er offensiv für eine revolutionäre Ethik und Ästhetik eintrat. So fand Borja-Bob in das Gedicht »Marussja hat sich vergiftet« Eingang:

Er war
der Monteur-Gesell Hans,
doch . . .
wie ein Pariser Gourmand
benamst er sich
voll Eleganz:
»Elektrotechniker Jean«.

Wir treffen ihn wieder im Prissypkin (Fiedelbratsch) aus der »Wanze«. Aus seinem Gedicht »Brief an Moltschanows Liebste, nachdem er sie verlassen« übernahm Majakowski zwei ganze Strophen in das zweite Bild der Komödie.

Zur entscheidenden Vorarbeit für die »Wanze« wurde Majakowskis Filmszenarium »Vergiß den Kamin«. Es entstand Ende 1927 und hat mit der späteren »Wanze« bereits Thema, Fabel, Personen, Handlungsorte, Situationen und viele Dialogtexte (hier noch als Bildunterschriften verwendet) gemeinsam. Genrebedingt mußten in der Komödie etliche Episoden entfallen, andrerseits führte Majakowski in die »Wanze« den Bajan und alle Personen des zweiten Bildes neu ein; auch der Selbstmordversuch des von Prissypkin im Stich gelassenen Mädchens ist neu. – Das Szenarium wurde vom Leningrader Filmatelier »Sowkino« angenommen, der geplante Film blieb dennoch ungedreht, aber innerhalb einer um so kürzeren Frist entstand die Komödie.

Am 26. Dezember 1928, zu Hause, trug Majakowski »Die Wanze« zum erstenmal W. Meyerhold und einer Gruppe von Freunden vor; zwei Tage darauf las er sie mit großem Erfolg vor den Schauspielern des Staatlichen W.-Meyerhold-Theaters. Am 30. Dezember

bewertete der künstlerisch-politische Beirat des Theaters die Komödie als »hervorragende Erscheinung der sowjetischen Dramatik«. Viele weitere Lesungen folgten – auch als die Proben für die Aufführung bereits im Gange waren. An den Proben nahm Majakowski aktiven Anteil, in einem Vertrag mit dem Theater hatte er sich die Funktion eines Regieassistenten für diese Inszenierung ausdrücklich ausbedungen. Des Dichters Forderungen formulierte W. Meyerhold so: »Alle Worte Majakowskis müssen gewissermaßen auf einer Untertasse serviert werden, kursiv.« Während der Proben nahm der Dichter noch Verbesserungen am Stück vor, zum Teil durch die Diskussionen angeregt, die grundsätzlich auf jede seiner Lesungen folgten. Die Musik zur »Wanze« schuf D. Schostakowitsch, als Künstler waren auf Majakowskis Vorschlag die Kukryniksky (M. Kuprijanow, P. Krylow, N. Sokolow) und A. Rodtschenko verpflichtet worden – für sie alle bedeutete dies die erste Mitarbeit an einer Theaterinszenierung.
Die Premiere der »Wanze« fand am 13. Februar 1929 im Staatlichen W.-Meyerhold-Theater statt, sie erntete großen Applaus. Der Schauspieler I. Iljinski, der glänzend die Hauptrolle spielte, schrieb aus solcher Sicht später in seinen Erinnerungen: »Der Erfolg war, so scheint mir, in der Geschlossenheit und der Monumentalität dieser Gestalt begründet. Die Rolle barg die Verlockung, Komik auszuspielen und zu übertreiben. Glücklicherweise geschah dies nicht. Ich spielte den Prissypkin ernst und überzeugt, bemüht, eine bedeutsame, satirisch gewichtige Figur abzugeben, wie es Majakowskis Drama verlangte.« – Bis zum Ende der Saison am 16. Mai stand die Aufführung fast täglich auf dem Programm des Theaters. In den folgenden Jahren wurde die Komödie in vielen Städten der Sowjetunion gespielt. Nachdem es in den vierziger und fünfziger Jahren vorwiegend von Laienensembles aufgeführt worden war, leitete eine hervorragende Inszenierung des Moskauer »Theaters der Satire« am 15. Mai 1955 eine Renaissance des Stückes auf den sowjetischen Theaterbühnen ein.
Aufführungen des Stückes in New York (1931) und in Madrid (1936) folgten seit 1956 viele weitere im Ausland: Kielce (Polen, 1956), Prag (1956), Timisoara (Rumänien, 1957), Paris (1959) usw. Schon 1929 setzte sich der Filmregisseur Slatan Dudow für eine deutsche Aufführung in Berlin ein. »Ein Verlag interessiert sich sehr dafür«, schrieb er am 5. November 1929 an Majakowski. »Ein Übersetzer ist bereit, es sofort zu übersetzen.« Das Berliner Theater am Schiffbauerdamm kannte damals bereits den Text des Stückes, das 1930 auch auf dem Plan des Schauspielhauses in

Frankfurt/Main stand. Die Aufführung kam nicht zustande, doch lag – laut A. Fewralski – die deutsche Übersetzung der 1936 in Madrid gespielten spanischen Fassung zugrunde. Deutschsprachige Inszenierungen fanden erst 1962 in Essen bzw. 1964 in West-Berlin statt; sie boten die Komödie in der Nachdichtung von Hugo Huppert.

Hugo Huppert hat die Namen einiger handelnder Personen des Stückes gegenüber dem Original verändert, um satirische Charakteristika, die in sie eingeschlossen sind, und Wortspiele deutsch originalgemäß zu reproduzieren. So steht Hupperts *Bratfisch, umbenannt in Pierre Fiedelbratsch,* für Majakowskis Prissypkin, umbenannt in Pierre Skripkin. *Soja Birkelein* heißt im Original Soja Berjoskina. Vater, Mutter und Braut *Rinnesans* tragen bei Majakowski den Familiennamen Renesans. Als *Trampel, umbenannt in Helge Trombon,* stellt Huppert schließlich Majakowskis Botschkin, umbenannt in Oleg Bajan, vor. Das Personenverzeichnis Majakowskis wurde für die vorliegende Ausgabe vervollständigt.

131 *Kein Ehejoch mehr von wegen des Knopfannähens* – Majakowski adaptierte hier den Werbeslogan eines Straßenhändlers, den er 1923 in seinem Artikel »Kleiner Nöp (Moskauer Aufzeichnungen)« zitiert hatte.

132 *Nobile, U.* (geb. 1885) – leitete 1928 eine italienische Flug-Expedition zum Nordpol, wurde nach einer Katastrophe mit der übrigen Besatzung des Luftschiffes vom sowjetischen Eisbrecher »Krassin« gerettet; Majakowski hat Nobiles Expedition zwei Gedichte gewidmet.

133 *Coty* – Pariser Parfümmarke, von der Parfümhändlerin fälschlich auf der ersten Silbe betont.

Was treibt die Gattin, wenn der Gatte nicht zu Hause ist . . . – offenbar Adaption des Anfangs einer Skizze von A. Milkin, »Moskauer Buchangebot« (1928 in einer Moskauer Zeitung erschienen): »›Für nur einen Fünfer. Sie lachen zwei Wochen. Was treibt die Gattin, wenn der Gatte nicht zu Haus ist. 120 ergötzliche Anekdoten von Nikolai Kljujew!‹ – so preisen die Straßen-Buchhändler ihre Ware an.«

Dorothy und *Lilian* – nach den Schwestern Dorothy Gish (geb. 1898) und Lilian Gish (geb. 1896), zwei amerikanischen Filmschauspielerinnen.

134 *Solang Sie noch nicht das Mitgliedsbuch der Gewerkschaft fest in Händen halten . . .* – In den zwanziger Jahren verfügten die Eigentümer von privaten Industrie- und kleinen Handelsunternehmen,

die es damals noch gab, sowie deren Angehörige nur über beschränkte Bürgerrechte; Gewerkschaftsmitglieder, d. h. Werktätige, hatten volle Bürgerrechte.

135 *Rjabuschinski, P.* (geb. 1871) – einer der größten Kapitalisten im zaristischen Rußland.

Epithalamium des Hymenäos – Epithalamium ist ein Hochzeitslied mit Glückwünschen für die Neuvermählten, Hymenäos der griechische Gott der Ehe; in A. Rubinsteins Oper »Neron« gibt es ein »Epithalamium für Hymenäos«.

136 *Venizelos, E.* (1864-1936) – griechischer liberaler Politiker, war mehrmals Ministerpräsident.

O Soja Iwanna, mein früheres Liebchen bis *was dir fehlt* – leicht verändert, I. Moltschanows Gedicht »Stelldichein« entlehnt, auf das Majakowski auch mit seinem »Brief an Moltschanows Liebste, nachdem er sie verlassen« geantwortet hat.

Wir trennten uns, zwei Schiffe auf dem Meer – aus der Romanze »Schiffe« von B. Prosorowski (1925 veröffentlicht).

138 *Macdonald, J.* (1866-1937) – Führer der Labour Party, war mehrmals englischer Premierminister.

139 *Harry Piel* (1892-1963) – deutscher Filmschauspieler, wurde seinerzeit in Hauptrollen von Abenteuer- und Salonfilmen populär.

Apuchtin, A. (1841-1893), und *Nadson, S.* (1862 bis 1887) – russische Dichter.

140 *Liebknecht, K.* (1871-1919) – Vertreter der deutschen und internationalen revolutionären Arbeiterbewegung, Mitbegründer der Kommunistischen Partei Deutschlands; wurde im Auftrag der Konterrevolution von Freikorpsangehörigen ermordet.

142 *Chamberlain, A.* (1863-1937) – britischer konservativer Politiker, von 1924 bis 1929 Außenminister; gehörte zu den Organisatoren einer antisowjetischen Kampagne im Jahre 1927.

Poincaré, R. (1860-1934) – französischer Politiker, von 1913 bis 1920 Präsident Frankreichs; er gehörte zu den Initiatoren der militärischen Intervention gegen Sowjetrußland.

Moulin Rouge – Vergnügungsetablissement und Kabarett in Paris.

Pantheon – Begräbnisstätte hervorragender Persönlichkeiten, hier ist offenbar das Pariser Panthéon gemeint.

143 *Wer im Krieg gewesen ist, hat das Recht, am stillen Ufer auszuruhn* – Paraphrase auf Verszeilen aus I. Moltschanows Gedicht »Stelldichein«.

Wohl ein Brücklein bis *ein wenig auszuruhn* – acht Zeilen aus Majakowskis Gedicht »Brief an Moltschanows Liebste, nachdem er sie verlassen«.

Kennst du die Lunatscharskistraße? bis *ein Augenschmaus* – Paraphrase auf die erste Strophe eines Liedes, zu dem J. Polonskis Gedicht »Die Einsiedlerin« den Text abgegeben hatte.

145 *Lassalltschenko* – ironisch vom Namen des deutschen kleinbürgerlichen Sozialisten F. Lassalle (1825-1864) abgeleitet.

148 *Die Straßenbahnen ziehn allesamt* . . . – Paraphrase auf das Lied »Fiaker standen vor der Kirche . . .«

150 *Ein Karren fährt sie vom Hochzeitsschmaus* . . . – Paraphrase auf das Lied »Fiaker standen vor der Kirche . . .«

151 *Wodka ist Gift* . . . – Mit ähnlichem Text wie in dem Vierzeiler, der mit diesen Worten beginnt, schrieb Majakowski im gleichen Jahr auch zwei Brandschutz-Losungen.

160 *Stradivarius und . . . Utkin* – der berühmte italienische Geigenbauer A. Stradivari (1644-1737) und der sowjetrussische Dichter I. Utkin (1903 bis 1944), dessen Gedicht »Gitarre« damals unter der sowjetischen Jugend sehr populär war. Auf einer Versammlung der Föderation sowjetischer Schriftstellerverbände am 22. Dezember 1928 sagte Majakowski unter anderem: »Es hat zwei berühmte Namen gegeben: Stradivarius und Utkinarius. Der eine fabrizierte Geigen, der andere fabrizierte Gitarren . . .«

161 *Rote Hilfe* – internationale Organisation zur Unterstützung revolutionärer Kämpfer.

Wehrhilfsverband – genauer: Gesellschaft für die Mitwirkung an der Verteidigung und am Aufbau von Luftfahrt und Chemie; sie bestand von 1927 bis 1948.

Wo sind Sie nun, wer küßt Ihnen die Händchen? – aus dem Lied »Lila Neger« von A. Wertinski (veröffentlicht 1911).

162 *O geh nicht weg, o bleib noch bei mir* – aus einer Romanze.

169 *Hoover, H.* (1874-1964) – amerikanischer Politiker, wurde 1928 zum Präsidenten der USA gewählt und bekleidete dieses Amt von 1929 bis 1933.

Mussolini, B. (1883-1945) – faschistischer Diktator Italiens von 1922 bis 1943.

176 *Bebel, A.* (1840-1913) – Mitbegründer und einer der bedeutendsten Führer der revolutionären deutschen Sozialdemokratie und der II. Internationale, verfaßte unter anderem das Buch »Die Frau und der Sozialismus«.

schwelgten beim Ballett; zu den Klängen der Internationale rieben sie ein Bein am andern – möglicherweise Anspielung auf einen Tanz, den die amerikanische Tänzerin Isadora Duncan während ihres Aufenthalts in Sowjetrußland zur Melodie der Internationale vorführte.

179 **Das Schwitzbad** Баня, Moskau-Leningrad 1930.
Geschrieben von Mai bis September 1929. Als »politische Idee« des Stückes bezeichnete Majakowski in einem Pressegespräch vor der Moskauer Premiere den »Kampf gegen Engstirnigkeit, gegen Managertum und Bürokratismus, für Heroismus, für Tempo und sozialistische Perspektiven«. Dem gleichen Anliegen sind viele Gedichte gewidmet, die Majakowski vor allem 1926 bis 1929 in Zeitungen und Zeitschriften veröffentlicht hat. Im Gegensatz zur »Wanze« finden sich im neuen Stück kaum Verse, die unmittelbar aus Gedichten übernommen worden wären. Wohl aber standen bei den Figuren des »Schwitzbades« einige konkrete Personen Pate, deren Charaktere Majakowski vorher – satirisch zugespitzt – in Gedichten ausgeführt hatte. Meist handelte es sich um Zeitgenossen aus der Sphäre von Literatur und Kunst.
Der Name der Hauptgestalt, des Pobedonossikow, ist von Pobedonoszew, dem zaristischen »Oberprokurator des Hochheiligen Synods« Ende des 19. Jahrhunderts abgeleitet. Pobedonossikows Rolle birgt die Warnung, daß ein Kommunist, der verbürokratisiert und sich von der Partei, vom Volk isoliert, objektiv zum Gehilfen des Klassenfeindes werden kann. Die Verkleinerungsform »nossik« (von »nos«: Nase) versinnbildlicht allerdings – wie schon die Handlung des Stückes –, daß dieser Typ unter den Bedingungen der Sowjetmacht nur über eingeschränkte Wirkungsmöglichkeiten und über keine Perspektive verfügt. – Vor allem für die Gestaltung des Pobedonossikow hat Majakowski einige Episoden seinem 1927/28 entstandenen Filmszenarium »Genosse Kopytko« entnommen. Im ganzen folgt das Szenarium jedoch einer anderen Fabel als das Stück; ein Film wurde nach ihm nicht gedreht.
Am 22. September 1929 trug Majakowski die vollständige Fassung des »Schwitzbades« im Freundeskreis vor, tags darauf vor dem künstlerisch-politischen Beirat des Staatlichen W.-Meyerhold-Theaters. In einer einstimmig angenommenen Entschließung bezeichnete der Beirat die Aufführung des Stückes als sehr wünschenswert. Auch nach Abschluß eines Vertrags zwischen dem Theater und Majakowski fanden viele öffentliche Lesungen der Komödie durch den Autor statt, darunter im Rundfunk und in Produktionsbetrieben.
In der Aussprache, die in einer Moskauer Druckerei auf die Lesung folgte, sagte der Arbeiter Korotejew: »Dieses Stück ist für die Arbeiter geschrieben, vor allem für uns, die wir als Arbeiter verantwortliche Funktionen erhalten haben. Es ist wie eine Lektion für uns . . . Majakowski hat uns in dem Stück Bürokraten gezeigt, hat

gezeigt, wie wir zu Bürokraten werden. Jetzt verstehen wir, was Bürokratie ist . . . Dieses Stück gibt uns einen Anstoß, es zeigt den Arbeitern, wie wir in der sozialistischen Wirtschaft arbeiten müssen. Es zeigt alle unsere Bedürfnisse, alle unsere Unzulänglichkeiten. Dieses Stück beleuchtet fast unser ganzes Leben. Wir müssen Genossen Majakowski einmütig unserer Zustimmung versichern. Ich sage als Arbeiter: Dieses Stück ist für uns sehr gut. Ich bin sehr dankbar für das Stück.«

Das »Schwitzbad« erlebte Anfang 1930 drei Premieren kurz nacheinander: am 30. Januar im Leningrader Dramentheater des Staatlichen Volkshauses (Regie: W. Ljuze, Dekoration: P. Snopkow, Musik: W. Bogdanow-Berjosowski), am 16. März im Moskauer Staatlichen W.-Meyerhold-Theater (Regie: W. Meyerhold, Dekoration: A. Dejneka, Musik: W. Schebalin) und am 17. März im Leningrader Staatlichen Großen Dramentheater (Regie: P. Weisbrem, Dekoration: E. Krimmer, Musik: W. Woloschinow).

An Meyerholds Inszenierung arbeitete Majakowski als Regieassistent mit (dies hatte er sich vertraglich ausbedungen), bis zur Aufführung feilte er am Text. Die letztgültige Fassung, die dabei entstand, ist jedoch nicht erhalten geblieben; das Manuskript für die Buchausgabe hatte Majakowski schon vorher dem Verlag übergeben, die Korrekturfahnen wurden erst nach seinem Tod gelesen, und das Souffleur-Manuskript blieb später unauffindbar. Einzelne Detailkorrekturen wurden jedoch von der sowjetischen Majakowski-Forschung ermittelt; als Fragmente werden sie in den gedruckten Ausgaben des Stückes nicht berücksichtigt.

Keine der drei Aufführungen wurde der Komödie gerecht. Ljuze drängte den Inhalt durch verselbständigte zirzensische Elemente in den Hintergrund. Meyerhold ließ in polemischer Opposition zum Naturalismus übersteigerte Exzentrizität wuchern; dazu gehörte die sogenannte »Biomechanik«, eine symbolhafte Bewegungstechnik der Schauspieler. Den Stil von Weisbrems Inszenierung kennzeichnet die Genrebezeichnung, die er anstelle der von Majakowski vorgegebenen wählte: »Plakat-Stück«. Zudem unterstrichen alle drei Regisseure die satirische Stoßrichtung der Komödie auf Kosten ihrer heroisch-pathetischen Grundhaltung. Unbeschadet seines Bekenntnisses zu Meyerholds ästhetischen Prinzipien stellte Majakowski selbst fest: ». . . hätten wir die Szene nach den exakten Regieanweisungen des Autors gestaltet, so hätten wir eine größere theatralische Wirkung erzielt.«

Über die Moskauer Aufführung schrieb Majakowski am 19. März 1930 an Lilja Brick: »Der Strauch ist großartig.« (M. Strauch spielte den Pobedonossikow.) »Die Meinung der Zuschauer ist grotesk geteilt. Die einen sagen, sie hätten sich noch nie so gelangweilt; die anderen, sie hätten sich noch nie so amüsiert. Was man im weiteren sagen und schreiben wird, weiß ich nicht.« Indessen schloß sich zunächst nahezu die ganze Kritik dem in der »Prawda« abgedruckten vernichtenden Urteil W. Jermilows an, der »die ganze Figur des Pobedonossikow unerträglich wahrheitswidrig« nannte. (Dreiundzwanzig Jahre später sagte er sich von dieser Kritik und seiner »Verblendung durch RAPP-Dogmen und das RAPP-Sektierertum« los.) Zwar veröffentlichte die »Prawda« wenig später, am 8. April, eine Rezension ihres Redaktionsmitglieds W. Popow-Dubowskoi, die polemisch gegen derartige Kritiken gerichtet war: »Diese politische Satire ist klug, stellenweise geradezu glänzend gemacht. Hier ist die konkrete Form eines neuen Stils ertastet worden . . .« Aber das Stück sollte sich zunächst nicht lange im Bühnenrepertoire halten.

In der Folgezeit kam es lange nur zu Lesungen oder Aufführungen in Fragmenten aus dem »Schwitzbad«. Erst eine Moskauer Radiodarbietung des Stückes im Jahre 1951, die mehrfach wiederholt wurde, gab den Theatern den Anstoß, seine Inszenierung wieder auf die Tagesordnung zu setzen. Am 24. April 1953 wurde das »Schwitzbad« am Dramentheater in Pskow aufgeführt (Regie: L. Lurje). Es folgten mehrere Inszenierungen an anderen Bühnen der Sowjetunion, und am 5. Dezember des gleichen Jahres fand die Premiere am Moskauer »Theater der Satire« statt (Regie: N. Petrow, W. Plutschek, S. Jutkewitsch); sie wurde ein voller Erfolg. »Majakowskis Wort hat sich nicht mit dem ›Glanz von Chrestomathien‹ bedeckt, es trifft auch heute sicher sein Ziel, schlägt Bürokraten . . ., preist den Sieg des sowjetischen Lebens«, schrieb die »Prawda«.

Außerhalb der Sowjetunion fanden Aufführungen des Stückes in Prag (1948, 1954), Łódź (1954), Berlin (1956, 1959), Belgrad (1956, 1957), Sofia (1957), Bukarest (1957) statt. In Berlin brachte 1956 »Die Distel« eine Kabarett-Bearbeitung des »Schwitzbades«, 1959 inszenierte die Volksbühne das Stück (Regie: N. Petrow); beiden Aufführungen lag die Übertragung der Komödie von A. E. Thoss zugrunde.

Hugo Huppert hat in seiner Nachdichtung die Namen einiger handelnder Personen eingedeutscht. *Trutzwackerl* steht bei ihm für Pobedonossikow, *Optimistelzweig, für Optimistenko, Belvederski* für Belvedonski, *Momentannenzapf* für Momentalnikow, *Nächtling* für Notschkin, *Radlflitz* für Welossipedkin, *Käuzerich* für

Tschudakow, *Mesallianskaja* für Mesaljansowa, *Zweysam* für Dwoikin, *Dreysam* für Troikin.

180 *von der . . . »leichten Kavallerie«* – Komsomolzen, die freiwillig den staatlichen Kontrollorganen halfen, Unregelmäßigkeiten in der Tätigkeit von Institutionen und Betrieben aufzudecken.

181 *Wells, H. G.* (1866-1946) – englischer Schriftsteller, Verfasser technisch-wissenschaftlicher und gesellschaftlich-utopischer Romane, darunter des Romans »Die Zeitmaschine«.

Einstein, A. (1879-1955) – hervorragender Physiker, Begründer der Relativitätstheorie.

182 *Jogi* – Anhänger einer indischen philosophisch-religiösen Schule.

Genossen Seyffenblaas – im Original ist von Kogan die Rede: P. Kogan (1872-1932), Literaturhistoriker und -kritiker, war bis 1929 Präsident der Moskauer Staatlichen Akademie für Kunstwissenschaften; Majakowski polemisierte oft gegen ihn.

183 *Ding an sich* – von Kant eingeführter Begriff der idealistischen Erkenntnistheorie, der ein angeblich unerkennbares »Wesen« der Dinge bezeichnet.

184 *Staatsamt für Finanzen* – Das Original nennt in diesem Zusammenhang den Volkskommissar für Finanzen N. Brjuchanow.

185 *faire la traduction* (französisch): Übersetzung machen.

unsere Errungenschaften – Anspielung auf die von Maxim Gorki ins Leben gerufene Zeitschrift »Unsere Errungenschaften«.

Edison, T. (1847-1931) – amerikanischer Erfinder im Bereich der Elektrotechnik.

Hoheit, Ihres Winks gewärtig . . . – leicht verändert, aus der komischen Oper »Kamorra« (Text: S. Mamontow, Musik: E. Esposito, Moskau 1902).

186 *Herr Antidühring* – In Wahrheit ist »Anti-Dühring« der Titel eines Werkes von Friedrich Engels, der darin scharf die Ansichten des kleinbürgerlich-reaktionären deutschen Philosophen E. Dühring (1833-1921) kritisierte.

Wolkenkratzer der »Iswestija« – Die Redaktion der Zeitung »Iswestija« befindet sich in einem sechsstöckigen Gebäude am Puschkinplatz in Moskau.

Lunatscharski, A. (1875-1933) – 1917-1929 Volkskommissar für Volksbildung.

187 *Pont Keach . . . kaut fünfundzwanzig Worte Englisch* – Im Original stehen russische Worte, die – absonderlich aneinandergereiht – auch englisch einen absonderlichen Sinn ergeben. Majakowski hat sie mit Hilfe von Rita Rait zusammengetragen; z. B. ließ sich aus dem Dichternamen Assejew ein englisches »I say if« herauslesen.

In anderen Fällen wurden einfach russische Wörter mit englischen Endungen versehen.
Macdonald, J. – siehe Anmerkung auf S. 401.
Churchill, W. (1874-1965) – britischer konservativer Politiker, gehörte zu den Organisatoren der militärischen Intervention gegen Sowjetrußland.
Tscherwonzen – Mehrzahl von Tscherwonez: Zehnrubelschein (vor der Revolution Bezeichnung für Goldmünze).
189 *Bolsche oder Mensche* – Bolschewiki bzw. Menschewiki (die revolutionären Marxisten bzw. die Opportunisten in der Sozialdemokratischen Arbeiterpartei Rußlands). Die Begriffe entstanden 1903 auf dem II. Parteitag.
193 *Fordismus* – System des Produktionsablaufs, wie es in den Betrieben des amerikanischen Kapitalisten Henry Ford angewandt wurde.
194 *Parteireinigung* – eine Überprüfung und Reinigung der Partei fand 1929 statt.
195 *Ich kann nicht schweigen* – Titel eines Artikels, in dem L. Tolstoi 1908 gegen Terrorakte der zaristischen Regierung protestierte; nach ihm benutzten auch andere russische Schriftsteller diesen Titel für polemische Erklärungen.
197 *Puschkin, A.* (1799-1837) – schrieb den Roman in Versen »Eugen Onegin«.
Byron, G. (1788-1824) – hervorragender Vertreter der revolutionären Romantik in England.
198 *Louis Quatorze* – König Ludwig XIV. von Frankreich (1643-1715).
Louis Jacob – Jacob hieß eine Familie bekannter französischer Fabrikanten kunstvoller Möbel im 18.-19. Jahrhundert, darunter gab es jedoch keinen mit dem Vornamen Louis.
Louis Mauvaisgoût – mauvais goût: schlechter Geschmack.
200 *Mehring, F.* (1846-1919) – Mitbegründer der KPD, hervorragender Publizist und Historiker.
»*Karl Marx im Privatleben*« – Ein solches Werk hat Mehring nicht geschrieben.
Feuerbach, L. (1804-1872) – deutscher materialistischer Philosoph; ein Mitschüler von Marx war er nicht.
Lafargue, P. (1842-1911) – französischer Sozialist und Schriftsteller, war mit K. Marx' Tochter Laura verheiratet.
201 *Grünes Kap* – Kurort bei Batumi (russ.: Seljony mys).
Toreador-Marschmotiv – Arie aus der Oper »Carmen« von G. Bizet.

202 *Jede feine Liebestat segnet sein Betriebesrat* – Paraphrase auf zwei Zeilen aus I. Krylows Fabel »Die Libelle und die Ameise«.
203 *O Bajadere* ... – aus E. Kálmáns Operette »Die Bajadere«.
205 *Fjodor Fjodorowitsch* – Anspielung auf F. Raskolnikow, war 1929 Vorsitzender der Zentralen Repertoirekommission, später stellv. Vorsitzender der Hauptverwaltung Kunst.
207 *Zurück zu den Klassikern!* – Indem Majakowski diese Forderung Pobedonossikow (Trutzwackerl) in den Mund legte, polemisierte er dagegen, daß manche Kunstschaffenden der sowjetischen Wirklichkeit auszuweichen suchten, indem sie sich hinter den Klassikern verschanzten.
Nach dem Rauch der Sitzungssäle ... – Paraphrase auf vier Zeilen aus M. Lermontows Poem »Der Dämon«.
schöne lebendige Menschen – Anspielung auf die irreführende Losung vom »lebendigen Menschen«, die der Kritiker W. Jermilow Ende der 20er Jahre aufgestellt hatte und die von der RAPP propagiert wurde; im Russischen ein Wortspiel: das von Majakowski verwendete Wort kann sowohl »Lebhafte Menschen« als auch »Samentierchen« bedeuten.
ce qu'on appelle le Beau Monde – was man die gehobene Gesellschaft nennt.
»*Roter Mohn*« – Ballett von R. Glier, 1927 im Bolschoi-Theater zu Moskau aufgeführt.
208 *Parteihöchstbesoldung* – Tariflimit, Höchstsatz des Arbeitsentgeltes für Parteimitglieder.
Voui, c'est très pédagogique – (richtig: Oui, ...): Ja, das ist sehr pädagogisch.
209 *Dunkle Kräfte bedrücken uns böse* – aus dem polnischen Revolutionslied »Warszawianka«.
210 »*Ein Nichts zu sein, tragt es nicht länger* ...« – aus der »Internationale«. *Werkleute einer großen Weltarmee der Arbeit* – frei nach der »Internationale«.
211 *Arbeiter-Rang* – Theaterplätze, über die Arbeiterorganisationen verfügten.
213 *Nikolai Alexandrowitsch* – Anspielung auf N. Semaschko (1874-1949), erster Volkskommissar für Gesundheitswesen (1918-1930).
»*Quadratur der Kirsche*« – Vermengung zweier Titel aus dem zeitgenössischen Repertoire des Moskauer Künstlertheaters: »Der Kirschgarten« von A. Tschechow und »Die Quadratur des Kreies« von V. Katajew.
»*Onkel Turbin*« – Vermengung zweier weiterer Titel aus dem zeitgenössischen Repertoire des Moskauer Künstlertheaters: »Onkel

Wanja« von A. Tschechow und »Die Tage der Turbins« von M. Bulgakow.

214 *Schwimm hin, meine Gondel!* – Anfang einer Romanze.

222 »*Geschlecht und Charakter*« – Die deutsche Fassung zitiert hier den Titel eines 1903 herausgekommenen Buches von O. Weininger; das Original enthält statt dessen eine indirekte Anspielung auf das 1927 erschienene Buch von L. Friedland »Hinter verschlossener Tür. Aufzeichnungen eines Arztes für Geschlechtskrankheiten«.

223 *vierzig Mann oder acht Pferde* – ehemals Aufschrift auf Güterwagen als Angabe des Fassungsvermögens.

230 *ununterbrochene Turnuswoche* – Arbeitsorganisation, die eine Arbeit der Institutionen und Betriebe ohne Unterbrechung, an allen Tagen der Woche, ermöglicht.

233 *Das Pioniertreffen ist beendet* – Im August 1929 hatte ein Allunionstreffen der Jungpioniere stattgefunden.

Zweysam stößt einen Bahnsteig-Handwagen vor sich her . . . – Diese Regieanweisung Majakowskis gründet sich zweifellos auf folgende Notiz in der »Prawda« vom 12. Februar 1928: »Auf dem Bahnhof Frunse traf in einem Polster-Spezialwagen Trotzki mit seiner Familie ein. Das Publikum war von der Unmasse Gepäck Trotzkis (über 70 Stücke) ebenso überrascht wie von dem herrschaftlichen Aufwand, mit dem der aus Moskau Ausgewiesene reiste. Besondere Aufmerksamkeit rief hervor, daß Trotzki einen Jagdhund und eine große Kollektion Jagdutensilien mit sich führte. ›Was für ein feiner Herr ist angekommen?‹ fragte man auf dem Bahnhof.«

234 *Politik auf weite Sicht* – im russischen Original eine Redewendung Trotzkis.

235 *Ich halte den Start auf . . .* – Anspielung auf einen Vorfall im Jahre 1929, als der Volkskommissar A. Lunatscharski in Leningrad aus persönlichen Gründen die Abfahrt des Zuges, mit dem er reiste, aufhielt. (Am 22. Juni 1929 veröffentlichte die »Prawda« eine Entschließung der Zentralen Kontrollkommission der KPdSU/B über diese gesetzwidrige Handlung.)

236 *Der Apparat ist erstklassig. Den Apparat, den brauch ich grad . . .* – Wie der Schriftsteller V. Katajew berichtet, geht dieses Wortspiel auf die erste Vers-Improvisation Majakowskis zurück, die in dessen Kindheit vom Kauf eines Fotoapparats durch den Vater ausgelöst wurde. Majakowski erzählte Katajew davon nach einer Lesung des »Schwitzbades«.

238 *ohne Führung, ohne Segel* – Paraphrase auf eine Zeile aus M. Lermontows Poem »Der Dämon«.

239 **Wandsprüche für die »Schwitzbad«- Aufführung** Zs. Революция и культура (Revolution und Kultur), Moskau 1930, Nr. 9-10, 1. Mai (im Aufsatz »Das Schwitzbad« von A. Fewralski). Geschrieben kurz vor der Premiere des Stückes im Staatlichen W.-Meyerhold-Theater, unter Ausnutzung einzelner Strophen aus Gedichten. Die Losungen wurden auf der Bühne und im Zuschauerraum des Theaters angebracht.

240 *Hinweg mit dem psych-erlogenen Mann da* – Hier kommt Majakowskis Polemik gegen individualistische Seelenumstülpung zum Ausdruck. *25, voran.* – Im November 1929 beschloß das ZK der KPdSU, fünfundzwanzigtausend Arbeiter für die Umsiedlung aufs Land zu gewinnen, damit sie an der Kollektivierung der Landwirtschaft teilnähmen.

241 *Laßt nimmer euch von Jermilow beraten* – Mit dieser Losung beantwortete Majakowski die ungerechtfertigten Angriffe des Kritikers gegen das »Schwitzbad«; auf Verlangen der RAPP-Leitung mußte er jedoch das Spruchband wieder aus dem Theater entfernen.

242 *ein Graf, ein richtiger rassiger, vergiftet die Republik mit Mystik* – Anspielung auf die Inszenierung der »Auferstehung« von L. Tolstoi am Moskauer Akademischen Künstlertheater im Jahre 1929.

245 **Moskau in Flammen** Zs. Клубный репертуар/Приложение к журналу „Культурная революция" (Klubrepertoire/Beilage zur Zs. Kulturrevolution), Moskau 1930, Nr. 5.
Geschrieben aus Anlaß des fünfundzwanzigsten Jahrestages der Revolution von 1905, das Exposé entstand unter Mitarbeit von Ossip Brick. Am 23. Januar 1930 hatte der Moskauer Dramatiker- und Komponistenverband im Namen Majakowskis mit der Zentralverwaltung der staatlichen Zirkusse den Vertrag über eine »feenhafte Pantomime auf die Ereignisse des Jahres 1905« abgeschlossen. Schon am 20. Februar trug Majakowski »Moskau in Flammen« dem künstlerisch-politischen Beirat der Zentralverwaltung vor, der sich für die Aufführung aussprach. Eine zweite Lesung fand am 28. Februar in einem Moskauer Betrieb statt; unter den insgesamt 189 Zuhörern befanden sich außer dem genannten Beirat Arbeiter des Betriebs und das Aktiv des Zentralhauses des Komsomol im Stadtbezirk »Krasnaja Presnja«. Nach dem Vortrag und der Diskussion wurde eine Entschließung angenommen, in der es hieß: »Wir schätzen die Arbeit des Gen. Majakowski ›Moskau in Flammen‹ als nützlich und richtig ein und begrüßen es, daß der Zirkus auf neue Gleise übergeht, daß er Themen darstellen will, die unseren Erfordernissen gerecht werden.«

Majakowski hat für das Stück viele historische Materialien aus Museen und Archiven ausgenutzt – nicht nur Fakten, sondern auch satirische Gedichte und Lieder aus der Zeit um 1905; einigen Szenen liegen Karikaturen satirischer Zeitschriften zugrunde. Ihm ging es jedoch um weit mehr als eine Reproduktion der Historie; vor dem Forum der zweiten Lesung sagte er: »Ich gestalte nicht die Krasnaja Presnja, sondern gebe eine verallgemeinerte Vorstellung vom Jahr 1905. Ich will zeigen, wie die Arbeiterklasse durch die Generalprobe hindurch zum Heute gelangt ist.« Wie später D. Alperow, Teilnehmer der ersten Aufführung, berichtete, schwebte Majakowski eine völlig neue Form zirzensischer Pantomime vor: »Ein scharf politisches Pamphlet, nach dem Prinzip des Films aus einzelnen Kadern bestehend. Majakowski ... lieferte gewissermaßen eine Montage aus selbständigen, wirkungsvollen lebendigen Bildern, die plakativ, zirkusgerecht angelegt waren. Majakowskis Szenarium enthielt viel Text; das erschreckte zunächst die Zirkus-Artisten, doch stellte sich heraus, daß seine lakonischen und scharf akzentuierten Verse sehr gut klangen und vom Publikum ausgezeichnet aufgenommen wurden.« Zunächst hieß das Stück »Das Jahr 1905«, später wählte Majakowski den Titel »Moskau in Flammen«. An den Proben nahm er aktiv Anteil.
Die Premiere der Erstfassung fand am 21. April 1930 – eine Woche nach Majakowskis Tod – im Ersten Moskauer Staatszirkus statt; d. h. auf der gleichen Arena wie seinerzeit die deutschsprachige Aufführung des »Mysterium buffo« zu Ehren des III. Kongresses der Komintern. Angelehnt an die Moskauer Inszenierung, die hier 1931 erneuert wurde, folgten Aufführungen von »Moskau in Flammen« in Leningrad (1931), Kiew und Saratow.
Die Zweitfassung des Stückes schuf Majakowski für dessen Veröffentlichung in der Zeitschrift »Klubrepertoire« (die Erstfassung sollte erst 1936, im 11. Band der damaligen Ausgabe von Majakowskis gesammelten Werken, vollständig erscheinen). Die Redaktion von »Klubrepertoire« wollte eine Fassung von »Moskau in Flammen« drucken, die in Klubs aufgeführt werden könnte. Die Maßstäbe des Stückes schlossen jedoch seine Aufführung in kleineren Räumlichkeiten aus. Majakowski hatten bei der Arbeit an »Moskau in Flammen« gerade die größeren Möglichkeiten gereizt, die der Zirkus im Vergleich zum Theater bot: »Im Theater kann man ein Mysterium, kann man einen Einzug arrangieren. Im Zirkus aber kann man Automobile und Tiere auf die Arena bringen, ja sogar zeigen, wie ein lebendiger Kulak im Wasser ertrinkt.« Also orientierte er sich auf eine Aufführung der Zweitfassung im Freien –

in Stadions oder auf Plätzen. So entstand das »Massenschauspiel in Sing- und Sprechtexten«, wie Majakowskis Genrebezeichnung für diese Variante des Stückes lautet. (Die Erstfassung hat er eine »heroische Melomime« genannt, weil »Pantomime« – ursprünglich vorgesehen – die Rolle des gesprochenen Wortes unbeachtet ließ; allerdings war nun die Rolle der Musik überbewertet.) Die Unterschiede zwischen den beiden Fassungen betreffen vor allem die Regieanweisungen, lediglich das Finale – vom Auftritt des Kulaken an – ist völlig verändert: Die erste Variante sah eine Wasserpantomime vor, sie symbolisierte die sowjetische Elektrifizierung, und in ihrem Verlauf »ertrank« der Kulak. Nun, außerhalb des Zirkus, hieß es aufs Wasser verzichten. Dafür konfrontierte Majakowski im Finale der zweiten Variante die Arbeiter mit den Nothelfern des »in Bedrängnis geratenen« Kulaken – dem Papst, Macdonald, Tardieu, Pilsudski – und aktualisierte, verschärfte die politische Aussage durch den erneuten Auftritt der vier Ausrufer; sie bringen jetzt Verse direkt in das Spiel ein, die vorher auf Flugblättern lediglich beziehungsvolle Beigabe waren.

248 *Uchtomski, A.* (1876-1905) – Lokführer auf der Eisenbahnlinie Moskau-Kasan, hervorragender Revolutionär. Wurde von Riemann erschossen, der als Kommandeur einer Strafabteilung mit den Aufständischen grausam abrechnete.

249 *Der Zar, vor Schrecken*... – Anlehnung an ein revolutionäres Lied, das 1905 populär war.

Trepow, D. (1855-1906) – war 1905 Generalgouverneur von Petersburg; erließ während des Generalstreiks im Oktober 1905 den Befehl: »Keine bloßen Schreckschüsse, nicht mit Patronen sparen.« Daraufhin erschien in Nr. 1/1906 der Petersburger Zeitschrift »Pulemjot« (Maschinengewehr) eine Wiedergabe des Manifestes Nikolaus' II. vom 17. Oktober 1905 mit dem roten Abdruck einer Hand quer darüber und der Unterschrift: »Eigenhändig besiegelt von Generalmajor Trepow aus der Suite Seiner Majestät«.

251 *aus den Karton-Manifesten ein riesiges Kartenhaus* – Majakowski nutzte hier eine Karikatur aus der Nr. 19/1905 der Petersburger Zeitschrift »Sritel« (Der Zuschauer): Ein Kartenhaus auf einem Tisch, dahinter sein Erbauer, von dem jedoch nur oben die Hände und unten die Beine in Militäruniform-Hosen und Stiefeln zu sehen sind. Die Unterschrift lautet: »Unsere Verfassung – bitte nicht pusten...«

252 *»Versammlungsfreiheit gewährleistet*...« – zum Teil einem redaktionellen Artikel der Petersburger Zeitung »Iswestija soweta rabot-

schich deputatow« (Mitteilungen des Sowjets der Arbeiterdeputierten), Nr. 3/1905, entnommen.

253 *Witte, S.* (1849-1915) – Vorsitzender des Ministerrats 1905/1906, Verfasser des Manifestes vom 17. 10. 1905 über die Konstitution.

254 *Geheimdruckerei* – in der Lesnaja-Straße 55 in Moskau befand sich tatsächlich eine illegale bolschewistische Druckerei in einem Laden mit dem Aushängeschild »Kalandadse – Kaukasische Früchte«; heute als Museum eingerichtet.

255 *Passionsplatz* – heute Puschkinplatz.

257 *Schritt vorwärts, Schritt zurück ...* – die ersten drei Strophen des Gedichts »Soldatenlied«, das – mit der Unterschrift »Ein schäbiger Zivilist« – in Nr. 3/1906 der Petersburger Zeitschrift »Shupel« (Schreckgespenst) erschien. Die letzte Strophe hat Majakowski leicht verändert.

258 *die Klassen-Pyramide* – Die vier Ausrufer sprechen in verteilten Rollen den geringfügig abgeänderten Text eines Flugblattes, das 1901 in einer Geheimdruckerei hergestellt wurde.

259/260 *Selbst der Genosse Plechanow plärrte,* bis *als schwerste Probe, als erste Lehre* (außer Regieanweisungen) – dem eigenen Poem »Wladimir Iljitsch Lenin« entnommen.

261 *das Reiterstandbild Peters des Großen* und *die große steinerne Katharina* – Gemeint sind Denkmäler in Leningrad.

Alexander der Zweite, der ... seinen Kopf auf der Hand trägt – Anspielung auf die Ermordung Alexanders II. durch Narodowolzen – Mitglieder eines Geheimbundes, die durch individuellen Terror die zaristische Selbstherrschaft stürzen wollten.

Alexander der Dritte sitzt auf störrischem Gaul – Gemeint ist ein Denkmal in Leningrad.

Alexandra Fjodorowna – Zarin, Ehefrau Nikolaus' II.

Alexander Fjodorowitsch – Kerenski.

263 *Dezember war blutige Schulung* – der Aufstand in Moskau im Dezember 1905.

Nun warn wir die Weißen zu schlagen gewohnt bis *eilt heute der Proletarier* – mit einigen Abänderungen dem eigenen Gedicht »Marsch der Fünfundzwanzigtausend« entnommen.

265 *der römische Papst* – Sein Auftritt ist eine Anspielung auf antisowjetische Erklärungen des Papstes Pius XI. Anfang 1930.

Pilsudski, J. (1867-1935) – reaktionärer polnischer Politiker, von 1926 bis 1935 faktisch Diktator Polens.

Macdonald, J. – siehe Anmerkung auf S. 401.

Tardieu, A. (1876-1945) – reaktionärer französischer Politiker, war 1928, 1930 und 1932 Ministerpräsident.

267 *Pumpt, Brust-Blasebälge* bis *von der Werkabteilung zum Stoß-Betrieb!* – dem eigenen Gedicht »Marsch der Stoßbrigaden« entnommen.

271 **Kinder** В. Маяковский: Полное собрание сочинений, т. 11 (W. Majakowski: Sämtliche Werke, Band 11), Moskau 1936. Geschrieben auf der Krim, wo Majakowski den Juli und einen Teil des August 1926 zubrachte (Vertragsschluß: 6. August, Thema: Lagerleben der Pioniere, Ablieferungstermin: 16. August 1926), Den Sinn des Films sah Majakowski in der »Vorführung realer Dinge« (Vorwort zu einem Sammelband seiner Filmszenarien), worunter seine Eindrücke von der Krim zu verstehen sind.
In die Darstellung des Amerikaners Tom Dopkins sind Majakowskis Beobachtungen aus den USA eingeflossen. Einige Episoden im zweiten Teil des Szenariums beziehen sich auf den Generalstreik der englischen Bergleute vom 4. bis 12. Mai 1926. Eine Episode im fünften Teil (der Raub des Verwahrlosten durch die Strolche) weist Berührungspunkte mit O. Henrys Erzählung »Die Auslösung des Führers der Rothäute« auf.
Das Szenarium wurde mit einigen Ergänzungen, die der Regisseur A. Solowjow vornahm, unter dem Titel »Dreie« verfilmt, der Film wurde 1928 in Kiew und in Moskau gezeigt.

288 *Solowjow, S.* (1876-1928) – Stellvertreter des Volkskommissars für das Gesundheitswesen; auf seine Initiative wurde 1925 das Pionierlager »Artek« auf der Krim eingerichtet.

292 *»Dem Andenken des Genossen Dzierżyński«* – F. Dzierżyński (geboren 1877) ist am 20. Juli 1926 gestorben.

305 **Kino-Herz** В. Маяковский: Полное собрание сочинений, т. 11 (W. Majakowski: Sämtliche Werke, Band 11), Moskau 1936. Geschrieben im Spätsommer 1926. Am 17. August 1926 schlug die Allukrainische Filmverwaltung Majakowski vor, ein neues Szenarium nach der Idee zu schreiben, die er schon 1918 seinem Film »Die vom Filmstreifen Gefesselte« zugrunde gelegt hatte. Majakowski stimmte zu, am 11. Oktober 1926 unterschrieb er den Vertrag und lieferte das fertige Szenarium ab. Im Vorwort zu einem Sammelband seiner Filmszenarien, geschrieben Dezember 1926 oder Januar 1927, bezeichnete er »Kino-Herz« und »Joann Schranknarrs Liebe« als Arbeiten, die charakteristisch für ihn und interessant im Hinblick auf die Entwicklung der neuen Kinematographie waren. Ein Film wurde nach dem Szenarium nicht gedreht.

307 *Edison, T.* (1847-1931) – amerikanischer Erfinder, auch auf dem Gebiet der Kinotechnik.

311 *Tscherwonzen* – siehe Anmerkung auf S. 407.

314 »*Kakerlaken aus Torshok*« – Parodie auf den Titel des Films »Der Zuschneider aus Torshok«, der Ende 1925 anlief.
319 *Fairbanks, D.* (1883-1939), *Valentino, R.* (1895 bis 1926), Chaplin, Ch. (geb. 1889) – amerikanische Filmschauspieler.
325 *Lloyd, H.* (geb. 1893) – amerikanischer Filmschauspieler.
328 *Keaton, B.* (1896-1966) – amerikanischer Filmschauspieler.
329 *Swansson, G.* (geb. 1897) – amerikanische Filmschauspielerin.
335 **Joann Schranknarrs Liebe В. Маяковский: Полное собрание сочинений, т.** 11 (W. Majakowski: Sämtliche Werke, Band 11). Moskau 1936.
Geschrieben im Herbst 1926 (Vertragsschluß: 11. Oktober, Ablieferungstermin: 30. Oktober 1926). Siehe auch die Anmerkungen zu »Kino-Herz«. Ein Film wurde nach dem Szenarium nicht gedreht. Der Museums-Kustos heißt im Original Schkafoljubow (wörtlich etwa Schranklieb); Hugo Huppert setzt dafür im Deutschen Schranknarr und motiviert das folgenderweise: »Die Hinzufügung des Bestimmungswortes ›Narr‹ ist geboten durch den abstrusen Charakter dieser Figur bei Majakowski, der diesen Helden halb spöttisch, halb mitleidig als närrischen Kauz traktiert, dessen Narrheit die wirklichkeitsfremde Haltung a) zur Frau, b) zur Liebe, c) zur Technik und neuzeitlichen Lebensform zum Inhalt hat. Wie immer man die Akzente setzen mag, immer wird Schranknarr als ›Narr‹ gezeigt, lächerlich, zugleich rührend in seiner einsamen Hilflosigkeit...«
339 »*Teshe*« – Abkürzung der russischen bezeichnung für: Staatlicher Trust für Parfümerieproduktion auf Fett- und Knochenbasis.
348 *Dulcinea* – Heldin des Romans »Don Quijote« von Miguel de Cervantes (1547-1616).
361 **Wie gehts Ihnen?** Zs. **Новый Леф** (Neuer Lef – Linke Front der Künste), Moskau 1927, Nr. 2, Februar.
Geschrieben Ende 1926. In seinem Artikel »Zu Hilfe!« schrieb Majakowski 1927: »Dieses Szenarium hat prinzipiellen Charakter.« In Form polemisch formulierter Fragen und Antworten stellte er u. a. folgende Thesen auf: Der Film muß spezielle, aus der Filmkunst selbst abgeleitete, durch nichts anderes ersetzbare Ausdrucksmittel verwenden. Man muß der Chronik gegenüber dem Spielfilm den Vorzug geben, weil die Chronik mit wirklichen Dingen und Fakten arbeitet. Die Chronik muß organisiert sein und selbst organisieren. Wenn man ganz einfache Fakten organisiert, kann man höchste emotionale Spannung erzielen.
Majakowski wollte, daß das Szenarium von der Allrussischen Filmgesellschaft Sowkino verfilmt wird, und er wollte an allen

Phasen der Arbeit beteiligt sein. In der Aussprache über das Szenarium traten jedoch scharfe Meinungsverschiedenheiten auf, nicht zuletzt gab es auch Befürchtungen, ob Majakowskis Experiment sich finanziell rentieren würde. Eine andere Filmgesellschaft erwarb daraufhin die Rechte am Szenarium und benannte sogar schon einen Regisseur. Dennoch wurde nach dem Szenarium kein Film gedreht.

363 *Typ: Tichomorow...* – Gemeint ist der von Majakowski zum Scherz umbenannte Ballettänzer W. Tichomirow (und das Standardlächeln von Ballettänzern).

368 »*Erdbeben in Leninakan*« (Armenien) – ereignete sich 1926.

370 *Tscherwonzen* – siehe Anmerkung auf S. 407.

371 »*Eine Fabrik ohne Rauch und Schlote*« – stimmt fast aufs Wort mit dem Bild für den Posten in Majakowskis Gedicht »Arbeiterdichter« (1918) überein.

372 »*Wie schön, wie frisch, ach, waren die Rosen*« – Titel und Refrain eines Gedichtes in Prosa von I. Turgenjew; dem Gedicht »Rosen« von I. Mjatlew entlehnt.

»*Gottes Vögelein kennt weder...*« – Zeile aus dem Poem »Die Zigeuner« von A. Puschkin.

»*Links, links, links!*« – Refrain von Majakowskis Gedicht »Linker Marsch«.

382 *Robespierre, M.* (1758-1794) – einer der bedeutendsten Führer der Französischen Revolution.

384 *Tokioter Erdbeben* – 1923 zerstörte ein starkes Erdbeben einen großen Teil der japanischen Hauptstadt.

Bibliographie deutscher Nachdichtungen von Majakowskis Stücken

Teil I der Bibliographie nennt alle deutschen Majakowski-Sammelausgaben, die Bühnenwerke enthalten. Teil II nennt die Originaltitel der ins Deutsche übertragenen Bühnenwerke und Filmszenarien (alphabetisch geordnet, ohne Trennung nach Genres), die Autoren aller ermittelten deutschen Übertragungen sowie deren Erstveröffentlichungen (für jedes Werk chronologisch geordnet). Die Seitenangaben neben den Originaltiteln beziehen sich auf die Nachdichtung im vorliegenden Band.

Teil I

Vers und Hammer
Schriften, Gedichte, Zeichnungen, Photos, Dokumente. Zürich (Verlag der Arche) 1959 (Sammlung Horizont).

Mysterium buffo und andere Stücke
Deutsche Nachdichtungen von Hugo Huppert. Frankfurt/M. (Suhrkamp Verlag) 1960 (Band 58 der Bibliothek Suhrkamp).

Mysterium buffo. Die Wanze. Das Schwitzbad
Nachdichtung und Geleitwort von Hugo Huppert. Leipzig (Verlag Philipp Reclam jun.) 1963 (Reclams Universal-Bibliothek Band 135).

Teil II

Баня Seite 179
Thoss, Alfred Edgar Ztg. »Neues Deutschland«, Berlin, 1. 1. 1955 (Ausschnitt).
Als unveröffentlichtes Manuskript vervielfältigt. Henschelverlag/Kunst und Gesellschaft, Abteilung Bühnenvertrieb. Berlin 1957 (Vollständiger Text).
Huppert, Hugo W. Majakowski: Mysterium buffo und andere Stükke. Frankfurt/M. 1960, S. 185-258.
Tinzmann, Ingrid Russisches Theater des XX. Jahrhunderts. Herausgegeben von Joachim Schondorff. München 1960, S. 323-371.

Владимир Маяковский / Трагедия / Seite 9
Reich, Willi W. Majakowski: Vers und Hammer. Zürich 1959, S. 13-40.
Huppert, Hugo Erstveröffentlichung im vorliegenden Band.

Дети Seite 271
Huppert, Hugo Erstveröffentlichung im vorliegenden Band.

Как поживаете? Seite 361
Huppert, Hugo Erstveröffentlichung im vorliegenden Band.

Клоп Seite 129

Thoss, Alfred Edgar Als unveröffentlichtes Manuskript vervielfältigt. Henschelverlag/Kunst und Gesellschaft, Abteilung Bühnenvertrieb. Berlin 1957.

Huppert, Hugo Spectaculum II/Sechs moderne Theaterstücke. Frankfurt/M. 1959, S. 335-377.

Любовь Шкафолюбова Seite 335

Huppert, Hugo Erstveröffentlichung im vorliegenden Band.

Мистерия-буфф / Второй вариант / Seite 29

Rait, Rita **В. Маяковский. Материалы и исследования. Москва** 1940, **стр.** 227.

(Der Epilog, den Majakowski speziell für die Aufführung des Stückes zu Ehren des 3. Kongresses der Komintern 1921 in Moskau geschrieben hat. Mehr ist von der damaligen deutschen Fassung des »Mysteriums« nicht gedruckt erschienen.)

Huppert, Hugo W. Majakowski: Mysterium buffo und andere Stükke. Frankfurt/M. 1960, S. 7-128.

Москва горит / Вторая редакция / Seite 245

Huppert, Hugo Erstveröffentlichung im vorliegenden Band.

Сердце кино Seite 305

Huppert, Hugo Erstveröffentlichung im vorliegenden Band.

Zu den Abbildungen

Die Originale bzw. Originalfotos befinden sich – mit drei Ausnahmen – in Moskauer Museen, die am Schluß des jeweiligen Bildkommentars genannt werden. Übersetzungen von Bildtexten sind in den folgenden Anmerkungen kursiv gesetzt.

1 *Die vom Filmstreifen Gefesselte. Lili Brick – Majakowski. Neptun.* Von Majakowski entworfenes Filmplakat, 1918. (Majakowski-Museum)

2 Kader aus dem Film »Nicht für Geld geboren«: David Burljuk und Iwan Now (Majakowski) im »Dichter-Café«. (Majakowski-Museum)

3 »Das Fräulein und der Rowdy«: Der Rowdy (Majakowski) bestraft einen Mitschüler, der die Lehrerin beleidigt hat. (Majakowski-Museum)

4 Plakat zur Uraufführung des »Mysterium buffo«, Petrograd 1918. Entwurf von W. Majakowski.
Kommunales Theater des Musikdramas. Am 7. und 8. November feiern wir Dichter, Künstler, Regisseure und Schauspieler den Jahrestag der Oktoberrevolution mit einem Revolutionsstück. Wir zeigen »!Mysterium buffo!«, ein heroisches, episches und satirisches Abbild unseres Weltalters, verfaßt von W. Majakowski. Einlaßkarten für den 7. und 8. November vergibt das Zentralbüro. Öffentliche Aufführung des »Mysterium buffo« am 9. November. Beginn 6½ Uhr abends.
I. Bild: Weiße und Schwarze flüchten vor der roten Sintflut. II. Bild: Die Arche. Die Reinen schummeln den Unreinen einen Zaren und eine Republik unter. Ihr werdet selbst sehen, was daraus wird. III. Bild: Die Hölle, wo die Arbeiter den Beelzebub selber zum Teufel gejagt haben. IV. Bild: Das Paradies. Großer Disput des Landarbeiters mit Methusalem. V. Bild: Die Kommune! Sonniger Feiertag der Sachen und der Arbeiter. – Dekoriert von Malewitsch. Inszeniert von Meyerhold und Majakowski. Aufgeführt von freiwilligen Schauspielern.
(Majakowski-Museum)

5 »Mysterium buffo«: der Deutsche. – Aus Majakowskis Kostümentwürfen für die Sieben Paar reiner Wesen, 1919. (Literatur-Museum)

6 »Mysterium buffo«: Kostümentwürfe von Majakowski für die Sieben Paar reiner Wesen, 1919. (Literatur-Museum)

7 W. Majakowski mit dem Komponisten D. Schostakowitsch, dem Regisseur W. Meyerhold sowie dem Grafiker und Fotografen

A. Rodtschenko während der Proben zur Aufführung der »Wanze« 1929. (Majakowski-Museum)

8 Kostümentwürfe Majakowskis für die »Schwitzbad«-Aufführung: Pobedonossikow (Trutzwackerl) – in zwei Varianten – und Optimistenko (Optimistelzweig); 1929. (Majakowski-Museum)

9 W. Majakowski, 1929.
Foto. (Majakowski-Museum)

10 Majakowskis Programm-Entwurf für die Aufführung des Stückes »Moskau in Flammen«.
Autograph.
Moskau in Flammen (1905). Heroische Melomime von Wl. Majakowski.
1) Die Hosen Seiner Majestät.
2) Hunde auf dem Ball.
3) Eine Bombe. Das Kartenhaus (ausgestrichen).
4) Die gefüllte Bombe. Polizei auf Trapezen.
5) 300 000 im Ausstand.
5) Ratschläge der Priester (ausgestrichen). *Segnung der Schlagringe.*
7) Kadetten auf dem Diwan.
8) Auf die Barrikaden!
9) Vom Zaren aufgehetzt ist das Semjonow-Regiment.
10) Sturm auf die Fabrik.
11) Verstummt sind die verspäteten Salven.
12) Die Klassenpyramide.
13) Schulen ersten Grades (ausgestrichen). *Eure Schuld habt euch selber zu grollen ! Nein man mußte und muß zu den Waffen greifen.*
14) Lache Genosse Zirkus.
15) Der dressierte Kerenski.
16) Napoleon-Stellvertreter.
17) Ungewöhnlicher Wasserfall.
18) Verliert Gevatter nicht die Kraft / Menschen Puppen Tiere Feuer und Wasser.
(Majakowski-Museum)

11 Plakat zur Uraufführung von »Moskau in Flammen« am 21. April 1930 in Moskau.
Entwurf von W. Majakowski.
Staatszirkus. Moskau in Flammen. Heroische Melomime von W. W. Majakowski.
Regisseur S. Radlow. 5 Wasserfälle. 1 000 000 Liter Wasser. Künstler W. Chodassewitsch. (Majakowski-Museum)

Inhalt

Bühnenwerke
Wladimir Majakowski 9
Mysterium buffo 29
Die Wanze 129
Das Schwitzbad 179
Moskau in Flammen 245

Filmszenarien
Kinder 271
Kino-Herz 305
Johann Schranknarrs Liebe 335
Wie gehts Ihnen? 361

Anhang
Anmerkungen 389
Bibliographie 417
Zu den Abbildungen 419

Zeittafel

1893 Wladimir Majakowski am 19. Juli in Bagdady (Georgien) geboren
1906 zieht die Familie nach Moskau. Besuch des Gymnasiums
1908 Verhaftung Majakowskis wegen Beziehungen zu den Bol'ševiki
1910 Studium an der Moskauer Kunstschule
1912 1. Manifest der russischen Futuristen ›Eine Ohrfeige dem öffentlichen Geschmack‹. Majakowski ist Mitautor.
1914 ›Vladimir Majakovskij‹ (Dr.)
1915 Bekanntschaft mit Gorkij. Mitarbeit an der Zeitschrift LEF ›Oblako v štanach‹ (Poem)
1916 ›Prostoe kak myčanie‹ (Ged.); ›Vojna i mir‹ (Poem); ›Čelovek‹ (Poem)
1918 ›Misterija buff‹ (Schsp.)
1921 ›150 000 000‹ (Poem)
1924 ›Vladimir Ilič Lenin‹ (Poem)
1927 ›Chorošo‹ (Poem)
1928 ›Klop‹ (Kom.)
1929 ›Banja‹ (Kom.)
1930 am 14. April scheidet Majakowski freiwillig aus dem Leben

insel taschenbücher
Alphabetisches Verzeichnis

Alte und neue Lieder it 59

Bakunins Beichte it 29

Honoré de Balzac:
Das Mädchen mit den Goldaugen it 60

Ambrose Bierce:
Mein Lieblingsmord it 39

Die Blümlein des heiligen Franziskus von Assisi it 48

Boccaccio:
Das Dekameron it 7/8

Marian Brandys:
Maria Walewska, Napoleons große Liebe it 24

Clemens Brentano:
Gockel Hinkel Gackeleia it 47

Georg Büchner:
Der Hessische Landbote it 51

Wilhelm Busch:
Kritisch - Allzukritisches it 52

Lewis Carroll:
Alice im Wunderland it 42

Adelbert von Chamisso:
Peter Schlemihls wundersame Geschichte it 27

Daniel Defoe:
Robinson Crusoe it 41

Denkspiele
Polnische Aphorismen it 76

Denis Diderot:
Die Nonne it 31

Geschichten der Liebe aus 1001 Nächten it 38

Gespräche mit Marx und Engels it 19/20

Goethe:
Die Leiden des jungen Werther it 25

Goethe:
Die Wahlverwandtschaften it 1

Goethe:
Faust (1. Teil) it 50

Goethe:
West-östlicher Divan it 75

Johann Peter Hebel:
Kalendergeschichten it 17

Hermann Hesse:
Kindheit des Zauberers it 67

Hermann Hesse.
Leben und Werk
im Bild it 36

J. P. Jacobsen:
Niels Lyhne it 44

Kant-Brevier it 61

Marie Luise Kaschnitz:
Eisbären it 4

Erhart Kästner:
Die Lerchenschule
it 57

Erhart Kästner:
Die Stundentrommel
vom heiligen Berg
Athos it 56

Erhart Kästner:
Ölberge,
Weinberge it 55

Kropotkin:
Memoiren eines
Revolutionärs it 21

Choderlos de Laclos:
Schlimme
Liebschaften it 12

García Lorca:
Die dramatischen
Dichtungen it 3

Märchen deutscher
Dichter it 13

Wladimir Majakowski:
Werke I it 16
Werke II it 53
Werke III it 79

Mirabeau:
Der gelüftete Vorhang
it 32

Eduard Mörike:
Die Historie von der
schönen Lau it 72

Guillermo Mordillo:
Das Giraffenbuch
it 37

Guillermo Mordillo:
Das Giraffenbuch 2
it 71

Christian Morgenstern:
Alle Galgenlieder it 6

Johann Karl August Musäus:
Rübezahl it 73

Mutter Gans it 28

Die Nibelungen it 14

Sulchan-Saba Orbeliani:
Die Weisheit der Lüge it 81

Orbis Pictus it 9

Phaïcon 1 it 69

Polaris 1 it 30

Polaris 2 it 74

François Rabelais:
Gargantua und Pantagruel
(2 Bände) it 77

Rainer Maria Rilke:
Das Buch der Bilder
it 26

Rainer Maria Rilke:
Duineser Elegien it 80

Rainer Maria Rilke:
Geschichten vom
lieben Gott it 43

Rainer Maria Rilke:
Neue Gedichte it 49

Rainer Maria Rilke:
Das Stunden-Buch it 2

Rainer Maria Rilke:
Wladimir, der Wolkenmaler
it 68

Rainer Maria Rilke.
Leben und Werk
im Bild it 35

Lou Andreas-
Salomé:
Lebensrückblick it 54

Walter Schmögner:
Das Drachenbuch
it 10

Walter Schmögner:
Das unendliche Buch it 40

Sophokles:
Antigone it 70

Sophokles:
König Ödipus it 15

Robert Louis Stevenson:
Die Schatzinsel it 65

Jonathan Swift:
Gullivers Reisen it 58

Tolstoj:
Die großen
Erzählungen it 18

Iwan Sergejewitsch
Turgenjew:
Väter und Söhne it 64

Voltaire:
Candide it 11

Robert Walser:
Fritz Kochers Aufsätze it 63

Das Weihnachtsbuch it 46

Richard Wagner:
Ausgewählte Schriften
it 66

Oscar Wilde:
Die Erzählungen und
Märchen it 5

Heinrich Zimmer:
Yoga und Buddhismus
it 45

it 69
Phaïcon
Almanach der phantastischen Literatur
Herausgegeben von Rein A. Zondergeld
Mit Illustrationen von Dieter Asmus, Jörg Krichbaum, Hans Ullrich und Ute Osterwalder, Reiner Schwarz

Die Diskussion über die phantastische Literatur kommt nur zögernd in Gang, obwohl doch seit einigen Jahren wenigstens die Texte wieder zur Verfügung stehen; u. a. dank der »Bibliothek des Hauses Usher« des Insel Verlags. *Phaïcon* möchte – ähnlich wie *Polaris* für das Gebiet der Science Fiction – die Diskussion über die phantastische Literatur beleben. Rein A. Zondergeld hat seinen Almanach in drei Teile gegliedert: I. Theoretiker, II. Autorengespräche, III. Autoren über Autoren.
Es kommen unter anderen Autoren und Theoretiker wie: Borges, Cortazar, Caillois, Lem, Ray, Vox und Wilson zu Wort.

it 70
Sophokles
Antigone
Herausgegeben und übertragen von
Wolfgang Schadewaldt
Mit Illustrationen

Wie schon in it 15, *Sophokles, König Ödipus,* versucht nun auch hier der bekannte Tübinger Altphilologe und Übersetzer Wolfgang Schadewaldt einen antiken Text, der zum Kanon abendländischer Bildung gehört, durch Übersetzung und Interpretation einem weiteren Publikum zugänglich zu machen.
Der Band ist in drei Hauptstücke gegliedert: I. Textteil, II. Aufsätze zur Antigone, III. Antigone. Vorstufen und Nachwirkung. Ein Katalog.
Illustriert wird der Band durch antike Sagendarstellungen des Antigone-Motivs und durch Szenenfotos von Theateraufführungen des Dramas. Goethe am 1. April 1827: »Alles Edle ist an sich stiller Natur und scheint zu schlafen, bis es durch Widerspruch geweckt und herausgefordert wird. Ein solcher Widerspruch ist Kreon, welcher teils der Antigone da ist, damit sich

ihre edle Natur und das Recht, was auf ihrer Seite liegt, an ihm hervorkehre, teils aber um seiner selbst willen, damit sein unseliger Irrtum uns als ein Hassenswürdiges erscheine.«

it 71
Guillermo Mordillo
Giraffenbuch 2

»Im *Giraffenbuch* hat der 1932 in Buenos Aires geborene Guillermo Mordillo auf vielen skurrilen und surrealen Cartoons diesem langhalsigen Geschöpf ein bestechendes Denkmal gesetzt.« (Esslinger Zeitung) Und nun fährt das *Giraffenbuch 2* fort, die unwahren Geschichten von ›Mensch und Tier‹ zu erzählen. Mordillo hat eine Eigenschaft, die den großen Zeichner charakterisiert: er zeigt Proportionen auf – mit unvergleichlichem Witz, mit List und Phantasie. Ein Cartoonist »ersten Ranges«, dessen »großartige Cartoons« ihm internationalen Erfolg einbrachten.

it 72
Eduard Mörike
Geschichte von der schönen Lau
Mit einem Vorwort von Traude Dienel und einem Nachwort von Hermann Hesse
Mit Illustrationen von Moritz von Schwind

Die *Geschichte von der schönen Lau* ist in Mörikes Märchen *Das Stuttgarter Hutzelmännlein* (1852) eingeschoben. Zur Zeit Eberhards des Greiners schenkt das Hutzelmännlein einem wandernden Schustergesellen ein Stück Hutzelbrot und zwei Paar Glücksschuhe. Ein Paar soll er anziehen, das andere an eine Wegkreuzung stellen. Die schöne Vrone, die das Paar findet, wird seine Frau. Die schöne Lau ist eine Donaunixe, die im Blautopf bei Blaubeuren haust. Sie darf erst dann ein Kind gebären, wenn sie fünfmal gelacht hat.
Sie lernt die für Nixen schwierige Kunst des Lachens im Umgang mit den Schwaben vom Land. Mörikes Märchen stehen den Kunstmärchen ferner als den Volksmärchen, weil ihre betonte Einfachheit von den theoriebeladenen Kunstübungen der Romantiker abhebt.

it 73
Johann Karl August Musäus
Rübezahl
Ein Märchenbuch
Mit 50 Zeichnungen von Max Slevogt

»Volksmärchen« – sagt Musäus in seinem Vorwort zur Ausgabe von 1787 – »sind keine Volksromane oder Erzählungen solcher Begebenheiten, die sich nach dem gemeinen Wortlaute wirklich haben zutragen können. Jene veridealisieren die Welt und können nur unter gewissen konventionellen Voraussetzungen, welche die Einbildungskraft, solang sie ihrer bedarf, als Wahrheit gelten läßt, sich begeben haben . . . Volksmärchen sind aber auch keine Kindermärchen; denn ein Volk bestehet nicht aus Kindern, sondern hauptsächlich aus großen Leuten, und im gemeinen Leben pflegt man mit diesen anders zu reden als mit jenen.«
Die *Legenden von Rübezahl* sind ein Teil der *Volksmärchen der Deutschen,* die Musäus von 1782 bis 1787 in fünf Teilen herausgab. »Wenigen ist vielleicht bekannt«, erzählt Kotzebue, »daß, als er den Gedanken faßte, Volksmärchen der Deutschen zu schreiben, er wirklich eine Menge alter Weiber mit ihren Spinnrädern um sich versammelte, sich in ihre Mitte setzte und von ihnen mit ekelhafter Geschwätzigkeit vorplaudern ließ, was er hernach so reizend nachplauderte.« Er kreierte die lebendige Methode des Nacherzählens, die alle späteren Märchensammler, die Grimm, Andersen und andere, klug befolgten.

it 74
Polaris II
Ein Science Fiction Almanach
Herausgegeben von Franz Rottensteiner

Was von der sowjetischen Science Fiction – oder der »wissenschaftlichen Phantastik« –, um den dort üblichen Terminus zu verwenden, bisher in der Bundesrepublik übersetzt wurde, läßt sich fast an einer Hand aufzählen. Grund genug, diesen zweiten Almanach der zu Unrecht vernachlässigten sowjetischen Science Fiction zu widmen. Freilich kann dieser Band, bei rund fünfzig russischen Autoren der SF, nur eine kleine Auswahl aus der Vielzahl der Veröffentlichungen bieten, und gerade deshalb wurde auch nicht versucht, andere als literarische Kriterien anzuwenden. Darum beispielsweise ist Iwan Jefremow, der möglicherweise für die Geschichte der modernen russischen SF historisch bedeutsamste Autor, hier nicht vertreten. Das Spektrum der Erzählungen reicht vom liebenswürdig-heiteren Humor Wadim Schefners bis zu den düsteren und grimmigen Geschichten Warschawskis und Gansowskis. Zwei Beiträge befassen sich theoretisch mit der sowjetischen SF. R. Nudelman ist einer der führenden Theoretiker der Gattung, mit einer Vorliebe für instrumentalen Relativismus, der beispielsweise in Lem seine höchste Vollendung gefunden hat, während Darko Suvin (Professor an der McGill University in Kanada) im Traum von einer besseren Welt, den höchsten Vorzug der sowjetischen SF erblickt.

it 75
Goethe
West-östlicher Divan
Herausgegeben von Hans-J. Weitz

Die großen Alterswerke Goethes – aus einer jeden der drei dichterischen Gattungen eines – sind spät und langsam in das Bewußtsein der Nation eingetreten. Der West-östliche Divan ist unter ihnen das am frühesten erschienene; das jüngste, wenn wir die Entstehungszeit ansehen; das einheitlich-frischeste, dem Geist und dem Sinne nach; unter den Altersschöpfungen ist er gleichsam das Jugendwerk.

Über den *Divan,* der 1818 erschien, schrieb Goethe an Ottilie von Goethe am 21. Juni 1818:

»Die Wirkung dieser Gedichte empfindest du ganz richtig, ihre Bestimmung ist, uns von der bedingenden Gegenwart abzulösen und uns für den Augenblick dem Gefühl nach in eine grenzenlose Freiheit zu versetzen. Dies ist zu einer jeden Zeit wohltätig, besonders zu der unseren.«